Ladero: Das Spanien der Katholischen Könige

Miguel Angel Ladero

DAS SPANIEN DER KATHOLISCHEN KÖNIGE

Ferdinand von Aragon und
Isabella von Kastilien
1469–1516

Die Übersetzung dieses Werks wurde vom
Spanischen Kulturministerium
gefördert, die Drucklegung vom
Österreichischen Bundesministerium
für Wissenschaft und Forschung

Die Deutsche Bibliothek - CIP-Einheitsaufnahme

Ladero. Miguel Angel:
Das Spanien der Katholischen Könige : Ferdinand von Aragon und Isabella
von Kastilien (1469 – 1516) / Miguel Angel Ladero.
Aus dem Span. übers. von Elisabeth Horn. — Innsbruck :
Haymon-Verlag, 1992
   Einheitssacht. : La corona y la unidad de España [dt.]
   ISBN 3-85218-101-1

Das Orginialwerk von Miguel Angel Ladero Quesada
erschien unter dem Titel
»Los Reyes Cathólicos: La Corona y la Unidad de España«
im Verlag Associacion Francisco Lopez de Gomara © 1989

Übersetzung von Elisabeth Horn
(Kapitel II von Monika Bergmann)
Fachliche Beratung: Univ.-Prof. Dr. Alfred Kohler
Redaktion: Dr. Michael Forcher

© der deutschen Ausgabe
Haymon-Verlag, Innsbruck 1992
Alle Rechte vorbehalten / Printed in Austria

Die Bilder wurden von der Agentur Oronoz, Madrid, zur Verfügung gestellt,
die über die entsprechenden Reproduktionsrechte verfügt. Das Porträt von
Johanna der Wahnsinnigen befindet sich im Kunsthistorischen Museum
Wien. Wir danken für die Reproduktionserlaubnis.

Umschlaggestaltung: Helmut Benko, Innsbruck unter Verwendung des Bildes »La Virgen de los Reyes Cathólicos«

Satz: Rauchdruck, Innsbruck
Lithos: Tiroler Repro, Innsbruck
Druck und Bindearbeit: Wiener Verlag, Himberg bei Wien

Inhalt

Vorwort 9

Kapitel I:
Vor fünfhundert Jahren 13
AUF DEM WEG ZUM NATIONALSTAAT 15
DIE HISTORISCHEN REGIONEN 23
Die Krone von Kastilien 23
Das Königreich Navarra 28
Die Krone von Aragon 29
KARTE VON SPANIEN UM 1492 32
DIE ZEIT DER KATHOLISCHEN KÖNIGE 33
    1469 – 1474 33
    1474 – 1480 34
    1480 – 1492 35
    1492 – 1503 35
    1503 – 1516 36

Kapitel II:
Die Könige und ihre Kinder 39
DIE KÖNIGE 41
DAS UMFELD AM HOF 49
DIE INFANTEN 52

Kapitel III:
Gesellschaft und Wirtschaft 59
DIE GESELLSCHAFTLICHEN HIERARCHIEN 61
Der Adel 62
    Die großen kastilischen Adelsgeschlechter 64
    Die mittlere und niedere Adelsschicht in Kastilien 67
    Der Adel in den Ländern der Krone von Aragon 67

Die städtische Gesellschaft 69
  Die Patrizier 70
  Die übrige Einwohnerschaft 72
  Die ländliche Welt 74
DIE WIRTSCHAFTLICHE SITUATION 78
Die Produktion 78
Warenaustausch und Handelszentren 83
Politik und Wirtschaft 88

Kapitel IV:
Politische Ideen und Mittel der Regierung 93
DIE MONARCHIE, DER STAATSGEDANKE
UND DIE POLITISCHE PRAXIS 95
DIE INSTITUTIONEN KASTILIENS 102
Die königlichen Institutionen 103
  Königshaus und Hofstaat 103
  Consejo Real (Kronrat) 104
  Königliche Sekretäre 105
  Die territorialen Repräsentanten der königlichen Gewalt .. 106
  Die Justizverwaltung 106
  Das königliche Heer 107
  Die Entwicklung der Finanzen 110
Die Beziehung zu den anderen Mächten im Königreich 113
  Gesetzgebung 113
  Die Cortes 114
  Die Hermandades 116
  Gemeinden und Herrschaften 119
DIE INSTITUTIONEN ARAGONS UND NAVARRAS 124
Die Macht des Königs 125
Die wichtigsten Institutionen der Monarchie 126
Die Beziehungen zu anderen institutionellen Mächten im Land 127

Kapitel V:
Die Kirche: Macht und Religion 131
MACHT 133
Der Klerus und die Gesellschaft 133
Die Beziehungen zu Rom 135
Die Besetzung der Bistümer 140
Der Säkularklerus 148
Das Königliche Patronat 149
Die Großmeister der Ritterorden 151
RELIGION 154
Bücher bereiten der Reform den Weg 154
Die Bildung des Klerus 157
Die strengere Richtung der Klöster 158
Die Ausübung der Religion durch die Laien 161
Prophezeiungen 165

Kapitel VI:
Von der Toleranz zur Inquisition 167
DIE JUDEN 169
Die Situation der Juden im Spätmittelalter 169
Die Vertreibung: Ursachen und Folgen 174
DIE KONVERTITEN 179
Eine soziale Gruppe? 179
Das heimliche Judentum als Vorwand für die Gewalt 182
Die Inquisition 186
DIE MUDEJAREN 197

Kapitel VII:
Blüte des kulturellen Lebens 203
WISSENSCHAFT UND TECHNIK 205
DER HUMANISMUS 207
DIE VERBREITUNG DES WISSENS 213
Die Universitäten 213
Die Buchdruckerkunst 216
Erziehungsprogramme 219

DAS LITERARISCHE SCHAFFEN 222
DIE BLÜTE DER KUNST 227

Kapitel VIII:
Die Erweiterung des Reichs: Granada, die Kanarischen Inseln und die Neue Welt 235
GRANADA 238
Die Mittel für den Krieg 239
Der Verlauf des Kampfes 241
Mudejaren und Wiederbesiedler 244
Nordafrika 249
Die Aufstände in Granada am Ende des 15. Jahrhunderts ... 251
DIE KANARISCHEN INSELN 253
Die Eroberung 253
Die Einverleibung der Kanarischen Inseln 254
DIE NEUE WELT 258
Christoph Kolumbus 258
Die Entdeckungsreisen 260
Die Anfänge der Kolonisation 262

Kapitel IX:
Die Außenpolitik: Aspekte und Ergebnisse ... 267
DIE INTERESSENSBEREICHE 269
PERIODEN DER AUSSENPOLITIK 273
1475 – 1483 274
1484 – 1493 277
1494 – 1504 279
1504 – 1516 283

Nachwort von Alfred Kohler 285
Literaturhinweis 288
Dank 288

Vorwort

Hauptthema des vorliegenden Buchs ist die durch die Ehe der Katholischen Könige verwirklichte dynastische Verbindung von Kastilien und Aragon im Hinblick auf ihre unmittelbare Bedeutung und Tragweite sowie auf den Einfluß auf die spätere Geschichte Spaniens. Es geht um die Entwicklung Spaniens zum Nationalstaat, auch wenn damals durch die dynastische Verbindung der Kronen von Kastilien und Aragon bloß der Grundstein dafür gelegt wurde. Es geht um politische Doktrinen und Organisationsformen der Macht, um die institutionellen Systeme, die Beziehung zwischen der königlichen Regierung und der »politischen Gesellschaft«, die sich in Kastilien und der Krone von Aragon stark voneinander unterschieden. Diese Problemkreise werden ziemlich ausführlich behandelt, denn sie führen zu einem besseren Verständnis der Möglichkeiten und Grenzen des ersten »modernen« spanischen Staates und tragen sogar zur Klärung von Fragen bei, die sich in späteren Zeiten ergaben. Bei aller Beachtung von Strukturproblemen darf aber nicht darauf verzichtet werden, das Herrscherpaar Ferdinand und Isabella mit seinen menschlichen Qualitäten und Charakterzügen vorzustellen und das Schicksal ihrer Familien zu schildern.

Als Voraussetzung zum Verständnis werden die wesentlichen Merkmale der Bevölkerung erklärt, die wichtigsten territorialen Einheiten umrissen und die Gesellschaftsstrukturen charakterisiert. Auch die wirtschaftliche Situation ist ein wichtiges Thema. Dabei wird immer auf die im Mittelalter liegenden Wurzeln eingegangen, so daß besser zu verstehen ist, wie sie die späteren Zeiten beeinflussen und diese überdauern. Unter anderem wird die Institution Kirche betrachtet, ihr Platz innerhalb der Gesellschaft und ihre politische Bedeutung.

Es war eine Epoche, geprägt von religiösen Ängsten und der Spannung zwischen Tradition und Reform, von kultureller Vitalität, die durch den Humanismus erneuert wurde, von der Verbreitung der Buchdruckerkunst und von der Entstehung zahlreicher literarischer und künstlerischer Werke, die noch heute ein großartiges Zeugnis jener Zeit sind. Hier geht es durchaus nicht um trockene Wissenschaft. Vielmehr um eine Annäherung an die Gefühls-, Ideen- und Glaubenswelt, an Werte, die uns vertraut sein können, auch wenn sie nicht aus der heutigen Zeit stammen.

Die Katholischen Könige waren mit äußerst schwierigen Problemen konfrontiert, die lange vor ihre Zeit zurückreichen. Daß sie mit ungeheurer Aktivität an ihre Lösung schritten, hat ihnen einen Platz in allen Geschichtsbüchern gesichert. Hätte nicht zum Beispiel der Schritt von der durchlöcherten Toleranz des Mittelalters zur Unerbittlichkeit der Inquisition, zur Vertreibung der Juden und der Zwangsbekehrung der Muselmanen allein genügt, um die Erinnerung an ihre Herrschaft und die damit verbundenen Polemiken lebendig zu erhalten? Gleiches gilt von der Eroberung Granadas und der Kanarischen Inseln. Und sie gestalteten ihr Verhältnis zum übrigen Europa mit einer solchen Durchschlagskraft, daß die Ergebnisse und Richtlinien zweihundert Jahre lang Gültigkeit hatten, während man vom Ausland her mit aller Klarheit Spanien als politische Macht und nicht nur als geo-historischen Bereich wahrzunehmen begann. Nimmt man dazu noch den Beginn des Beziehungen zur Neuen Welt, dann ist es wohl nicht übertrieben, wenn wir heute der gleichen Meinung sind wie damals, daß nämlich um 1492 eine neue Epoche der spanischen Geschichte begann, die gleichzeitig die Geschichte einer Vielzahl anderer Völker und Länder nachhaltig beeinflußte.

Die großen Fortschritte, die seit den fünfziger Jahren in der Geschichtsforschung zum Spätmittelalter und zu den Katholischen Königen gemacht wurden, moderne Arbeitsmethoden und neue Auslegungskriterien haben unsere Kenntnisse und das Verständnis für diese Epoche wesentlich erweitert und verändert. Doch die einzigartige Bedeutung der Katholischen Könige Ferdinand und Isabella und die Tragweite vieler Ereignisse in ihrer Regierung haben dazu geführt, daß man in Spanien rund um das Herrscherpaar einen Mythos aufgebaut oder sie politisch »aktualisiert« hat. Das Thema der Regierungsform hat zum Beispiel — je nach Bedarf und Standpunkt — zur Verherrlichung oder Abqualifizierung des königlichen Absolutismus und eines vorgeblichen Zentralismus geführt. Die Frage der dynastischen Einheit uferte ab dem 19. Jahrhundert unter anderen Vorzeichen in nationalistische Auslegungen aus. Die Maßnahmen der Katholischen Könige auf dem Gebiet des Glaubens und der Religion hat sie entweder zum Mittelpunkt einer *leyenda negra* oder der tiefsten Verehrung gemacht. Es erübrigt sich wohl jeder weitere Kommentar.

Die heutige spanische Geschichtsschreibung muß über die Dinge Bescheid wissen, der Wahrheit näher stehen und gleichzeitig auch der spanischen Gesellschaft unserer Zeit mehr zu sagen haben. Für andere Länder Europas geht es um das richtige Verständnis eines wichtigen

Teils des zusammenwachsenden Kontinents. Will man das heutige Spanien besser verstehen, ob als Tourist, Diplomat oder Geschäftsmann, muß man auch sein historisches Werden kennen. Außerdem werden deutschsprachige Leser, für die der Text der spanischen Originalausgabe dieses Buches auf Wunsch des Verlages zum Teil gekürzt, zum Teil ergänzt wurde, viele bemerkenswerte Bezüge zur Geschichte ihrer Länder finden, von den welthistorischen Aspekten ganz abgesehen, die sich aus der beginnenden Eroberung der Neuen Welt ergeben. Tatsächlich ist es ja kein Zufall, daß diese Übersetzung 500 Jahre nach der ersten Entdeckungsfahrt des Kolumbus erscheint.

Madrid, März 1992   Miguel Angel Ladero

KAPITEL I

Vor fünfhundert Jahren

Jedes Land wird sich seiner selbst durch seine Geschichte bewußt und versucht, seine Gegenwart durch seine Vergangenheit zu rechtfertigen, auch wenn die Sicht des Geschehens dabei von Mythos und Fantasie geprägt wird. Die mittelalterliche spanische Geschichtsschreibung identifiziert Spanien bereits seit dem 12. und 13. Jahrhundert mehrheitlich und unwidersprochen als historisches, völlig reales, wenn auch nicht einheitliches Gebilde, das zu den unterschiedlichen Gegebenheiten seiner verschiedenen Königreiche nicht im Widerspruch steht.

AUF DEM WEG ZUM NATIONALSTAAT

Eine Vorstellung von Spanien als charakterischer geo-historischer Bereich existierte im ganzen spätmittelalterlichen Europa. Dementsprechend findet man die Bezeichnung »spanische Nation« in unzähligen und ganz verschiedenen Quellen und Zeugnissen. »Nation« ist hier freilich in dem vieldeutigen und unpolitischen Sinn zu verstehen, den der Begriff damals haben konnte. Üblicherweise wurde die alte Definition des hl. Isidor zitiert, nach der eine Nation eine Gruppe von Menschen ist, die einen gemeinsamen Ursprung anerkennen und durch Blutsbande verbunden sind. Das bedeutet also, daß Nation als riesige Sippe oder Stamm betrachtet wurde. In Spanien liegt wie anderswo zwischen der mittelalterlichen und der zeitgenössischen Idee von der Nation die Entstehung des modernen Staates, wobei es zu einer vielschichtigen Änderung der nationalen Konzepte und Gefühle kam. Jedenfalls gab es sicher ein mittelalterliches Spanien, so wie es ein Deutschland, ein Frankreich, ein Italien oder ein England im Mittelalter gab. Dies wird den Einwohnern Spaniens ab dem 11. Jahrhundert in zunehmendem Maße durch verschiedene Ideen bewußt, die wie üblich von den herrschenden Gesellschaftsschichten entwickelt wurden, aber dennoch allgemeine Gültigkeit hatten.

Diese Ideen haben mit einer geschichtlichen Wirklichkeit zu tun, deren Wurzeln zurückreichen bis zur Zeit der römischen Eroberung und Kolonisierung. Damals wurde die iberische Halbinsel vollständig in die mediterrane Kulturwelt integriert und fand innerhalb des römischen Weltreiches als *Hispania* im Verlauf einer siebenhundertjährigen Herrschaft ihre volle Identität. Das Bewußtsein der Einheit setzte sich später — vom 5. zum 8. Jahrhundert, als das römische Reich zerfallen war — durch die westgotische Monarchie im politischen Rahmen fort.

Das Christentum breitete sich relativ rasch aus: im vierten und fünften Jahrhundert war die römische *Hispania* bereits zum größten Teil christianisiert. Rekkared, der Westgotenkönig, trat 587 zum Katholizismus über und machte die Einheit der Religion zur Grundlage für das spanisch-westgotische Königreich; in vielen Fragen der Lehre lehnte er sich dabei an die Kaiser in Konstantinopel an. Das spanische Christentum des siebten Jahrhunderts ist möglicherweise das ausgereifteste seiner Zeit. Die Form, mit der das Königtum religiös legitimiert wird, die Art und Weise, wie es auf die Kirche Einfluß nimmt, die Normen und Gesetze, die in der Rechtssammlung *Collectio Isidoriana* oder *Hispana* zusammengestellt wurden, sollten das Europa Karls des Großen zwei Jahrhunderte später stark beeinflussen. Es entwickelten sich ein blühendes Klosterleben und eine Liturgie, die bis ins 11. Jahrhundert Bestand haben sollte. Die hervorragendste Gestalt aus dem Kreis der brillanten Kirchenschriftsteller des 7. Jahrhunderts ist Isidor von Sevilla, dessen *Etymologiae* zu den bedeutendsten Werken des Mittelalters zählen.

So ist Spanien eines der ältesten christlichen Länder, seine Geschichte mit der des lateinischen Christentums seit seinen Anfängen verwoben. Viele historische Ereignisse in Spanien haben eine religiöse Dimension, andere sind nur zu verstehen aus dem Zusammenleben von Christen, Moslems und Juden im mittelalterlichen Spanien; ähnliches gilt selbst für das Spanien vom 16. zum 18. Jahrhundert, das den Katholizismus auf seine ganz besondere Art verstand und verteidigte. Deshalb gab es so viele Versuche, die Geschichte Spaniens in religiös-kulturellen Konzepten zu beschreiben, die heute oft als einseitig erscheinen. Dennoch ist die Annahme sicher vernünftig, daß die spanische Option für das lateinische Christentum, die es in wichtigen Momenten seiner Geschichte traf, auch eine Option für Europa war, ein entscheidendes und folgenschweres Zeichen der historischen Identität Europas.

Das erste spanische Christentum verschwand durch die Expansion des Islam auf der iberischen Halbinsel ab 711. *Al-andalus*, wie der große Teil der Halbinsel unter arabischer Herrschaft genannt wurde, gehörte nun jener neuen, sich rasch ausdehnenden Zivilisation an, deren Kern der neue, von Mohammed verkündete Glauben war. Zu ihren Prinzipien gehörte der Respekt vor den Anhängern der anderen »Buchreligionen«, vor Juden und Christen, da sie zumindest partiell an den religiösen Wahrheiten teilhatten; trotz dieser Hochachtung wurden Christen und Juden unterworfen und in Abhängigkeit gehalten, da sie nicht zur *Umma*, der religiösen, gesellschaftlichen und politischen Gemeinschaft der Muslime, gehörten. So lebten im islamischen Herrschaftsbereich viele Christen, die sogenanten Mozaraber, die ihre alten religiösen Traditionen aufrechterhielten, sich selbst aber zunehmend ihrer arabischen Umwelt anglichen. Da die meisten dennoch nach und nach zum Islam übertraten, waren die Mozaraber eine kleiner werdende Minderheit, die in der ersten Hälfte des 12. Jahrhunderts ganz verschwand.

In *Al-andalus* lebten auch — wie schon vor der islamischen Eroberung — viele Juden. Das religiös tolerante Regime bedeutete aber nicht, daß in *Al-andalus* — ebensowenig wie später im christlichen Spanien des Mittelalters — ein »Zusammenleben von drei Kulturen« stattgefunden hat, wie dies oft behauptet wird. Tatsächlich gab es nicht mehr als eine Koexistenz von Angehörigen dreier Religionen — es war ihnen nicht einmal gestattet, gemischte Ehen zu schließen — unter der absoluten Vorherrschaft entweder des Islam (in *Al-andalus*) oder des Christentums (im restlichen Spanien). Die Möglichkeiten eines kulturellen Austausches zwischen der mohammedanischen und der christlichen Zivilisation waren begrenzt; die Juden hingegen waren gesellschaftlich an die eine oder andere Kultur angepaßt, und unterschieden sich nur durch ihre Religion.

Immerhin erzeugten der Respekt voreinander und die Toleranz im Córdoba der Emire und Kalifen ein reiches und blühendes Kulturleben, das im 11. Jahrhundert in den kleinen Teilreichen, den *taifas*, fortgesetzt wurde; es existierte später sogar unter den nordafrikanischen Almoraviden und Almohaden weiter, auch wenn diese Herrscher immer strenger und fanatischer wurden. Es ist klar, daß das christliche Spanien des Mittelalters dem islamischen *Al-andalus* zahlreiche Errungenschaften verdankt, vor allem in der materiellen Kultur, im Städtebau und im künstlerischen Bereich. Das soll aber nicht darüber hinwegtäuschen, daß es sich um entgegengesetzte und einander bekämpfende Kulturen gehandelt hat.

Wer hätte sich vorstellen können, daß *Al-andalus* eines Tages verschwinden würde? Sicher jene *Hispani*, die sich weigerten, die Herrschaft der moslemischen Eroberer anzuerkennen. Sie suchten — wenn auch sehr einfach und noch vage — etwas Eigenständiges, in dem ihre Identität besser aufgehoben wäre. Jene, die ins Karolingerreich geflohen waren, sollten durch ihre Rückkehr während des 9. Jahrhunderts schließlich Katalonien entstehen lassen; jene, die sich in die z. T. nicht einmal vollständig romanisierten Pyrenäen zurückzogen, bildeten den Grundstock für die Königreiche von Navarra und Aragon. Der wichtigste und älteste Kern des Widerstandes bildete sich seit dem 8. Jahrhundert in den Bergen Asturiens, Galiziens und Kantabriens, wo die Gesellschaft noch sehr primitiv war. Sie hatte allerdings die Kraft, ein Königreich mit der Hauptstadt in Oviedo, seit dem 10. Jahrhundert in León, hervorzubringen, das in der Lage war, weite Landstriche zu beherrschen und zu bevölkern, den Arabern Widerstand entgegenzusetzen und sich selbst als Erbe der politischen Legitimität des westgotischen Königreiches sowie der christlichen Identität der Vergangenheit darzustellen. Im 10. Jahrhundert fand die Verehrung des Grabmals des Apostels Jakobus (Santiago) in Compostela (Galizien) weite Verbreitung. Das christliche Reich konnte in dieser Zeit bis zum Duero, ja sogar darüber hinaus gesichert werden. Gleichzeitig bildeten sich innerhalb dieses Territoriums die besonderen Identitäten von Kastilien und Portugal aus.

Ab dem 11. Jahrhundert gingen jene großen Veränderungen vor sich, die die spanische Geschichte entscheidend bestimmen sollten: Zu Beginn dieses Jahrhunderts zerfällt das Kalifat von Córdoba; am Ende des Jahrhunderts – nach der Eroberung Toledos durch den König von León und Kastilien, Alfons VI., im Jahre 1085 – wird *Al-andalus* von den Nordafrikanern (Almoraviden und Almohaden) beherrscht; und das christliche Spanien baut in den folgenden Jahrhunderten enge Verbindungen zum Rest des europäischen Abendlandes auf, zu dessen Bollwerk es nunmehr geworden ist.

Am Ende des 13. Jahrhunderts wird der Kampf gegen die Araber zum »Kreuzzug« und wird als »Rückeroberung«, *Reconquista*, besetzter Gebiete gerechtfertigt. Die Expansion wurde von einer umfangreichen Kolonisierung begleitet und konsolidierte die verschiedenen politischen Einheiten der Christen: Aragon mit Katalonien, Navarra, Kastilien und León, Portugal. D. h. jetzt formten und entfalteten sich in Spanien Gesellschaften, die vollkommen ins Abendland integriert waren und an dessen großen Ideen und Entwicklungen teilhatten; da waren im besonderen der Gehorsam gegenüber dem Primat des Papstes, die Verbreitung von klösterlichen, religiösen und militärischen Ordensgemeinschaften, die Stärkung der monarchischen Gewalt, die Ausbildung intellektueller Kreise. Diese nutzten, vor allem in Toledo, die noch vorhandene Möglichkeit, in *Al-andalus* bekannte griechische und arabische Werke ins Lateinische zu übersetzen.

Am Ende der Expansion und der Blüte des mittelalterlichen Abendlandes um 1300 gehören die spanischen Königreiche vollkommen zum lateinischen Christentum; Spanien ist – wie Deutschland, Frankreich, Italien und England – eine seiner Nationen, wie es später auf dem Konzil von Konstanz (1418) heißen sollte. Innerhalb der spanischen Gesellschaften gab es moslemische Minderheiten (Mudejaren) und Juden, die ihre Kultur bereicherten, ohne daß es damals zu gravierenden Spannungen gekommen wäre. Noch gab es ein letztes Bollwerk des Islam, Granada, das erst am Ende des 15. Jahrhunderts erobert wurde. Aber nun war die christliche Bevölkerung zur herrschenden Mehrheit geworden, und ihre Gesellschaftsstrukturen und Wertvorstellungen hatten sie mit dem restlichen Abendland gemein.

Die Krisen und Veränderungen des 14. und 15. Jahrhunderts modifizierten etliche Facetten der oben beschriebenen historischen Wirklichkeit; ihre grundlegenden Züge änderten sich freilich nicht. Die spanisch-christlichen Länder öffneten sich einer Welt zwischenstaatlicher Beziehungen in wirtschaftlicher, politischer und kultureller Hinsicht; die wichtigsten Beispiele dafür sind die katalanisch-aragonesische Expansion im Mittelmeerraum und der Aufschwung des kastilischen Handels mit Flandern, England und anderen atlantischen Mächten. Die Länder der iberischen Halbinsel waren durch ein Netz dynastischer Beziehungen miteinander verbunden, behielten dabei jedoch ihre institutionelle Eigenständigkeit: dabei spielte die Dynastie der Trastámara, die seit 1369 in Kastilien und seit 1412 in Aragon herrschte, eine hervorragende Rolle. Die inzwischen fest verwurzelte Idee einer *Reconquista* und einer Wiederherstellung der bereits unter den westgotischen Königen vorhandenen Reichseinheit, die in der kastilischen Geschichtsschreibung des 15. Jahrhunderts deutlich hervortritt, förderte jene politischen Strömungen und Ereignisse, die zum Triumph der dynastischen Union zwischen Kastilien und Aragon unter den Katholischen Königen führte. Das daraus entstehende geeinte Spanien stieg während der Renaissance zu einer europäischen Großmacht auf.

Dennoch darf nicht vergessen werden, daß es im Spanien des Spätmittelalters eine Vielzahl politischer Einheiten gab, die sich sehr scharf voneinander abhoben und oftmals einen sehr komplexen Aufbau hatten: Kastilien, Aragon, Portugal, Navarra und Granada. In all diesen Königreichen – mit Ausnahme von Granada, dem letzten Territorium von *Al-andalus* – markierten die Begriffe »einheimisch« und »fremd« (so wie sie heute gebraucht werden) eine klare politische

Unterscheidung von Bewohnern innerhalb der Landesgrenzen und jenen der anderen Königreiche; dasselbe traf auf den Begriff »Vaterland« zu. Im Spanien des Mittelalters gab es weder eine politische Einheit noch jene Elemente, die eine solche erahnen ließen – sieht man davon ab, daß Kastilien-León das größte demographische Gewicht und die größte territoriale Ausdehnung besaß. Zu Recht ist festgestellt worden, daß die iberische Halbinsel einen »Machtraum« darstellte (J. A. Maravall), da die Herrscher in jedem Land vor allem auf ihre geographische und geschichtliche Position zu achten hatten. Eine andere Feststellung Maravalls dürfte jedoch m. E. nur beschränkt Gültigkeit haben, wenn er nämlich meint, daß all jene Könige den »Raum« solidarisch regierten. Denn diese Solidarität war ihnen zwar bis zu einem gewissen Grade vorgegeben, sie war jedoch im 14. und 15. Jahrhundert nie ein von diesen Monarchen angestrebtes politisches Ideal. Davon sind möglicherweise die familiären Beziehungen und die dynastische Politik der kastilischen und aragonesischen Trastámara auszunehmen. Denn das Ergebnis dieser Politik war offensichtlich die Vereinigung der beiden Kronen durch die Ehe zwischen Isabella I. und Ferdinand II. und ihre gemeinsame Regierung ab 1475 in Kastilien und ab 1479 in Aragon.

Es gilt als sicher, daß das Überleben der dynastischen Verbindung trotz verschiedener Wechselfälle des Schicksals vor allem darauf zurückzuführen ist, daß sie auf einem ausreichend starken Gefühl der Zusammengehörigkeit der Beteiligten begründet war, das mit der Zeit noch stärker werden sollte. Das sind Ansätze für den modernen spanischen Staat, bedeutet aber nicht die plötzliche Existenz eines einheitlichen Nationalstaats. Vor allem deshalb nicht, weil zwei Königreiche des mittelalterlichen Spanien nicht dazugehörten. Während dies für Navarra nur während einer kurzen Zeit gilt, trennte sich Portugal für immer von Spanien, da sich dort ein eigener Nationalstaat entwickelte. Außerdem wurden das Entstehen eines spanischen Nationalbewußtseins durch rechtliche und politisch-administrative Unterschiede in den dynastisch vereinten Reichen erschwert.

Kurz gesagt beginnt Ende des 15. Jahrhunderts ein langer und mühseliger Prozeß, der Spanien zu einem Nationalstaat werden läßt. Hatten die Katholischen Könige intuitive Vorstellungen von der Zukunft? Das scheint eher nicht der Fall gewesen zu sein, auch wenn niemand ihre herausragende politische Bedeutung und ihre Rolle als Urheber eines modernen Staates, aus dem sich der heutige spanische Staat entwickelte, in Abrede stellen kann. Aber es muß nochmals betont werden, daß historisch gesehen Spanien schon lange vor dem spanischen Staat existiert hat. Bei der Entstehung der spanischen Nation in der heutigen Bedeutung dieses Begriffs spielten die Verhältnisse vor der Bildung des modernen Staates eine sehr erhebliche Rolle und hatten noch lange Zeit Auswirkungen auf seine innere Entwicklung.

Man kann die Realität Spaniens am Ende des 15. Jahrhunderts, aber auch zu einem anderen Zeitpunkt, nicht begreifen, wenn man deren wirtschaftliche und soziale Grundlagen nicht kennt. Die Konzepte des Staates selbst, das Vaterlandsgefühl oder die frühnationalen Ideen würden jeden Sinn vermissen lassen, wenn man nicht weiß, wer sie hatte und in welcher Art von Gesellschaft sie verwurzelt waren. »Der moderne Staat«, schreibt Piérre Vilar, »der schließlich mit der Nation verschmilzt, wird sich nur als fortschrittliche politische Form im Übergang vom Feudalismus zum Kapitalismus in bestimmten Ländern, auf bestimmten Ebenen und zum gegebenen Zeitpunkt durchsetzen ... Die drei großen absolutistischen Monarchien«, damit meint er Spanien, England und Frankreich im 16. und 17. Jahrhundert, »stellen das Ende eines Feudalwesens dar, dessen Entwicklung sie steuerten ... Sie verteidigen die Werte, die Hierarchien und die Ressourcen der feudalen Klasse, müssen sich jedoch einer – durch den Aufstieg der produktiven Kräfte und durch Erschließung neuer Märkte nach den Entdeckungen – veränderten Welt anpassen«.

***

Thema der folgenden Kapitel ist die soziale, wirtschaftliche und politische Entwicklung, doch zunächst wollen wir uns mit einigen weiteren Fragen zum Spanien des 15. Jahrhundert befassen. Vor allem mit dem Problem der Sprachen.

Am Ende des Jahrhunderts, als es zur Vereinigung der beiden Dynastien kam, sprachen vier Fünftel der Einwohner der Reiche von Isabella und Ferdinand kastilisch, wobei darunter auch einige Dialekte fielen, die jedoch kein Verständigungsproblem darstellten. Das Kastilische wurde als die üblichste Sprache zur Kommunikation innerhalb der Halbinsel akzeptiert. Im Vergleich zu anderen europäischen Sprachen war sie auf literarischem Gebiet bereits hervorragend entwickelt. Ihr Ansehen hatte sogar die lusitanischen Schriftsteller in Portugal dazu angespornt, kastilisch zu schreiben.

Diese Situation machte sich der im Entstehen begriffene moderne Staat zunutze. So begann für das Kastilische – ohne daß Zwangsmaßnahmen notwendig geworden wären – die letzte Etappe seines

Siegeszugs als Sprache für alle Bewohner der Halbinsel, selbstverständlich mit Ausnahme Portugals, das sich in der Neuzeit radikal von Spanien distanzierte. Die kastilische Sprache sollte schließlich dank der Eigendynamik ihrer Verbreitung Mittler und Zeuge der spanischen Kultur in anderen Teilen der Welt werden. Von diesem Standpunkt aus schien die damals beginnende Gleichsetzung der kastilischen Sprache mit dem spanischen Idiom weder übertrieben, noch sollte damit anderen Sprachen in Spanien Abbruch getan werden, denn es handelte sich um ein tiefgreifendes Phänomen eigenständiger Entwicklung und nicht um eine politische Auflage.

Ausgerechnet im Jahr 1492, der Zufall könnte hier nicht bedeutsamer sein, erschien das Werk *El Arte de la lengua castellana* (»Die Kunst der kastilischen Sprache«). Autor war der sevillanische Humanist Elio Antonio de Nebrija, der an den Universitäten von Salamanca und Alcalá de Henares lehrte. Er war ein hervorragender Philologe und Latinist und der erste, der eine Grammatik der kastilischen Sprache erarbeitete. Kastilisch war so die erste europäische Sprache, für die ein solches Lehrbuch vorlag. Im Prolog, der der Königin Isabella gewidmet ist, unterstreicht der Autor die Funktion der Sprache als »Gefährtin des Reiches«, das heißt, er betont die unumgängliche Notwendigkeit von sprachlicher Verständigungsmöglichkeit zur Ausübung und Vermittlung von Macht. Das Kastilische sollte in der Monarchie Isabellas denselben Status erreichen wie im Römischen Reich das Lateinische. Das Argument konnte nicht einfacher sein, und es war sicher nicht imperialistisch im heutigen Sinn des Wortes.

Trotz der übergreifenden und einheitbildenden Strömungen der Epoche konzentrierten sich die lokalen und territorialen Gemeinschaften auf sich selbst. Es gab Formen des täglichen Lebens, der Sitten, Gebräuche, Folklore und »Gruppenpsychologien«, die relativ unterschiedlich waren. Auf diesem Gebiet haben sich die verschiedenen Eigenheiten der einzelnen Völker Spaniens bei allen Veränderungen auf anderen Ebenen am längsten erhalten. Fast bis in unsere Zeit, bis alles während der letzten Generationen von der heutigen Massenkultur vernichtet wurde.

DIE HISTORISCHEN REGIONEN

Die Krone von Kastilien

Das Gebiet der Krone von Kastilien war an die 385.000 Quadratkilometer groß und umfaßte verschiedene Königreiche. Sie hatten aber aufgrund der politischen Entwicklung Kastiliens fast nur mehr historische Bedeutung, denn ausschlaggebend war die Gemeinschaft des durch Geburt erworbenen Bürgerrechts, das alle Einwohner verband. Wie auf der gesamten Halbinsel war es auch in Kastilien im Laufe des 15. Jahrhunderts zu einem Bevölkerungszuwachs gekommen, freilich mit regionalen Unterschieden. Insgesamt wurden im Jahr 1492 4.000.000 bis 4.300.000 Seelen gezählt. Das ist einer der Gründe für das Übergewicht Kastiliens.

Unter den verschiedenen Regionen der Krone Kastiliens hatten sich die Gebiete im Norden, Wiege der spanisch-christlichen Expansion, stärkere und tiefer verwurzelte Eigentümlichkeiten bewahrt. Das war das Ergebnis einer langen und wechselhaften Geschichte, die ohne militärische Eroberungen verlaufen war.

Galicien im Nordwesten galt immer als Königreich und besaß die eine oder andere spezifische Institution, wie den *adelantamiento mayor*, die sich von benachbarten León unterschied. Es gab dort außerdem eine eigene Sprache, die nur in der Literatur und in der Verwaltung am Ende des Mittelalters vom Kastilischen verdrängt wurde. Die Kirche hatte eine überaus starke Position und übte einen tiefgreifenden Einfluß aus. Symbol dafür ist Santiago de Compostela, eines der bedeutendsten europäischen Wallfahrtzentren. Bistümer und Klöster besaßen ausgedehnte Lehensgüter. In der galicischen Gesellschaft lebten Formen zwischenmenschlicher Beziehungen, Rechte und Gebräuche im privaten Bereich fort, die äußerst traditionell und konservativ waren. Da die Galicier aber Seefahrer waren, hatten sie andererseits für die damalige Zeit fortschrittliche Verbindungen zum Ausland. Allem Anschein nach erlebte die Region in der Zeit der Katholischen Könige ein beträchtliches Wirtschaftswachstum.

Asturien war 1388 zum Fürstentum ernannt worden. Die Herrschaft stand dort dem kastilisch-leónesischen Thronerben zu, der sie ab 1444 zeitweise ausübte. In dieser rauhen, gebirgigen und wunderschönen Region ist derselbe Kontrast wie in Galicien zu beobachten, wenn auch die ländliche Welt hier weniger herrschaftlich geprägt war und die Handelstätigkeit in den wenigen städtischen Zentren oder Häfen – Oviedo, Avilés – geringere Bedeutung hatte. Ein gewisser Archaismus, die Isolierung und nicht sehr intensive Beziehungen zu den Gebieten des Tafellands im Inneren Leóns sind einige Merkmale Asturiens im Raum von Oviedo. Weiter im Osten war das Gebiet von Marina de Castilla, zu dem das Asturien von Santillana, Liébana und Trasmiera gehörte, unmittelbar der Krone unterstellt und wurde durch die vier Küstenstädte (San Vicente de la Barquera, Santander, Laredo und Castro Urdiales) vertreten. Auf dem »Berg von Burgos« in der kantabrischen Zone, die ebenfalls zum eigentlichen Königreich Kastilien gehörte, war die Kommunikation mit den Bewohnern des Tafellandes im Landesinneren wesentlich besser. Durch ihre engen Beziehungen zur Stadt Burgos, dem wichtigen Handelszentrum, waren die Küstenhäfen aktiv am ausgedehnten Außenhandel beteiligt.

In den Gebieten baskischer oder baskisch geprägter (*vasconizada*) Völker, die in die Krone von Kastilien integriert wurden, unterschied sich die Mannigfaltigkeit der Institutionen und der Verwaltung nicht wesentlich von der anderer Gebiete innerhalb des politischen Einflußbereichs Kastiliens. Sie bewahrten sich ihre Eigentümlichkeiten allerdings länger als anderswo. Alava und Guipúzcoa gehörten unmittelbar zum Königreich Kastilien, während die Könige in der Biskaya als Herrschaftsinhaber auftraten. Für ihre tatsächliche politische Gewalt war dies jedoch irrelevant.

Innerhalb jedes dieser drei Bereiche gab es wie in anderen Teilen Kastiliens nebeneinander Herrschaften, die unmittelbar der Krone unterstellt waren, Städte mit eigenen Freiheiten und Privilegien (*fueros*) und ländliche Zonen, die manchmal im Besitz eines Gnadenbriefs waren, mit dem ihnen Vorrechte zugestanden wurden (z.B. *Encartaciones de Vizcaya*). Im übrigen sicherte die Präsenz der königlichen *corregidores* die Koordination der Verwaltung im jeweiligen Gebiet. Sie gingen auch daran, die verschiedenen *fueros* zu regeln und schriftlich niederzulegen. Die größte Besonderheit stellt zu Ende des 15. Jahrhunderts die Existenz der *hermandades* (Bündnisse) zwischen Städten wie Alava, Biskaya und Guipúzcoa dar, deren *juntas* (Ratsversammlungen) mit dem kastilischen Landesrat (*junta general castellana*) nichts zu tun hatten. Eine weitere Ausnahme war die Zahlung von spezifischen Abgaben (*pedidos*) durch die Biskaya und die Gebiete von Alava und Guipúzcoa. Die von den *Cortes* erlassenen Steuern mußten sie dafür nicht zahlen, wohl aber die gewöhnlichen königlichen Renten.

Die Beziehungen der baskischen Häfen zu Burgos, ihre Leistungsfähigkeit auf dem Gebiet des Schiffsbaus, aber auch die Fischerei und im Landesinneren der Bergbau öffneten weite Zonen des Baskenlandes gegenüber dem Ausland und förderten eine städtische und bis zu einem gewissen Grad bürgerliche Vorherrschaft über eine weithin agrarische Bevölkerung, die in ihrer Mehrheit aus *Hidalgos* und freien Bauern bestand. In dieser ländlichen Welt muß der Gebrauch des Euskera — der baskischen Sprache — weitaus mehr verbreitet gewesen sein als in späteren Zeiten. Da keine schriftlichen Unterlagen vorhanden sind, kann darüber nichts Genaueres gesagt werden.

An die Küstenregionen grenzten im Süden die Königreiche León (im Westen) und Kastilien, die sich schon früh enger verbanden und 1230 endgültig vereinigten. Von hier aus waren zwischen dem 9. und 12. Jahrhundert das Duerobecken sowie der zum Bistum von Calahorra gehörige Teil von La Rioja besiedelt worden. Zum Königreich León gehörten damals die Bistümer León, Astorga, Salamanca und Ciudad Rodrigo, zum Königreich Kastilien — von dem die Krone den Namen übernahm — die Bistümer Burgos, Palencia, Osma, Calahorra, Segovia und Avila. Die Verwaltungsstruktur war in beiden Königreichen gleich. Es kam auch zu einer vollkommenen Vermischung der Nachkommen der neuen Siedler, die zum Großteil aus dem gesamten kantabrischen Küstengebiet, Galicien und Navarra stammten. Das war bereits das Spanien der Konquistadoren und Kolonisten, zunächst ein »neues Land«, das aber Ende des 15. Jahrhunderts schon auf eine jahrhundertealte Geschichte zurückblicken konnte. Ein Land, in dem, wie in jedem kolonisierten Land, einfachere Organisationsformen zu finden waren. Unterschieden werden muß zwischen den Gebieten nördlich des Duero, die schon länger und dichter bewohnt waren, und den Estremaduras im Süden des Flusses, die im 12. Jahrhundert auf etwas homogenere Art durch die *Concejos de realengo* wiederbesiedelt wurden. In der gesamten Region war die Zahl der Herrschaften mit eigener Gerichtsbarkeit, die in den Händen des Adels lag, unter der Dynastie der Trastámara (seit 1369) stark gestiegen.

Aufgrund der Bevölkerungszahl, des landwirtschaftlichen Reichtums und der Intensität des städtischen Lebens waren die Gebiete von Kastilien-León damals das Herzstück der Krone. Hier hielten sich die Könige am häufigsten und längsten auf. Hier hatten die Regierungsorgane und ein beträchtlicher Teil der Aristokratie ihren Sitz. Im zentralen Sektor entlang der Achse Burgos — Valladolid — Medina del

Campo – Segovia, die bis Toledo und zum Mittellauf des Tajo reichte, verstärkten sich diese Merkmale einer vitalen Blütezeit, während der westliche Streifen Leóns, vor allem nördlich des Duero, sowie der Osten des Bistums Osma von eher marginaler Bedeutung waren.

Südlich des Zentralgebirges, im Umfeld der Stadt Toledo und in den Gebieten des Königreichs gleichen Namens am Mittellauf des Tajo, hatte im allgemeinen der Kolonisierungsprozeß nach der *Reconquista* ebenfalls an der Wende vom 11. zum 12. Jahrhundert begonnen. Es ist »Neukastilien«, das sich in den einhundertfünfzig Jahren nach der Eroberung Toledos (1085) konsolidierte. Das Vorbild seiner Verwaltung wirkte im Osten bis zu den iberischen Gebirgen von Cuenca und im Westen bis zu den Gebieten von Plasencia und Trujillo in der heutigen Estremadura zu finden, sogar bis Coria und Cáceres, obwohl diese beiden Städte bis zur endgültigen Vereinigung der Kronen von León und Kastilien zur Domäne der Könige von León gehört hatten. Im Königreich Toledo und in den angrenzenden Gebieten, sowie in der südlichen Hälfte des Duerobeckens erhielten die großen unmittelbar der Krone unterstellten Gemeinden wesentliche Bedeutung. Auch wurde hier eine mächtige kirchliche Organisation errichtet. In beiden Zonen sollte es zudem im 14. und 15. Jahrhundert zu einer großen Expansion der Herrschaften des Hochadels mit eigener Gerichtsbarkeit kommen.

Bereits lange vorher, in der zweiten Hälfte des 12. Jahrhunderts, traten in jenen Gebieten des Tajobeckens, die damals die Grenze zum Islam bildeten, die Ritterorden (Calatrava, Alcántara, Jakobsritter) in Erscheinung. Es handelte sich um mächtige kirchliche und gleichzeitig kriegerische Vereinigungen, die auch zum Vorteil ihrer eigenen Herrschaften in der ersten Hälfte des 13. Jahrhunderts einen beträchtlichen Teil der Kolonisierung des Guadianabeckens in La Mancha und Estremadura organisierten. Dort gab es sehr wenige königliche Gemeinden (Badajoz, Ciudad Real). Die jahrhundertelange Präsenz dieser Orden prägte die Region, was eine Kontinuität zwischen Neukastilien und der heutigen Estremadura einerseits, sowie der dazugewonnenen südlichen Gebiete Murcias und Andalusiens andererseits, verhinderte.

Nach der Schlacht von Las Navas de Tolosa (1212) hatte die hispanisch-christliche Expansion der folgenden fünfzig Jahre der Krone von Kastilien die Annexion von Murcia und der am Gualdalquivir liegenden Gebiete Andalusiens (mit Ausnahme der derzeitigen Estremadura südlich des Tajo und des Guadianabeckens in La Mancha) ermöglicht. Es wurden formell drei Königreiche errichtet – Sevilla, Córdoba und Jaén – die aber weder institutionell noch administrativ von Bedeutung waren. Andalusien war Grenzgebiet und besaß einen eigenen *Adelantamiento*. Bald entwickelten sich regionale Eigentümlichkeiten, die typisch waren für ein neues Land im 15. Jahrhundert, das großen potentiellen Reichtum besaß und ein intensives Bevölkerungs- und Wirtschaftswachstum aufwies. In Murcia waren einige charakteristische Merkmale Andalusiens in geringerem Ausmaß wiederzufinden. Im übrigen bewahrte es sich seine Eigenart als historisches Königreich.

Natürlich wurde das 1492 von den Katholischen Königen eroberte Königreich Granada Andalusien einverleibt, auch wenn infolge der weitaus späteren Kolonisierung, der jahrzehntelangen Präsenz der Mauren und der geographischen Verhältnisse die Unterschiede zwischen den beiden Teilen der andalusischen Region bestehen blieben.

Andalusien war eine Art »Neue Welt« für die Kastilier des 13. Jahrhunderts und blieb es lange Zeit. Bei den Wiederbesiedlungen wurde weitaus mehr Gewicht auf Zweckmäßigkeit und einfache Verwaltungsformen gelegt, als es in den vorhergegangenen Jahrhunderten der Fall war. Die dabei gemachten Erfahrungen sollten fast unverändert 250 Jahre später in Granada angewendet werden. Durch die Kolonisierungen des Südens entsteht hier sozusagen das historische Bindeglied zwischen den Kolonien des mittelalterlichen Spanien und jenen, zu denen es in der Neuzeit auf der anderen Seite des Ozeans kommen sollte.

Die frühe Konsolidierung der Oligarchien in den Gebieten Andalusiens und Murcias und die ständige Gefahr an der islamischen Grenze zu Granada und zu Marokko unter den Meriniden in der ersten Hälfte des 14. Jahrhunderts verhinderte die Nutzung aller Chancen und begünstigte in Andalusien einen Konservatismus der Gesellschafts- und Wirtschaftsstruktur, der wahrscheinlich größer war als in anderen Gebieten und für die Zukunft entscheidendere Folgen hatte. Jedenfalls sollte Sevilla zu einem der großen Pole der merkantilen Entwicklung des Spätmittelalters werden, was Andalusien und seinen Nachbarn in der angrenzenden Estremadura erlaubte, bei den großen geographischen Entdeckungen jenseits des Ozeans an vorderster Front dabei zu sein.

Im 12. und in der ersten Hälfte des 13. Jahrhunderts kam es zu Problemen bei der Festlegung der Nord-Süd-Grenze zwischen Aragon und Kastilien. So entstanden einige territoriale Besonderheiten, die durch Jahrhunderte bestehen bleiben sollten. Zum Beispiel blieb Molina de Aragón bei Kastilien. Die Herrschaft von Albarracín, die auf dem Gebiet eines ehemaligen muselmanischen Teilreiches (*taifa*) errichtet worden war, geriet bereits im 13. Jahrhundert in den Einflußbereich Aragons. Weiter südlich, im Bereich des Bistums Cuenca, gab es kastilische Grenzgebiete und -orte (Requena, Ayora), die 1835 bei der Aufteilung des Landes in Provinzen dem aragonesischen Königreich Valencia einverleibt wurden. Zuletzt ist noch die ebenfalls kastilische Herrschaft Villena zu erwähnen, heute ein Teil der Provinz Alicante. Sie lag direkt an der Grenze zwischen der Gemeinde Alcaraz und dem kastilischen Königreich Murcia und sollte eine Grenzmark zwischen beiden Kronen sein, vor allem als 1304 der Norden Murcias (heute Provinz Alicante) Teil des Königreiches Valencia wurde.

Damit kommen wir zum Ende der Beschreibung der Krone von Kastilien, wie sie sich am Ende des 15. Jahrhunderts darstellte. Ohne daß die Vielfalt der historisch gewachsenen Regionen und Teilbereiche beeinträchtigt wurde, führten politische Einheit und gemeinsame Machtfaktoren zur Errichtung eines modernen Staates, der für das damalige Europa bahnbrechend war. Manche Historiker meinen, daß er in seiner Entwicklung dem »französischen Modell« folgte. Nichts liegt uns ferner, als mögliche Einflüsse im Verlauf der Geschichte leugnen zu wollen, doch handelte es sich jedenfalls um einen gegenseitigen Einfluß: Gerade zu Beginn der Neuzeit, seit Heinrich IV., war es die französische Monarchie, die sich für den Aufbau des eigenen Staates manchmal am modernen spanischen Staat orientierte, der großteils kastilischer Prägung war. Wie überhaupt Kastilien im Spanien des 15. Jahrhunderts größeres Gewicht und an der Entdeckung, Eroberung und Kolonisation Lateinamerikas im 16. und 17. Jahrhundert den wesentlichsten Anteil hatte. Das läßt es berechtigt erscheinen, in diesem Buch der Beschreibung kastilischer Phänomene entsprechend mehr Raum zu widmen.

Das Königreich Navarra

Zu beiden Seiten der Pyrenäen und des Ebrotals gelegen, war das Königreich Navarra (11.700 km^2, 120.000 Einwohner) ein typisches Relikt des Mittelalters. Ende des 11. Jahrhunderts waren seine Erwartungen von der *Reconquista* enttäuscht worden, und die politischen Ereignisse des nachfolgenden Jahrhunderts bestimmten seine Grenzen. Diese bestanden noch unverändert im Jahre 1512, als die von Ferdinand dem Katholischen angeordnete Eroberung Navarras zur dynastischen Vereinigung mit der Krone von Kastilien führte. Navarra war das Land der Altbasken, in das viele Nichtbasken zugewandert waren, vor allem in die Gebiete der südlichen Hälfte. Seine Aufteilung in *merindades* und die Kämpfe zwischen *agromonteses* und *beamonteses* im 15. Jahrhundert spiegeln die historische Vielschichtigkeit wider.

Nach der Eroberung von 1512 wurde ein Teil des Königreichs abgetrennt. Dort verlief die politische Entwicklung anders: Es handelt sich um die 1.200 km² der Tierra de Ultrapuertos (»das Land jenseits des Gebirgspasses«), heute Französisch-Navarra. Der größere spanische Teil hingegen bewahrte seine bodenständigen Institutionen ohne Unterbrechung für dreieinhalb weitere Jahrhunderte. Es kam mit der dynastischen wohl auch zu einer politischen Vereinigung, was aber durchaus keine Absage an die Besonderheiten der eigenen Geschichte bedeutete, zu der auch soziale und wirtschaftliche Strukturen gehörten. Sie waren jenen in den nördlichen Gebieten Kastiliens ähnlich.

Die Krone von Aragon

Jedes der drei Länder und das Prinzipat der Krone von Aragon (110.000 km², 860.000 Einwohner) behielt seine besonderen Institutionen und Strukturen bei. Es war eine Art Föderation; zusammengehalten hat die einzelnen Teile, daß man demselben Monarchen huldigte und bei Auslandsunternehmungen gemeinsam vorging. Die Mitglieder bewahrten jedoch ihre volle Autonomie und Identität.

Das Königreich Aragon, welches der Gesamtheit auch den Namen gab, war in seinen Ursprüngen ebenso wie Kastilien eine Grafschaft, die ab 1035 zu einem Königreich wurde. Dieses bestand aus drei Regionen: Im Norden waren das pyrenäische Kernland und das Vorland der Pyrenäen rund um Jaca die Wiege des Reichs. Das Zentrum bildeten die weiten Gebiete am Mittellauf des Ebro: Auen, unfruchtbare Hochebenen und Steppen, wo sich die Hauptstadt Saragossa befand. Sie war bis in die ersten Jahrzehnte des 12. Jahrhunderts unter maurischer Herrschaft. Nach ihrer Eroberung wurde sie mit Hilfe von Einwanderern von jenseits der Pyrenäen wiederbesiedelt. Aber auch zahlreiche Muselmanen ließen sich bekehren und blieben als Mudejaren im Land. Weiters bildeten sich Herrschaften der Ritterorden, im besonderen des Ordens der Johanniter. Andere Herrschaften gehörten verschiedenen Klöstern und *honores*, dem Adel und mächtigen Gemeinden (Huesca, Saragossa, Calatayud, Borja, Tarazona, Daroca). Das dritte Gebiet Aragons bestand aus den iberischen Gebirgsmassiven von Teruel und Albarracín. Sie wurden in den sechziger und siebziger Jahren des 12. Jahrhunderts erobert und unterhielten enge Beziehungen sowohl mit dem benachbarten Königreich Valencia als auch mit Niederaragon, wo am Ende des Mittelalters Alcañiz ein blühendes Zentrum für die Vermarktung von landwirtschaftlichen Produkten war.

Die Grafschaften von Altkatalonien zwischen den Pyrenäen, dem Mittelmeer, dem Noguera Ribagorzana, dem Mittellauf des Segre und dem Mittel- und Unterlauf des Llobregat hatten nach der Auflösung des Karolingerreiches im 10. Jahrhundert, als das vasallische Lehenswesen voll ausgebaut wurde, eine perfekte Organisation. Ihr *princeps* war der Graf von Barcelona, der seit der dynastischen Vereinigung beider Länder in der Mitte des 12. Jahrhunderts auch König von Aragon war. Die Besonderheiten der altkatalonischen Grafschaften waren zum Teil am Ende des 15. Jahrhunderts noch vorhanden, darunter die Beziehung zwischen Herren und Bauern — das Problem der *payeses de remensa* zum Beispiel — , aber es gab keine wesentlichen Unterschiede zu der Entwicklung in anderen Teilen des Nordens der Halbinsel.

In Neukatalonien, das im 12. Jahrhundert erobert und kolonisiert wurde, war man nach anderen Kriterien vorgegangen: Im Gebiet um Lérida, Tarragona und Tortosa gab es vom König abhängige Gemeinden und eine freie Bauernschaft. Die Herrschaften gehörten dem Bistum Tarragona, einigen Klöstern wie Poblet und den Ritterorden (Johanniter, Templer und später dem Orden von Montesa). Dank der größeren und homogeneren Machtblöcke war die politische Struktur einfacher als in Altkatalanien und jener ähnlich, die im selben Jahrhundert in anderen Kolonisierungsgebieten Spaniens entstand.

Bereits im 13. Jahrhundert gab es in Barcelona und anderen Handelsplätzen ein starkes Handelsbürgertum. Das Zusammenwirken seiner Tätigkeiten und Interessen mit jenen des Fürsten und des Lehensadels sollte im 13. und 14. Jahrhundert die beachtliche Expansion im Mittelmeerraum ermöglichen. Sie wiederum ließ ein unerschütterliches Kollektivbewußtsein der katalanischen Identität entstehen, das trotz einer politschen und wirtschaftlichen Krise ab Mitte des 15. Jahrhunderts auch am Ende des Mittelalters noch intakt war. Ausdruck dafür waren die Sprache, die Bedeutung Barcelonas als Hauptstadt und die spezifischen Institutionen. Mehr noch, zur Zeit der Katholischen Könige wurde das »Gefüge der ländlichen Besiedlung« wiederhergestellt, was für ein Agrarland mit einer Unzahl von Dörfern, Gehöften und bäuerlichen Zentren von essentieller Bedeutung war. Außerdem stieg die Bevölkerungsdichte und bis zu einem gewissen Grad auch die Handelstätigkeit in Barcelona.

Das Königreich Valencia wurde durch die gemeinsam von Katalanen und Aragonesen durchgeführte Eroberung und Wiederbesiedlung im 13. Jahrhundert geschaffen. Im nördlichen Teil entstanden einige Herrschaftszentren der Ritterorden und zwei bedeutende königliche Gemeinden: Morella und Burriana. Im zentralen Gebiet, zwischen den Flüssen Míjares, Turia und Júcar, verblieben zahlreiche Muselmanen, aber die Hauptstadt Valencia wurde zur Gänze neu besiedelt und war unbestritten die wichtigste Stadt im gesamten Königreich. Neben den erwähnten Städten gab es nur noch Játiva, Alcira und Gandía. Weiter südlich wurden nach deren Abtretung im Jahre 1304 die Zonen von Alicante, Elche und Orihuela durch Kastilien wiederbesiedelt, wo das Verbleiben der muselmanischen Bevölkerung auffallend ist. Diese war oft Lehensgerichtsbarkeiten unterworfen.

Valencia war für die Krone von Aragon von ähnlicher Bedeutung wie Andalusien für die Krone von Kastilien, aber wegen seiner geringeren Ausdehnung, der beschränkten katalanisch-aragonesischen Wiederbesiedlungskapazität und der Anwesenheit zahlreicher Muselmanen war das Ergebnis der Kolonisation verschieden. Die Wiederbesiedlung dauerte bis weit ins 17. Jahrhundert. Die Stadt Valencia freilich konnte schon im 15. Jahrhundert eine Expansion verzeichnen. Die Ursachen dafür sind wohl im potentiellen Reichtum des Landes zu suchen, der Siedler und Handelstreibende gleichermaßen anzog.

Die Balearen wurden, soweit bekannt ist, nach der Eroberung völlig neu besiedelt, die muselmanischen Einwohner entweder vertrieben oder gefangengenommen (Mallorca 1229; Ibiza 1235, Menorca 1287). Die neuen Siedler waren zum überwiegenden Teil Katalanen. Die Inselgruppe erlangte eine besondere Identität, als dort zwischen 1276 und 1343 ein unabhängiges Königreich entstand, dessen Handel und Seefahrt sich erstaunlich gut entfalteten. Später sahen sich die Inseln in gewisser Weise an den Rand des Geschehens gedrängt, weil die katalanischen Gläubiger den Handel und die Finanzen kontrollierten, die Beziehungen zwischen Stadt und Land in eine Krise geraten waren und sich die allgemeinen Bedingungen des westlichen Mittelmeers geändert hatten. Die Stadt Mallorca war und blieb jedoch ein wichtiger Handelshafen, der auch große strategische Bedeutung hatte, wie sich während der nordafrikanischen Feldzüge unter der Regierung Ferdinands zeigte. Außerdem blieben andere ursprüngliche Merkmale des neuen Landes unberührt, das in kurzer Zeit, praktisch »ex nihilo« organisiert worden war.

Zur katalanisch-aragonesischen Krone gehörten weiters die Inseln Sardinien, Sizilien, und zu Beginn des 16. Jahrhunderts wurde auch das Königreich Neapel der spanischen Monarchie einverleibt.

Die Karte wurde der spanischen Originalausgabe dieses Werks entnommen.

Bildnis Ferdinands II. von Aragon, anonyme Arbeit im traditionellen Stil

Bildnis Isabellas I. von Kastilien, im modernen Stil gemalt vom niederländischen Hofmaler Juan de Flandres

Grab der Eltern Isabellas der Katholischen, Johann II. von Kastilien und Isabella von Portugal, in der Kartause von Miraflores (Burgos), geschaffen von Gil de Siloe

Rechte Seite: Grab des Kronprinzen Alfons, Bruder von Isabella der Katholischen, gestorben 1468, kurz nachdem er von den Gegnern seines regierenden Halbbruders Heinrich IV. zum König ausgerufen worden ist (Burgos, Kartause von Miraflores, Werk des Gil de Siloe)

Dieses Bild, bekannt unter der Bezeichnung »Die Jungfrau der Katholischen Könige«, zeigt das königliche Paar (gegen 1485) mit ihren Kindern Johann und Isabella

DIE ZEIT DER KATHOLISCHEN KÖNIGE

Im Jahre 1492 scheinen verschiedene Ereignisse miteinander in Verbindung zu stehen und symbolisieren so die Brücke zwischen den Eroberungen und Kolonisationen des Mittelalters und jenen der Neuzeit. Erstere enden mit der Einnahme Granadas, letztere beginnen mit der Entdeckung der Neuen Welt. Dieses symbolträchtige Jahr liegt genau in der Mitte einer Epoche, die von den Katholischen Königen beherrscht und zu Recht nach ihnen benannt wird. Bei ihrer Vermählung im Jahre 1469 waren beide bereits Thronerben, Isabella in Kastilien und Ferdinand in Aragon. Ihre Herrschaft ging 1516 mit dem Tod Ferdinands zu Ende, der Isabella um 12 Jahre überlebt hatte. Die beiden Jahreszahlen grenzen eine Zeit ein, in der eine besonders intensive Entwicklung des spanischen Lebens stattfindet. Die beinahe einzigartige Bedeutung der beiden Monarchen wurde niemals angezweifelt, weder von ihren Zeitgenossen, noch von der traditionellen Geschichtsschreibung, die rund um Isabella I. von Kastilien und Ferdinand II. von Aragon reiche Blüten trieb, noch von modernen Historikern, unabhängig von ihrem Standpunkt.

Bevor in den folgenden Kapiteln einzelne Themenkreise behandelt werden, ist es zu deren besserem Verständnis angebracht, gleichsam als Einleitung die wichtigsten Ereignisse und Entwicklungen wenigstens skizzenhaft chronologisch darzustellen.

1469-1474

Mitte des Jahres 1468 geht der kastilische Bürgerkrieg zu Ende, in dem ein Großteil des Adels sich gegen Heinrich IV. gestellt und dessen Halbbruder Alfons zum König ausgerufen hat. Als dieser 1468 plötzlich stirbt, wird seine Schwester Isabella von allen Parteien als zukünftige Thronerbin anerkannt. Im Gegensatz zu den Erwartungen des Marquis von Villena und anderer Aristokraten wird sie zur Verfechterin des Prinzips der monarchischen Autorität und der politischen Unabhängigkeit. Ihre Eheschließung mit Ferdinand, dem Sohn Johanns II. von Aragon, einem Vetter zweiten Grades, im Jänner 1469 ist ein weiterer Schritt auf dem Weg in ihre eigene Zukunft als Herrscherin. König Heinrich IV. oder besser die dessen Regierung dominierenden Adeligen versuchen jetzt, die Erbfolgerechte der 1462 geborenen Tochter des Königs, Prinzessin Johanna, wiederherzustellen und sie zu untermauern, indem ihre Verehelichung mit Alfons V. von Portugal vereinbart wird. Als der kastilische Monarch im Dezember 1474 stirbt, erklärt sich Isabella zur Königin, und im ersten Augenblick regt sich dagegen kein Widerstand.

In diesen Jahren gelingt es Johann II. von Aragon, den katalanischen Bürgerkrieg zu beenden (1462-1472). Die Ehe seines Sohnes Ferdinand mit der Prinzessin von Kastilien bedeutet einen großartigen Trumpf in seiner Außenpolitik gegen Ludwig XI. von Frankreich, der mit der Besetzung der katalanischen Grafschaften Roussillon und Cerdagne droht. Außerdem spielt auf diese Weise die aragonesische Linie der Trastámara wieder eine Rolle im politischen Leben Kastiliens, was eine Generation lang nicht der Fall gewesen war. Johann II. beeilt sich, dem neuen Ehepaar, das den Titel »Könige von Sizilien« trägt, zu größerer Unterstützung von seiten des Auslands zu verhelfen.

1475-1480

Die nun doch gegen Isabellas Herrschaft protestierenden Teile des Adels beginnen einen Krieg im Inneren Kastiliens, wobei sie auf den Beistand Portugals zählen können, denn Alfons V. will die Rechte Johannas verteidigen und damit die relative Isolierung Portugals innerhalb der Iberischen Halbinsel vermeiden, die durch eine mögliche Vereinigung von Kastilien und Aragon droht. Die Rebellen können auch mit Ludwig XI. von Frankreich rechnen. Dieser sieht im kastilischen Krieg einen Weg, seinen alten Widersacher, den König von Aragon, zu treffen.

Isabella und Ferdinand, die sich bereits auf eine gemeinsame Regentschaft geeinigt haben, können die Aufständischen besiegen und die Grundlagen für eine Befriedung Kastiliens schaffen. Die Institutionen der Regierung und die Beziehungen zwischen den Monarchen und dem Adel werden neu geregelt, und zwar so, daß sie die politische Handlungsfreiheit der Könige im gesamten Gebiet der Krone begünstigten. Den Königen gelingt es auch, die distanzierte Haltung zu durchbrechen, die ihnen bis dahin vom Heiligen Stuhl entgegengebracht worden ist, und ab 1478 beginnen sie ihre großangelegte Kirchenpolitik. Im gleichen Jahr schließen sie Frieden mit Frankreich, das jedoch Roussillon und Cerdagne besetzt hält. Zu Beginn des Jahres 1479 stirbt Johann II., und Ferdinand II. besteigt den Thron Aragons. Damit ist die dynastische Vereinigung vollzogen. Einige Monate später kommt es zum Frieden mit Portugal, was eine Epoche freundschaftlicher Beziehungen einleiten sollte. Im Friedensvertrag wird unter anderem die volle Eingliederung der Kanarischen Inseln in die Krone von Kastilien anerkannt.

1480-1492

Diese Jahre werden von Unternehmungen innerhalb der Iberischen Halbinsel, vor allem in Kastilien, beherrscht. Am wichtigsten ist zweifellos die Eroberung des muselmanischen Emirats Granada. Parallel dazu kommt es zu einer ersten Kirchenreform und zur allgemeinen Einführung der Inquisition. Mehrere Ereignisse, die schließlich zur Vertreibung der Juden führen, greifen ineinander (1492). Die Reform der politisch-administrativen Institutionen Kastiliens im Dienst einer erneuerten monarchischen Autorität erreicht ihren Höhepunkt. Im Gegensatz dazu kann man feststellen, daß in Aragon solche Änderungen nicht möglich waren. Nach einem zweiten »Krieg der Leibeigenen« (*guerra remensa*) gelingt es dem König 1486, eine rechtliche Lösung des Problems durchzusetzen.

In den Auslandsbeziehungen wird eine neue Strategie verfolgt, mit dem Ziel, das italienische Gleichgewicht (enge Beziehungen zum Heiligen Stuhl, Protektorat über Neapel) aufrecht zu erhalten und eine atlantische Allianz mit den Niederlanden, England und der Bretagne als Gegengewicht zur französischen Außenpolitik zu bilden.

1492-1503

Jetzt stehen internationale Aktivitäten im europäischen Raum im Vordergrund. Ferdinand übernimmt die politische Hauptrolle, was vor allem ab 1494/1495 zum Austausch von Personen in vielen hohen Stellungen der politischen und kirchlichen Macht führt. Cisneros wird Erzbischof von Toledo und zum wichtigsten Mann bei der Durchführung der Kirchenreform. Diese geht dank des Wohlwollens des aus Valencia stammenden Papstes Alexander VI. rascher vonstatten.

Es scheint ein Moment der besonderen wirtschaftlichen Blüte in Kastilien gewesen zu sein, vor allem in der südlichen Hälfte, während Katalonien sich erholte. Das beweisen die meisten Anordnungen, die die Wirtschaftspolitik betreffen. Es gibt im kastilischen Raum einige Versuche, die monarchische Macht und die Rolle der Gemeinden neu zu gestalten (Register der Renten ab 1495, Projekt des Militärdienstes

1496, teilweise Aufhebung der *hermandad* 1498). Die Eroberung und Wiederbesiedlung der Kanarischen Inseln wird zur gleichen Zeit abgeschlossen, in der sich mit den ersten Transatlantikfahrten eine neue Welt eröffnet. Schließlich werden verschiedene politische und militärische Projekte an der nordafrikanischen Küste durchgeführt, die 1497 in der Besetzung Melillas gipfeln. Zugleich kommt es zu einem bedeutenden Umschwung in der Haltung gegenüber den Muselmanen in Granada. Das führt im Jahre 1502 zu ihrer Zwangsbekehrung zum Christentum, von der auch die verbliebenen Mudejaren in Kastilien betroffen sind.

Nach der friedlichen Rückgewinnung von Roussillon und Cerdagne kommt es zum Eingreifen in Neapel (die französisch-spanischen Kriege von 1495 und 1503), einhergehend mit einer Pyrenäenpolitik, die das kastilische Protektorat in Navarra untermauert. Die Politik der atlantischen Allianzen erreicht ihren Höhepunkt mit Eheschliessungen (England, Burgund/Niederlande, Portugal), die große dynastische und diplomatische Auswirkungen haben sollten. König Ferdinand organisiert schließlich die politischen Beziehungen zu seinen Erbländern neu, ohne jedoch deren institutionelle Strukturen oder das Gleichgewicht der Gewalten zu verändern. Es kommt zur Schaffung des Rates von Aragon, neue Verfahren für die Wahl der Ämter in den Gemeinden werden eingeführt.

1503-1516

Der Tod Isabellas I. im November 1504 wirft die schwierige Frage der Erbfolge in einer Zeit auf, in der Kastilien eine schlechte Wirtschaftskonjunktur erlebt, die mit der Getreidekrise von 1503 begonnen hat. Seit der zweiten Hälfte des Jahres 1500 steht die Erbfolge einer der Töchter des Herrscherpaars und deren Mann zu: Johanna, die jedoch geisteskrank und damit regierungsunfähig ist, und dem Habsburger Philipp, Herzog von Burgund, der in Fragen der Außenpolitik klar die Franzosen favorisiert. Ferdinand hat also kein Recht mehr auf die kastilische Regentschaft, will sie aber nicht an Philipp abtreten. Dieser findet Rückhalt bei einigen Mitgliedern des Hochadels, die wieder — wie vor 1475 — an der Ausübung der Macht teilhaben wollen. Ferdinand verteidigt seine Position, indem er eine neue Ehe mit Germaine de Foix (Frühling 1506) eingeht, um sich das Wohlwollen seines Onkels Ludwig XII. von Frankreich in der Pyrenäen- und Neapelfrage zu sichern. In Kastilien setzt sich trotzdem Philipp I.

durch. Im Sommer 1506 muß sich Ferdinand nach einem persönlichen Treffen mit dem Schwiegersohn und Konkurrenten in Villafáfila (Zamora) in seine aragonesischen Länder zurückziehen, erhält jedoch weiterhin hohe Renten in Kastilien, darunter aus der Verwaltung des Großmeisteramtes der Ritterorden und die Hälfte der aus Westindien (*las Indias*) stammenden Einkünfte. Zwischen Herbst 1506 und Frühling 1507 reist er nach Italien und geht daran, seine Herrschaft in Neapel zu festigen.

Der frühe Tod Philipps (»des Schönen«) im Herbst 1506 erlaubt es Ferdinand, seinerseits die Regentschaft für seine Tochter anzutreten. Er kehrt zurück und nimmt wieder den Titel eines Königs von Kastilien an. Nach der großen Seuche von 1507 endet die Krise. Ferdinand schlägt ohne Schwierigkeit einige Aufstände des Adels in Andalusien nieder und führt die monarchische Politik von früher weiter. Die Kinderlosigkeit seiner zweiten Ehe sichert die dynastische Einheit von Kastilien und Aragon, allerdings unter den Habsburgern, der *Casa de Austria,* denn aus Johannas Ehe mit Philipp stehen Erben bereit. Die nordafrikanischen Unternehmungen werden wieder aufgenommen (Eroberung Orans 1509), während in Übersee der bekannte Raum beträchtlich erweitert wird und dessen Verwaltung, sogar die kirchliche, vollständig in den Händen der Krone verbleibt.

Durch seine diplomatischen Aktivitäten, vor allem in Italien, kann Ferdinand eine günstige internationale Konstellation nützen, um Navarra zu besetzen (1512), was die Krönung von fast vierzig Jahren politischen Protektorats und kastilischer Interventionen bedeutet. Im Jahrzehnt von 1507 bis 1515, von dem wir nur wenig wissen, wird die Umsetzung des gesamten Regierungsprogramms abgeschlossen, auf das der Monarch sehr stolz ist: »Seit über siebenhundert Jahren«, schreibt er 1514, »war die Krone Spaniens niemals so mächtig noch so bedeutend wie jetzt, sowohl im Westen als auch im Osten, und das alles geschah, mit Gottes Hilfe, dank meines Werks und meiner Arbeit«. In jenen Jahren muß neben Ferdinand immer die Person Kardinal Cisneros genannt werden, der die Universität von Alcalá de Henares (1499-1508) gründet und nach dem Tode des Monarchen (Jänner 1516) Regent von Kastilien wird, bis Philipps und Johannas ältester Sohn Karl das Erbe antritt und 1517 als König Karl I. nach Spanien kommt.

KAPITEL II

Die Könige und ihre Kinder

Will man die Persönlichkeit der Könige, ihre Lebensumstände und ihren Charakter sowie ihr familiäres und menschliches Umfeld beschreiben, erweist sich der Umstand, daß nur bruchstückhafte und uneinheitliche Zeugnisse existieren und davon viele parteilich sind, als großes Hindernis. Es ist schwierig, das Wahre von bloßen Lobreden einerseits und Verleumdungen andererseits zu unterscheiden. Und welchen Anteil von Propaganda oder Idealisierung muß man in den Texten von Autoren aus der Zeit nach den Katholischen Königen vermuten? Was ist der Tendenz der damaligen Chronisten zuzuschreiben, Archetypen persönlicher und politischer Tugenden eines »idealen Königs« darzustellen, was unweigerlich zu Verzerrungen und Grauzonen in der Beschreibung führt? Wenn man all dies bedenkt und berücksichtigt, kann man trotzdem aus den vielen Zeugnissen ein relativ gesichertes Bild gewinnen.

DIE KÖNIGE

Isabella die Katholische wurde 1451 geboren. Ihre Eltern waren der früh verstorbene König Johann II. von Kastilien und dessen zweite Frau Isabella von Portugal. Bei ihrer Heirat war sie 18, als sie den Thron bestieg, 23 Jahre alt. Das Aussehen der Königin wurde sehr gut von Hernando del Pulgar beschrieben: »Sie war von durchschnittlicher Größe, wohlgestalt in ihrem ganzen Aussehen und in den Proportionen ihrer Gliedmaßen, sehr blaß und blond; die Augenfarbe lag zwischen grün und blau, ihr Blick war offen und ehrlich, die Gesichtszüge wohlgeformt, das ganze Antlitz sehr schön und heiter.« Ihrer moralischen Charakterisierung zufolge hielt sie Maß »in der Zurückhaltung sowie in Gemütsaufwallungen«, zeigte hohen Einsatz bei der Arbeit und Festigkeit in ihren Entschlüssen:

> »Sie war sehr darum bemüht, Recht zu sprechen, so sehr, daß man ihr nachsagte, eher den Weg der Strenge zu gehen als den der Milde; sie machte dies, um dem großen Verderbnis der Verbrechen ein Ende zu setzen, das im Reich herrschte, als sie Königin wurde.«

»Aus ihrer natürlichen Neigung heraus war sie aufrichtig und bestrebt, ihr Wort zu halten«, wenn auch mit denselben Grenzen und Vorbehalten, die vom König berichtet werden. »Sie sprach sehr höflich«, gleichzeitig jedoch »versteckte sie ihren Zorn und verstellte sich; da dies allgemein bekannt war, fürchteten sowohl die Großen des Reiches als auch alle anderen, bei ihr in Ungnade zu fallen.« Sie hatte einen energischen Charakter und stellte hohe Ansprüche, um ihre Ziele zu erreichen, wie ihr eigener Mann ihr 1475 in Erinnerung ruft:

> »Obwohl die Männer entschlossen, einsatzbereit, tatkräftig und unterhaltsam sind, ist es immer schwierig, Frauen zufriedenzustellen und Euch im besonderen, meine Gnädigste, für die derjenige erst geboren werden muß, der Euch zufriedenstellen kann.«

In ihrem Eheleben war sie eifersüchtig, wenn auch nicht ohne Grund: »Sie liebte ihren Gatten, den König, sehr und wachte mit maßloser Eifersucht über ihn.« (Pulgar)

> »Wenn sie spürte, daß irgendeine Hofdame oder Zofe ihres Hauses ihn verliebt ansah, suchte sie mit viel Klugheit Mittel und Wege, diese Person unter zahlreichen Ehren- und Gunstbezeigungen aus ihrem Haus zu entfernen.« (L. Marineo Sículo)

»Sie liebte die Tugenden und strebte nach Ruhm und großem Ruf«, so beschreibt sie derselbe Marineo Sículo und stimmt darin mit Pulgars Beobachtungen über das Wesen der Königin überein, denen die Rechnungsbelege des Königshauses zugrundeliegen:

> »In ihrer Bekleidung, ihrem Putz und der Bedienung ihrer Person legte sie Wert auf Etikette, und sie wollte von großen, adeligen Männern umgeben sein ... Auch wenn ihr dies als Laster angekreidet wurde und man sagte, daß sie zuviel Prunk brauche, so verstehen wir doch, daß keine Etikette für die Könige zuviel sein kann, weil sie noch viel mehr verdienen würden.«

Ein Teil dieses Bestrebens, sich einen prachtvollen Hof zu halten, der zum Ruhm des Königshauses beitragen sollte, während er gleichzeitig ihrem Bedürfnis nach Gesellschaft entgegenkam, zeigt sich auch darin, daß sie »großzügig und freigebig in der Verteilung ihrer ständigen Ausgaben war und hohe Beträge für Gunstbezeigungen verwendete«; auch umgab sie sich mit »vielen Hofdamen aus altem Adelsgeschlecht von außerordentlicher Tugend und einer großen Zahl von Zofen, die sie sehr gütig behandelte und mit zahlreichen Gefälligkeiten bedachte« (L. Marineo Sículo). Hier sei auch der Bericht des venezianischen Botschafters Marino Sanudo angeführt, der sie 1498 »vestita molto richamente in habito quasi a la francese, con molto gioie de non picol valuta« (»prachtvoll gekleidet, fast nach französischer Art, mit viel Geschmeide von nicht geringem Wert«) am Hof vorfindet.

Neuerlich wollen wir Pulgar das Wort überlassen: »Sie war eine sehr scharfsinnige und verschwiegene Frau, zwei Eigenschaften, die man selten in ein und derselben Person antrifft.« Es gibt eine Fülle von Anekdoten über die Königin. Obwohl sich deren Authentizität nicht immer mit Sicherheit feststellen läßt, erlauben sie Rückschlüsse auf verschiedene Wesensmerkmale ihrer Mentalität, ihrer Überzeugungen und ihres Charakters: Berücksichtigung und Respektierung der Ständeordnung, Verachtung all dessen, was nicht der Funktion entspricht, die man übernommen hat, eine strenge moralische Einstellung, realistische und manchmal harte Urteile über Städte und Gegenden im Königreich oder Gruppen der Gesellschaft. Dennoch trägt sie bei entsprechenden Gelegenheiten gerne Kleider und Schmuck gemäß den lokalen Gebräuchen, z.B. im Norden, schreibt »liebenswürdige« oder höfliche Briefe an Adelige und Ritter, z. B. während des Granada-Feldzugs, ehrt ihre Mitarbeiter und trägt Trauer, wenn sie sterben, so wie es beim Tod des Marquis von Cádiz, Rodrigo Ponce de León, 1492 der Fall war. Zwei überlieferte Aussprüche geben in aller Kürze wieder, wie sie über die Gesellschaftsordnung und die Quellen von Einkommen und Macht dachte:

»Es würde mich sehr freuen, wenn Gott mir drei Söhne gäbe: damit einer der Erbe meiner Königreiche wäre, der zweite Erzbischof von Toledo und der dritte Notar von Medina del Campo.«

»Sie sagte, daß sie gerne vier Dinge sehen würde: den Kriegsmann auf dem Feld, den Bischof in Bischofskleidung, die Dame in ihrem Empfangszimmer ... und den Gauner am Galgen.«

Königin Isabella verkörperte eine seltene Mischung menschlicher und politischer Fähigkeiten. »Sehr gerecht, sehr freigebig, sehr schön«, wird sie beschrieben. Manche ihrer Zeitgenossen rühmen sie sogar, hinter ihrer weiblichen Erscheinung die Stärke eines Mannes zu besitzen; jedoch darf man nicht glauben, daß ihr das gefiel, denn sie legte großen Wert auf ihre Weiblichkeit, obwohl es in den damaligen Zeiten nicht leicht war, als Frau zu regieren, und sie mehr als einmal deshalb auf Schwierigkeiten stieß. Vielleicht sah die Königin ihre Regentschaft wie ihr Lehrer Gonzalo Chacón, der 1470 die bis vor kurzem verschollene Chronik *La Poncela* schrieb, um ihr den Mythos Jeanne d'Arc vor Augen zu führen. Hatte diese ihr Reich im Augenblick der größten Niederlage und des drohenden Untergangs gerettet, konnte man vielleicht von der göttlichen Vorsehung erhoffen, daß eine Kronprinzessin in Kastilien ähnliches vermochte.

Sei es, wie es sei, man kann sich nur Castigliones Feststellung von 1512 anschließen, daß sie eine außergewöhnliche Persönlichkeit in der Politik war. Er schrieb der Königin die Fähigkeit zu, »so göttlich zu regieren, daß schon fast ihr Wille allein auszureichen schien, daß jeder ohne weiteres Aufheben das tat, was er tun sollte«. Höchstes Lob enthält auch einer seiner Dialoge in »Il Cortegiano« (1528):

»Pallavicino: Welcher König oder Fürst ... verdient es, mit Königin Isabella von Spanien verglichen zu werden?
Gaspar: König Ferdinand.
Julian: Dem stimme ich zu, denn die Königin hielt ihn für würdig, ihr Gemahl zu werden, und sie liebte und respektierte ihn so sehr, daß man nicht behaupten kann, daß er es nicht verdienen würde mit ihr verglichen zu werden. Ich glaube, daß der Ruf, den sie durch ihn bekam, keinere geringere Mitgift war als das Königreich Kastilien.
Gaspar: Ich meine, daß viele Werke des Königs Ferdinand der Königin Isabella zum Ruhme gereichten.
Julian: Wenn die Völker Spaniens, das heißt, die großen Herren, die Vertrauten, die Männer, die Frauen, die Armen und Reichen nicht alle untereinander vereinbart haben zu lügen, um sie zu loben, dann hat es in der ganzen Welt bis heute kein klareres Beispiel an wahrhaftiger Güte, an Größe der Gesinnung, an Klugheit, Religion, Aufrichtigkeit, Höflichkeit und Freigebigkeit, also aller Tugenden gegeben als Königin Isabella, und auch wenn der Ruf dieser Frau an jedem Ort und in allen Ländern sehr groß ist, werden diese überragenden Tugenden von jenen bestätigt, die mit ihr lebten und mit eigenen Augen ihre Taten sahen.«

Ähnliches schreibt 1526 der venezianische Botschafter Andrea Navagero: »Sie war eine außergewöhnliche und höchst tugendhafte Frau, über die in ganz Spanien mehr gesprochen wird als über den König, obwohl auch dieser sehr klug und für seine Zeit außergewöhnlich war.«

Ferdinand von Aragon, geboren 1452, war ein Jahr jünger als Isabella und ihr Vetter zweiten Grades. Auch sein Vater war ein Trastámara und hieß ebenfalls Johann II. Den König beschreibt Pulgar als »mittelgroßen Mann mit wohlproportionierten Gliedmaßen, regelmäßigen Gesichtszügen, fröhlichen Augen und dunklen, glatten Haaren, ein kräftig gebauter Mann«. Den Chronisten zufolge »sprach er weder zu schnell noch zu langsam«, hatte »eine gute Auffassungsgabe und war maßvoll beim Essen und Trinken und in seinen Bewegungen«. Das läßt auf Selbstbeherrschung schließen, neben der allerdings Aufwallungen von Heftigkeit, dann wieder Momente besonderer Undurchdringbarkeit stehen (»weder Zorn noch Freude riefen in ihm eine Veränderung hervor«), oft aber auch Augenblicke größerer Offenheit und Herzlichkeit: »Er hatte einen freundlichen Umgangston.« Eigensinn und Beharren auf seinem eigenen Urteil scheinen andere Charakterzüge gewesen zu sein. Pedro Vaca, sein Vorkoster zu der Zeit, als er noch Prinz war, bemerkte: »Sehr viel geschieht nach seinem Gutdünken, denn es scheint ihm nur das gut zu bekommen oder nützen zu können, das er für gut hält oder worauf er gerade Lust hat.« Er war ein geschickter Reiter, »ein großer Vogelfänger«, ein Liebhaber der für die Ritter typischen Spiele (Schach, Dame, Ballspiele). Vor allem liebte er die Frauen.

»Die Wollust«, schreibt Giménez Soler, »war sein Laster«. Als Beweis führt er weniger die unehelichen Kinder vor seiner Hochzeit an (er heiratete Isabella mit knapp 18 Jahren!), als Berichte von Chronisten und Priestern: »So sehr er auch die Königin, seine Gattin, liebte, gab er sich trotzdem anderen Frauen hin« (Pulgar). Und Pedro Mártir de Anglería schreibt ein Jahr vor Ferdinands Tod, als er in zweiter Ehe mit Germaine de Foix verheiratet war:

> »Wenn unser König sich nicht von seinen Begierden löst, wird seine Seele bald zum Herrn wandern und sein Körper zur Erde; er steht schon im 63. Lebensjahr und bemerkt nicht, daß seine Frau sich von ihm abwendet, und sie genügt ihm nicht, zumindest nicht in seinen Wünschen.«

Was Ferdinand als Staatsmann und Herrscher ausgezeichnet hat, prägte auch sonst seine Persönlichkeit. Er sei, heißt es einmal, »ein tapferer Mensch und großer Kämpfer in den Kriegen«, Eigenschaften, die mit Klugheit, Geduld und Vorsicht in Einklang stehen, mit denen Giucciardini ihn Jahre später beschreibt: »Er führt ein sehr geordnetes Leben.« Auf Ferdinands Neigung, nur selten Geld als Zeichen der Gunst zu verschenken, spielt Pulgar an, wenn er meint: »Man kann nicht behaupten, daß er freigebig war.« Darin stimmt er mit anderen Autoren überein, doch muß dazu erklärt werden, daß das königliche Vermögen in Aragon nicht groß genug war, um es mit vollen Händen auszugeben, und Ferdinand in Kastilien nur begrenzte Möglichkeiten und aufgrund des Krieges stets wachsende Bedürfnisse hatte, wie er selbst in einem Brief von 1514 schreibt: »Ich habe keine Schätze, weil ich immer Krieg gehabt habe.« Mártir de Anglería berichtet, daß er »in einem erbärmlichen Landhaus und entgegen der Meinung der Leute in Armut starb; kaum fand sich Geld für das Begräbnis oder für die Trauerkleidung seiner Diener, weder in seinem Gefolge noch sonstwo.« Dies hatte jedoch eher mit den konkreten Umständen rund um den Tod während einer Reise zu tun als mit anhaltendem Geldmangel.

Tugenden wie Gerechtigkeit, Religiosität, Frömmigkeit und einige andere, die an Isabella auffielen, werden auch ihm zugestanden, aber in nicht so hohem Maße wie seiner Frau. So schreibt Marineo Sículo: »Dem Urteil vieler Leute nach hatte die Königin ein majestätischeres Aussehen, einen regeren Geist, ein größeres Herz und ein ernsteres Gehabe.« Beide gingen hart gegen Verräter vor, was ihrer Auffassung von der Herrscherwürde entsprach.

Was Ferdinands Erziehung und Bildung betrifft, schreibt L. Marineo Sículo:

> »Erzogen zwischen Rittern und Kriegsmännern, konnte er sich nicht den Geisteswissenschaften widmen, auch als er schon alt genug war, und hatte keine Kenntnisse darüber. Aber dank seiner großen geistigen Fähigkeiten und durch die Unterhaltung mit weisen Männern wurde er klug und weise, so als ob er von sehr gelehrten Lehrern unterrichtet worden wäre.«

Dasselbe behauptet Guicciardini: »Er ist ungebildet, aber sehr gesittet.« Es steht fest, daß sich beide auf Latein und die humanistische Bildung beziehen und nicht auf die kastilische Sprache und die traditionelle Bildung der aristokratisch-ritterlichen Gesellschaft, die man Ferdinand keineswegs absprechen kann. Zudem hegte er Bewunderung für die schönen Künste und sammelte wertvolle Münzen und Schmuckstücke, was man natürlich auch als eine Art Investition betrachten kann.

Die Könige und ihre Kinder 47

König Ferdinand werden schon zu Lebzeiten eine klare Vorstellung von der geeinten Monarchie nach neuen Grundsätzen, politisches Geschick und Hartnäckigkeit in der Verfolgung seiner Ziele zugeschrieben. Daher war er für viele Theoretiker ein beliebtes Beispiel eines »modernen« Fürsten. Berühmt dafür ist Machiavelli, der 1513 schrieb:

»Ferdinand von Aragon, der derzeitige König von Spanien, kann als neuer Fürst bezeichnet werden, denn als ursprünglich machtloser König wurde er der ruhmreichste der christlichen Monarchen. Betrachtet man seine Taten, dann muß man feststellen, daß sie bemerkenswert sind, ja manchmal sogar außergewöhnlich [folgt Aufzählung der Taten]. So hat er stets große Dinge unternommen und in die Wege geleitet, die seine Untertanen ständig in Staunen und Bewunderung versetzten. Beschäftigt mit den Neuerungen, die unmittelbar aufeinander folgten, hatten diese immer zu tun und niemals die Zeit, gegen ihn zu arbeiten.«

***

Obwohl der König in Aragon keine offiziellen Chronisten hatte, die ihn besonders hervorheben und loben hätten können, steigerte Ferdinand in den Jahren seiner Regentschaft allein durch seine Taten den schon früher erworbenen Ruf. So enstand allmählich ein Mythos rund um seine Person, der im 17. Jahrhundert seinen Höhepunkt in den Werken des Aragonesen Baltasar Gracián erreichte, vor allem in *El político don Fernando el Católico*. Darin heißt es:

»Ferdinand begründete die bis heute bedeutendste Monarchie, danach war er bis zum heutigen Tag der größte König. Am meisten trug Königin Isabella, deren vortreffliche und heldenhafte Geistesgaben man niemals genug loben kann, dazu bei, daß er ein von Glück und Mut beseelter Fürst war, Isabella, seine katholische Gattin, jene große Fürstin, die, obwohl sie eine Frau war, die Grenzen eines Mannes übertraf.«

Diese Ansicht über das Ehepaar, nach der Isabella als »Mitarbeiterin von Ferdinand und als ihm untergeordnet« (Ferrari) galt, auch wenn ihre persönlichen und politischen Qualitäten gelobt wurden, blieb der Grundton in den Berichten der nachfolgenden Autoren. Ab dem 18. Jahrhundert wuchs jedoch Isabellas Ansehen in dem Ausmaß, in dem jenes von Ferdinand sank; dies aus verschiedenen Gründen, darunter auch politischen: Man darf nicht vergessen, daß die Bourbonen im Jahr 1470 durch Heirat mit der Erbin Isabella II. und vor allem mit der Unterstützung Kastiliens den spanischen Thron bestiegen, und daß Ferdinand in der französischen Geschichtsschreibung wesentlich schlechter wegkommt als Isabella. Die Lobpreisung der Königin beginnt mit Ferreras (*Historia de España*, 1722) und setzt sich während der Aufklärung fort, die die Königin schon als »Heldin, ... als eine Art spanische Jeanne d'Arc« sieht und Ferdinand als »weltlichen Administrator und Staatsmann oder auch als Kriegsfachmann« (Ferrari). Die Biographie der Königin von Diego Clemencín (erschienen 1821) ging noch einen Schritt in dieser Richtung weiter und verdrängte Ferdinand gänzlich vom ersten Platz in der Politik.

Die liberale Geschichtsschreibung sah in Isabella von Kastilien den Ursprung für die nationale Einheit und den Kampf gegen die Privilegien der Feudalherrn und führte weiters »historiographische Extrapolationen« durch, »indem sie die Rolle der Frau an der Spitze der Monarchie mythifizierte, um die Thronbesteigung von Isabella II. gegen die Bestrebungen ihres habsburgischen Onkels Karl geschichtlich abzustützen« (P. Cirujano) und gelegentlich Parallelen zwischen Isabella I. und Isabella II. herzustellen. Unterdessen litt Ferdinands Bild auch durch die Gemeinplätze, die von den Historiographen der katalanischen *renaixença* aufgebracht wurden, denn sie sah in ihm den Begründer des »Zentralismus«, welcher den Niedergang Kataloniens mitverschuldet hatte. Entscheidend für das allgemeine Bild, das von den Katholischen Königen existierte und existiert, war nicht zuletzt die ausschließlich aus den Chroniken gewonnene Vorstellung über ihre Regierungszeit, die durch das Werk des Nordamerikaners W. Prescott (1838) verbreitet wurde, und schließlich die Schriften über die Religionspolitik der Katholischen Könige (Juden, Inquisition, Kreuzzug), die stets hitzige Debatten auslösten und voller Anachronismen waren.

Noch in den großteils vertrauenswürdigen biographischen Studien aus der Zeit zwischen 1936 und 1940 wird stets einer der beiden Ehegatten mehr hervorgehoben. Ganz zu schweigen von den Vereinfachungen, die aus Gründen politischer Propaganda unter das Volk gebracht wurden, und gegenteilige Behauptungen auslösten.

Das Umfeld am Hof

Sowohl bei Isabella wie bei Ferdinand können entscheidende Weichenstellungen für ihre spätere Entwicklung in Kindheit und Jugend vermutet werden. Durch ihre Eltern und Geschwister wurden Isabella und Ferdinand ganz unterschiedlich beeinflußt.

Isabella lebte seit dem Tod ihres Vaters, Johann II., in Arévalo bei ihrer Mutter Isabella von Portugal, die anscheinend in geistiger Umnachtung starb. König war ihr Halbbruder Heinrich IV. Von Isabellas Kindheit ist sehr wenig bekannt, abgesehen von der bedeutenden Rolle, die Gonzalo Chacón (ca. 1428 – 1507), der Komtur des Santiagoordens von Montiel und langjährige Vertraute von Don Alvaro de Luna, in ihrer Erziehung und in der ihres Bruders Alfons spielte: Chacón wird ab Juli 1468 Obersthofmeister (*mayordomo mayor*) und allgemeiner Rechnungsführer (*contador mayor*) von Prinzessin Isabellas Haushalt. Seit ihrem 11. Lebensjahr wohnt Isabella am Hof. Sie bleibt auch dort, als 1465 in Kastilien der Bürgerkrieg ausbricht. Erst 1467, nach der Übergabe von Segovia an die Anhänger des Thronfolgers, ihres Bruders Alfons, zieht sie zu diesem. Beide feiern in Arévalo gemeinsam mit ihrer Mutter Alfons' Geburtstag und das Weihnachtsfest »in einer warmen familiären Atmosphäre, wie sie es seit vielen Jahren nicht gekannt hatten« (Azcona). Wir wissen von Bühnen- und Grimassenspielen, die Gómez Manrique für diesen Anlaß vorbereitet hatte. Es sollte das letzte fröhliche Familienfest sein. Der überraschende Tod von Alfons zwang Isabella Mitte 1468, rasch erwachsen zu werden und in das öffentliche Leben zu treten.

Ferdinands Kindheit war, trotz der seit 1461 gelösten Frage der Thronfolge, noch bewegter, allerdings konnte er bei seinen Eltern aufwachsen: Johann II. von Aragon, »kalt, zurückhaltend, abwägend«, geduldig, ein leidenschaftlicher Jäger, und seine energische, oft sehr emotionale zweite Frau Juana Enríquez, die ihrem um vieles älteren Ehemann während der schwierigen Jahre, ab ungefähr 1460, eine starke Stütze war. Schon damals erfuhr der Prinz inmitten der Kriegszeiten von der politischen Krise um Katalonien und dem familiären Trauma, das aus dem vorangegangenen Konflikt zwischen Johann II. und seinem Sohn Karl, dem Prinzen von Viana, entstanden war. In dieser Zeit gründete er als Kronprinz sein Hauswesen und fand seine ältesten Mitarbeiter: Luis Sánchez, allgemeiner Schatzmeister ab 1465, und nach und nach dessen Brüder, dann Llorenç Badoç, sein Arzt, ein konvertierter Jude. Aus dieser Zeit stammt auch der Einfluß, den verschiedene katalanische Lehrer wie Francesc Vidal de Noya oder der Bischof von Gerona, Joan Margarit, auf ihn ausübten.

Das unmittelbare höfische Umfeld von Isabella und Ferdinand nahm logischerweise im Jahrzehnt nach 1468 feste Formen an, als sie zur Kronprinzessin von Kastilien und Thronfolgerin erklärt wurde und er in Aragon die Großjährigkeit erreichte. Auch nach ihrer Hochzeit behielt jeder seine eigene *Casa*, sein Hauswesen, obwohl einige ihrer gleichzeitig persönlichen und politischen Vertrauensmänner schließlich gemeinsame Vertraute wurden. Ferdinand hatte den Vorteil, neben dem Hofstaat, der ihm in Kastilien zustand, über seinen eigenen aus Aragon zu verfügen: Ihm gehörten die Sekretäre Juan de Coloma, Gaspar de Ariño, Bernardo Boyl oder Felipe Clemente an; die Brüder des Schatzmeisters Luis Sánchez (Gabriel, Alfonso und ihr Verwandter Francisco), Luis de Santángel ab 1481; der Vorkoster Pedro Vaca ab 1470, ein Vertrauter von Johann II.; die Espés, die Hofmeister des Königshauses; der zukünftige Krongutsverwalter von Valencia, Diego de Torres, und viele andere Männer des Königs. Von seinen längsten Dienern aus Kastilien ist sein Verwandter, der Obersthofmeister Enrique Enríquez, zu erwähnen.

Isabella ihrerseits wählte die Personen ihrer unmittelbaren Umgebung sehr sorgsam aus und schenkte ihnen großes und dauerhaftes Vertrauen. Zu Gonzalo Chacón kommt im Laufe des Jahres 1469 ihr Neffe mütterlicherseits Gutierre de Cárdenas hinzu, der später allgemeiner Rechnungsführer wird und mit Teresa Enríquez verheiratet ist (als uneheliche Tochter des Admiral Alfonso, Bruder der Mutter des Königs, ist sie Ferdinands Cousine); im gleichen Jahr taucht auch der allgemeine Rechnungsführer und königliche Sekretär Alfonso de Quintanilla auf und zur selben Zeit oder etwas später, im Jahr 1473, der private Hofmeister von Heinrich IV., Andrés de Cabrera, der Gouverneur des Alcázars von Sevilla, der mit einer von Isabellas wichtigsten Vertrauten, mit Beatriz de Bobadilla verheiratet ist: beide werden später in den Rang der Marquis von Moya erhoben und mit weiten Herrschaftsgebieten beschenkt. Weitere Frauen, die das unmittelbare Vertrauen von Isabella genossen, waren, wie bereits erwähnt, Teresa Enríquez, Clara Alvarnaes — die Frau von Gonzalo Chacón und erste Hofdame der Königin — und später Beatriz Galindo »la Latina«, Juana de Mendoza, Mencía de la Torre und andere.

Auf die Bedeutung einiger Geistlicher im Umfeld der Könige wird an anderen Stellen eingegangen: Alonso de Burgos, Hernando de Talavera, weiters Mendoza, Cisneros, Torquemada und Deza zählen zu den Personen, die für das Verständnis ihrer Regierung und sogar des persönlichen Verhaltens von Isabella unbedingt notwendig sind. Der Hieronomytenpater Hernando de Talavera war sicher eine der einflußreichsten Persönlichkeiten des Königreiches, zumindest bis 1493. Er war nicht nur Beichtvater der Königin, sondern auch ihr und ihres Mannes persönlicher Berater. Allein daß er für Isabella einen »Stundenplan« mit der Einteilung ihrer öffentlichen und privaten Zeit erstellen konnte, zeigt die Wichtigkeit dieses Mönchs.

Ziemlich genau kennen wir die Geldbeträge, die alljährlich für den Lebensunterhalt der Könige und die Ämter an ihrem Hof aufgewendet wurden, und ebenso jene, die die königlichen Schatzmeister für Personen und Dienstleistungen zahlten, die auch Bestandteil des königlichen Hauswesens waren. Die ersten Jahre standen im Zeichen einer strengen Haushaltsführung. Der König bekam 1480 für seine Hofhaltung zwei Millionen *maravedíes* aus der kastilischen Kasse und die Königin ebensoviel, während der Herzog von Villahermosa, der uneheliche Bruder von Ferdinand, die gleiche Summe erhielt und 1482 bereits eine Zahlung von 1.600.000 *maravedíes* für die Hofhaltung der Infantin Isabella aufscheint. Ab dem Ende dieses Jahrzehnts stiegen die Kosten rasch an, bedingt auch durch die Ausgaben für das »Haus« von Prinz Johann: Alles in allem lagen sie 1489 bei über 26 Millionen, 1494 bei über 35 Millionen und um die Jahrhundertwende bei 39 Millionen, obwohl der Tod des Prinzen und die Hochzeit der Infantinnen einen leichten Rückgang verursachten.

Auch wenn sich die Einnahmen der Staatskasse Kastiliens zwischen 1480 und 1504 verdoppelt hatten, stiegen die Ausgaben der königlichen Häuser wesentlich stärker; das ist sowohl auf die wachsende Komplexität der Dienstleistungen zurückzuführen, die sie in Anspruch nahmen, als auch auf den größeren Prunk am Hof, das stark vermehrte Personal — allein die Königin hatte schließlich mehr als 1000 Bedienstete —, den Anstieg der Luxusausgaben für Kleidung, Schmuck und Feste. Zusätzlich lasteten die zahlreichen Verköstigungen, Beihilfen und Almosen für verschiedene Personen und Institutionen schwer auf dem Budget.

Trotzdem verlief das tägliche Leben der Könige wahrscheinlich weder sehr prunkvoll, noch war ihr kastilischer Hof ein Ort von Festen und Luxus wie früher unter Johann II. und Heinrich IV.; mit einer Ausnahme: dem Fest, das Ende 1492 für die französischen Gesandten in Barcelona veranstaltet und von Fray Hernando de Talavera so sehr kritisiert wurde, daß die Königin ihm zur Antwort gegeben haben soll:

»Meine Person ist nicht nur des Überflusses, sondern aller Feste müde, so angebracht sie auch sein mögen.« Das entsprach zwar nicht ganz der Wahrheit, doch ist die Höhe der täglichen Ausgaben am Hof der Katholischen Könige nicht mit jenen Beträgen zu vergleichen, die ab 1508, als Ferdinand bereits mit Germaine de Foix verheiratet war, und vor allem ab der Regierungszeit von Karl I. ins Unermeßliche stiegen; daran erinnerten auch die Abgeordneten der *Junta* von Tordesillas im Jahr 1520, als Karl I. tägliche Ausgaben von 150.000 *maravedíes* verzeichnete:

> »Die so vortrefflichen und mächtigen Katholischen Könige Ferdinand und Isabella gaben für ihren Unterhalt und für den Unterhalt des Infanten Johann, Gott habe ihn selig, und der Infantinnen mit ihren zahlreichen Hofdamen, täglich nicht mehr als 12 – 15 000 *maravedíes* aus, und es fehlte ihnen an nichts, wie es sich für solche Könige geziemt.«

DIE INFANTEN

Die Rechnungen des Hofes enthalten manche Einzelheiten zum Leben und zur Erziehung der Kinder von Isabella und Ferdinand. Der König hatte vor seiner Ehe einen Sohn und eine Tochter. Sein Sohn Alfonso wurde 1478 noch als Kind Erzbischof von Saragossa und war später seinem Vater in Aragon eine starke politische Stütze, 1516 hatte er sogar die Regentschaft im Königreich inne. 1520 starb er. Nach der Eheschließung hatte der König, so viel bekannt ist, noch zwei uneheliche Töchter; beide traten in das Kloster Santa Clara de Madrigal ein. Als erstes eheliches Kind kam die Infantin Isabella zur Welt (1. Oktober 1470), als einziger Sohn Johann (30. Juni 1478). Es folgten Johanna (5. November 1479), die Ferdinands Mutter so ähnlich sah, daß Isabella sie manchmal *mi suegra* (»meine Schwiegermutter«) nannte, Maria (20. Juni 1482) und Katharina (16. Dezember 1485), die Lieblingstochter des Vaters.

Auf die Erziehung des Thronfolgers Prinz Johann wurde ein besonderes Augenmerk gelegt, genauso wie auf seine Gesundheit, die stets zart war, was die große Fürsorge um ihn wahrscheinlich noch verstärkt hat. So war er mit 15 Jahren noch unter der Obhut seiner Amme Juana de la Torre. Seine Erzieher waren Juan Zapata aus Madrid und später Sancho de Castilla — als Nachkomme von Peter I. aus königlichem Geschlecht —, sein Lehrer in den Geisteswissenschaften der Dominikanerpater und Bischof Diego de Deza. Außerdem unterrichteten ihn zeitweise Fray Alonso de Burgos, Bischof von Palencia, Pedro Mártir de Anglería und der Bischof von Malaga, Pedro de Toledo. Der Prinz erwies sich als besonders begabt in Latein und Rhetorik, war ein leidenschaftlicher Jäger und liebte im besonderen Musik und Gesang. Vor allem wurde er jedoch für den Thron erzogen, und schon bald übte er sich im politischen Zeremoniell. So wurde er 1490 von seinem Vater in der Vega von Granada zum Ritter geschlagen und schlug seinerseits nach alter Tradition »an jenem Tag Söhne von Lehnsherrn« zu Rittern. Später ließ ihn die Königin ab und zu an Sitzungen des Kronrats teilnehmen:

> »Denn nach Meinung der Königin mußte der Prinz, um die verschiedenen Ämter besser zu verstehen, sie zuerst selbst ausüben und lernen, Recht zu sprechen, denn das ist der Grund, weshalb Gott Könige und Prinzen auf die Erde schickt; hat er das einmal verstanden, wird er daraufhin ein Amt demjenigen geben können, den er für geeignet hält.«

Mit der Zeit umgab sich der Thronfolger mit einer Gruppe von Personen, die seine Studien- und Lebensgefährten werden sollten; fünf von ihnen waren gleich alt und fünf älter, damit sie aus deren Erfahrungen lernen konnten. Schließlich überließen ihm die Könige 1496 im Alter von 16 Jahren ein persönliches Herrschaftsgebiet, das »*Infantazgo*«, mit den entsprechenden Einkünften und richteten ihm einen eigenen Hof in Almazán ein, wo er von zum Teil langjährigen, zum Teil von neu berufenen Beamten und Dienern umgeben war. Hier konnten seine zukünftigen politischen Mitarbeiter wertvolle Erfahrungen sammeln. Das *Infantazgo* bestand aus dem Fürstentum Asturien, Cáceres und Trujillo, Salamanca und Toro, Logroño, Alcaraz, Ecija, Baeza und Ubeda, Ronda und Loja, Gebiete also, die über das ganze Königreich verstreut und von denen viele schon früher Bestandteil eines *Infantazgo* waren, was keinerlei Einschränkung in ihrer direkten Zugehörigkeit zur Krone bedeutete. In Katalonien erhielt er die Herrschaft über Gerona.

Alle Pläne und Hoffnungen für die Zukunft brachen ein Jahr später in sich zusammen. Der Infant, der noch im April 1497 Margarethe von Österreich geheiratet hatte, starb am 6. Oktober desselben Jahres.

Die Chronisten der damaligen Zeit gaben seinem intensiven ehelichen Sexualleben die Schuld, das ihn zu sehr erschöpft habe. Noch 1944 nennt ihn ein Biograph den »Prinzen, der an der Liebe starb«. Sein Tod war das erste und einschneidendste Glied in einer Kette von familiären Unglücksfällen, die die letzten Jahre der Königin überschatteten:

»Das erste schmerzhafte Messer, das die Seele der Königin durchbohrte, war der Tod des Prinzen. Das zweite war der Tod von Doña Isabella, ihrer ältesten Tochter, der Königin von Portugal. Das dritte schmerzhafte Messer war der Tod von Don Miguel, ihrem Enkel, mit dem sie sich zu trösten suchte. Von diesem Zeitpunkt an lebte besagte Königin Isabella, die in Kastilien sehr gebraucht wurde, ohne Freuden weiter, und es schwanden ihr Leben und ihre Gesundheit.« (Bernáldez)

Dazu kamen die ersten Anzeichen einer Geisteskrankheit von Prinzessin Johanna, die 1500 Thronerbin wurde.

Die Infantinnen hatten eine hervorragende Erziehung genossen, da sie ja durch Eheschließungen die neue hispanische Monarchie an anderen erstrangigen Höfen Europas vertreten sollten. Fray Pascual de Ampudia, der spätere Bischof von Burgos, war der Lehrer der Infantin Isabella, und Andrés de Miranda, ebenfalls ein Dominikanerpater, jener von Johanna. Für die Ausbildung der beiden jüngeren Infantinnen wurde ab 1493 auch der Humanist Alejandro Geraldini herangezogen. »Sie erhielten«, schreibt Azcona, »jene Erziehung, die zu dieser Zeit in den Königshäusern üblich war: eine Erziehung, die besonders unter dem Zeichen der heiligen Weisheit aus der Bibel und aus den liturgischen Texten stand. Dazu war das Erlernen der lateinischen Sprache notwendig, die alle sehr genau studierten.« Ihre kulturelle Bildung und ihre Ausdrucksfähigkeit in der lateinischen Sprache wurde in den darauffolgenden Jahren sowohl in den Niederlanden – bei der Ankunft von Johanna – als auch in England, wo Katharina Königin wurde, bewundert: Luis Vives und Erasmus von Rotterdam berichten davon.

Das Leben von drei der vier Infantinnen war von Unglück und Tragik überschattet. Isabella heiratete im November 1490 Alfons, den Thronerben Portugals, wurde aber bereits sechs Monate später Witwe. 1497 mußte sie den Vetter ihres verstorbenen ersten Mannes heiraten, Manuel I., den König von Portugal, und starb im August 1498

Die Könige und ihre Kinder 55

bei der Geburt ihres ersten Sohnes Miguel, der ihr zwei Jahre später in den Tod nachfolgen sollte.

Ihre Schwester Johanna erlitt auf Grund ihrer Geisteskrankheit ein trauriges Schicksal. 1496 dem Burgunderherzog Philipp, dem Erben Maximilians I., als Besiegelung eines machtpolitischen Bündnisses zur Frau gegeben, schiffte sich die Sechzehnjährige im kantabrischen Hafen Laredo ein. 22 bewaffnete Schiffe und die meisten Handelsschiffe, die die Route zwischen Kastilien und den Niederlanden befuhren, begleiteten sie. Am 18. Oktober 1496 fand in Antwerpen die Hochzeit mit Philipp statt. Johanna gebar ihrem um wenig älteren Gemahl in den nächsten Jahren drei Kinder, darunter den späteren König und Kaiser Karl I. (V.), litt jedoch – nachdem sie fast den ganzen kastilischen Hofstaat nach Hause entlassen hat müssen – unter zunehmender Isolierung im fremden Land, was sich auf ihre ohnehin labile psychische Verfassung äußerst ungünstig auswirkte. Als Fray Juan de Matienzo im Jänner 1499 im Auftrag von Königin Isabella über das Leben der Infantin in den Niederlanden berichtete, war ihr Zustand bereits besorgniserregend. Auch die Rückkehr nach Spanien im Jahre 1502 brachte der inzwischen zur Thronerbin avancierten Johanna keine Besserung, da Philipp, den sie abgöttisch liebte, bald wieder abreiste und sie gegen ihren Willen zurückließ. In Spanien gebar sie den zweiten Sohn Ferdinand.

Nach dem Tod von Isabella der Katholischen war Johanna ab 1505 formell Königin von Kastilien, doch war ihre Regierungsunfähigkeit offensichtlich, was zum Streit um die Regentschaft zwischen ihrem Mann und ihrem Vater führte. Noch schlimmer wurde der Zustand der Königin nach dem Tod Philipps im Jahre 1506, der eine schwere Krise auslöste. Ferdinand der Katholische, der an ihrer Stelle die Herrschaft antrat, traf die folgenschwerste Entscheidung im Leben seiner Tochter, als er sie im Herbst 1509 nach Tordesillas bringen ließ, wo sie bis zu ihrem späten Tod im Jahre 1555 ein einsames, stets beaufsichtigtes Leben hinter Mauern führte, obwohl sie nominell weiterhin Königin von Kastilien blieb und alle staatsrechtlichen Beschlüsse in ihrem Namen ergingen.

Maria, die dritte Tochter, heiratete 1500 den nach ihrer Schwester verwitweten König von Portugal und erfreute sich zumindest eines fruchtbaren Ehelebens, denn sie hatte zehn Kinder, starb jedoch mit 35 Jahren.

Katharina schließlich, die Jüngste, die »von allen Schwestern der Mutter am ähnlichsten sah« (Zurita), fand ihr Schicksal in England, wo sie 1501 den Thronerben Arthur heiratete. Der frühe Tod ihres Ehegatten ließ sie allein und einsam zurück, bis sie – nach Einholung kirchlicher Dispens – ihr Schwager Heinrich, der neue Thronfolger, zur Frau nahm. Ferdinand der Katholische scheint besorgt gewesen zu sein, betrieb die neue Heirat jedoch aus politischen Gründen. In einem Brief schrieb er damals: »Von allen meinen Töchtern seid Ihr die, die ich am innigsten liebe.« Katharina gebar Heinrich VIII. fünf Kinder, doch überlebte nur ein Mädchen (Maria). Der König wollte unbedingt einen männlichen Erben und plante die Scheidung von der Spanierin, was schließlich zum Bruch mit Rom führte. 1533 ließ Heinrich VIII. die Ehe mit Katharina durch den Erzbischof von Canterbury für ungültig erklären und heiratete die Hofdame Anne Boleyn. Katharina starb 1536.

Zu Beginn des 16. Jahrhunderts waren die Jahre längst vorbei, in denen die königliche Familie ein erfülltes Privatleben führen konnte, von dem in manchen Briefen der Monarchen an ihre Vertrauten Spuren zu finden sind. So zum Beispiel an Diego de Torres, der beauftragt wurde, den königlichen Tisch mit Datteln, eingemachten Früchten, Quitten, »*marzipanes, citronat, carabasat, melrosada, sucre rosat, cor de junch*« zu versorgen. 1494 schrieb ihm der König zu Weihnachten: »Der hochwohlgeborene Prinz und die hochwohlgeborenen Infantinnen, unsere überaus teuren und geliebten Töchter, haben sich an den eingemachten Früchten sehr erfreut und Sie tausende Male gesegnet«. Um einerseits Weihnachten, andererseits die Genesung des Königs nach einem in Barcelona erlittenen Attentat zu feiern, schickten zwei Jahre später die Behörden aus Valencia 145 Schachteln Süßigkeiten und Torres sechs von Martín Girbés bemalte Puppen, versehen mit einer kompletten Ausstattung ebenfalls aus Valencia, als Geschenk an die drei Infantinnen, die noch im Spielalter waren.

Der Hof von Isabella und Ferdinand war in der letzten Phase ihrer Regierungszeit reicher und üppiger, aber beide erlebten in den ersten Jahren ein größeres Familienglück, was sich in gewisser Weise im öffentlichen Leben der Monarchen widerspiegeln mußte. Ihre gegenseitige Zuneigung bleibt uns fast zur Gänze verborgen, auch wenn die wenigen heute noch existierenden Briefe, die sie sich im Laufe ihrer häufigen Trennungen schrieben, manches durchklingen lassen. Im August 1502 etwa schrieb Ferdinand an Isabella:

> »Meine Herrin, ich küsse tausend Mal Eure Hände für die Gnade, die Ihr mir mit Euren Briefen erwiesen habt, und für die Nachricht, daß

es Euch ein bißchen besser geht. Zweifellos hattet Ihr großen Kummer ... Ich bitte Euch, meine Herrin — tut dies mir zuliebe: arbeitet nich so viel an diesen Dingen, die zu erledigen sind, und sorgt Euch nicht, daß sie nicht so vollkommen werden, wie Ihr es wünscht. Solange Ihr gesund bleibt und mit Gottes Gnade wird alles zu einem guten Ende kommen.«

KAPITEL III

Gesellschaft und Wirtschaft

DIE GESELLSCHAFTLICHEN HIERARCHIEN

In der Zeit der Katholischen Könige kam es zu keiner wesentlichen Änderung des Gesellschaftssystems, das vom ständischen Gedanken geprägt war. Man war überzeugt, daß die bestehende Ordnung dem göttlichen Willen entsprach. Gott bediene sich ihrer als Mittel, um die Menschen auf die Vollkommenheit in der anderen Welt vorzubereiten. Daher gab es keinerlei evolutionäre oder dialektische Vorstellung von der Gesellschaft, obwohl man sehr wohl die wirtschaftlichen Unterschiede, die Spannungen zwischen einzelnen Gruppen und die Ungerechtigkeiten bemerkte. Das statische Bild der Gesellschaft ließ die Position und das Recht jeder einzelnen Gruppe unangetastet und erkannte deren Rangordnung an. Durch die Gemeinschaft aller in der Religion verloren soziale Realitäten an Bedeutung und wurden relativiert. Dies war gleichzeitig ein Hindernis für nichtchristliche Gruppen, vollwertige Mitglieder der Gesellschaft zu werden.

Trotz dieser Grundhaltung ist das Spätmittelalter in Europa durch eine Fülle von sozialen Spannungen und Kämpfen charakterisiert. In den Jahrzehnten des Übergangs zur Epoche, die wir heute als Neuzeit bezeichnen, flauen sie zunächst einmal ab. Ursachen dafür waren die Überwindung der Wirtschaftsdepression, eine größere Stabilität der Monarchien im Zeichen erster Ansätze des »modernen Staats«, ein Bevölkerungsboom, die Erneuerung des Wirtschaftssystems dank Handels- und Agrarkapitalismus. Doch das alles diente nicht dazu, das gültige Gesellschaftssystem feudalen Ursprungs zu ersetzen, sondern für dessen Fortbestand zu sorgen. Es wurde auf diese Weise modernisiert und gestärkt und sollte noch weitere Jahrhunderte hindurch Gültigkeit haben.

Die Katholischen Könige verstanden es, ihren politischen Kurs zugunsten dieser Grundströmungen zu steuern. Sie nützten die gebotene Gelegenheit erfolgreich und waren allgemein vom Glück begünstigt. So konnten sie nach Jahren der Wirren und Kriege ein Klima des sozialen Friedens schaffen. Damit festigten sie die monarchische Autorität, aber auch die Vorherrschaft des Adels. Die interne Ordnung der christlichen Gesellschaft war mit der Ausstoßung der Ungläubigen und Abtrünnigen oder mit dem Krieg gegen sie vereinbar.

Bei der Beschreibung der verschiedenen gesellschaftlichen Schichten ist zu bedenken, daß die privilegierten Gruppen und die Randschichten in den Quellen mehr Beachtung fanden. Dabei gehörten mindestens 80 Prozent der Bevölkerung weder der einen noch der anderen Gruppe an. Man weiß weitaus mehr über den Adel, weil er an der Spitze des sozialen Gefüges stand und die kulturellen Modelle und Leitbilder schuf. Auch besitzen wir für die Gesellschaft in den Städten wesentlich mehr Nachweise als für den ländlichen Raum.

Der Adel

Zur Aristokratie ist nicht nur der Adel im eigentlichen Sinn mit den üblichen Differenzierungn zu rechnen. Es müssen auch jene Personen dazugezählt werden, die einige Merkmale der adeligen Gesellschaftsschicht aufweisen, aber keinem Adelsgeschlecht angehören. Was zeichnet den Adel aus? Vor allem der Besitz von Einkünften (Renten) aus Ländereien, denn neben den kirchlichen Einrichtungen ist die Aristokratie die besitzende Bevölkerungsschicht par excellence. Dazu kommen manchmal Einkünfte aus dem Kriegsdienst, und fast immer Renten aufgrund von Ämtern in der Verwaltung und der Leitung von unmittelbar der Krone unterstellten Gebieten (*realengo*) oder von Herrschaften, schließlich Einnahmen aus Renten der Krone oder der Kirche.

Damit kommen wir zur Definition eines anderen Merkmals der Gruppe: ihr politisches Gewicht, das mit den Ämtern der königlichen Verwaltung, ihren eigenen Herrschaften oder auch mit Funktionen in einem Stadtrat zusammenhängt. Hierher gehören auch die Kommenden der Ritterorden und gewisse hohe kirchliche Ämter. Das Privileg der Befreiung von den direkten Steuern, Vorrechte straf- und prozeßrechtlicher Natur und eine Sonderstellung aufgrund des Ansehens, welches die Gruppe innerhalb der Gesellschaft genießt, finden eine Rechtfertigung in ihrer wichtigsten Aufgabe als Verteidiger oder *bellatores*, die durch ihr Wirken die Gesellschaft als Ganzes schützen:

»Begünstigt müssen werden, die von den Königen ein festes Amt erhalten haben, denn mit ihnen machen sie ihre Eroberungen, und ihrer bedienen sie sich in Zeiten des Friedens und des Krieges, und aufgrund dieser Überlegung wurden ihnen diese Privilegien und Freiheiten zugestanden und im besonderen durch die Gesetze unserer Reiche, mit welchen angeordnet wurde, daß die Inhaber eines festen Amtes weder der

Folter unterworfen werden, noch ihnen wegen Verschuldung die Waffen oder Pferde genommen werden, noch dürfen sie wegen Verschuldung ins Gefängnis geworfen werden, mit Ausnahme gewisser Fälle.« (Cortes von Toledo, 1480)

Alle »Ehren, Freiheiten und Vorrechte« waren nicht für die ganze Gruppe ident: In Kastilien waren die nichtadeligen Ritter nur von der Münzgebühr, das war ein Teil der Abgaben der Cortes, befreit, aber nicht von den restlichen direkten Steuern. Die Zuständigkeit der *Salas de Fijosdalgo* der *Audiencia Real* beschränkte sich auf den Erbadel oder die *Hidalgos*. Es gab auch gewisse Unterschiede bei den »königlichen Genehmigungen«. Diese waren in den Gesetzen über den erlaubten Aufwand (1490, 1493, 1499 und 1500) festgelegt. Darin wurde bestimmt, welche Stoffqualitäten, Tuche, Kleidungsstücke, Juwelen und Zierat verwendet oder wie verschiedene Feste gefeiert werden durften. Einschränkungen in dieser Hinsicht hatten jedoch wenig Einfluß auf die Homogenität der Adelsschicht. Ihre Identität äußerte sich in ihren Denkweisen und Verhaltensnormen, Ausdrucksweisen und Idealen der Religiosität, die ein Ergebnis der Ritterschaft als Lebensweise waren. Diese entwickelte sich seit dem Hochmittelalter allmählich in ganz Westeuropa. In Spanien lagen vielleicht die Ursprünge nicht so weit zurück, dafür kam es im 15. Jahrhundert zu einer späten, aber umso ausgeprägteren Entwicklung.

Die praktische Umsetzung dieser Lebensweise ist nicht nur Sache einzelner Personen, sondern gehört zu einem Gefüge sozialer Beziehungen. Die Geschlechter und ihre Hintersassen bilden einen Rahmen der Solidarität, in dem die Blutsverwandten, die manchmal verschiedene Kleinfamilien bilden, ihr Gesinde, ihre Günstlinge, Vasallen und Beisassen unter der Führung des ältesten Verwandten durch die gemeinsamen Symbole wie Stammsitz und Wappen vereint waren. Die Parteien, Bündnisse und Gruppen entstanden für gewöhnlich aufgrund familiärer Verbindungen und Spannungen.

Isabella und Ferdinand akzeptierten diesen Stand der Dinge, da sie den gleichen Idealen huldigten. Sie festigten die Strukturen, bekämpften jedoch die Mißbräuche und negativen Auswirkungen, die sich für die königliche Autorität daraus ergeben hätten können. Das ist der Beweggrund für manches Eingreifen der Könige, die eher als die ersten Adeligen des Reiches und nicht als Herrscher handelten, wenn es um Eheangelegenheiten, Erbfolgestreitigkeiten sowie die Wahrung und Vermehrung von Besitzungen ging. Alles zweifellos

Angelegenheiten von politischer Bedeutung. Die Beziehung der Krone zum städtischen Kleinadel ist schon distanzierter, doch hält sie auch über diesen ihre schützende Hand. Sie stärkt das Monopol der Gruppe auf die Ämter der Macht und in der lokalen Verwaltung. In Kastilien wird es ab 1505 (*Leyes de Toro*) allgemein möglich, Majorate zu errichten, was im besonderen den gesellschaftlichen Interessen des städtischen Patriziats entgegenkommt.

Die großen kastilischen Adelsgeschlechter

Die *ricos hombres* oder Granden Kastiliens standen an der Spitze von alten Geschlechtern, die aber häufig erst ab 1369 in der Zeit der Trastámara ihren Aufstieg erlebten. Damals wurde zeitweise der Adel stark gefördert, was zu einer Zunahme der Herrschaften mit eigener Gerichtsbarkeit und vermehrter Verleihung der Titel *Conte* (Graf), *Marques* (Markgraf) und *Duque* (Herzog) führte. Im Jahre 1480 gab es 499 Familien, denen irgendein Adelstitel verliehen worden war. Die Katholischen Könige verliehen noch weitere zehn Titel, ohne aber deshalb die Zahl der Herrschaften wesentlich zu vermehren.

Da in den meisten Fällen die großen Adelshäuser versuchten, ihre Hauptmacht auf ein bestimmtes Gebiet zu konzentrieren, muß man bei der Aufzählung der wichtigstgen Adelsgeschlechter jede Region für sich betrachten.

Da gab es zunächst das Geschlecht der Grafen von Haro, Konnetabeln von Kastilien, dessen Titelträger damals Don Pedro Fernández de Velasco war. Sein Grabmal in der Hauptkapelle des Chorumgangs der Kathedrale von Burgos ist ein unschätzbares Zeugnis seiner Macht und seines Mäzenatentums, auch wenn andere Grabkapellen des Hochadels der seinen in keiner Weise nachstehen.

An der Spitze des Geschlechts La Cerda, Grafen von Medinaceli stand Don Luis, ein Greis, der fern dem Hofe lebte und in seiner letzten Ehe mit Catalina de Vique verheiratet war, die aus einer Familie bekehrter Juden stammte. Die Könige verliehen ihm den Titel eines Herzogs, ohne seinen Herrschaftsbesitz zu vergrößern. Dieser umfaßte im wesentlichen den mit dem Titel verbundenen Marktflecken und die entsprechenden Ländereien sowie El Puerto de Santa Maria.

Das Geschlecht der Manrique war weitverzweigt: Abgesehen von hohen kirchlichen Würdenträgern wie Iñigo Manrique, Bischof von Jaén, dann von León und Coria und schließlich Erzbischof von Sevilla, sind zu erwähnen: Gabriel Fernández Manrique, Graf von Osorno,

Die Katholischen Könige hatten wie ihre Vorfahren keine ständige Residenz. Unter ihren zur Erholung bestimmten Aufenthaltsorten bevorzugten sie das Kloster »Unsere Frau von Guadalupe«

Die königlichen Wappen auf dem Franziskanerkloster »San Juan de los Reyes« in Toledo, das die Katholischen Könige als Stätte der Erinnerung an ihre Herrschaft erbauen ließen

Rechte Seite oben: Kreuzgang des genannten Klosters »San Juan de los Reyes« in Toledo

Rechte Seite unten: Kreuzgang des Dominikanerklosters Santo Tomás in Avila, das als eine der Residenzen für die Katholischen Könige erbaut wurde

Wappen im königlichen Schloß von Saragossa, der Hauptstadt des Königreichs Aragon. Der von Ferdinand dem Katholischen umgebaute und erweiterte Kalifenpalast wird »Aljafería« genannt

In der altkastilischen Stadt Segovia ließ sich Isabella Ende 1474 nach dem Tod ihres regierenden Halbbruders Heinrich IV. zur Königin proklamieren

Pedro Manrique, Graf von Treviño und Herzog von Nájera, *adelantado mayor* von Kastilien; Juan Manrique, Graf von Castañeda, oder die Verwandten des einst mächtigen Rodrigo Manrique, Graf von Paredes, dessen Sohn Jorge ihm in einem Gedicht ein unvergängliches Denkmal setzte.

Zur Zeit der Katholischen Könige festigten die Quiñones, Grafen von Luna, *merinos mayores* von Asturien, ihre Herrschaft in Gebieten, die zum Teil in León, Asturien und Galicien lagen. Träger des Titels war Diego Fernández de Quiñones. Die Enriquez, Admiräle von Kastilien (Alfons, der Onkel König Ferdinands und dann Fadrique, sein Vetter), und die Pimentel, Grafen von Benavente (Rodrigo Alfonso Pimentel), hatten ihre wichtigsten Herrschaften im Duerotal in der Gegend um Valladolid. Ein anderer Zweig der Familie, der der Grafen von Alba de Liste, lebte weiter westlich, und verschiedene Enriquez dienten der Krone in Ämtern persönlichen Vertrauens. Enrique Enriquez, Gutsbesitzer in Baza, war Haushofmeister des Königs. Pedro Enriquez erhielt durch Heirat den *adelantamiento mayor* von Andalusien. Francisco Enríquez war königlicher Statthalter in Vélez-Málaga, der Zweitgeborene einer anderen Linie, Garci Fernández Manrique, Burgvogt (*alcaide*) von Málaga und vorher königlicher *corregidor* in Córdoba.

An der Spitze des galicischen Adels standen die Osorio: Pedro Alvarez de Osorio, Graf von Lemos, und sein Namensvetter, Marquis von Astorga, sind die wichtigsten Namen dieser Zeit ebenso wie die Sotomayor, Grafen von Camiña, die portugiesischer Herkunft waren. Es gibt Adelsgeschlechter, die in verschiedenen Regionen ansässig sind, wie das der Stúniga oder Zúñiga, Herzöge von Béjar seit 1490, der Zeit des Don Alvaro de Zúñiga. Dazu waren sie noch die Herren von Capilla und Burguillos in Niederestremadura und von Gibraleón in der Zone von Huelva. Ein weiterer Zweig war in Kastilien zwischen Miranda del Castañar und Peñaranda de Duero ansässig. Die Alvarez de Toledo übten hingegen ihre Macht in ihren Herrschaften in Alba de Tormes, Piedrahita, Barco de Avila und Oropesa sowie am Hof aus. García Alvarez de Toledo, Graf und später erster Herzog von Alba war ein hervorragender Mitarbeiter Ferdinands des Katholischen. Ihm und seinem Sohn verdankt er den politischen Erfolg.

Noch viel größer war damals der Erfolg der Mendoza, deren Beistand für Isabella von Kastilien ab 1474 entscheidend war. Die Hauptlinie, die in Hita, Guadalajara, Manzanares el Real und im Norden, in Santillana ansässig war, hatte bereits die Titel eines Marquis von

Santillana und Herzog des Infantado (Diego Hurtado de Mendoza). Außerdem gewannen die jüngeren Linien an Bedeutung, die vom Kardinal Pedro González de Mendoza, Erzbischof von Toledo und wichtigster kirchlicher Würdenträger der Epoche bis 1495, und vom Grafen von Tendilla, Don Iñigo López de Mendoza, Botschafter der Könige in Rom und bis zum seinem Tode im Jahre 1515 Generalkapitän von Granada, abstammten. Den während der Regierung von Johann II. und Heinrich IV. erfolgten Beförderungen verdanken die Pacheco, Marquis von Villena und Herzöge von Escalona (Diego López Pacheco) ihre hervorragende Stellung. Das gleiche gilt für das Geschlecht der La Cueva, Herzöge von Albuquerque ab Don Beltrán de la Cueva; der Téllez Girón, Erben des Großmeisters des Calatravaordens Pedro Girón, die Grafen von Urueña und Herren von Osuna waren; der Grafen von Belalcázar und der Grafen von Feria. Sie alle hatten in Neukastilien und Estremadura beachtlichen Grundbesitz.

Die großen andalusischen Adelsgeschlechter waren älteren Ursprungs und blickten auf eine längere Tradition zurück. Gelegentlich waren sie weniger von der unmittelbaren politischen Begünstigung durch die Könige abhängig. Diese konnten vom ersten Augenblick an auf die Treue der Herzöge von Medina Sidonia bauen (Don Enrique und ab 1492 Don Juan de Guzmán). Es gelang ihnen, sie mit ihren Rivalen, dem Geschlecht der Ponce de León auszusöhnen. Diese führten bis 1492 den Titel eines Marquis von Cádiz, dann wurden sie Grafen und später Herzöge von Arcos de la Frontera (Don Rodrigo Ponce de León, 1492 verstorben, war einer der großen Heerführer bei der Eroberung Granadas).

Im Gebiet von Córdoba besaßen verschiedene Linien der Fernández de Córdoba ausgedehnte Herrschaften, und in der Zeit vor den Katholischen Königen beherrschten sie auch das politische Leben der Stadt. Don Alonso war der Herr des Hauses von Aguilar und Herr von Priego. Bereits sein Nachfolger Don Pedro führte den Titel eines Marquis. Gonzalo Fernández de Córdoba, der *Gran Capitán,* war der jüngere Bruder von Don Alonso und machte sich wie dieser einen Namen im Grenzgebiet und im Krieg von Granada.

Das Königreich Murcia war das Gebiet der Fajardo, die das Amt des *adelantado mayor* innehatten. Als Belohnung für ihre Treue wollten die Könige diese Familie enger an sich binden, indem sie die Erbin von Don Pedro Fajardo mit Juan Chacón, dem Sohn eines ergebenen Höflings vermählten und deren Erben den Titel eines Marquis de los Vélez verliehen.

Es wäre noch viel über den Hochadel zu sagen, dessen wichtigste Titelträger über Renten zwischen 25.000 und 40.000 Dukaten im Jahr verfügten. Diese Einnahmen stammten aus ihren Herrschaften mit eigener Gerichtsbarkeit, aus ihren Besitzungen, ihrer politischen Tätigkeit sowie aus Gunstbezeugungen, Amtsbezügen und verschiedenen Pfründen, die aus den königlichen Finanzen bezahlt wurden. Denn es war auch hier so wie in den anderen abendländischen Monarchien, daß im Spätmittelalter die Einhebung der Renten mittels neuer Verfahren zentralisiert wurde, um dann unter den Mitgliedern der Führungsschicht verteilt zu werden.

Die mittlere und niedere Adelsschicht in Kastilien

Den mittleren und niederen Adel kann man gemeinsam mit aristokratischen Gruppen, die noch nicht zum eigentlichen Adel zählten, als das politische Nervenzentrum der Krone und ihrer Regionen bezeichnen. Er war die Basis für das Wirken des Hochadels und der Könige, da er die lokale Macht innehatte. Diese Gruppe war zahlenmäßig sehr bedeutend. Schätzungen zufolge umfaßte sie ungefähr 10 Prozent der Gesamtbevölkerung, nur in Katalonien waren es höchstens 1,5 Prozent. Das ist eine der Erklärungen für die große Macht des Adels. Aber auch dafür, daß er so aufgeschlossen, relativ heterogen und flexibel war. Neben den *Hidalgos* und den Mitgliedern des Erbadels gehörten dazu auch Ritter durch »Brief« und durch »Besitz«, die persönliche Steuerbefreiungen und Privilegien genossen. Diese versuchten ihre Privilegien erblich zu machen und den Zugang zum Adel zu finden. Die Katholischen Könige grenzten die Bedingungen für die Anerkennung der Hidalgowürde klar ab (*Leyes de Córdoba*, 1492), verschlossen sich jedoch keineswegs der Möglichkeit, »Ritter und erste Männer« zu befördern und ihre Position zu festigen, und zwar unabhängig davon, ob sie adeliger Herkunft waren oder nicht.

Der Adel in den Ländern der Krone von Aragon

Der sichtbarste Unterschied zwischen dem niederen Adel von Aragon, Katalonien oder Navarra und dem von Kastilien war, daß er dort weniger in das städtische Leben integriert war, das von Patriziaten beherrscht wurde. Von diesen unterschied er sich klar, sowohl in rechtlicher Hinsicht als auch im Hinblick auf seine Interessen. So blieben die *infanzones* von Navarra und Aragon bei ihrer ländlichen Lebensweise, die von der Krise des Spätmittelalters stark betroffen war. Das gleiche widerfuhr den *cavallers* von Katalonien. Die Quellen ihres Reichtums, nämlich die Renten aus den Ländereien und der Feudalherrschaft über die Bauern, waren vor allem durch den Bürgerkrieg und danach durch die Lösung, die für das Problem der *payeses de remensa* (unfreie Bauern) gefunden wurde, stark betroffen. Davon wird in diesem Kapitel noch die Rede sein.

Im Gegensatz dazu hatte sich der Hochadel erneuert und behielt seine soziale und wirtschaftliche Vorrangstellung auch unter geänderten politischen Vorzeichen bei. In Katalonien hatten die *ric hómens* nach dem Krieg von 1462 ziemlich viel verloren. Es traten nun die *casales* (Geschlechter) hervor, die allmählich ab der Mitte des 14. Jahrhunderts entstanden waren: Montcada, Cabrera, Cardona und die dritte Linie der Grafen von Ampurias, die mit dem Infanten Enrique »Fortuna«, einem außerehelichen Neffen Johanns II. begann. In Valencia regierte der Adel sehr solide Herrschaften. Zu den wichtigsten Familien zählen die Centelles, Grafen von Oliva. Die Verleihung des Herzogtums von Gandía durch Ferdinand den Katholischen an die Borja, Kinder des Papstes Alexander VI., ist eines der hervorstechendsten Ereignisse.

In Navarra und insbesondere in Aragon gab es zu der herrschaftlichen Gerichtsbarkeit des Hochadels kein Gegengewicht durch eine starke monarchische Autorität. So erreichte der Hochadel dort seine höchste Macht über die ihm unterworfenen Bauern. Hier wären die Namen der wichtigsten Adelsgeschlechter zu erwähnen: Die Urrea, denen der Katholische König den Titel der Grafen von Aranda verlieh; die Luna, Lanuza, Bardaji, Liñan, Abarca Heredia y Urríes (Hugo de Urríes, Großvater und Enkel, waren Mitarbeiter des Königs); in Aragon außerdem Don Alfonso von Aragon, außerehelicher Bruder des Monarchen, Herzog von Villahermosa und Graf von Ribagorza. In Navarra ist das große Adelsgeschlecht des Konnetabel und Grafen von Lerín, der ein Anhänger von Don Luis de Beaumont war, oder das von Pierres de Peralta von besonderer Bedeutung.

Die städtische Gesellschaft

Der in historischen Abhandlungen häufig gemachte Unterschied zwischen Stadt und Land hat nur dann Gültigkeit, wenn berücksichtigt wird, daß unter die Gerichtsbarkeit der meisten Städte auch ländliche Domänen fielen — Gemeinden, Ländereien, Vorstädte — und daß in den Städten Gruppen lebten, die sich der Landwirtschaft und Viehzucht widmeten, sowie Aristokraten, deren Einkünfte vor allem aus der Landwirtschaft stammten. Die städtische Gesellschaft war jedoch immer auch von spezifischen Faktoren geprägt: Konzentration auf engen Raum und die Tätigkeiten auf dem Gebiet des Handels, der Dienstleistungen und des Gewerbes. Im Hinblick auf soziale Schichten, Mobilität und Konflikte hatte sie eigene Kriterien, bei denen die Höhe des beweglichen Vermögens und das berufliche Ansehen eine besonders wichtige Rolle spielten. Außerdem wurde in den verschiedenen Stadtrechten zwischen den Einwohnern und jenen, die nicht dazugehörten, unterschieden. Weiters kam es im städtischen Bereich leichter und häufiger zur Bildung von sozialen Randschichten.

Für die Einhebung der direkten Steuern wurden Einwohnerverzeichnisse geführt. Durch sie drangen die in Geldwert ausgedrückten wirtschaftlichen Unterschiede und in der Folge auch andere soziale Umstände stärker ins Bewußtsein. Heute ermöglichen sie eine Rekonstruktion der Vermögenspyramide ziemlich vieler Städte am Ende des 15. Jahrhunderts. Sicherlich wurde bei den Angaben vieles verheimlicht. Die Bewertung des Vermögens für Steuerzwecke war deshalb fehlerhaft oder unvollständig. Außerdem wurde die übliche Kleidung und Bettwäsche ebensowenig einbezogen wie das unerläßliche Arbeitsgerät (ein Pflug mit den dazugehörigen Ochsen, Pferd und Rüstung, in anderen Fällen das Handwerkszeug). Oft kommt man zu dem Schluß, daß nur rund drei Prozent der Einwohner jenen Reichtum ihr eigen nannten, der erforderlich war, um als Edelmann zu gelten. In Kastilien mußte man 40.000 bis 50.000 *maravedíes* sowie Pferd und Waffen besitzen, um gewisse Vorteile und Vorrechte der Aristokratie genießen zu können. Das sind die sogenannten »Ritter durch Besitz«. Weitere 20 bis 25 Prozent, deren Vermögen über 5.000 *maravedíes* betrug, könnte man in Kastilien zur Mittelschicht zählen.

Die restliche Bevölkerung, manchmal bis zu 70 Prozent, gehörte zur Unterschicht. Sie konnte kaum etwas ersparen und wurde häufig zu den »steuerlich Armen« gezählt, was nicht mit der totalen Armut verwechselt werden darf. Denn bei den meisten von ihnen handelte es sich wahrscheinlich um kleine Kaufleute, Arbeitnehmer mit einem Tagelohn von einem halbem bis zu einem *real*, kurz gesagt, um Leute, die imstande waren, mit ihrer Arbeit gerade das Notwendigste zu verdienen. Es waren Arme in dem Sinn, wie damals Alfonso de Palencia dieses Wort definierte: »...er hat wenig zu sagen und besitzt wenig, aber doch etwas.«

«Wenig zu sagen haben» war typisch für alle Gruppen der städtischen Mittel- und Unterschicht. Entweder weil die Zunft oder Standesorganisation von jeder Mitwirkung an der lokalen Regierung ausgeklammert war, das ist das Übliche in Kastilien, oder die Einwohner wurden je nach Vermögen und Beruf in sogenannte *manos* eingeteilt, wie es in den meisten Städten der Krone von Aragon der Fall war. So stellte in Barcelona die Elite der *ciutadans honrats* die *mano mayor* (Oberschicht) dar. Die Händler, die reicheren Handwerker, Ärzte und Juristen bildeten die Mittelschicht und der Rest der Handwerker die Unterschicht. Dabei wurden die vielen Arbeitnehmer oder andere Leute, die nicht finanzkräftig waren, nicht berücksichtigt. Sie lagen unterhalb und außerhalb dieser Einstufung und besaßen nicht einmal das Bürgerrecht. In Saragossa wurden im Jahr 1414 zwanzig *manos* für die Teilnahme an der Auslosung der Gemeindeämter festgelegt. Das bedeutet, daß Vermögen und Beruf grundlegende Kriterien für die Gliederung des Gesellschaftssystems waren. Dazu kam die Verleihung des Bürgerrechts, die nicht nur dazu diente, Fremde ohne Besitz auszuschließen, sondern auch dazu – zumindest in rechtlicher Hinsicht – die Distanz zum Klerus, zum Adel (in Aragon und Katalonien) und zu den Gruppen der Händler aus anderen Ländern deutlich zu machen.

Die Patrizier

Sie stehen an der Spitze der städtischen Gesellschaft, besitzen fast die gesamte lokale Macht und genießen zum Teil die Privilegien der Steuerbefreiung und bestimmter Rechtstitel. Das bedeutete eine Annäherung an die Aristokratie, und manchmal gelang es ihnen auch, besonders in Kastilien, sich in diese einzugliedern. Es gab hier jedenfalls keine starke im Aufschwung befindliche bürgerliche Alternative zum aristokratischen Modell. Die Gründe dafür waren die soziale Herkunft und die Zusammensetzung jener Gruppen der *omes principales* oder »Mächtigen«, wie sie ohne Umschweife in vielen Schriften dieser Zeit

Gesellschaft und Wirtschaft 71

genannt werden. In Kastilien bestand das Patriziat bzw. die Oligarchie aus dem niederen Adel, den Edelleuten, Nachkommen von Beamten der Krone, Großhändlern. Auch bekehrte Juden zählten dazu.

In Katalonien, Aragon und Valencia herrschten andere Lebensformen, weil der Adel im allgemeinen nicht an der lokalen Regierung beteiligt war und nicht einmal zur Einwohnerschaft zählte, auch wenn er im städtischen Bereich lebte. Dadurch unterschied er sich deutlich vom »bürgerlichen« Patriziat. Aber die grundlegende Tendenz – das Streben nach der für die Aristokratie typischen Lebensweise, nach Ebenbürtigkeit mit den Adeligen – war ähnlich. So war in den aragonesischen Städten das Patriziat, dem Händler, Juristen, manchmal auch Geldverleiher angehörten, dem niederen Adel der *infanzones* gleichgestellt, und die Patrizier investierten wie ihre Zeitgenossen in Kastilien in Häuser, Stadtpalais und Grundstücke. Zu den »ehrsamen Bürgern« von Barcelona gehörten ungefähr hundert Familien. Das Verzeichnis, in das sie eingetragen waren, wurde ab 1479 einmal jährlich überprüft. Ebenso geschah es ab 1480 in Perpignan. In Gerona waren es ungefähr fünfzig von den insgesamt eintausend Familien.

Die Zusammensetzung der Gruppe vervollständigen fast immer die Händler (7 Prozent der Einwohner von Barcelona, 4,6 in Mallorca, 4,8 in Valencia), denn bei ihnen entstanden Tendenzen, aristokratische Lebensweisen zu übernehmen oder andere Einkommensquellen zu finden. Dabei zogen sie Einnahmen aus Pachtzins gegenüber den Risiken des Handels vor, obwohl zeitgenössische mallorquinische Autoren das als den »Untergang des Königreichs« anprangerten.

Ihre Gleichstellung mit dem Adel konsolidierte sich in Barcelona ab 1499, als die *cavallers*, die in der Stadt lebten, Mitglied der Ratsversammlung oder *Consell de Cent* werden konnten. 1509 wurden die ehrsamen Bürger rechtlich den Rittern gleichgestellt. In Mallorca waren diese seit 1391 an der Stadtregierung beteiligt. In Lérida wurden sie ab 1499 in die *má mayor* integriert. Hingegen gab es in Gerona, Perpignan oder Tortosa keine rechtliche Integration, während in Valencia die Barrieren weniger starr waren, denn Bürger und Händler hatten Zugang zur Ritterschaft. Die soziale Tendenz war in allen Fällen ähnlich, wie in verschiedenen Texten dieser Zeit angemerkt wurde. Von den folgenden Beispielen bezieht sich das erste auf die Ritter von Sevilla (1463) und das andere auf die ehrbaren Bürger von Barcelona (1476):

»Die besagten ... sind Männer, die als Schildknappen und Hidalgos leben, und sie werden wie Schildknappen behandelt, sie haben Pferde,

Waffen, Pferdegeschirr und Silber, von dem sie essen ... sie sind gewandet wie rechtschaffene Männer, mit Knappen, Pferden, Maultieren und einem Negersklaven, der ihnen auf Schritt und Tritt folgt ... Die besagten Diego de Santillán und Gomes de Santillán leben anständig wie Ritter und Knappen, mit Pferden und Waffen und ihrem Gefolge.«

»Jene Bürger von Barcelona sind eines solchen Standes, wie seinesgleichen oft ein König nicht hat. Denn es sind respektable und reiche Leute, und sie führen ein ehrsames Leben, sie haben Pferde und Waffen, sind prunkvoll gekleidet, mit prächtigem Gefolge ... Sie besitzen große Häuser mit Möbeln, Silbergeschirr und wunderbaren Dingen ... Sie sind nicht nur Bürger, sondern in der Lebensweise eigentlich Ritter.«

Die übrige Einwohnerschaft

Der Teil der Einwohnerschaft, der aus den Gruppen der Mittelschicht hervorgegangen war, konnte gewisse Erleichterungen und Steuerfreiheiten erlangen, was eine Besserstellung gegenüber den anderen Bewohnern bedeutete. Es handelt sich um die Freien der verschiedenen kastilischen Städte: Beamte der königlichen Münze, Leibjäger des Königs, königliche Beamte, Bewohner der Stadtburgen der Krone, aber ebenso neue Einwohner, die im allgemeinen für zehn Jahre von den Steuern befreit wurden. Dazu kamen noch die Bewohner der Burgen an der Grenze zu Granada, wo es besonders gefährlich war. Die restlichen Einwohner bildeten das gemeine Volk, in Kastilien *el común* genannt. In einigen Texten werden sie als »kleine Leute« (*omes de pequeina manera, poble menut*) bezeichnet. Sie lebten von ihrem Arbeitslohn und kleinen zusätzlichen Einkünften. Im Krieg waren sie Fußsoldaten, im Frieden *pecheros* (Steuerpflichtige), an deren Schicksal sich in jenen Jahrzehnten nichts änderte, obwohl die größere Ordnung und das Wirtschaftswachstum auch für sie Vorteile brachte, zumindest zu der Zeit, in der der Bevölkerungsdruck noch nicht so stark war.

Unterhalb des Niveaus der großen Masse liegt die Welt der sozialen Randschichten. Die Maßnahmen zur Verbesserung ihres Loses, die im Verlauf des Spätmittelalters vermehrt und allmählich planmäßig eingesetzt wurden, dienten gleichzeitig ihrer Kontrolle. Um die Armen und Kranken kümmerten sich die Spitäler, die von Laienbruderschaften und Gemeinden unterhalten wurden. Es gab zwar sehr viele, aber sie waren klein. Normalerweise wurden dort sechs bis fünfzehn Personen betreut. In Sevilla gab es über 50, 30 in Córdoba, über 20 in Burgos. Die neue Tendenz einer Konzentrierung der Betreuung führte zur Auflösung kleiner Zentren. In den großen Städten der Krone von Aragon hatte man schon früher damit begonnen. So wurde 1401 das Spital Santa Creu in Barcelona gegründet oder 1425 das von Santa María de Gracia in Saragossa. In Kastilien versuchten die Katholischen Könige beispielgebend zu sein, indem sie die großen Spitäler in Toledo, Granada oder Santiago ins Leben riefen, aber zum eigentlichen Konzentrierungsprozeß kam es im allgemeinen erst im 16. Jahrhundert.

Als Folge der vergangenen unruhigen Zeiten gab es in den Städten Vagabunden, Spitzbuben und sonstige Malefikanten, die sich zusammenrotteten und »Banden« bildeten, die Ordnung störten und gelegentlich von einander bekämpfenden politischen Parteien benützt wurden. Diese Situation besserte sich während der gemeinsamen Regierung dank der größeren Wirksamkeit und Strenge der königlichen und kommunalen Rechtsprechung sowohl im städtischen als auch im ländlichen Bereich. Dennoch erwiesen sich die Maßnahmen als unzureichend zur vollständigen Beseitigung des Übels, da die Anwendung von Gewalt in der Gesellschaft dieser Zeit nichts Ungewöhnliches war. Daß auch beim Strafvollzug rituelle und symbolische Gewalt eine wichtige Rolle spielte, entspricht der sozialen Situation und der Mentalität.

Ein Beispiel dafür ist die Hinrichtung des gescheiterten Königsmörders, der Ende 1492 in Barcelona auf Ferdinand den Katholischen mit dem Messer eingestochen hatte. Der Fall ist einzigartig, und einzigartig sind auch die Grausamkeiten, mit denen die Strafe vollzogen wurde. Typisch für die vom barcelonesischen Gericht verhängten Strafen war ihr symbolischer Charakter:

> »Er wurde auf einem Karren durch die ganze Stadt geführt. Zuerst schnitt man ihm die Hand ab, mit der er dem König die Stiche versetzt hatte, und dann rissen sie ihm mit glühenden Zangen eine Brustwarze aus, und dann ein Auge, und dann schnitten sie ihm die andere Hand ab, und dann rissen sie ihm das andere Auge aus und die andere Brustwarze und dann die Nase. Die Schmiede bohrten glühende Zangen in seinen Leib und in seine Brust, und danach wurden ihm alle Glieder abgeschnitten, und sie rissen ihm das Herz durch den Rücken heraus. Dann warfen sie ihn vor die Stadt, wo ihn die Burschen und Knaben der Stadt steinigten und ihn ins Feuer warfen, und die Asche in den Wind streuten.« (Andrés Bernáldez)

Die Prostitution und die Sklaverei waren zwei weitere Fakten, die im Zusammenhang mit den städtischen Randschichten erwähnt werden sollten. Im ersten Fall übten die kommunalen Gewalten eine ziemlich wirksame Kontrolle aus. Sklavenmärkte und Sklaven gab es in den Städten Andalusiens und an der Ostküste in großer Zahl. In Valencia und Sevilla zum Beispiel lebten an die tausend Sklaven: Muselmanen, Schwarze und manchmal Einwohner von den Kanarischen Inseln. Sie wurden für Aufgaben im Haus oder zur Prestigeerhöhung eingesetzt und weniger für Arbeiten auf dem Land, denn nur einige hohe Adelige besaßen eine große Zahl (der Herzog von Medina Sidonia hatte zu Beginn des 16. Jahrhunderts ungefähr 200).

***

Zur städtischen Bevölkerung gehörten auch einzelne Personen und Gruppen aus anderen Reichen der Krone oder aus anderen europäischen Ländern, die fast immer mit Handel und Finanzgeschäften befaßt waren. So stechen die Kolonien der Genueser in Sevilla hervor, wo sie ab 1251 steuerliche Privilegien und andere Vorrechte genossen. Es gab sie auch in anderen Städten im Süden, in Valencia und sogar im Zentrum, wie in Toledo oder Cuenca, denn sie hatten großen Anteil am kastilischen Handel. Ihre Zahl war nicht groß, und oft war ihr Aufenthalt nur kurz, aber einige wurden ansässig, und verschiedene Familiennamen der *alberghi ligures* wie Pinelo, Cataño, Boccanegra, Zaccaría, Riberol, Sopranis, Rey, Espinola, Centurión, Grimaldo u. a. gehören bald zur andalusischen Gesellschaft. Die Genueser verstanden es, von Sevilla aus sehr aktiv an den ersten Erkundungsfahrten und Eroberungen im Atlantik mitzuwirken.

Die ländliche Welt

Die bäuerliche Gesellschaft, die ungefähr 80 Prozent der Gesamtbevölkerung ausmachte, war nicht so homogen und stabil, wie man vielleicht meinen möchte. Gegen Ende des Mittelalters kam es zum Beispiel zur Besserstellung einiger Bauern, die Grund und Vieh besaßen, Grundstücke pachteten, die im Gemeindeeigentum stehenden Ressourcen – Wälder, Weiden – mehr als andere nützten und die lokale Macht beherrschten. Es waren die »Gutsbesitzer« und »reichen Bauern«, die man in unzähligen Dörfern des Tafellandes findet, oder, unter anderen Bedingungen, die besser situierten Teile der Bauernschaft in Navarra, *infanzones labradores*, die sogar das eine oder andere Vorrecht genossen. Es besteht kein Zweifel, daß die besseren Bedingungen für die Kapitalisierung der Landwirtschaft und die Möglichkeiten, die der immer stärker florierende Handel eröffnete, vor allem diesen Teil der bäuerlichen Bevölkerung begünstigten.

Für die große Masse der besitzlosen Bauern (Kleinhäusler) war die Situation hingegen schlimmer, obwohl sich vor allem im nördlichen Drittel der Iberischen Halbinsel das Nutzeigentum von Grundstücken über sehr lange Zeiträume erstreckte. Jedoch konnte damit auch eine Schmälerung der persönlichen Freiheit, der Bewegungsfreiheit oder der Freiheit, über das Vermögen zu verfügen, verbunden sein. Noch 1480 zum Beispiel mußten die Katholischen Könige daran erinnern, daß die *solariegos* (auf fremden Grundstücken Ansässige) das gleiche Niederlassungsrecht und Recht auf Ortswechsel hatten, wie die übrigen Kastilier. Zur selben Zeit bestätigten sie neuerlich die persönliche Freiheit der *hombres de behetría*, das sind Männer, die sich freiwillig auf bestimmte Zeit einem Lehensherrn unterstellten. Zur Sicherung ihrer Rechte erklärten sie Orte, wo diese vor allem lebten, zur unmittelbaren Domäne der Krone.

Schlimmer war die Situation im Königreich Aragon, wo damals das Feudalsystem in seiner traditionellen Form und ganzen Härte neuerlich an Boden gewann, während in anderen Ländern eher die Tendenz bestand, es zu modernisieren und flexibler zu gestalten. Das Scheitern einiger Bauernaufstände (Ariz 1497, Monclús 1507-1517) und die Ohnmacht der Könige, die die rechtliche Situation nicht zu ändern vermochten, werden später im Zusammenhang mit der besonderen politischen Organisation Aragons zur Sprache kommen.

In Mallorca kam es zu Spannungen zwischen der Stadt und den von dieser beherrschten ländlichen Gebieten der Insel. Die Stadtbevölkerung war weitaus geringer und nahm langsamer zu, obwohl sich dort Leute aus anderen Gegenden niederließen. Es gab 2.684 städtische *fuegos* (Feuerstellen, Familien) gegenüber 11.740 ländlichen oder fremden. Aufstände der Fremden waren 1450 und 1463 gescheitert, aber die Forderungen blieben aufrecht, vor allem die nach einer gerechteren Verteilung der Abgaben, die sich nach dem Vermögen der Familien richteten. Obwohl 1512 ein Richtspruch in ihrem Sinne erging, eskalierte 1521 in einigen mallorquinischen *germanías* die Situation, woran die ländliche Bevölkerung stark beteiligt war. Parallel dazu kam es in den *germanías* von Valencia zu Problemen.

Die Verhältnisse der ungefähr 50.000 *payeses de remensa* in Altkatalonien waren durch persönliche Unfreiheit gekennzeichnet, die im allgemeinen mit relativem Wohlstand gepaart war. Sie waren unfrei, weil sie einer *redimentia* oder *remensa* unterworfen waren und es vom Willen ihres Herrn abhing, ob sie das Grundstück, das sie bebauten, verlassen durften. Sie wurden sogar zu Arbeiten herangezogen, die über die üblichen bäuerlichen Verrichtungen hinausgingen (*malos usos*). Der Wohlstand kam daher, daß es vielen dieser *payeses* während der langen Zeit des Bevölkerungsrückgangs gelungen war, eine beachtliche Anzahl von Grundstücken in Nutzeigentum zu vereinen, das zeitlich unbegrenzt war.

Die Rechtsstreitigkeiten und Aufstände der *payeses de remensa* hatten Ende des 14. Jahrhunderts ihren Anfang genommen. 1455 bzw. 1472 erreichten sie die Aufhebung der *remensa*-Dienste und der *malos usos*. Aber 1481 führten die *Cortes* sie als Teil der Maßnahmen zur Rückerlangung der Renten und Tilgung der Schulden aus der Zeit des Bügerkriegs wieder ein. Da kam es zu einem neuen Aufstand der Bauern. Schließlich erreichte 1486 ein in Guadalupe gefälltes königliches Urteil einen befriedigenden Kompromiß. Doch seine Umsetzung in wirtschaftlicher Hinsicht ging nur sehr langsam vor sich. Die *malos usos* und jede Form des *ius maletractandi* (Recht auf Züchtigung) wurden abgeschafft, die *remensa* wurde mit 60 *sueldos* pro Grundstück oder *capmas*, das die bäuerliche Familie hatte, festgesetzt oder mit einer jährlichen Rente von drei *sueldos*. Durch das Erbringen einer der beiden Leistungen gewann der Bauer völlige Bewegungsfreiheit und durfte bewegliche Güter kaufen und verkaufen. Die anderen Leistungen wie Pachtzins, *tasques* und sonstige Abgaben, die an die Adeligen als Eigentümer des Landes und als Herren zu entrichten waren, blieben aufrecht. Außerdem mußten die Bauern während der folgenden 15 Jahre 56.000 Pfund als Gegenleistung für die Einstellung von Rechtssachen und als Wiedergutmachung für verursachte Schäden und Nachteile aufbringen. Trotzdem blieben fast alle auf ihrem Land, nachdem sie diese besseren Bedingungen erreicht hatten und wenn sie diese neuen Rechte durch Erbschaft weitergaben, gehörten sie dadurch zur großen katalanischen Mittelschicht der Bauern von gewissem Wohlstand.

Die kleinen Adeligen mit ihren Gerichtsbefugnissen und ihren definitiv begrenzten Renten mußten indessen tatenlos zusehen, wie die Möglichkeit, die alten Positionen und Vorrechte zurückzugewinnen, immer weiter in die Ferne rückte. Dieser Umstand verschärfte für viele die Krise ihrer traditionellen Einkommensquellen und bewegte sie dazu, ihre Wurzeln aufzugeben und in die Städte abzuwandern.

***

Zigeunergruppen, vor allem in den ländlichen Gebieten, gehörten bereits in der Zeit der Katholischen Könige zum festen Bild des Landes. 1425 begannen sie auf die Iberische Halbinsel zu kommen, aus diesem Jahr stammt der erste bekannte Schutzbrief. Ihre Zahl erhöhte sich nach der großen Türkeninvasion der sechziger Jahre auf dem Balkan, die sie zum Verlassen der dortigen Gebiete zwang. Ihr Ursprungsland, wie der Name *griegos* (Griechen) vermuten lassen möchte, war dies jedoch auch nicht. Andere Namen spielten auf andere mögliche Herkunftsländer an: *egipcianos* (aus Kleinägypten), *bohemianos* (Böhmen). Der Vorwand für ihre Ankunft auf der Halbinsel war immer die Pilgerreise nach Compostela, eine Bußfahrt, »wie alle sagen, was am ausführlichsten in gewissen apostolischen Bullen enthalten ist, die ihnen seine Heiligkeit gab und gewährte«, heißt es in einem der Schutzbriefe aus dem Jahre 1491.

Die Zigeuner behielten ihre Stammesorganisation unter der Führung von *condes* bei und widersetzten sich jedem Verschmelzungsprozeß. Sie blieben auf unbestimmte Zeit im Land, zogen umher, niemand wußte, welchen Beruf sie hatten. Es kam zu Zwistigkeiten mit der ansässigen Bevölkerung und mit der Obrigkeit. Das ist der Grund für das königliche Edikt vom März 1499, in dem ihnen unter Androhung verschiedener Strafen, im Wiederholungsfalle Gefangenschaft, eine Frist von 60 Tagen gewährt wird, um seßhaft zu werden und einen Beruf zu ergreifen oder aber die Königreiche zu verlassen. Es braucht nicht erwähnt zu werden, daß dieses Edikt die erste einer Reihe von königlichen Verfügungen war, die nicht befolgt wurden. Wichtiger daran ist jedoch, daß dies der erste der Integrationsversuche ist, die erfolglos blieben. Die Gesellschaft wurde sich nur langsam des Phänomens der Zigeuner bewußt, jedoch wurden sie soweit zur Kenntnis genommen, daß die von Gil Vicente in der *Farsa de las Gitanas* (1521) aufgezeigten Charakteristiken der Gruppe zu Gemeinplätzen wurden.

DIE WIRTSCHAFTLICHE SITUATION

Es sollen hier nur kurz einige grundlegende Merkmale der Wirtschaftsstruktur erläutert werden, auch die wichtigsten Tendenzen und Fakten, die die sozialen und politischen Verhältnisse am stärksten beeinflußten. Von einer Wirtschaftspolitik der Könige oder der Städte und Feudalherren kann nicht gesprochen werden, wenn man von einigen hierin entwickelten Ansätzen absieht. Es gab auch keinen homogenen wirtschaftlichen Bereich, der alle Königreiche Ferdinands und Isabellas umfaßte, obwohl die Vereinigung der Dynastien eine gewisse Annäherung ermöglichte.

Im allgemeinen setzte sich das Jahrzehnte vorher in Kastilien begonnene Wirtschaftswachstum während der Regierung der Katholischen Könige fort. Es wurde jedoch durch die kriegerischen und politisch-religiösen Aktivitäten der achtziger Jahre – Granada, Inquisition, Vertreibung der Juden 1492 – beeinträchtigt. Die Tendenz wurde nur in den Jahren 1503 bis 1507 kurz unterbrochen, als das Reich unter dem Mangel an Getreide litt und von einer landesweiten Pestseuche heimgesucht wurde.

Handel und Finanzen der Stadt Valencia hingegen erlebten gerade damals ihre größte Blüte nach einer Expansion, die – wie in vielen anderen Handelsstädten Kastiliens – Ende des 14. Jahrhunderts ihren Anfang genommen hatte. Auch das Königreich Aragon verzeichnet ein Wachstum, das vielleicht deshalb geringer ausfällt, weil der Zugang zum Meer fehlt. Die Wirtschaft Kataloniens im allgemeinen erfährt nach dem durch den Bürgerkrieg verursachten Bankrott einen gewissen Wiederaufschwung, vor allem ab dem letzten Jahrzehnt des 15. Jahrhunderts.

Die Produktion

Die Verfügbarkeit von Grundnahrungsmitteln, vor allem von Getreide, war von einer Region zur anderen sehr unterschiedlich. Sie war gleichzeitig ein wichtiger Gradmesser für die Einschätzung des Reichtums einer Region anhand von traditionellen Kriterien, auch wenn der florierende Handel andere Möglichkeiten bot. Manchmal trat der Fall ein, daß die Zonen, wo sich die Produktion befand, von einer Handelstätigkeit abhingen, die sich ihrer Kontrolle entzog. Weizen und Gerste begründeten den Reichtum der Gebiete am Mittellauf des Duero und des Tajo, des Ackerlandes von Córdoba, Sevilla und Jerez, von Niederestremadura und der Zone am Mittellauf des Ebro. Die gesamte kantabrische Küste und Katalonien, wo im Hinblick auf den Handel andere Kulturen auf Kosten der Weizenproduktion stärker ausgeweitet worden waren, aber auch Valencia und Mallorca waren Länder, die regelmäßige Getreideimporte benötigten. Besonders in Barcelona war die kommunale Versorgungspolitik auf Getreide aus Aragon und sogar aus Sizilien angewiesen. Valencia wurde vorwiegend aus Andalusien und Neukastilien beliefert. Das waren Regionen, in denen es seit dem letzten Drittel des 15. Jahrhunderts zu einer beachtlichen Steigerung der Getreideproduktion gekommen war. Die von den Katholischen Königen gewährten Ausfuhrgenehmigungen ermöglichten den Export, der vorher sehr eingeschränkt gewesen war. Die Liberalisierung konnte auch gefährlich werden, etwa in den Jahren 1502/1503, als das Getreide knapp wurde und dann auch Exportverbote wenig nützten.

Für den Weinbau trifft Ähnliches zu wie für die Getreideproduktion: Bevölkerungszunahme, bessere Vermarktung, größere Nachfrage auf den städtischen Märkten und in Regionen mit geringer oder unzureichender Eigenproduktion bewirkten einen Aufschwung. Alle diese Faktoren stellten einen Angriff auf den ausgeprägten Protektionismus durch die lokalen Behörden, die die Produzenten ihrer Stadt schützen wollten. Es gelang jedoch nicht, ihn völlig auszumerzen. Der Weinbau nahm in Neukastilien, in der *Tierra de Barros* in Estremadura und vor allem im Königreich Sevilla beträchtlich zu, da es dort hervorragende Exportmöglichkeiten auf dem Seeweg gab. In anderen Regionen ging es eher um die bessere Deckung des Eigenbedarfs (Untergalicien, Mittellauf des Duero, Rioja) oder um den Handel mit den benachbarten Königreichen.

Die Förderung anderer Kulturen ist ebenfalls mit der erhöhten Nachfrage von seiten des Handels zu erklären. Die hohe Rentabilität der Olivenhaine im sevillanischen Aljarafe zum Beispiel hängt mit der Verwendung des Olivenöls in den Seifenfabriken und mit dem Export nach Flandern und England zusammen, wo die Textilindustrie es als Reinigungsmittel dringend benötigte. Für die menschliche Ernährung wurde Olivenöl damals noch weniger verwendet. Auch der Anbau und die Erzeugung von Textilfasern wie Baumwolle, Flachs oder Hanf sowie von Färbe- oder Beizmitteln wie Färberwaid, Krapp, Koschenille oder Scharlachfarbe, Lackmusflechte oder Sumach für die Gerbereien diente vorwiegend dem Export. Ein neu entdecktes mineralisches Produkt war der Alaun, der in den Bergwerken von Mazarrón in Murcia abgebaut wurde.

Ebenfalls von den zunehmenden Möglichkeiten des Handelns profitiert hat der Obst- und Gemüsebau in der Umgebung der Städte, etwa in den *huertas* von Valencia und Murcia, oder der Anbau von Safran, der zuweilen das »Gewürz des Abendlands« genannt wurde, sowie von Reis und Agrumen in Katalonien und Murcia. Beachtlich war auch die Expansion der Zuckerrohrproduktion in Valencia, Granada und im besonderen auf den Kanarischen Inseln, wo große Plantagen für den umfangreichen Export angelegt wurden, der die Wirtschaft der Insel ankurbelte.

***

Die in den Gemeindeverordnungen enthaltenen Vorschriften und die meisten der von der Krone von Kastilien für den Agrarsektor erlassenen Anordnungen beziehen sich auf die Regelung des Weidelands, sowohl in Zonen, die vorübergehend für die Herden genützt wurden, als auch in Wäldern und Gebieten, die üblicherweise brach lagen. Das hatte seinen Grund. Der Viehbestand stellte einen der größten Reichtümer des Landes dar und aufgrund des Bevölkerungswachstums war es nötiger als in früheren Zeiten, das Verhältnis zwischen Ackerbau und Viehzucht genau festzulegen, denn das agrarische Gleichgewicht sollte nicht gestört werden.

Die ortsgebundene Viehzucht stellte in Kastilien einen wesentlichen Wirtschaftsfaktor dar. Man schätzt, daß es damals mindestens 2,000.000 Schafe gab. Die Zahl der Rinder und Schweine ist nicht bekannt, aber es müssen viele gewesen sein, wenn man die Nachfrage auf den Märkten, die Höhe der Einnahmen der Fleischereien und das große Angebot an Leder und Lederwaren auf den zahlreichen Handelsplätzen berücksichtigt. Es ist augenscheinlich, daß Kastilien, oft unter Umgehung der Vorschriften, viel Vieh in die angrenzenden Königreiche exportierte. Das wirkte sich auch auf die Entwicklung der Wanderherden aus. Eine wichtige Rolle spielte in diesem Zusammenhang die sogenannte *mesta de los serranos* (Vereinigung der Schafzüchter), es gab aber auch zahllose lokale *mestas*. Die *mesta* regelte seit den Zeiten Alfons X. den Durchzug der Herden über das Tafelland Richtung Süden und schützte ihre Mitglieder vor der Einhebung von Abgaben oder gar vor Übergriffen durch die lokalen Behörden. Außerdem regelte sie die Weiderechte und andere *servicios* während des Durchzugs. Abgesehen davon schloß jeder einzelne Schafzüchter die Pachtverträge ab oder vereinbarte die Bedingungen, unter denen er seine Herden auf den Winterweiden (*invernaderos*) im Süden oder den Sommerweiden (*agosteros*) im Norden weiden durfte. Ende des 15. Jahrhunderts besaßen die Mitglieder der *mesta* mindestens 2,700.000 Schafe. Die Vereinigung zählte ungefähr 3.000 Mitglieder, auch »Brüder« (*hermanos mesteños*) genannt, einige davon waren Großunternehmer, die meisten besaßen jedoch kleine oder mittelgroße Herden.

Das Geschäft mit der Viehzucht war nicht nur für die Eigentümer der Herden von Interesse, sondern auch für die Krone, die für den Verkauf der Produkte die *alcabala* (Verkaufssteuer) erhielt und für die Wanderherden *servicios* und *montazgos* einhob. Die Großhändler wiederum waren daran interessiert, weil sie so wichtige Erzeugnisse wie Wolle oder Häute für den Binnenhandel und vor allem für den Export brauchten. Vor allem mit Marinowolle ließen sich leicht Gewinne erzielen. Für viele Großgrundbesitzer – Ritterorden, Klöster, Adelige – war es außerdem ein Geschäft, ihr Weideland zusätzlich für fremde Herden zu verpachten.

Diese Interessenskumulierung beeinflußte die politische Haltung der Monarchen, was manchmal zur Bevorzugung der Viehzüchter führte. Da auch andere Obrigkeiten an der Erzeugung und am Handel durch Einhebung von Steuern profitierten, wurde dieser Wirtschaftszweig mehr gefördert als andere, die in Kastilien ebenfalls möglich gewesen wären, und eine Art der Agrarorganisation gestärkt, die auf der extensiven Nutzung mit geringen menschlichen Ressourcen beruhte. Später sollte sie in einigen Regionen der Neuen Welt als Vorbild dienen.

In der Zeit der Katholischen Könige wird der Vormarsch der *mesta* jedoch jäh unterbrochen. 1492 und 1511 werden neue Verordnungen erlassen. Die Krone bestellt einen *alcalde entregador* und übt durch den *Consejo Real* (Kronrat) die Kontrolle aus. Die Einfriedung oder Verwendung von Weideland wird verboten, wenn nicht auf eine traditionelle Nutzung verwiesen werden kann. 1501 verfügt der Kronrat, daß überall dort die Weiden weiter genutzt werden dürfen, wo sie die Mitglieder der *mesta* (*hermanos mesteños*) zehn Jahre ohne Widerspruch gepachtet hatten. Nicht immer führte dieses sogenannte »Besitzrecht« zu Konflikten oder Mißbrauch. Man darf aber nicht vergessen, daß die tatsächliche Macht der lokalen Behörden sehr groß war und daß es auch viele Eigentümer ortsfester Viehherden gab oder solche, die mit ihren Herden nur in einem begrenzten Umkreis unterwegs waren, die sogenannten *travesíos* (Vieh, das auf fremde Weiden geht). Sie alle waren entschlossen, ihre Rechte durchzusetzen. Die beträchtlichen Schäden, die die großen Wanderherden der Landwirtschaft oder der ortsfesten Viehzucht verursacht haben, fallen in eine spätere Zeit. Die Probleme gehen aber auf die Zeit der Katholischen Könige zurück.

Der Aufschwung der Viehzucht und ihrer Produkte gab den Anstoß für die Entwicklung einiger Branchen der heimischen Manufaktur, obwohl dem Export von Rohmaterial der Vorzug gegeben wurde. So kam es zu einem beachtlichen Ausbau der Ledermanufakturen in Valencia, Toledo, Córdoba und Sevilla. Und im Verlauf des 15. Jahrhunderts nahm vor allem das Textilgewerbe zu. Die Versammlungen der Cortes von 1438 und 1462 hatten angeordnet, daß zumindest ein Drittel der Wollproduktion für die kastilischen Werkstätten reserviert werden müßte, wo Tuche mittlerer und geringer Güte für den großen Inlandsbedarf und sogar für den Export nach Portugal und Granada hergestellt wurden. Die Werkstätten für bessere Qualität befanden sich in Cuenca, Córdoba, Ubeda und Baeza. Viele andere waren über beide Hochebenen verstreut, im besonderen in Segovia, Toledo, Zamora und Palencia. Königliche Verordnungen von 1500 und 1511 waren ein Versuch, die Qualität zu vereinheitlichen.

In diesem Wirtschaftszweig war die häufigste Unternehmensform die als Familienbetrieb geführte kleine Werkstatt. Die Gewerbetreibenden waren jedoch von Großhändlern, den sogenannten *hacedores* oder *señores de los paños*, abhängig, die sehr oft Eigentümer der Produktionswerkzeuge waren, das Rohmaterial lieferten, die herzustellenden Qualitäten bestimmten und das Produkt vermarkteten. Daß sie außerdem für gewöhnlich jenen Kreisen angehörten, die das politische Leben in den Städten beherrschten, erklärt, warum die Gewerbetreibenden selbst und ihre Zünfte so wenig politisches Gewicht hatten. Ihre Interessen gegenüber den Großunternehmen des Handels und der Viehwirtschaft zu verteidigen, machten sich die Katholischen Könige zwar zur Aufgabe, doch erreichten sie in der Praxis nicht viel.

In Katalonien herrschte eine besondere Situation. Dort war die Herstellung von Wolltuchen seit Ende des 14. Jahrhunderts streng geregelt. Um 1450 wurden für den Export auf die von den Katalanen beherrschten mittelmeerischen Märkte 28.500 bis 39.500 Stück pro Jahr erzeugt. Dann brachte der Bürgerkrieg einen argen Rückschlag. Die Wiederbelebung der Textilproduktion und anderer Manufaktu-

Gesellschaft und Wirtschaft 83

ren — Koralle, Leder, Metall, Wachs — nach 1480 erfolgte nur zum Teil, und zwar in dem Maß, wie sich der katalanische Handel erholte. In den übrigen Ländern der Krone von Aragon entwickelten sich die Gewerbe, abgesehen von der Textilbranche, so wie in Kastilien. Sie konnten die Binnenmärkte mit vielerlei Produkten beliefern: Lederwaren, Keramik, Seife, Flachs, Seidenwaren, Waffen. Valencia war hauptsächlich exportorientiert. Die Eroberung Granadas erhöhte die Chancen, Seidengarne in die italienischen Textilzentren zu verkaufen und sogar eine eigene Manufaktur aufzubauen, die in Kastilien schließlich 1515 durch ein Edikt geregelt wurde.

Den Hauptanteil am Export machten Agrarprodukte und Rohstoffe aus, was damals weder ein Zeichen für Unterentwicklung noch für den Status einer Kolonie war. Denn gerade die reichen Länder produzierten im Rahmen eines auf der Landwirtschaft basierenden Wirtschaftgefüges genügend Überschüsse, um auch exportieren zu können. Große Bedeutung erlangten im Laufe der Zeit die Eisenerzvorkommen im Norden, vor allem in der Biskaya und in Guipúzcoa. Trotz bestehender Verbote wurde das Erz roh oder auch nach einer ersten Bearbeitung in einer der zahlreichen Schmieden des Landes exportiert. Kleinere lokale Zentren der Erzgewinnung gab es in den katalanischen Pyrenäen und in verschiedenen Gegenden Kastiliens (im Süden von Avila, nördlich von Sevilla etc.). Schließlich war auch das Salz von Ibiza, Cartagena und Cádiz wichtig, es mußte sich allerdings auf den Märkten des Nordatlantik, wohin es normalerweise geliefert wurde, gegen eine starke Konkurrenz durchsetzen.

Wegen seiner Einzigartigkeit ist auch der Quecksilber- und Zinnoberabbau in Almadén zu erwähnen, auch wenn er damals bei weitem noch nicht das Ausmaß späterer Jahrzehnte erreicht hatte.

Warenaustausch und Handelszentren

Die dynastische Verbindung brachte weder eine Vereinheitlichung des Binnenmarktes noch eine Konzentration der Außenhandelsbeziehungen mit sich. Die Steuer- und Zollgrenzen zwischen den Königreichen blieben im allgemeinen unangetastet, nur die zwischen Kastilien und Valencia wurden stark aufgeweicht.

Wegen der großen Ausdehnung Kastiliens wurde dort der Handel vor allem innerhalb regionaler Bereiche abgewickelt. Trotzdem spielte der im Mai und Oktober in Medina del Campo abgehaltene Jahrmarkt für die landesweite Regulierung der Preise und des Warenaustausches eine wichtige Rolle. Navarra und die Länder der Krone von Aragon umfaßten ein weitaus kleineres Gebiet, deswegen war es auch einfacher, dort den Handel bis zu einem gewissen Grad zu vereinheitlichen.

Die Epoche ist vor allem durch die Förderung der Städte als Zentren der Handelstätigkeit gekennzeichnet. Die Vorstädte außerhalb der Mauern, wo sich vor allem Gewerbetreibende, Händler und Dienstleistungsbetriebe niederließen, wuchsen rasch an. Tages- und Wochenmärkte, die oft von der Verkaufssteuer befreit waren, nahmen um ein Vielfaches zu. Und auch die traditionellen und neue Jahrmärkte lebten auf. Die Jahrmärkte von Medina del Campo gingen auf die Zeit um 1407 zurück und wurden bald zum Mittelpunkt für Geschäfte mit Wolle, Getreide, Tuch und vielen anderen Waren. Hier wurden auch Wechsel eingelöst und Verbindlichkeiten erfüllt, die man auf den Antlantikrouten sowie im Binnenhandel eingegangen war. In den wichtigsten Städten der Krone von Aragon: Barcelona, Mallorca, Valencia und Saragossa, führten die mit großem Geschick abgewickelten Kaufverhandlungen zur Gründung einer Börse (*lonja*). Großhandelsabschlüsse wurden mit Hilfe eines Maklers (*corredor de oreja*) oder professionellen Vermittlers getätigt.

Die spärlichen Daten über den Binnenhandel beziehen sich meist auf Regelungen zur Sicherung der Weizenversorgung durch die lokalen Behörden. Ihnen war vor allem daran gelegen, das Verkaufsmonopol der öffentlichen Kornspeicher (*alhóndigas*) zu erhalten, die in Aragon und Valencia auch *almodíes* und *bladerías* hießen und zur Vorratshaltung verpflichtet waren. Die Könige wollten durch verschiedene Anordnungen zumindest in Kastilien den freien Getreidehandel innerhalb des Landes sichern, was wegen der lokalen Beschränkungen nur teilweise Erfolg hatte. Weitere Produkte, für die die Handelsbedingungen normalerweise von den Gemeinden festgelegt wurden, waren Fleisch, Wein, Fisch, Salz, manchmal auch Brennholz und Gemüse.

Die beiden großen Zentren Kastiliens für den Außenhandel auf dem Seeweg lagen an der baskisch-kantabrischen Küste im Norden, mit Burgos als Handelshauptstadt im Hinterland, und in Andalusien an der Atlantikküste, wo Sevilla diese Rolle spielte. Zwischen ihnen und auch zu mittelmeerischen Umschlagplätzen hielten kantabrische Schiffe den Verkehr aufrecht. Ende des Jahrhunderts waren immer mindestens 500 im Einsatz. Die für den Export in den Norden wichtigsten Güter waren Wolle aus Kastilien und Eisen aus dem Baskenland, weiters Leder, Farbstoffe, Wein, Früchte, Samen und sogar Salz, das in Bourgneuf geladen wurde. Eingeführt wurden dagegen Tuchwaren, Teppiche und Leinwand, Kupfer und Zinn, Manufakturartikel aus Glas oder Metall, manchmal Weizen aus dem Baltikum, der in den niederländischen, französischen oder englischen Häfen übernommen wurde.

In Burgos saßen die meisten Händler von ganz Kastilien. Sie waren auch wirtschaftlich am mächtigsten. Jeweils im März und im September jeden Jahres stellten sie in den kantabrischen Häfen, von San Vicente de la Barquera bis San Sebastian, Flotten für die nördlichen Handelsrouten zusammen. Überall dort, wo ihre Schiffe anlegten, entstanden bedeutende Ansiedlungen von Kaufleuten und Seeleuten. Diese Orte erlebten ihre Blüte zwischen dem Ende des 15. und dem dritten Jahrzehnt des 16. Jahrhunderts. Brügge war ohne Zweifel der wichtigste Umschlagplatz, auch wenn ihm mit der Zeit Antwerpen den Rang ablief. An der normannischen Küste waren Harfleur, Dieppe und Rouen führend, in der Bretagne Nantes, La Rochel, Bordeaux und weiter südlich Bayonne. Im Landesinneren war für die Kaufleute aus Burgos der Markt für Färberwaid von Longuedoc von Interesse, der in Toulouse organisiert wurde.

Die Verbesserung der Beziehungen zu England hatte eine rasche Entwicklung des Handels unter ähnlichen Bedingungen und mit ähnlichen Produkten erlaubt, der in London und in den fünf Häfen an der Südküste abgewickelt wurde. Die Seeleute und Händler aus Asturien und Galicien waren hier allerdings weniger präsent, auch wenn Avilés und La Coruña eine beachtliche Rolle spielten. Dafür fanden galicische Produkte wie Holz, Stein, Leder und Pökelfleisch einen sicheren Absatz im Süden auf den andalusischen Märkten. Man darf auch nicht den Aufschwung vergessen, den der Fischfang sowohl an der Küste als auch in entfernteren Fischfanggründen des Atlantik von Irland bis zu den Kanarischen Inseln genommen hatte. Damit waren vor allem Seeleute aus dem Norden beschäftigt, aber auch viele Andalusier. So wurde Fisch schließlich zu einem sehr verbreiteten Konsumartikel, sogar an Orten im Landesinneren, wofür er getrocknet und eingesalzen wurde.

Das große Handelszentrum im atlantischen Andalusien entstand in den Jahren nach dessen Verbindung mit Kastilien in der zweiten Hälfte des 13. Jahrhunderts, erreichte seinen Höhepunkt aber erst zwei Jahrhunderte danach. Dafür waren verschiedene Faktoren verantwortlich: die Zunahme der Bevölkerung und der Agrarproduktion in Andalusien, die Eroberung Granadas, die eine neue Ausfahrtsroute Córdoba-Malaga ermöglichte, der Aufschwung des Handels mit Nordafrika, der nicht nur Gold und Sklaven umfaßte. Ebenso die Verschiebung der Handelsinteressen Genuas in Richtung Osten und die Intensivierung des Handels auf dem großen europäischen Handelsweg zwischen Italien und der Nordsee, auf dem Sevilla und die Vorhäfen Cádiz, Sanlúcar de Barrameda und Puerto de Santa Maria obligatorische Anlaufhäfen waren. Dieses Zusammentreffen von Handelserfahrung, Kapital, Warenangebot und Arbeitskräften sicherte Andalusien dann auch auf den Routen in die Neue Welt eine Hauptrolle.

Das andalusische Angebot umfaßte Agrarprodukte und Rohstoffe, Weizen, Wein, Öl, Wolle und Leder, Salz, Scharlachfarbe, Wachs und Honig, Thunfisch von den Fischgründen an der Küste sowie afrikanisches Gold, das Sevilla zur wichtigsten Münzprägestätte der kastilischen Monarchie werden ließ. Dagegen wurden Tuchwaren und andere Manufakturprodukte importiert. Die geographische Lage des Gebiets um Sevilla erwies sich als günstig für die Niederlassung von Agenten und Handelsgesellschaften aus dem Ausland oder aus anderen Teilen Kastiliens. In Sevilla und Córdoba lebten auch Leute aus Burgos, und in den Häfen waren Seeleute aus dem Norden beschäftigt, so daß viele Kontakte möglich waren und der Handel sich mannigfaltiger und nuancenreicher gestaltete als im Norden. Unter den hier tonangebenden ausländischen Kaufleuten und Kapitalgebern spielten die Genueser die wichtigste Rolle, vor allem ab Mitte des Jahrhunderts, noch mehr nach der Eroberung der Kanarischen Inseln und vor allem nach der Entdeckung Amerikas und der Gründung der *Casa de Contratación* in Sevilla in Jahre 1503.

Diese Ausweitung des Handels nach Übersee begünstigte die andalusische Wirtschaft, kurbelte die Agrarproduktion an, schuf Arbeit und festigte die Stabilität dieser »fortschrittlichen Feudalgesellschaft«. Das alles in einer Zeit, die durch ein starkes Bevölkerungswachstum und die Herausforderungen eines beginnenden Handelskapitalismus gekennzeichnet war. Die Grundlagen einer besonders ertragreichen Agrarwirtschaft waren dadurch jedoch nicht gefährdet.

***

Auch wenn Unterschiede in den geographischen Räumen und in den Größenordnungen bestehen, unterscheiden sich die Merkmale des Handels in Aragon und Valencia kaum von denen Kastiliens. Aragon exportierte Weizen, Öl, Vieh und Wolle, im besonderen über Tortosa

Gesellschaft und Wirtschaft

nach Katalonien und Valencia und erhielt Manufakturprodukte vom katalanischen Markt. Valencia hingegen führte nicht nur Agrarprodukte des Mittelmeerraums aus, die sehr vielfältig waren und großen Spekulationswert hatten, sondern es war auch eine hervorragend für die Weiterverteilung und die Wiederausfuhr von Waren geeignete Hafenstadt, die Kaufleute und Kapital aus der Lombardei, aus Florenz, Genua, Deutschland und Katalonien anzog. Es entstanden jedoch dort keine Manufakturen, die sich an Bedeutung mit denen von Barcelona hätten messen können. Es gab auch keine eigene Marine und keine bodenständigen Geldgeber, auch wenn einige Gewerbezweige wie Seide, Keramik, Leder, Papier am Export interessiert waren. Die Annäherung an die Handelsinteressen Kastiliens – im Valencia der Katholischen Könige lebten Toledaner, Leute aus Burgos und der Biskaya – verbesserte die Bedingungen für die Wirtschaft Ende des 15. Jahrhundert noch mehr.

In Katalonien war die Lage anders, denn dort verursachte der Bürgerkrieg einen Zusammenbruch des Imperiums der katalanischen Händler im Mittelmeerraum, dessen Niedergang bereits Jahrzehnte zuvor begonnen hatte. Die Wiedererrichtung ab 1480 griff auf Projekte zurück, die bereits Alfons V. geplant hatte, und erzielte beachtliche Erfolge auf den Märkten, wo die katalanischen Manufakturprodukte besonderen Schutz genossen: in Sardinien, Sizilien, Neapel. Der Handel mit der Levante wurde wieder aufgenommen, ab 1495 fuhren Katalanen mit Zwischenlandungen im Norden Afrikas und in Häfen des westlichen Mittelmeers nach Alexandrien. Doch gelang es nicht, das verlorene Terrain auf der Westroute zurückzugewinnen, die wohl in früheren Zeiten nicht zu den wichtigsten zählte, zu Beginn des 16. Jahrhunderts aber die aussichtsreichste war. Das erklärt die Abwesenheit der katalanischen Händler im beginnenden Handel mit Westindien, dessen Zentrum Sevilla war. Manchmal drängt sich diesbezüglich zwar der Gedanke an Verbote auf, aber damals gab es keine.

Die in Barcelona im Bereich der Manufakturen und des Handels durchgeführte Reform (*redreç*) war richtig, aber sehr beschränkt und reichte nicht aus, um eine entsprechende Kapitalisierung zu erreichen und den Herausforderungen der neuen Zeit zu genügen. Da nützte auch die große fachliche Erfahrung der katalanischen Händler nichts. Noch schlimmer war die Situation in Mallorca, obwohl dort noch Manufakturprodukte aus Glas, Tuche und Salz angeboten wurden und der Hafen hervorragend für Zwischenlandungen geeignet war.

Politik und Wirtschaft

Soweit es eine Wirtschaftspolitik der Krone gab, war sie mehr auf den Warenverkehr als auf die Produktion ausgerichtet, für die die gesetzlichen Regelungen sehr häufig von den lokalen Behörden erlassen wurden. Das ist der Fall im Agrarsektor und auch in der Zunft- oder Gewerbeordnung, die gegen Ende des 15. Jahrhunderts ziemlich einheitlich war und fast landesweit Gültigkeit hatte.

Die Könige übernahmen von ihren Vorgängern Elemente des empirischen Merkantilsystems, die mit einer positiven Handelsbilanz und mit der Sicherheit der Versorgung des Königreichs in Zusammenhang standen. Diesem Ziel diente die bereits erwähnte Förderung von Märkten und Jahrmärkten und des freien Binnenhandels in Kastilien, beides Maßnahmen, die auch unmittelbar der Staatskasse zugute kamen. Denn die Krönung des Steuersystems waren die *alcabalas*, die Steuern auf den Warenverkehr und -verbrauch. Das Interesse an den Steuern und die Bemühungen zum Schutz der eigenen Produktion bestimmten gleichermaßen die Zollpolitik. Der Export von Gold und Silber war verboten, auch wenn es auf der Hand liegt, daß beide Metalle direkt oder über Valencia von Kastilien in andere Länder gelangten, wo ihr Wert höher war, vor allem in Italien. Ebenso war die Ausfuhr (*saca*) anderer geschützter Produkte (Getreide, Vieh, Waffen, Eisen, Holz) ohne Genehmigung verboten. Trotzdem kam es häufig dazu, es wurde sogar stillschweigend geduldet. An der Grenze zu Portugal gab es keinen königlichen Zoll, oder zumindest war er unbedeutend, und an der Grenze zu Valencia wird während der Regierung der Katholischen Könige kein Zollzehent mehr eingehoben. In keinem der beiden Fälle verzichtete die andere Seite auf das Einheben der Zollgebühr.

Die größte Sorge der Könige scheint es gewesen zu sein, daß die Gold- und Silberwährung außer Landes gebracht wird. Eine Verfügung von 1491 erinnert daran, daß die Kaufleute aus anderen Ländern in Kastilien Waren im Wert der eingeführten Produkte übernehmen mußten und kein Geld ausführen durften, und 1495 wollte man sogar, daß die Zahlungen an kastilische Händler, die sich außerhalb des Königreichs befanden, über Bankiers auf den Jahrmärkten von Medina del Campo geleistet werden.

Die Katholischen Könige sanierten und stabilisierten die Währung in ihren Reichen nicht nur aus wirtschaftlichen Motiven, es gehörte auch zu ihrer Politik der Wiederherstellung monarchischer Autorität, wobei es in diesem Fall um ein Kronrecht (*regale*) ging. In der Krone von Aragon verwendete man die karolingische Münzordnung (*libra*, *sueldo* und *dinaro*), darauf beruht die Festsetzung des Werts der wichtigsten Münzen: Der Goldflorin mit 18 Karat und 3,5 g (16 *sueldos*) und der *croat* aus Feinsilber mit 11 sueldos und 5 *granos* und 3,2 g (1,5 *sueldos*). In Kastilien stabilisierte sich sowohl der Wert der Goldmünze, der sogenannten *dobla* oder *castellano* (4,6 g, 23,75 Karat), als auch der Silbermünze (*real*, 3,4 g und Feingehalt 11 *dinaros* und 4 *granos*) und vor allem der Silberlinge (*blancas*) aus Silber-Kupferlegierung. In jedem Fall galt als Rechnungseinheit der *maravedí*: der *castellano* war 485, der *real* 31, ab 1497 34 *maravedíes* und der Silberling ein Drittel, ab 1483 ein Viertel eines *maravedí* wert.

Mit der Prägung des Golddukatens (3,5 g, Feingehalt 23,75 Karat) wollte man eine gewisse Vereinheitlichung der Währung an der Spitze des Systems erreichen und über eine Münze verfügen, die im großen europäischen Handel am meisten verwendet wurde. Es wurde damit 1477 in Valencia begonnen, dann folgten Katalonien (*los principats* 1493) und schließlich 1497 Kastilien (Dukaten oder *excelentes de la granada*).

Über zwei Faktoren des Wirtschaftslebens, wo es zu häufigen, wenn auch nicht sehr wirksamen politischen Eingriffen kam, weiß man relativ wenig. Das eine sind die Preise und Löhne. Es scheint, daß sie stabil blieben, und im Durchschnitt könnte es sogar zu einer geringen Senkung gekommen sein, da es je nach Saison oder Jahr zu starken Abweichungen kam, denn fast alles hing vom Agrarmarkt ab. Das zweite ist das Finanz- und Bankwesen. In Kastilien konnte man mit Genehmigung der lokalen Behörden ohne jede Einschränkung Wechselgeschäfte tätigen. Die Krone beschränkte sich darauf, die allgemeinen Gewinnspannen für den Geldwechsel festzusetzen, die zwischen 0,75 und 0,85 Prozent betrugen. Um 1500 hatten sich bereits viele Banken in den wichtigsten Handelsplätzen des Königreichs niedergelassen. Im Süden in Sevilla, Córdoba und Jerez; im Zentrum in Toledo, Madrid und Segovia sowie in Medina del Campo, Valladolid, Burgos und Aranda de Duero. Dazu kamen noch Banken, die nur während einer bestimmten Zeit tätig waren, und die Banken der Jahrmärkte, die dort von einigen Händlern eingerichtet wurden.

Die stärkere Liberalisierung des Geldverkehrs und die Auswirkungen des Handels mit Westindien führten zu einem neuerlichen Aufschwung während der Regentschaft von Ferdinand, als sich bereits große Bankhäuser in Sevilla niedergelassen hatten, wie jenes, das 1508 von den Genuesern Gaspar Centurion und Agustin Grimaldo gegründet wurde. Es scheint, daß bis dahin Valencia das wichtigste Bankenzentrum gewesen ist.

Die verschiedenen Kredit- und Darlehensverfahren waren ausgereift und wirkten sich auf die unterschiedlichsten Sparten des Wirtschaftslebens aus. Einerseits kamen die Herrscher zu Kapital, indem sie ihre eigenen Renten gegen Zahlung von Zinsen verpfändeten, die fast nie für Investitionen bestimmt waren, sonderen einfach verbraucht wurden. In den Ländern der Krone von Aragon wurde die Ausgabe von »Staatsschuldscheinen« oder zinsbaren Papieren (*censales*) von den Rathäusern oder *generalidades* kontrolliert, während es in Kastilien die Könige waren, die im letzten Jahrzehnt des 15. Jahrhunderts den Verkauf von *juros* genehmigten. Andererseits kam es zu einer bedeutenden Kapitalisierung der ländlichen Welt durch die Geldinvestitionen, die meist von Institutionen oder Einzelpersonen aus den Städten getätigt wurden. Die Gegenleistung bestand in einer Rente, die durch den Wert und den Ertrag des jeweiligen Grundstücks garantiert war. Hierbei handelte es sich um die sogenannten *censos consignativos*.

Was die Handels- und Seegesetzgebung betrifft, hielten sich die Katholischen Könige an die gültige Praxis: das *Llibre del Consulat*, das im Bereich von Katalonien und Valencia immer in Verwendung stand, wurde 1483 erstmals gedruckt. Zum Schutz der Standesidentität der Händler wurden 1494 das *Consulado de Burgosüs* (Gilde) und 1511 eine solche Vereinigung in Bilbao gegründet, denn in Kastilien war die Entwicklung nicht so weit gediehen wie in Katalonien. Die Könige versuchten sogar, allerdings erfolglos, in Kastilien die »Navigationsakte« wieder in Kraft zu setzen, laut der die Verpflichtung bestand, den Schiffen des Landes den Vorzug zu geben, wenn sie im Hafen vor Anker lagen und zum gleichen Preis verfügbar waren, wie die ausländischen (1499 und 1500).

***

Zusammenfassend kann gesagt werden, daß sich die Katholischen Könige auf ein in Expansion befindliches Wirtschaftssystem stützen konnten, dessen Wachstum, vor allem in Kastilien, zu Beginn des 15. Jahrhunderts begonnen hatte und bis in die zweite Hälfte des 16. Jahrhunderts andauern sollte. Es war ein frühkapitalistisches System auf landwirtschaftlicher Grundlage, aber dem Handel gegenüber sehr offen. Für die damalige Zeit war es nicht veraltet, sondern sehr zweckmäßig, um die sozialen und politischen Interessen der führenden Gruppen zu unterstützen, wobei es dank der günstigen Umstände zu keinen ernsten sozialen Spannungen kam. Die erste Phase der atlantischen Expansion erlaubte es Unternehmern, große Gewinne zu machen.

Die Katholischen Könige agierten also im allgemeinen in einer Zeit günstiger Wirtschaftskonjunktur, die jedoch nicht in allen ihren Reichen und Herrschaften gleich war: Kastilien strebte einem Höhepunkt zu, vor allem in den Ländern, die entlang der großen Achse zwischen Burgos und Sevilla lagen. Die günstige Konstellation in Valencia sollte bis nach dem Tod Ferdinands andauern, und auch Aragon hatte, wenn auch in geringerem Ausmaß, Vorteile von dieser Blütezeit, die es möglich machten, den katalanischen Handel bis zu einem gewissen Grad wieder aufzubauen.

KAPITEL IV

Politische Ideen und Mittel der Regierung

DIE MONARCHIE, DER STAATSGEDANKE UND DIE POLITISCHE PRAXIS

Im Spätmittelalter erreichte die Entwicklung der ständischen Staatsordnung ihren Höhepunkt. Sie war in Verbindung mit einer Staatstheorie entstanden, derzufolge die verschiedenen Stände in ein Gemeinwesen integriert sind, an dessen Spitze der Monarch steht. Aus diesem Konzept des Staates als *universitas publica* erwächst die Vorstellung von einer unteilbaren gesellschaftlichen Einheit, deren hierarchische Ordnung für jeden Stand festgelegt ist. Damit wird auch die Legitimität der Königsherrschaft als oberstes Prinzip, ohne das dieses politische Gemeinwesen nicht lebensfähig wäre, gerechtfertigt. Dieser Staatsbegriff geht von einem klar abgegrenzten Gebiet aus, dessen Einwohner durch die Geburt an den Staat gebunden sind.

Die Zeit der Katholischen Könige steht am Ende dieses Prozesses. Ohne mit der Vergangenheit zu brechen, leitete die verstärkte monarchische Autorität die Ära des modernen Staates ein. Dieser ist nach den Worten Maravalls »eine rechtmäßig errichtete, objektive und dauerhafte Organisation, deren oberste Macht in ihrem Wirken völlig unabhängig ist und von einer bestimmten Gruppe von Menschen ausgeübt wird, die sich von den Übrigen unterscheiden und die dieser natürlichen Ordnung entsprechende Ziele zu erreichen suchen«. Die dynastische Verbindung der verschiedenen Reiche tat dem dort vorhandenen frühnational-kollektiven Vaterlandsbewußtsein keinen Abbruch. Es entstand jedoch ein neues Prinzip der Treue gegenüber der die Staatsidee verkörpernden Krone sowie ein allen spanischen Ländern gemeinsamer Interessenshorizont. In diesem Vorgang liegt der Ursprung des heutigen Staates der Nationen: in der Schaffung vereinter, aber nicht einheitlicher Grundlagen von Macht, Bevölkerung, Territorium und politischem Bewußtsein.

Die politische Theorie der Zeit setzte sich aus verschiedenen Prinzipien zusammen, die als unantastbar galten. An erster Stelle standen die ideellen Grundlagen des mittelalterlichen Christentums, nach denen der gemeinsame Glaube am besten die Stabilität einer Gesellschaft zu garantieren vermag. »Das religiöse Denken, die Interessen der Kirche und das christliche Bewußtsein« spielten also eine grundlegende Rolle für das staatliche Selbstverständnis. Dieser Umstand erklärt, warum die Katholischen Könige sich für eine Politik entschieden, in der »die Religion die höchste Stelle einnimmt« (L. Suárez Fernández), und auch nicht zögerten, nichtchristliche Gruppen auszuschließen und Kriege zur Verteidigung oder Verbreitung des Glaubens zu führen. Daneben wollten sie mit diesen kriegerischen und diplomatischen Aktionen natürlich auch ihr Ansehen heben und ihre Autorität stärken.

Als zweites Merkmal nennt L. Suárez Fernández »die rechtlichen Verpflichtungen, die von alters her bestanden«. Die Katholischen Könige waren gezwungen, die ständische Gesellschaftsordnung mit ihrer wirtschaftlichen Basis zu respektieren. Auf dieser Grundlage entwickelte sich das Verhältnis zu Aristokratie und Gemeinden, das auf der Anerkennung der Hierarchien unmittelbar unterhalb der monarchischen Spitze und einem System von politischen Verträgen beruhte. Die königliche Zentralgewalt hatte also auf die unterschiedlichen Verhältnisse in Kastilien und Aragon in unterschiedlicher Weise einzugehen.

Neben den christlichen und ständischen Fundamenten existierte auch das vom Römischen Recht ausgehende Prinzip der Souveränität des Reiches als der einzigen Quelle des Rechts. Dieses Konzept, das sich in der politischen Theorie seit der Rezeption des spätrömischen Rechts im 13. Jahrhundert durchsetzt, hatte zur Folge, daß die Monarchien dieser Zeit die Prinzipien der staatlichen Souveränität in ihrem jeweiligen Herrschaftsbereich anzuwenden begannen. Die Ausübung der Regentschaft auf der Grundlage dieses Prinzips wird in den Texten des 15. Jahrhunderts schon als absolute königliche Herrschaft bezeichnet. Tatsächlich bestanden in der Regel keine Vorbehalte gegenüber der königlichen Souveränität, so daß der König auf dieser theoretischen Grundlage in Kastilien Gesetze in Form von Edikten erlassen konnte. Der dargelegte Begriff der Souveränität wurde jedoch von der christlichen Vorstellung, daß Gott die alleinige Quelle aller Macht sei und die göttliche Vorsehung respektiert werden müsse, sowie von der Anschauung, daß die königliche Herrschaft von der Zustimmung des Volkes und von der Legitimation durch die Förderung des Allgemeinwohls abhänge, eingeschränkt.

Das Prinzip von der Souveränität des Monarchen stand auch im Gegensatz zu den ständischen Rechten und Privilegien, die letzten Endes auf das germanische Gefolgschaftsverhältnis der Feudalgesellschaft zurückgehen. Das ständische Gefüge widerspricht, wie gesagt, der Idee der souveränen Herrschaft und war dem Aufbau des modernen Staates insofern hinderlich, als ihre Vertreter in den verschiedenen

Die Kathedrale von Burgos, begonnen im 13. Jahrhundert, gegen Ende des 15. Jahrhunderts fertiggestellt. Die Stadt war im kastilischen Handel mit dem nördlichen Kantabrien und seinen Seehäfen führend

Unten: Sevilla in Andalusien war die größte Stadt der kastilischen Krone. Die riesige Kathedrale, erbaut im 15. Jahrhundert, drittgrößte Kirche der Christenheit, ist auch ein Symbol für die Wirtschaftskraft der Bürgerschaft

Die Börse (Lonja) in Valencia, gegen Ende des 15. Jahrhunderts die volkreichste und blühendste Stadt der Krone von Aragon

Linke Seite: Valladolid, im Zentrum Kastiliens und dessen reichste Stadt, war eine der bevorzugten Residenzen der Katholischen Könige und Sitz des Kronrates. Hier das von Dominikanern geleitete Kolleg des heiligen Gregor, erbaut im 15. Jahrhundert

Barcelona, Hauptstadt des Fürstentums Katalonien und wirtschaftliches Zentrum der Krone von Aragon, beherbergte häufig den Hof der Könige (»Salon Tinell« im königlichen Palast)

Den verkehrsreichen Hafen von Mallorca, das ebenfalls zur Krone von Aragon gehörte und neben seiner wirtschaftlichen auch große strategische Bedeutung besaß, zeigt das St. Georgs-Altarbild in der Kathedrale von Mallorca

Institutionen wichtige Positionen einnahmen und damit die Ausübung der königlichen Befugnisse, wie dies vor allem in Aragon der Fall war, entscheidend beeinflussen konnten.

Mag die politische Theorie der Zeit sich auch in die Richtung des absoluten Staates bewegt haben, so stand der Verwirklichung dieses Staatsideals doch viel entgegen. Neben den angedeuteten ständisch-institutionellen gibt es dafür auch persönliche Gründe, die in der Auffassung der Katholischen Könige von ihrem Amt begründet lagen. Die Frage danach führt uns in die mit theoretischen Mitteln kaum zu ergründende geschichtliche Wirklichkeit.

Zentrales Ziel der königlichen Politik war die Wiederherstellung der monarchischen Autorität, die in dem Bürgerkrieg der vorhergehenden Generation stark gelitten hatte. Dem Ansehen der Krone wurde auch symbolisch in Form des feierlichen Hofzeremoniells Rechnung getragen, das jedoch von der übersteigerten Förmlichkeit der habsburgischen Nachfolger noch weit entfernt war. Die neue Betonung der königlichen Würde war ferner unvereinbar mit einem stark vertraulichen Verhältnis zum persönlichen Umfeld, wie das etwa unter Heinrich IV. der Fall gewesen war. Der Chronist Hernando del Pulgar verleiht dieser betonten Distanz treffend Ausdruck, wenn er schreibt: »Denn die Heilige Schrift befiehlt, daß keiner mit seinem König wie mit seinesgleichen rede noch mit ihm diskutiere.« Zum Prestige des Reiches sollte auch die rege Bautätigkeit im »Isabellinischen Stil« beitragen, der sowohl für kirchliche als auch private Gebäude Verwendung fand.

Daneben wurde auf die beiden zentralen Funktionen eines mittelalterlichen Herrschers, Heerführer und Hüter der Gerechtigkeit zu sein, besonderer Wert gelegt. So leitete Ferdinand gegen den Widerstand seiner Umgebung, die in ihm das Symbol für Kontinuität und Frieden sah, unter Einsatz seines Lebens die militärischen Operationen im Erbfolgekrieg und im Kampf gegen Granada. Beide Könige suchten als »Diener der Gerechtigkeit« zuweilen auch den direkten Kontakt mit dem Volk, so bei den Freitagsaudienzen, die Isabella I. in den ersten Jahren ihrer Regierung gewährte. Außerdem sorgten sie durch Bevollmächtigte für eine ordnungsgemäß funktionierende Rechtsprechung, so daß sich die Vorstellung von der Gerechtigkeitsliebe der Katholischen Könige dem kollektiven Gedächtnis stärker eingeprägt hat als die autoritären Züge ihrer Regierung. Gonzalo Fernández de Oviedo, ein Vertreter der folgenden Generation, schreibt in seinen *Quincuagenas*: »Es war eine goldene Zeit und eine Zeit der

Gerechtigkeit«, und an anderer Stelle: »Jedem, der nach Gerechtigkeit verlangte, ward sie zuteil.«

Das Ansehen der Katholischen Könige als Förderer des Allgemeinwohls beruhte entscheidend auf dem Funktionieren des Staatsapparates, das durch die richtige Auswahl der Ratgeber und Mitarbeiter an den Regierungsgeschäften gewährleistet wurde. Sie mögen dabei von ähnlichen Überlegungen ausgegangen sein wie Diego de Valero in seiner *Crónica*: »Worauf die Könige bei den Ratschlägen am meisten achten müssen, ist, daß sie jeweils von jenen kommen, die am meisten darüber wissen: in den Gewissensangelegenheiten von den Prälaten und Ordensleuten; in Angelegenheiten der Rechtsprechung von den Doktoren und Rechtsgelehrten; in Kriegsangelegenheiten von den Rittern, die darin die größte Erfahrung haben.«

Der Hinweis darauf, daß Machiavelli in seinem berühmten Werk »Il Principe« Ferdinand den Katholischen als einen Fürsten erwähnt, der die in diesem Werk systematisch entwickelten Ideen in die Praxis umgesetzt habe, ist fast schon zu einem Gemeinplatz geworden. Trotzdem darf man diese Sichtweise in Frage stellen, auch wenn man einräumt, daß Ferdinand aufgrund seiner außergewöhnlichen politischen Fähigkeiten gewisse Regierungsprinzipien erkannt haben mag, die von dem Florentiner theoretisch formuliert wurden. Auf jeden Fall war die Regierungstätigkeit von Ferdinand und Isabella für spätere Autoren politischer Abhandlungen eine unerschöpfliche Quelle der Inspiration. Eine traditionelle Frucht dieser Auseinandersetzung, die dem wahren Empfinden der beiden Könige wahrscheinlich am nächsten kommt, finden wir in dem Werk Baltasar Gracians über Ferdinand den Katholischen aus dem 17. Jahrhundert.

Auf die Frage, wie die Könige auf ihre Aufgabe vorbereitet wurden, geben neben der Beurteilung ihres konkreten politischen Handelns vor allem jene Texte und Lehrbücher Aufschluß, mit denen sie sich in ihrer Jugend beschäftigten. Besonders beachtenswert sind hier drei kastilische Schriften: das *Regimiento de Príncipes* von Gómez Manrique (gedruckt 1482), das *Doctrinal de Príncipes*, das der Chronist Valera 1476 Ferdinand widmete, und das *Dechado del regimiento de Príncipes* von Fray Iñigo de Mendoza. In allen dreien dominieren Ideen über Regierung und Gerechtigkeit, die auf dem Fundament der christlichen Ethik aufbauen. Ferdinand der Katholische hatte zusätzlich in seiner in Aragon und Katalonien verlebten Jugend eine gute Ausbildung auf den Gebieten der Staatstheorie, Rechtskunde und Geschichte erhalten, wie uns seine Privatbibliothek beweist.

Im politischen Handeln der Könige wurde, so scheint es, auf die traditionellen Elemente bewußt mehr Gewicht gelegt als auf die fortschrittlichen. Luis Suárez Fernández schreibt: »Man versteht die Könige und ihre Politik viel besser vom Blickwinkel des mittelalterlichen Gedankengutes aus als von dem der Neuzeit.«

Im Gegensatz dazu stehen eine Reihe von Veränderungen, die die Autorität der Krone stärken und ihren Handlungsspielraum erweitern sollten. Dazu zählen vor allem institutionelle und wirtschaftliche Maßnahmen. So wurden die monarchischen Institutionen gestärkt, um den lokalen Gewalten engere Grenzen zu setzen, und wirtschaftspolitische Entscheidungen getroffen, die zu einer Frühform des Merkantilismus führten.

Schließlich muß noch die wichtige Frage behandelt werden, wie weit die dynastische Vereinigung das Denken der beiden Hauptpersonen beherrschte. Mit dieser Vereinigung entsteht vor dem geo-historischen Hintergrund des mittelalterlichen Spanien eine politische Einheit der Einwohner und Territorien, die, wie bereits erwähnt, die unmittelbare Grundlage für die spanische Nation und den spanischen Staat sind. Deswegen ist die Versuchung groß, politische Konzeptionen späterer Jahrhunderte aus ihrem Kontext herausgelöst den Katholischen Königen zuzuschreiben. Aber diese stellten vielleicht gar keine theoretischen Überlegungen an, wie Spanien einheitlich regiert werden sollte. In der Praxis machten sie freilich einen großen Schritt in diese Richtung, als sie für eine gemeinsame Erbfolge in allen ihren Reichen sorgten. Damit stellten sie die politische Einheit Spaniens wieder her, die fast 800 Jahre zuvor durch die islamische Invasion zerstört worden war und die von den politischen Autoren des 15. Jahrhunderts in Rückbsinnung auf das Reich der Westgoten häufig beschworen wurde.

Man darf aber auch nicht vergessen, daß die dynastische Vereinigung bald wieder zerbrechen hätte können. Als zum Beispiel 1497 der Thronfolger Johann starb oder durch den Tod des Infanten Miguel im Jahre 1500, der der Erbe dreier Kronen gewesen wäre (Portugal, Kastilien, Aragon). Wäre nicht Philipp I. frühzeitig verstorben und seine Gemahlin Johanna, die rechtmäßige Königin von Kastilien, nicht dem Wahnsinn verfallen, und wäre in der zweiten Ehe Ferdinands des Katholischen mit Germaine de Foix ein Thronfolger geboren worden, würde dann die dynastische Vereinigung überlebt haben?

Für das Weiterbestehen dieser Vereinigung haben also auch die Zufälle des Lebens und des Sterbens eine gewisse Rolle gespielt. Diese

Zufälle waren die Ursache für zwingende Änderungen der vortrefflich ausgedachten politischen Pläne und gefährdeten den von den Königen bereits 1480 vor den Cortes von Toledo geäußerten Wunsch nach Kontinuität: »Denn durch Gottes Gnade sind unsere Reiche von Kastilien und León und Aragon vereinigt, und wir hegen die Hoffnung, daß sie nach seinem barmherzigen Willen von jetzt an vereint bleiben ...«

In einem konkreteren und begrenzteren Bereich machte es die Ehe zwischen der zukünftigen Königin von Kastilien und dem zukünftigen König von Aragon notwendig, genau festzulegen, auf welche Weise sie die Macht in ihren verschiedenen Reichen ausüben und untereinander teilen würden. Da zwischen den Gatten immer Eintracht herrschte, kam es in dieser Hinsicht zu keinen Schwierigkeiten. Die Monarchie beider Gatten ist gleichzeitig eine dynastische Vereinigung und eine vereinte Ausübung der Macht. Das bedeutet keine Änderung der internen Verfassung der Reiche. Vielleicht nannten sich Isabella und Ferdinand deshalb nicht offiziell Könige von Spanien, auch wenn sie sich als solche betrachteten. Sie behielten die traditionellen Titel bei, sogar die lange Aufzählung der Ehrentitel, in der sowohl das kastilische als auch das aragonesische Reich und auch die eroberten und einverleibten Gebiete ihren bestimmten Platz haben. Sogar die Monarchen der *Casa de Austria* sollten diese Methode der Titulierung beibehalten:

»Ferdinand und Isabella, von Gottes Gnaden König und Königin von Kastilien, León, Aragon, Sizilien, Toledo, Valencia, Galicien, Mallorca, Sevilla, Sardinien, Córdoba, Korsika, Murcia, Jaén, der Algarve, Algeciras und Gibraltar und Guipúzcoa, Graf und Gräfin von Barcelona und Herren der Biskaya und von Molina, Herzöge von Athen und Neopatria, Grafen von Rousillon und Cerdagne, Marquis von Oristán und Gociano.«

Dementsprechend die heraldischen Symbole ihrer Herrschaft: Der Schild der Krone umrahmt vom Adler des Hl. Johannes, aus dem das derzeitige Staatswappen Spaniens entstehen sollte. Das Bündel der ineinander verflochtenen Pfeile, Devise der Königin, die wahrscheinlich die Einheit der Kräfte in der Aktion darstellen. Das Joch und der mit dem Schwert durchhauene gordische Knoten mit dem *tanto monta*, was soviel bedeutet wie »gleichwertig«, der Devise Ferdinands. Die unter den Katholischen Königen geprägten Münzen zeigen auf der Vorderseite die einander zugewandten Gatten. Die Inschrift bezieht sich auf ihre gemeinsame Regierung und Souveränität.

Der Wille zur gemeinsamen Regierung fand in verschiedenen Verträgen und Entscheidungen seinen Niederschlag. Das erste Mal 1469, als die Gatten aus Anlaß der Vermählung die Regierungsrechte Ferdinands in Kastilien vertraglich festlegen. Dann kommt es 1475, als Isabella I. den kastilischen Thron besteigt, zum sogenannten Schiedsspruch von Segovia, in dem die Königin ihrem Gemahl eine umfassende Regierungsgewalt gleich der ihren überträgt, wobei jedoch das kastilische Erbfolgerecht für die weiblichen Nachkommen und deren Recht auf Ausübung der königlichen Macht unangetastet bleibt. Schließlich ernennt Ferdinand 1481 Isabella zur Mitregentin, Tutorin, Statthalterin und »alter ego« für alle seine Erbländer, das heißt für die gesamte Krone von Aragon.

Bei der Verwirklichung des Plans, gemeinsam zu befehlen, zu regieren, zu lenken und zu herrschen, hing die effektive Machtausübung eng mit der institutionellen Struktur jedes einzelnen Reichs zusammen. So gesehen erhielt Ferdinand in Wirklichkeit viel mehr als Isabella, da das politische Gewicht Kastiliens und die Möglichkeiten seines Monarchen größer waren. Um das zu verstehen, müssen die Institutionen Kastiliens, die der Krone von Aragon und auch die von Navarra getrennt betrachtet werden.

DIE INSTITUTIONEN KASTILIENS

Alles, was bis jetzt über die Tendenzen in Richtung eines Königtums gesagt wurde, das mit weitreichender Autorität ausgestattet, vollkommen souverän und Grundlage des modernen Staats ist, kann in noch engerem Sinn von Kastilien behauptet werden. Dort hat die Krone seit dem 13. Jahrhundert die Fundamente und Instrumente ihrer Macht immer mehr verbessert und so ein politisches Kräfteverhältnis geschaffen, das die Entwicklung des Staats weitgehend begünstigte. Es entsprach dies durchaus der allgemeinen Tendenz in Westeuropa, wo alte Fesseln gesprengt wurden und die Ansätze zu einem modernen Staat den Übergang von den Freiheiten des Mittelalters zur heutigen politischen Freiheit und vom Prinzip der dynastischen Rechtmäßigkeit zur nationalen Souveränität möglich machten.

Es liegt auf der Hand, daß ohne diesen Aufbruch Kastiliens in eine neue Zeit, der vielleicht zu früh erfolgte und zweifellos langfristig für die kastilischen Länder selbst aufreibend war, der politische Aufbau Spaniens als Staat, wie wir ihn heute kennen, nicht möglich gewesen wäre. Auf diesen besonderen Umstand sind seine Errungenschaften und auch seine Beschränkungen und Mißerfolge im Verlauf mehrerer Jahrhunderte zurückzuführen. Als die kurze, aber bedeutende Epoche der Katholischen Könige anbricht, liegt der Beginn dieses Prozesses innerhalb Kastiliens bereits mindestens 200 Jahre zurück. Aber in ihrer Zeit erhält er neue Impulse und wird beschleunigt. Das führt dazu, daß die kastilischen Institutionen für den Bereich der Iberischen Halbinsel und für Europa entscheidende Bedeutung erlangen. Kastilien mußte beim Aufbau der spanischen Monarchie große Belastungen auf sich nehmen und die Kosten für die Repräsentation der Gesamtheit Spaniens tragen, was man den kastilisch-leonesischen *pecheros* jener Jahrhunderte, die soviel bezahlten, nicht vergessen sollte.

Im folgenden wird zwischen jenen Institutionen unterschieden, die die der Krone verliehene Macht verwalten, und jenen, die die Beziehungen zwischen der Krone und den anderen politischen Gewalten Kastiliens ermöglichen.

Die königlichen Institutionen

Königshaus und Hofstaat

Das Königshaus und der Hofstaat, der die Monarchen umgab, hatte viele der wichtigsten Funktionen inne. Es würde zu weit führen, hier die verschiedenen ehrenamtlichen Hofämter — Oberhofmeister, Kanzler, Erznotar, Admiral, Konnetable — eingehend zu beschreiben, und es ist auch nicht wichtig, um die Politik der Katholischen Könige zu verstehen. Der kastilische Hof zog im Gegensatz zu den Reichen der Krone von Aragon und Navarra, wo eine Stadt der politische Mittelpunkt war, weiterhin von einem Ort zum anderen. Daran änderte auch die relative Konzentration von Ämtern in Valladolid und Toledo nichts. Der Grund dafür liegt in der viel größeren territorialen Ausdehnung und in der Rücksichtnahme auf die Verschiedenartigkeit der Regionen.

Ferdinand und Isabella führten jeweils einen eigenen privaten Haushalt, ebenso der Kronprinz und einige der Infantinnen. Dafür gab es ein eigenes Budget, das immer aus den königlichen Finanzen Kastiliens bestritten wurde. Damit wurden die wichtigsten Ausgaben wie Speisekammer, Wachs (Beleuchtung), Pferde und Maultiere finanziert. Ein beträchtlicher Teil der zugewiesenen Mittel wurde einem oder mehreren Schatzmeistern für die Zahlung der verschiedenen Dienste übergeben: Truchseß, Küchenmeister, Pagen, Jägermeister, Trompeter und Spielleute, Sänger, Musiker und Schalmeienbläser, Hofdamen, Beschließerinnen, Ammen, Erzieher, Diener, Boten und sonstige Dienstboten, die für ihre Arbeit eine tägliche Entlohnung erhielten.

Zu den eigentlichen Kosten für die königlichen Häuser kamen die der Kammer der Könige mit den dazugehörigen Bediensteten. Außerdem kamen die Könige auch für den Unterhalt der aristokratischen Höflinge auf. Manches Mal handelt es sich dabei um politische Flüchtlinge, wie im Fall der Gruppe von Portugiesen, die jedes Jahr in der Kostenrechnung aufscheint.

Zu den allgemeinen Dienstleistungen, die dieser herumziehende Hofstaat benötigte, gehörte die Arbeit der Quartiermacher und Marschälle. Die ärztliche Betreuung lag in den Händen einer Gruppe von Ärzten und Apothekern. Schließlich gab es noch eine wichtige Einrichtung: Die Könige verfügten sowohl am Hof als auch an verschiedenen Punkten des Reiches über ungefähr 200 Personen, die sich ausschließlich ihrem persönlichen Dienst und politischen Aufgaben widmeten. Diese sogenannten *continos* wurden aus den Familien der hohen und niederen Aristokratie und unter den Rittern und Rechtsgelehrten ausgewählt. Aus dieser Gruppe von Dienstleuten sollten viele bedeutende königliche Beamte und Militärs hervorgehen.

Die Pracht, mit der sich die Könige umgaben, beschränkte sich nicht nur auf den Hof selbst, sondern kam all jenen Orten im Reich zugute, die sie öfter aufsuchten oder die sie besonders schätzten. Da man sich nicht selten in Klöstern einquartierte, wurden während der gesamten Regierungszeit Isabellas I. Almosen und Unterstützungen an die »bedürftigen Spitäler und Klöster des Reichs« geschickt. Franziskaner und Klarissinnen gehörten zu den besonders Begünstigten. Es wurden auch bedeutende Neubauten in Auftrag gegeben, die zugleich ein Sinnbild der königlichen Macht sein sollten. Zu Lasten der königlichen Finanzen wurden in Toledo San Juan de los Reyes und in Segovia das Kloster Santa María de Miraflores gebaut. In den königlichen Schlössern und Burgen von Toledo, Córdoba, Madrid, Mota de Medina, Tordesillas u.a. wurden weitgehende Reparaturarbeiten durchgeführt.

Consejo Real (Kronrat)

Diese Institution hat bereits im Mittelalter eine lange Geschichte. Die Katholischen Könige knüpfen bei der Festsetzung von Aufgaben und Zusammensetzung des Kronrates an Verordnungen Heinrichs III. von 1406 an. Die betreffenden Gesetze wurden in den Versammlungen der *Cortes* von 1480 und von 1489 erlassen. Sie sehen vor, daß den Vorsitz ein Prälat zu führen hat. Der Rat besteht üblicherweise aus drei Rittern und acht oder neun Juristen, die in allen Fragen die Entscheidungen treffen, was einen offenkundigen Triumph des »Talar-Adels« bedeutet. Der Kronrat wird zu einem Grundpfeiler der Reiche, als er im Auftrag der Könige eine große Zahl von Aufgaben der Regierung, Verwaltung und Rechtsprechung übernimmt und für zahllose Routineangelegenheiten königliche Verfügungen erläßt. Er ist höchstes Berufungsgericht und unmittelbar vorgesetzte Behörde der *corregidores, pesquisidores* und Sonderrichter sowie beratende Körperschaft, die auch Gutachten erstellt.

Selbständig tätig wurde der Kronrat in allen Angelegenheiten, die auf dem Aktenweg erledigt werden konnten; als beratendes Organ fungierte er in Belangen, die der Hofkammer vorbehalten waren. Die

Entscheidung erfolgte in Form eines Briefes, der von den Königen eigenhändig unterzeichnet wurde, nachdem sie einige Berater und Hofbeamte angehört hatten. Das waren die Anfänge der zukünftigen Hofkammer von Kastilien.

Laut dem Chronisten Hernando del Pulgar war der Rat intern in mehrere Abteilungen unterteilt, die jeweils für internationale Angelegenheiten, Rechtssachen, die *hermandad*, die Finanzen oder Themen der Krone von Aragon zuständig waren. Später gab es anstelle einiger dieser Abteilungen eigene Räte, zum Beispiel für Aragon. Ab den neunziger Jahren des 15. Jahrhunderts, als die Krone die Verwaltung der Großmeisterwürde der Ritterorden übernahm, begann man von einem eigenen »Rat der Ritterorden« zu sprechen. Damals wurde als Delegation des Generalrats ein eigener Rat für Galicien gegründet. Er bestand aus einem Gouverneur, drei Auditoren und zwei Notaren (Schreibern) und hatte vor allem richterliche Funktionen, womit er in gewisser Hinsicht einem Gericht (*audiencia*) gleichgestellt wurde. Ab 1505 wurde er zum ständigen Gericht von Galicien. Davor, in den Jahren der Eroberung Granadas, gab es einen Rat »jenseits der Gebirgspässe«, das heißt nördlich des Zentralgebirges, zur Betreuung der Gebiete, die in der Zeit der Feldzüge am weitesten von den Königen entfernt waren.

Königliche Sekretäre

Die Sekretäre erledigten ihre Obliegenheiten in direkter Zusammenarbeit mit den Königen und überwachten persönlich die Ausfertigung von Urkunden, die von den Monarchen unterzeichnet und von ihnen selbst gemäß den Verordnungen von 1476 gegengezeichnet wurden. In ihren Händen lag der größte Teil der Aufgaben der Königlichen Kanzlei; sie verwahrten deshalb auch das gewöhnliche Siegel der Könige. Das Prunksiegel wurde nurmehr sehr selten verwendet.

Die königlichen Sekretäre, sehr frühe Vorläufer der Minister, waren im Grunde genommen die wichtigsten politischen Persönlichkeiten der Epoche; zumindest zählten sie zu den engsten Vertrauten der Könige. Namen wie Fernán Alvarez de Toledo, Fernando de Zafra, Alonso de Avila, Francisco de Madrid und Beatriz Galindo Almazán, Gaspar de Gricio, Lope Conchillos und Juan Coloma werden häufig im Zusammenhang mit Angelegenheiten der Regierung von Kastilien und Aragon genannt.

Die territorialen Repräsentanten der königlichen Gewalt

Das Amt des Vizekönigs gibt es zwar in Kastilien seit der Mitte des 15. Jahrhunderts, jedoch taucht es nur sporadisch und bei bestimmten Gelegenheiten auf, so daß es jeder Kontinuität entbehrt. Die alte territoriale Aufteilung in *adelantamientos* und *merindades mayores* bleiben weiter bestehen, aber ihre Funktionen werden beschnitten. Entweder sind sie ehrenamtlich oder auf einen einzelnen Aspekt des früheren Tätigkeitsbereichs beschränkt. Während der Regierungszeit der Katholischen Könige hatte zunächst nur der *adelantamiento* von Murcia volle Kompetenzen. Das Amt war Juan Chacón, einem Höfling, anvertraut worden, der mit der Erbin des Geschlechts der Fajardo verheiratet war. Später kam der *adelantamiento* von Teneriffa und La Palma unter Alonso de Lugo dazu.

Gleichzeitig entwickelten sich in dazugewonnenen Gebieten, im besonderen in Granada oder auf den Kanarischen Inseln, neue institutionelle Ämter wie das des Generalkapitäns oder Gouverneurs. Vor allem aber wurde die Krone über oder fallweise ständige Gesandte tätig, deren Entgelt zu Lasten der verwalteten Territorien ging, wo sie ihre Funktion ausübten. Es handelt sich einerseits um die *pesquisidores* (Sonderrichter), die zum Beispiel Streitfragen über Gemeindegebiete und -grenzen zu schlichten hatten, andererseits um die *corregidores*, die für gewöhnlich die kommunalen Geschäfte in Städten und Marktflecken Kastiliens leiteten oder überwachten.

Die Justizverwaltung

In der damaligen Zeit war die Rechtsprechung nicht notwendigerweise von der übrigen Verwaltung streng getrennt. So fungierte der Kronrat als Oberstes Berufungsgericht. Und die territorialen Repräsentanten der königlichen Gewalt übten aufgrund ihrer Funktion innerhalb ihres Bezirks auch das Richteramt aus und organisierten die königliche Rechtsprechung. In den *adelantamientos mayores* von Kastilien und León ernannte die Krone in jenen Jahren Sonderrichter, die dort die entsprechenden richterlichen Funktionen ausübten. Der Sonderrichter von Andalusien schuf ein System von verschiedenen Berufungsinstanzen – die berühmten *Grados* oder *Tribunal de la Cuadra Hispalense*. Daraus entwickelte sich später das Landesgericht (*Audiencia*) von Sevilla. In Galicien übernahm ein Sonderrat, eben-

falls Vorläufer des zukünftigen Gerichts, die richterlichen Funktionen, die in früheren Zeiten dem dortigen Statthalter oblagen.
Seit geraumer Zeit entwickelten sich aber auch eigene Justizorgane. Am Hof selbst gab es einige *alcaldes* (beamtete Richter), denen entsprechende Hilfskräfte als Polizei für die öffentliche Sicherheit und Gerichtsdiener zur Seite standen. Die Krone sorgte dafür, daß mehrere Rechtsanwälte zur Verfügung standen und vor allem ein Armenanwalt (*procurador de pobres*) für die Prozesse, bei denen eine der Parteien mittellos war. Die Zuständigkeit der *alcaldes de la corte* ist auf den Hof und sein *rastro* oder Umfeld beschränkt, wo er sich gerade aufhält, oder auf die Gebiete, durch die er durchzieht.
Im Gegensatz dazu fällt das gesamte Territorium der Krone unter die Zuständigkeit des Königlichen Gerichts (*Audiencia Real*), das in der Zeit Peters I. Mitte des 15. Jahrhunderts entstand. Nach dem *Consejo Real* war es das oberste Gericht Kastiliens. Aufgrund der Tatsache, daß der Präsident die Reichssiegel in Verwahrung hatte, hieß es auch Königliches Kanzleigericht (*Real Chancillería*). Es hatte ab 1475 rechtlich seit 1489 seinen festen Sitz in Valladolid. 1494 wurde ein weiteres Kanzleigericht in Ciudad Real geschaffen, das für die südliche Hälfte des Landes zuständig war. 1505 wurde dieses neue Gericht nach Granada verlegt.
Die Kanzleigerichte hatten jeweils einen Präsidenten, vier Zivilsenate mit Auditoren, einen Strafsenat mit beamteten Richtern und einen Senat aus Edelleuten für Rechtsstreitigkeiten des Adels. Staatsanwälte, Gerichtsschreiber, Referenten und Armenanwälte vervollständigten den Stellenplan der Institution. Beim Gericht von Valladolid gab es außerdem einen Oberrichter und einen Berufungssenat für die Biskaya.

Das königliche Heer

Im Hinblick auf militärische Fragen müssen zwei relativ unterschiedliche Aspekte beachtet werden. Einerseits die königliche Befugnis und Autorität zur Mobilmachung von Truppen, deren Aufstellung und Besoldung anderen politischen Mächten in Kastilien zukam. Andererseits der Ausbau eines Heeres und ständiger Militärdienste, die direkt der Monarchie unterstanden und aus ihren Mitteln bezahlt wurden.
Die dem König als höchste militärische Autorität und oberstem Befehlshaber zugestandenen Rechte der Mobilmachung wurden niemals

in Frage gestellt, sofern er sich an die Gesetze hielt. Für die Art, wie die mittelalterlichen Heere für gewöhnlich aufgestellt wurden, ist das Heer, das bei der Eroberung von Granada eingesetzt wurde, ein gutes Beispiel. Es bestand aus den Heerscharen der Gemeinden und der *Hermandad*, aus Reiterkompanien der Aristokraten und *Hidalgos*, die selbst den Kriegsdienst leisteten, und aus Truppen der Ritterorden. Danach führte die Krone aber neue Organisationsgrundsätze ein, die einen viel größeren Erfolg brachten. Sie verlangte die ständige Präsenz dieser Truppen und unterstellte sie dem Befehl von Spezialisten, die in ihren Diensten standen.

Nach Beendigung des Kriegs von Granada im Jahr 1492 erneuerten die Könige ihre Forderung, daß jedes im Königreich ansässige Familienoberhaupt, vom *caballero de cuantía* bis zum einfachen Fußsoldaten, bereit und gerüstet sein müsse, um seine militärischen Verpflichtungen zu erfüllen. Im Februar 1496 wurde sogar die Aufstellung einer ständigen Infanterie befohlen, die aus Männern zwischen zwanzig und fünfundvierzig Jahren bestehen sollte: Jeweils zwanzig Familienoberhäupter sollten die Kosten für die Bewaffnung eines Infanteristen übernehmen, der vom König seinen Sold bekäme, falls er zu den Waffen gerufen würde. Das Projekt war ein Teil der militärischen Vorbereitungen in dem Jahr, in dem es zu einer Krise in den Beziehungen zu Frankreich kam, aber es wurde schließlich nicht in die Praxis umgesetzt.

Davon abgesehen wurde das königliche Heer ständig neu organisiert und erweitert, was beträchtliche Steuermittel verschlang: zu Beginn der Regierungszeit der Katholischen Könige rund 15 Prozent, am Ende über 50 Prozent, obwohl sich die Steuereinnahmen wesentlich erhöht hatten.

Ein beträchtlicher Teil der Kosten entfällt auf die Bezahlung der Reitertruppen, die zu den sogenannten *capitanías* der Königlichen Garden gehörten und teils schwer (*hombres de arma*), teils leicht (*jinetes*) bewaffnet waren. Auch die Artillerie wurde beträchtlich erweitert und von Fachleuten gewartet. Innerhalb der in königlichen Diensten stehenden ständigen Infanterie kam es zur Bildung von zwei Spezialeinheiten: Die *espingaderos* waren die ersten Fußsoldaten mit eigenen Feuerwaffen; die Ordonanzkompanie wurde von ihrem ersten Hauptmann, Gonzalo de Ayora, im Hinblick auf neue Techniken aufgestellt. Im Prinzip war es eine Palastwache. Neben diesen neuen Corps gab es weiterhin die traditionellen Armbrustschützen und Lanzenreiter.

Das ständige Heer wurde häufig außerhalb von Kastilien eingesetzt, was mit den in herkömmlicher Weise aufgestellten Truppen nicht möglich gewesen wäre. Daß ihr Sold aus den königlichen Steuereinnahmen in Kastilien bezahlt wurde, war dafür kein Hindernis. Das beweist wieder die große Handlungsfreiheit, die die Monarchen in dieser Hinsicht hatten. 1504 bestand das königliche Heer aus 1.817 schwer bewaffneten Reitern, 3.266 leichten Reitern, 146 Artilleristen, 152 *espingaderos* und 2.797 anderen Fußsoldaten.

Zusätzlich zum Einsatzheer unterhielt die Krone ein Netz der territorialen Verteidigung, das ihr direkt unterstellt war. Dazu gehörten die Instandhaltung und Besatzung von Festungen im ganzen Königreich und die Zahlung der entsprechenden *tenencias* an die Vögte, die ihr Amt nicht immer selbst ausübten. Ab 1492 wurde ein beträchtlicher Teil dieses Aufwands in Granada investiert, wo die Krone an die hundert Burgen und Türme hatte. 1504 beliefen sich die Kosten auf insgesamt zehn Millionen *maravedíes*, abgesehen von denen für Reparaturen oder Verbesserungsarbeiten an bestimmten Wehrbauten.

Ein anderer Weg, über ein Milizheer zu verfügen, dessen Mobilmachung rasch möglich war, war die vertragliche Verpflichtung von Kronvasallen. Sie erhielten jährlich eine bestimmte Summe dafür, daß sie mit Pferden, Waffen und Ausrüstungen bereit waren, unverzüglich dem Ruf des Königs zu folgen. 1504 waren auf diese Weise tausend *hombres de arma* und tausend *jinetes* über ganz Kastilien verteilt. Sie waren unter der Bezeichnung Truppen des *acostamiento* bekannt, weil ihre Bezahlung auf Kosten der königlichen Steuereinnahmen ging. 1504 wurden zehn Millionen *maravedíes* für ihre Besoldung aufgewendet.

Der einzige Teil der militärischen Organisation, den die Krone damals auf Grund der ungeheuren Kosten noch nicht ständig unterhalten konnte, war eine Kriegsflotte (*armada*). Doch mieteten die Katholischen Könige häufig Schiffe samt Besatzung, auf denen sich Artilleristen und Truppen einschiffen konnten. So geschah es bereits im Erbfolgekrieg, später bei der Eroberung von Granada, denn die Straße von Gibraltar mußte damals ständig überwacht werden. In den Kriegen von Neapel mußten zwei Kriegsflotten für mehrere Jahre zusammengestellt werden, eine im Mittelmeer und eine im mittleren Atlantik.

Die Entwicklung der Finanzen

Der Schlüssel zur Stärkung der Macht der Monarchen und zu ihrer politischen Handlungsfreiheit lag in der Steuerhoheit. Die Könige von Kastilien besaßen bereits im 15. Jahrhundert eine beachtliche Steuermacht, die zweifellos eine der ersten in Europa war. Es gab außerdem keine ähnlichen Beschränkungen oder Kontrollen wie in anderen Königreichen der Iberischen Halbinsel, die die Verwendung der eingenommenen Mittel erschwert hätten. Die Katholischen Könige konnten sich darauf beschränken, ein Steuersystem zu sanieren und auszubauen, das ihre Vorgänger 150 Jahre vorher entwickelt hatten. Abgesehen von den üblichen oder gewöhnlichen Einkünften der Krone gab es auch außerordentliche, für deren Erhöhung sie ebenfalls sorgten.

Unter den Einkünften oder Renten war die wichtigste die Verkaufssteuer *alcabala* (70-80 Prozent der Gesamteinkünfte), die auf den Binnenhandel entfiel. Es folgten die Zollgebühren für den Außenhandel, Zehent und *almojarifazgos*, die in verschiedenen Grenzgebieten eingehoben wurden (10-12 Prozent der Gesamteinkünfte). Im Gegensatz dazu waren der Wegezoll und andere Durchfuhrgebühren innerhalb der Landesgrenzen kaum von Bedeutung für die königlichen Finanzen. Deshalb waren sie in die Kompetenz der herrschaftlichen und kommunalen Verwaltungen übergegangen, mit Ausnahme der nicht unbeträchtlichen Steuern, die auf die Wanderherden eingehoben wurden (*servicio y montazgo*). Ihre Höhe hing von der Anzahl der Tiere ab und davon, welche Weiden sie benützten. Ein weiteres übliches königliches Recht war die Einhebung der *moneda forera* von allen Familienoberhäuptern Kastiliens, die alle sieben Jahre erfolgte. Nicht geringe Einnahmen brachte der Krone die ihr vorbehaltene Gewinnung und der Vertrieb von Salz.

Beträchtlich und zahlreich waren die königlichen Einkünfte aufgrund verschiedener kirchlicher Konzessionen. Am typischesten sind die *tercias reales*. Es handelte sich um zwei Neuntel des Kirchenzehents, die die Herrscher überlicherweise beanspruchten. Die übrigen Renten kirchlichen Ursprungs waren außerordentlicher Natur.

Damit kommen wir zu der zweiten erwähnten Gruppe der Einkünfte. Auch hier stammen die Ansätze fast alle aus der Zeit früherer Monarchen und wurden von den Katholischen Königen nur stark erweitert. Der Unterstützung durch die Kirche verdankten sie die Almosen, die infolge der Anpreisung der Kreuzzugsbulle in den Predigten eingehoben wurden, und die Hilfsgelder, die der Klerus aus besonderen Anlässen zahlte. Damit, sowie mit der Einverleibung der Großmeisterwürden der Ritterorden und seiner Renten durch die Krone, beschäftigt sich das nächste Kapitel.

Die traditionellste außergewöhnliche Einnahme waren die *servicios*, die die *Cortes* des Königreichs auf Ersuchen eines Monarchen bewilligten. Die Katholischen Könige ersetzten sie jedoch in den Jahren 1476 und 1497 durch eine Sondersteuer zur Erhaltung der *Hermandad*, die von den kastilischen Städten für Zwecke der öffentlichen Ordnung wieder gegründet worden war, sowie durch eine weitere Abgabe, ebenfalls eine Art Sondersteuer, die über die *Hermandad* eingeführt und eingehoben wurde, als Beitrag zu den Kosten des Kriegs gegen Granada.

Die Könige hatten auch das Recht auf verschiedene persönliche und militärische Dienste ihrer Untertanen, die nicht in Geldwert ausgedrückt werden können, die aber ebenfalls Einnahmen darstellten, die berücksichtigt werden müssen. Sie konnten auch Privatpersonen und Institutionen um freiwillige Darlehen ersuchen oder diese zwingen, sie ihnen zu gewähren. Ebenso konnten sie Darlehen bei Banken aufnehmen. Als es ihnen nicht möglich war, alle kurzfristig zurückzuzahlen, wurde ungefähr ab 1490 eine Konsolidierung der Schulden in Form von sogenannten *juros* (Schuldscheine) vorgenommen. Schließlich sind auch noch die Sondersteuern zu erwähnen, die die jüdischen und muselmanischen Gemeinden abzuführen hatten.

Man kann sagen, daß die Gesamtheit der außerordentlichen Einkünfte unter der Regierung Johanns II. und Heinrichs IV. (1406-1474) im Vergleich zu den gewöhnlichen nicht mehr als 30 Prozent betragen hatten. Ab 1482 machten sie als Folge der von den Katholischen Königen verfügten Erweiterung 60 bis 79 Prozent aus. Nur so konnte nämlich ihre ehrgeizige internationale Politik aufrechterhalten werden.

Allgemein betrachtet waren die Monarchen während ihrer ganzen Regierungszeit mit der Reform des Steuersystems beschäftigt. Die Versammlung der *Cortes* von 1480 erlebte die nachdrücklichste Initiative der Krone, eine Herabsetzung des fixen oder zweckgebundenen Aufwandes zu erreichen und verschiedenen Mißbräuchen ein Ende zu machen. Die zahllosen Gesetze von 1480 und der folgenden Jahre konnten nicht immer eingehalten werden, aber zumindest wurden zur Sanierung der Finanzen die Ausgaben etwas genauer kontrolliert und vor allem eine wesentliche Erhöhung der eingehobenen Beträge erzielt. Die gewöhnlichen Einkünfte steigen von 150 Millionen *marave*-

díes im Jahr 1482 auf 314 Millionen im Jahr 1504. Dazu kommt noch die durchschnittliche Zunahme der außergewöhnlichen Einnahmen.

Mit jährlichen Einnahmen, die bald über eine Million Dukaten ausmachten, verfügten die Könige von Kastilien über eine äußerst solide Rückendeckung für ihre Politik. Was ihnen jedoch am meisten zustatten kam, war die absolute Freiheit, mit der sie agieren konnten, wenn es um die Einhebung der Steuern oder das Ausgeben der Mittel ging. Sie mußten gegenüber keinem Vertreter ihrer Länder oder der Bevölkerung Rechenschaft ablegen, und sie waren nicht von Institutionen abhängig, die mit der Einhebung betraut waren, ohne ihrer Kontrolle zu unterstehen. Den größten Teil der Einkünfte erzielten sie durch Verpachtung der Einhebung an Personen oder Gesellschaften, die diese durchführten und der Krone die zuvor vereinbarte Summe übergaben. Ab 1495 kommt es zur Anwendung einer zweiten Methode, die den Gemeinden größere Macht bringt: der *encalezamiento* (die Steuerrolle). Es ist eine Art Globalvereinbarung mit einer Stadt oder einem Marktflecken, mit der die Übergabe der vereinbarten Summe in bar garantiert wird.

In jedem Fall obliegt die Führung der Bücher, die Kontrolle der Einnahmen und die Zuweisung der Mittel für die Ausgaben den *contadurías mayores*, Rentenkanzleien, Schatzämtern und Steuereinnehmern. Diese Ämter waren mit königlichen Beamten besetzt und wurden durch verschiedene Verordnungen, vor allem aus den Jahren 1476, 1478 und 1488 geregelt. Einige dieser Beamten, zum Beispiel die Oberrechnungsführer, zählten zu den bestbezahlten der königlichen Verwaltung. Die *Cortes* hatten mit der Einhebung nichts zu tun, nicht einmal mit den Sondersteuern, die sie genehmigten. Daß sie auch die Verwendung nicht überwachten, wurde schon gesagt.

Die Verfügung über die Steuermittel ermöglichte letzten Endes die effektive Umsetzung der politischen Macht. Das königliche Finanzwesen diente der spanischen Monarchie fast unverändert bis ins 17. Jahrhundert.

Sieht man sich an, wie die Gesamtheit des Steueraufkommens aufgeteilt war, kann man interessante Details feststellen. Nicht alle Gebiete waren steuerlich gleich bedeutend. Und in dieser ersten Phase der Entstehung eines modernen Staats übte der König seine Macht nicht in gleicher Weise im gesamten Königreich und auch nicht über alle sozialen Gruppen aus. Über 60 Prozent der ordentlichen Einnahmen stammten aus dem Mittelstreifen Kastiliens entlang der großen Wirtschaftsachse Burgos – Valladolid – Toledo – Córdoba – Sevilla. Der Beitrag der Biskaya und Guipúzcoas war sehr gering, während der Anteil Galiciens zunahm, wo es zwischen 1480 und 1504 zu einer umfangreichen Wiederherstellung der königlichen Macht kam. Die Grenzgebiete im Westen zu Portugal und im Osten zu Navarra, Aragon und Valencia, deren Einwohnerzahl und Reichtum geringer waren als die der zentralen Gebiete, trugen jeweils ungefähr 15 Prozent zum Gesamtaufkommen bei.

Die Beziehung zu den anderen Mächten im Königreich

Es wäre ein Irrtum zu glauben, daß die Katholischen Könige in Kastilien einen absolutistischen Zentralstaat gegründet hätten. Dies lag weder im Bereich ihrer Möglichkeiten, noch entsprach es ihren politischen Vorstellungen. Diese gingen eher in Richtung eines Ausbaus und der Ausübung der königlichen Souveränität und Macht innerhalb eines bestehenden Systems; dies zwar bis zur letzten Konsequenz, aber ohne das umfassende Recht auf Selbstverwaltung der Macht anzutasten, das auf der mittleren Ebene, den Gemeinden und Aristokraten entsprechend den mittelalterlichen Gesetzen, Gewohnheiten und Traditionen zustand.

Gesetzgebung

Die Legislative für den gesamten Bereich der Krone war bereits in weit zurückliegenden Zeiten eine Befugnis der königlichen Souveränität gewesen. Vielleicht zeigte sich darin am deutlichsten, daß das Königtum den Staat verkörperte. Die Katholischen Könige maßen der Legislative und der Verbreitung der königlichen Gesetze große Bedeutung bei. Dies hängt zusammen mit dem Streben nach größerer Durchschlagskraft in der Ausübung ihrer souveränen Befugnisse im Vergleich zu den übrigen politischen Gewalten Kastiliens. Die Entwicklung des Druckergewerbes während ihrer Regierungszeit war ein äußerst wertvolles technisches Mittel, um dieses Ziel zu erreichen.

Alonso Díaz de Montalvo gab 1484 eine Auswahl von Gesetzen, Edikten, Verordnungen und Bestimmungen der Cortes seit der Zeit Alfons XI. (1312-1350) bis zu den Katholischen Königen heraus, dazu noch die üblichen Bestimmungen des *Fuero Real* (Gesetzessammlung Alfons des Weisen von 1255), alles unter dem Titel »Königliche Verordnungen von Kastilien« (*Ordenanzas Reales de Castilla*), auch *Ordenamiento de Montalvo* genannt. Dieses Werk wurde bis zur Veröffentlichung der neuen Sammlung der Gesetze Kastiliens im Jahre 1567 verwendet. Montalvo veröffentlichte 1491 in Sevilla auch eine kommentierte Ausgabe der *Siete Partidas* von Alfons X. (Gesetzessammlung von 1265) und das *Fuero Real* desselben Monarchen (1501).

Die Könige erließen während ihrer Regierung eine Unzahl von Edikten. Ein Edikt hatte die gleiche Gesetzeskraft wie die von den Cortes erlassenen Verordnungen. Ihr häufiger Gebrauch beweist, daß die Cortes nicht mehr so notwendig waren — das gedruckte Werk zeugt mindestens so gut oder besser als sie von der legislativen Souveränität der Könige — und daß die Monarchie von ihren Vorrechten größeren Gebrauch machte. Die Edikte der Katholischen Könige wurden das erste Mal im Jahre 1503 von Juan Ramírez gesammelt herausgegeben.

In den Verordnungen für die königlichen *corregidores* aus dem Jahre 1500 wird bestimmt, daß in allen Gemeindearchiven Exemplare der *Partidas*, des *Fuero Real*, des *Ordenamiento de Montalvo* und eine Sammlung der Edikte vorhanden sein müssen. Das Interesse der Könige für die Verbreitung der Gesetze beschränkte sich nicht auf den Bereich der königlichen Gesetze, sondern umfaßte auch die Gemeindeverordnungen. Von der Krone angeregt, durchforsteten die wichtigsten Gemeinden Kastiliens das Gestrüpp ihrer Verwaltungs- und Regierungsverordnungen und begannen in den ersten Jahrzehnten des 16. Jahrhunderts systematisch mit dem Druck. Dies half, den Mißbrauch durch skrupellose Mandatare zu unterbinden. Die Verordnungen von Sevilla, die das erste Mal 1527 herausgegeben wurden, sollten neben dem *Fuero* der Stadt im umliegenden Territorium von ungefähr 12.000 km^2 mit ca. 100.000 Einwohnern zu Anwendung kommen. Etwas Ähnliches geschah in Zonen mit besonderen Bezirksrechten wie Alava, Biscaya oder Guipúzcoa.

Die Cortes

Niemals sind die *Cortes* im Mittelalter die Vertreter der gesamten Bevölkerung gewesen. Diese ständischen Versammlungen, die es in unterschiedlicher Zusammensetzung überall in Europa gab, mit den heutigen Parlamenten gleichzusetzen, ist ein Irrtum. Aufgabe der

Cortes in Kastilien war es, eine Annäherung des »Landes« im rechtlichen Sinn an die Krone zu bewirken: die Regierungsentschlüsse und gesetzgebenden Akte gegenzuzeichnen, die Einhebung von außerordentlichen Steuern zu genehmigen, beratend zu wirken und den Königen Probleme und Unzulänglichkeiten zur Kenntnis zu bringen, den Thronfolger anerzuerkennen und zu vereidigen.

Die *Cortes* von Kastilien tagten während der Regierung der Katholischen Könige nur sehr selten: während des Erbfolgekriegs, aus Anlaß des Sieges von Toro über die Portugiesen (Madrigal, 1476) und neuerlich in Toledo im Jahre 1480 als Teil der Maßnahmen zu Reorganisierung des Landes nach dem Krieg. Bis 1498 traten sie dann nicht mehr zusammen, dann neuerlich 1499, 1502, 1504, 1506, 1510, 1512 und 1515. In all diesen Jahren mit Ausnahme von 1476 und nach 1506 war das Hauptthema die Ablegung des Treueeids auf die Krone durch den Thronfolger oder, als Isabella I. und dann ihr Schwiegersohn Philipp I. starben, die Anerkennung der Regentschaftsregelung. Der Niedergang der *Cortes* als politisches Organ ist offensichtlich. 1480 wurde die Zahl der Städte, die in den *Cortes* vertreten waren, auf 17 reduziert; dazu kamen zwei *procuradores*, als von den Königen ernannte Mitglieder. Nach 1492 kam Granada als eine der wenigen in den *Cortes* mit Sitz und Stimme vertretenen Gemeinden dazu. Die übrigen waren Burgos, Toledo, Valladolid, Avila, Segovia, Soria, León, Salamanca, Zamora, Toro, Madrid, Guadalajara, Cuenca, Jaén, Córdoba, Sevilla und Murcia. Das bedeutet, daß die *Cortes* nur die politische Meinung einiger der mächtigsten oder sonst wichtigsten Städte vertraten.

Am Ende des 15. Jahrhunderts sind den Königen die wichtigsten Bestrebungen der politischen Gruppen des Landes – Adel, Klerus und Gemeindeoligarchien – außerhalb der *Cortes* wohlbekannt. Sie bedürfen ihrer nicht für die Gesetzgebung, denn diese steht ihnen ohne Beschränkung in Ausübung ihrer Souveränität zu. Auch für die Erzielung außerordentlicher Einnahmen sind sie nicht vonnöten, da sie diese bis 1498 über die *juntas* der *hermandades* erhalten. Sie verfügen über andere, weitaus effizientere Körperschaften zur Beratung, und keine rechtliche Verpflichtung zwingt sie, ihnen über ihre Regierungsakte zu berichten oder sie um ihre Zustimmung zu ersuchen. Zumindest einige Jahre hindurch konnten die Könige frei handeln, ohne jene traditionelle Form der Repräsentation des Königreichs einzuberufen. Das geschah – wie wir gesehen haben – nur für den symbolischen Akt der Vereidigung des Thronfolgers oder wie 1480, um vor den *Cor-*

tes das umfangreiche Programm der politischen und administrativen Reform zu erläutern, das sie in den darauffolgenden Jahren durchführen mußten.

Diese Einstellung ist der klarste Beweis dafür, wie autoritär die Katholischen Könige in Kastilien herrschten. Sie zeigt auch deutlich, daß die Könige durch keinerlei vertragliche Verpflichtungen an die Versammlung gebunden waren, sondern daß sie diese je nach Bedarf oder Zweckmäßigkeit einberiefen. In der damaligen Zeit war dieser Bedarf, das heißt im Klartext: Ersuchen um Genehmigung von Steuern, nicht vorhanden. Nach Ende der Versammlung der *Cortes* von 1480 gab es auch keine Regierungskrisen, die es ratsam erscheinen ließen, die Unterstützung oder Bestätigung durch die *Cortes* zu suchen. Als Zeichen dafür, daß der Handlungsbereich oder die von den *Cortes* abgedeckte politische Repräsentation auf anderen Ebenen ausreichend wahrgenommen wurde, ist zu werten, daß es keine Petitionen auf Einberufung oder sonstige schwerwiegende Klagen gab, obwohl achtzehn Jahre vergingen, ohne daß die Könige die *Cortes* einberiefen.

Die hermandades

Die *hermandades* waren Bündnisse zwischen Städten oder anderen Gemeinschaften. Sie dienten dazu, Freiräume der Politik, der Verwaltung oder der öffentlichen Ordnung zwischen den Ebenen der allgemeinen monarchischen Regierung und den lokalen Mächten abzudecken. Ab dem letzten Drittel des 13. Jahrhunderts treten sie in Krisenzeiten häufiger in Erscheinung, aber je allgemeiner ihr Geltungsbereich ist, desto instabiler und kurzlebiger sind sie. Dagegen existierten einige *hermandades* kleinerer Bezirke, deren Aufgabe es war, die öffentliche Ordnung in unbewohnten Gebieten zu sichern oder die gemeinsame wirtschaftliche Nutzung bestimmter Einrichtungen durch mehrere Gemeinden zu regeln, mehrere Jahrhunderte hindurch, zum Beispiel die *Hermandad Vieja* von Toledo.

Die Katholischen Könige kannten weitgehend die früheren Erfahrungen der *hermandades*, vor allem jener, die sich zwischen 1465 und 1473 in Kastilien und Galicien organisiert hatten. Sehr bald wurde ihnen klar, wie nützlich es sein könnte, sie zusammenzuschließen und im Dienste der königlichen Macht neu zu organisieren. Andererseits wollten sie auch verhindern, daß sie plötzlich wieder auftauchten, ohne von der Krone kontrolliert werden zu können. Mit ihrer Hilfe war die öffentliche Ordnung besser garantiert, die militärische Organisation, der Kontakt zu den Untertanen und die Einhebung außerordentlicher Renten erleichtert. Ein weiterer Vorteil war die Begrenzung der Eigenständigkeit von Gemeinden oder Herrschaften.

Aus allen diesen Gründen beschloß die Versammlung der *Cortes* von Madrigal 1476 im Einvernehmen mit den *procuradores*, die allgemeine *Hermandad* der kastilischen Städte zu erneuern. Im selben und im darauffolgenden Jahr wurden *juntas* der *Hermandad* abgehalten und von da an alle drei Jahre. Die Hauptaufgabe der *juntas* bestand darin, eine neuerliche Verlängerung der Funktionen der *Hermandad* auf drei Jahre zu bestätigen, die zweite, ihre eigenen Organisationsgesetze zu schaffen oder abzuändern. Allgemein gesprochen bestand die Aufgabe der *Hermandad* in der Verfolgung, Festnahme und Aburteilung jener, die außerhalb der städtischen Bereiche bestimmte Straftaten begangen hatten. Die Form der Verfolgung war bereits durch ein Gesetz der *Cortes* von 1351 festgelegt. Die *Hermandad* hatte einzugreifen bei Raub und Diebstahl von Hab und Gut, absichtlicher Beschädigung von Häusern, Weinbergen oder der Ernte auf den Feldern, außerdem bei Gewalttaten gegen Personen, im besonderen Mord, Verletzung, Freiheitsberaubung und Vergewaltigung. Es handelt sich um typische Straftaten des ländlichen Banditenunwesens, begangen vielfach von Banden, die früher im Dienst von Adeligen an den Bürgerkriegen teilgenommen hatten.

Die *Hermandad* sollte über zwei Richter (*alcaldes*) an allen Orten verfügen, wo mehr als vierzig Familienoberhäupter lebten (ungefähr zweihundert Einwohner). Der eine sollte ein Ritter, der andere ein Unfreier (*pechero*) sein. Weiters waren Häschertrupps für die Verfolgung der Delinquenten aufzustellen. Gewalttaten gegen Personen und Raub mit einem Wert über fünftausend *maravedíes* (13 Dukaten) waren mit dem Tod durch Pfeilschüsse zu bestrafen.

Um das Wirken der lokalen Zellen zu koordinieren, erhielt die *Hermandad* eine territoriale Organisation. Zu diesem Zweck wurde die Krone von Kastilien in Provinzen unterteilt. In jeder Provinz sollte es eine *junta* der Gemeindevertreter geben, die wiederum ihre Abgeordneten (*diputados*) zu den Generaljuntas zu entsenden hatten, wo die von den Königen vorgeschlagenen Personen in die höchsten Ämter gewählt wurden: Präsident, Generalabgeordneter, Generalkapitän, Zahlmeister und Schatzmeister. Aufgabe des Generalkapitäns war es, mehrere *capitanías* zu führen, die aus schweren und leichten Reitern bestanden und als mobile Einheit für Überwachung und Unterstützung über das ganze Land verstreut waren. Sie waren ähnlich organisiert wie die *capitanías* der königlichen Garden.

Die Ämter und die allgemeine Organisation der *Hermandad* sowie ihre *capitanías* wurden aus einer gewöhnlichen Steuer bezahlt, deren Höhe und Aufteilung bei den alle drei Jahre stattfindenden *juntas* festgelegt wurde. Ab 1478 beschloß die Krone, daß sie bei den *Cortes* keinen Antrag auf *servicios* stellen werde, solange diese Steuer eingehoben würde. In den Jahren der Eroberung Granadas, zwischen 1482 und 1491, war die *Hermandad* mit der Einhebung einer sehr hohen Sondersteuer einverstanden, mit der man Kontingente von bis zu zehntausend Fußsoldaten bezahlen konnte. 1498 wurden die gewöhnliche Steuer und alle Generalämter der *Hermandad* aufgehoben. Sie verfügte von da an nur noch über ihre lokalen Organe – Richter und Anführer der Häschertrupps –, die aus den königlichen Renten des jeweiligen Orts bezahlt wurden. Daß die Cortes erst ab diesem Zeitpunkt wieder zusammentraten, beweist, bis zu welchem Grad die *Hermandad* eine ihrer wichtigsten Funktionen übernommen hatte: dem königlichen Finanzwesen außerordentliche Einnahmen zu sichern, die vor allem für militärische Ausgaben bestimmt waren.

Die neue *Hermandad* umfaßte das gesamte kastilische Territorium, respektierte jedoch einige bereits bestehende, auf Bezirke begrenzte *hermandades*, so die von Alava, Biskaya und Guipúzcoa. Die in der *Hermandad* organisierten Städte hielten weiter ihre eigenen *juntas* ab, bei denen jedoch ein Delegierter oder Scharfrichter der *Hermandad general* den Vorsitz führte. Sie beschränkten sich darauf, zu der gewöhnlichen Steuer für die Zahlung der *capitanías* beizutragen. Bei der Fortsetzung der außerordentlichen Steuer während des Kriegs von Granada gab es auch beachtliche Besonderheiten. Die andalusischen Städte und Marktflecken waren nicht beteiligt, weil sie direkt ihre Gemeindemilizen entsandten. Galicien, Asturien und das Baskenland auch nicht, weil sie ihr eigenes Aufgebot an Fußsoldaten für den Krieg stellten und ihre von der *Hermandad general* unabhängige Provinzjunta hatten.

Die *Hermandad* erfüllte ihren Zweck vollkommen, das Bandenunwesen zu beseitigen und nebenbei auch dem mißbräuchlichen Einsatz der Gemeinde- und Herrschaftsgerichtsbarkeiten durch die Aristokraten und Oligarchen ein Ende zu machen. Das Ergebnis war die Wiederherstellung der monarchischen Autorität. Aber die Könige wollten aus der *Hermandad* auch ein ihnen zu Diensten stehendes steuerliches und militärisches Instrument machen, um auf die *Cortes* verzichten zu können und um ansatzweise über ein ständiges Volksheer zu verfügen (Projekt von 1496). In beiden Bereichen war das Ergebnis nicht befriedigend, wie die 1498 eintretende Krise der Institution zeigt, aber der Versuch hätte nicht innovativer und ehrgeiziger sein können. Wenn man Erfolg gehabt hätte, wäre die *Hermandad* nicht nur eine Institution gewesen, mit der die lokalen und herrschaftlichen Gerichtsbarkeiten eingeschränkt worden wären. Sie hätte auch der monarchischen Souveränität als Plattform gedient, um direkt, ohne irgendwelche Mittelsmänner, über militärische Ressourcen zu verfügen, die gleichmäßig im ganzen Territorium verteilt gewesen wären. Das ist der Grund, warum neue Machtverhältnisse zwischen König und Volk akzeptiert wurden – trotz voraussehbarer revolutionärer Folgen. In Augenblicken der politischen Krise fehlte nur ein Schritt, und die *juntas* hätten die Macht übernehmen können. Vielleicht sollte man den Einfluß all dieser Projekte auf die Bewegung der kastilischen *comuneros* von 1520 nicht unterschätzen, noch die Hypothese von der Hand weisen, daß die Krise der *Hermandad* im Jahre 1498 und die Rückkehr zur traditionellen Einbeziehung der *Cortes* eher provoziert wurde und keine interne oder spontane Angelegenheit war.

Schließlich soll noch die Tatsache betont werden, daß in den Ländern des Nordens, aus denen keine Gemeinde in den *Cortes* vertreten war, das Fortbestehen der *juntas* der *Hermandad* eine gewisse Form der kollektiven Vertretung des jeweiligen Territoriums gegenüber der Monarchie sichern sollte.

Gemeinden und Herrschaften

Ende des 15. Jahrhunderts haben sowohl die kommunalen Institutionen als auch die Herrschaften mit eigener Gerichtsbarkeit ihren festen Platz innerhalb der politisch-administrativen Organisation Kastiliens. Die Krone respektiert sie und unterstützt die Macht, die bestimmte soziale Gruppen über diese haben. Gleichzeitig definiert sie jedoch die Bedingungen und Formen, die von beiden Ebenen der politischen Macht innerhalb der allgemeinen Organisation des Landes und unter der Kontrolle durch die monarchische Souveränität einzuhalten sind.

Die direkt der Krone unterstellten Gemeinden erfüllten eine Reihe von Funktionen, die gewohnheitsmäßig und ständig von der Monarchie an sie delegiert wurden, so daß die königliche Macht auf zwei koordinierten Ebenen zur Anwendung gelangt: einerseits über die allgemeinen und territorialen Organe und Ämter der Krone, andererseits im lokalen Bereich über die Gemeinden. In diesem Zusammenhang muß daran erinnert werden, daß die meisten der großen kastilischen Gemeinden ihre Gerichtsbarkeit nicht nur im städtischen Bereich und dem ländlichen Umfeld innehatten, sondern in einem viel größeren Gebiet oder Verwaltungsbezirk (*alfoz*) mit zahlreichen Flecken, Dörfern und Burgen, die ebenfalls ihrer Verwaltung unterstanden. Die Gemeinden der damaligen Zeit hatten also territoriale Macht, die nicht von einer einzigen Person oder einem Geschlecht ausgeübt wurde, wie es bei den Herrschaften mit eigener Gerichtsbarkeit der Fall war, sondern von kollegialen Institutionen und Ämtern.

Die kommunalen Befugnisse wurden aufgrund des jeweiligen *Fuero* samt königlicher Ergänzungen und lokaler Verordnungen ausgeübt, die die Gemeinde selbst mit der Zeit erlassen hatte. Dazu kamen natürlich die entsprechenden allgemeinen Gesetze. Die kommunale Regierung lag in den Händen eines Gemeinderats (*cabildo de regidores*), der die Gesamtheit der Familienoberhäupter vertreten sollte. Die *concejos abiertos* (offene Ortsversammlung), an der alle Bewohner teilnahmen, überlebten nur in kleinen ländlichen Ortschaften. Die Gemeinderäte wurden faktisch vom König ernannt. Sie stammten alle aus einer begrenzten Familienoligarchie, und gerade in der Zeit der Katholischen Könige gelang es ihnen oft, ihr Amt erblich zu machen.

Diese *regimientos* wählten jährlich die Bürgermeister (*alcaldes*) und Oberbürgermeister (*alcaldes mayores*), die ihnen vorstanden und im Bereich der Gemeinde Recht sprachen. Der *alguacil* war für die öffentliche Ordnung verantwortlich und wurde oftmals von der Gemeinde ernannt. Manchmal, vor allem in wichtigen Städten, erfolgte seine Ernennung durch den König. Die Gemeinde hatten eine eigene Finanzorganisation, die sich auf der Einhebung ordentlicher Steuern, außerordentlicher *sisas* und auf den Ertrag der Gemeindegüter stütze. Die Führung der Finanzen oblag einem oder mehreren Verwaltern (*mayordomo*), die ebenfalls für bestimmte Perioden durch das Regiment ernannt wurden. Die lokalen Finanzen bewegten sich auf einer bescheidenen Ebene. Die Einnahmen der Gemeinde Sevilla zum Beispiel stiegen von 1.341.500 im Jahr 1475 auf 3.100.000 im Jahr 1502 (ungefähr 8.000 Dukaten), dabei handelte es sich um die größte Stadt Kastiliens.

Eine grundlegende Funktion der Gemeinde war immer die Erfassung der Einwohner für das Militär. Zu diesem Zweck und um die Einhebung aller direkten Steuern zu ermöglichen, wurden nach Bezirken getrennte Einwohnerlisten geführt, die stets auf dem letzten Stand gehalten wurden. In jedem Bezirk gab es dafür *jurados* (Geschworene). Sie wurden von den Familienoberhäuptern gewählt und leiteten auch die Steuereinhebung. Regelmäßig organisierten sie Heerschauen, um den guten Zustand des Gemeindeaufgebots zu überprüfen, an dem jedes Familienoberhaupt je nach Wirtschaftslage zu Pferd oder zu Fuß teilnahm. Die Geschworenen wurden durch den direkten Kontakt zu den Familienoberhäuptern ihres Bezirks zur einzigen institutionellen Macht, die überprüfen konnte, wie der Gemeinderat funktionierte, und die im Fall von Mißbrauch Anzeige erstatten konnte, indem sie Eingaben oder Klagen an den König richteten. Gelegentlich förderte die Krone andere Kontrollinstanzen: die *fieles ejecutores* zum Beispiel, die es seit Mitte des 14. Jahrhunderts in Sevilla gab, oder der *personero del común*, der von den Katholischen Königen in einigen andalusischen Gemeinden eingesetzt wurde.

Die verschiedenartigen Ressourcen der Gemeinden so zweckmässig wie möglich für die königlichen Interessen einzusetzen und zu nützen, war das Ziel vieler Anordnungen der *Cortes*, der *hermandades*, der *jurados*. Darüberhinaus war dies auch eine Hauptaufgabe der schon erwähnten Sonderrichter der Krone (*pesquisidores* oder *corregidores*) in den wichtigsten Gemeinden. Vor allem der *corregidor* spielte eine wichtige Rolle in allen kommunalen Funktionen, insbesondere der Rechtsprechung, Finanzen und Miliz. Er wurde aus den Mitteln der lokalen Steuer bezahlt und blieb solange im Amt, wie es königlicher Wille war. Gegen 1500 gab es in Kastilien über sechzig *corregimientos*.

Zusammenfassend kann gesagt werden, daß die Könige in die Regierung der Territorien, die direkt der Krone unterstellt waren, durch verschiedene Maßnahmen entscheidend eingriffen. Als äußeres Zeichen ihres Strebens nach einer guten Verwaltung tauchten jetzt die Rathäuser auf, wo die Stadträte zusammentreten konnten oder gegebenenfalls die Abgeordneten irgendeiner Provinzialjunta der *Hermandad*. Dort konnten auch die Verwaltungsbüros sowie die Archive der Gesetze, Privilegien und Verordnungen untergebracht werden. Das geschah auf ausdrücklichen Befehl der Katholischen Könige (*Cortes* von 1480).

Die Herrschaften mit eigener Gerichtsbarkeit waren ein spätes Ergebnis der Weiterentwicklung der Lehensinstitutionen im Kastilien des 14. und 15. Jahrhunderts. Ihre Zahl und ihre Bedeutung nahmen unter der Dynastie der Trastámara (1369-1516) im Verlauf der politischen Spannungen, Kriege und Abkommen zwischen Monarchen und Aristokraten über die Gestaltung des Staates und die Aufteilung der Macht beträchtlich zu. Oberhoheit und Gerichtsbarkeit kamen der Krone zu, was aber, wie wir gesehen haben, durchaus vereinbar war mit der Expansion des Adels als Gesellschaftsklasse und der Sicherung seiner sozialen, wirtschaftlichen und politischen Interessen. Das Vorhandensein von Herrschaften mit eigener Gerichtsbarkeit darf daher nicht als Relikt einer fernen Vergangenheit gesehen werden, sondern als eine der Komponenten des spätmittelalterlichen kastilischen Staates.

Auf dem Territorium jeder Herrschaft kommt es zu einer Substitution der königlichen Macht, was dem Herrschaftsinhaber erlaubt, Recht zu sprechen, lokale Autoritäten zu bestellen und Renten zu erhalten. In der Tat erscheint der Herr in seiner Herrschaft oder seinem Staat als Monarch im kleinen, obwohl natürlich die volle Souveränität der Krone und einige Bereiche ihrer Gerichtsbarkeit Gültigkeit haben.

Die herrschaftliche Gewalt umfaßte Militär, Rechtsprechung, Verwaltung und Finanzen. Der Inhaber der Herrschaft hatte auf seinem Territorium das gleiche Recht, Truppen aufzustellen, wie der König im gesamten Königreich, sofern dies auf Befehl des Königs und zur Verteidigung des Landes geschah. Die Rechtsprechung bezog sich gewöhnlich auf Berufungen, sobald das Verfahren der lokalen Rechtsprechung abgeschlossen war, und lag in Händen von Juristen, die den Titel *juez de alzadas* (Berufungsrichter) führten, oder manchmal auch beim herrschaftlichen *corregidor*. Es bestand natürlich als letzte Möglichkeit die Berufung beim königlichen Gericht, vor allem bei Streitigkeiten zwischen dem Herrn und den lokalen Gemeinschaften, die seiner Rechtsprechung unterlagen. Diese Art der Berufungen beginnt übrigens Ende des 15. Jahrhunderts stark zuzunehmen.

Die Eingriffe der herrschaftlichen Macht auf dem Gebiet der Verwaltung betreffen fast ausschließlich die Institutionen des Stadtrats und die Ernennung von lokalen und militärischen Autoritäten. Die von den Herren erlassenen Verordnungen und Maßnahmen für die Städte und Ortschaften in ihrem Jurisdiktionsbereich sind in der Tat quasi königlicher Natur, und im allgemeinen umgibt sich der Herr auch mit Hofstaat und Beamtenapparat, die ein Abbild des königlichen Hofstaats im kleinen sind.

Die Schaffung eines Abgaben- und Steuersystems und die Einhebung von Renten waren der bedeutendste Vorteil einer eigenen

Herrschaft. Die eigentlichen Herrschaftsrechte stellten fast nie die Haupteinnahmequelle dar, obwohl gewisse Wegzölle, *montazgos*, Abgaben für Jahrmärkte und Märkte und das Mühlen- und Backofenmonopol beträchtliche Einkünfte sickerten. Im 16. Jahrhundert hatte sich die widerrechtliche Sitte verbreitet, kirchliche oder königliche Renten einzuheben, die den Orten der jeweiligen Herrschaft zustanden.

Die Katholischen Könige anerkannten ohne Einschränkung die Existenz der Herrschaften als institutionelle Organisationsform der Macht und betonten damit die Vorrangstellung des hohen Adels, der an der Regierung des Landes mitwirkte. Gleichzeitig war ihre Haltung gegenüber den Herrschaften jedoch von Bemühen geprägt, einige der königlichen Rechte zurückzugewinnen und den Wirkungsbereich der dortigen Herren genau abzugrenzen. Vor allem galt es, sich nicht der zu den königlichen Steuern gehörenden Renten zu entäußern und einige spezielle Fälle ausdrücklich der Rechtsprechung des Königs vorzubehalten. Erwähnt werden die unveräußerlichen Regalien (Münz-, Bergbau- und Salzregal). Kurz gesagt, die Natur der Zwischenmacht, die der Adelige durch die Gnade der Krone innerhalb bestimmter Grenzen ausübt, wird klar umrissen. Auch schufen Isabella und Ferdinand nur wenig neue Herrschaften und vor allem keine bedeutenden.

***

Zusammenfassend kann man feststellen, daß Kastilien unter den Katholischen Königen ein moderner Staat wird, in dem die Monarchie ihre Autorität neu gestaltet, ohne mit den bereits bestehenden vielschichtigen Institutionen zu brechen. Sie vergrößert ihre Autorität und politische Handlungsfreiheit durch die Einbeziehung von zahlreichen Mitarbeitern und Fachleuten in ihre Regierungsorgane und aufgrund des Umstands, daß sie über weitaus größere finanzielle und militärische Mittel verfügt. Dazu kommt die Einführung effizienter Kontrollen und Beschränkungen anderer Mächte im Land, gleichzeitig — soweit es möglich ist — die Aufhebung von Körperschaften, die eine Kontrolle über den Monarchen ausüben, wie es bis zu einem gewissen Grad die *Cortes* noch immer taten.

DIE INSTITUTIONEN ARAGONS UND NAVARRAS

Der institutionelle Apparat der Krone von Aragon war viel komplexer und in viel mehr Bereiche unterteilt als in Kastilien. Jedes der einzelnen Königreiche besaß seine eigenen Institutionen in vollem Umfang, so daß kein gemeinsames natürliches Band die Aragonesen, Katalanen, Valencianer und Mallorquiner verband. Es waren Länder, die sich gesetzlich und politisch wesentlich voneinander unterschieden. Die Monarchie, die sie zusammenhielt, sah sich außerstande, durch Änderungen und Neuerungen des institutionellen Rahmens ihre Autorität zu vergrößern oder an die Schaffung eines modernen Staates zu denken. Dieser institutionelle Rahmen war das Abbild der starren Struktur einer ständischen Gesellschaft, in der der König zwar einen hervorragenden Ehrenplatz einnahm, seine effektive Macht jedoch von überall her eingeschränkt sah. Die anderen politischen Körperschaften konnten sich auf legalem Weg der Monarchie widersetzen. Typisches Beispiel ist die Legalisierung der Revolte, wie dies zum letzten Mal während des katalanischen Bürgerkriegs von 1462 der Fall war.

Die aus dem Lehenswesen stammende Vorstellung vom Vertrag über die Machtverteilung und das daraus folgende Praktizieren triumphieren über die im römischen Recht verwurzelte Staatsidee und verhindern die Entfaltung der unbegrenzten *potestas publica* des Monarchen. Ein Triumph, der auch durch die geringere effektive Macht der aragonesischen und navarresischen Könige möglich wurde. Obwohl die politische Struktur sich nicht wesentlich von der kastilischen unterschied, was die staatsfeindlichen Fundamente und die sozialen oder wirtschaftlichen Grundlagen angeht, war das Ständesystem doch in Aragon und Navarra so weit entwickelt und gefestigt, daß eine Weiterentwicklung zu anderen Staatsformen von innen heraus unmöglich war.

In den Grenzen, an die die königliche Macht stößt, darf man andererseits nicht eine Vorwegnahme dafür sehen, daß das Volk seine souveränen Rechte gegenüber dem Absolutismus des Herrschers verteidigt hätte, sondern das Überleben einer Staatsform, die einige Gruppen auf Kosten anderer bevorzugten. Es handelt sich also keinesfalls um einen frühdemokratischen Aspekt, sondern um einen ausgeprägten postfeudalen Konservativismus im Hinblick auf die Privilegien und Freiheiten, die die herrschenden Stände in der Vergangenheit erreicht hatten. Die Tatsache, daß sie die nächsten beiden Jahrhunderte überdauerten, sollte zwei Konsequenzen nach sich ziehen. Die erste war eine Angleichung des modernen Staats an das kastilische Vorbild (mit den Gefahren und Verzerrungen, die sich daraus ergeben, wenn man einen Teil für das Ganze hält). Denn nur in Kastilien waren die geeigneten Bedingungen für eine Weiterentwicklung vorhanden. Die zweite, längerfristige, war die Gegenposition zweier Meinungen von dem, was der Staat in Spanien sein sollte, zweier verschiedener Auffassungen von seiner Beziehung zu den sozialen Gruppen, von seiner territorialen Organisation und der Aufteilung der politischen Macht.

Gegenstand dieses Kapitels ist es nicht, ein vollständiges Panorama der Ende des 15. Jahrhundert gültigen Institutionen zu zeichnen, sondern nur zu erklären, wie oder ob es der Monarchie der Katholischen Könige gelang, diese in den Dienst ihrer politischen Ideen zu stellen. Das war der Grund dafür, warum auf die kastilischen Institutionen näher eingegangen wurde, wo große Änderungen und Neuerungen vor sich gingen. Die institutionellen Strukturen in Aragon und Navarra unterschieden sich, wie bereits gesagt, nicht wesentlich in globalen Aspekten. Was sie unterschied, war die effektive Aufteilung der Macht und die fast unüberwindliche Schwierigkeit für den Monarchen, diese zu ändern.

Die Macht des Königs

Die Ausübung der königlichen Macht war von bedeutenden Garantien begleitet, sowohl in ihren Anfängen als auch in ihrer späteren Entwicklung. Erstens durch den Schwur des Königs vor den *Cortes*, der vor seiner Proklamation erfolgte und die absolute Unantastbarkeit der Privilegien (*fueros*) beeinhaltete. In Navarra kam noch das Versprechen dazu, diese zu verbessern. Zweitens durch die Ausgrenzung der Frauen, die nicht wirklich regieren durften, sondern nur über ihren Gatten, den Königsgemahl. Das stand im Gegensatz zu Kastilien, wo gekrönte Königinnen selbst ihre Macht ausübten.

Drittens zwang die institutionelle Vielfalt der Reiche den Monarchen, seine Macht dort zu delegieren, wo er nicht anwesend war. Die Institutionen des Generalgouverneurs und des *lugarteniente general* entsprachen dieser Notwendigkeit. Verschiedene Erstgeborene, Thronerben, Mitglieder der königlichen Familie und Gemahlinnen von Königen hatten im 15. Jahrhundert irgendeines dieser Ämter inne, darunter auch Isabella die Katholische. Auf Sizilien und Sardinien kannte man seit Ende des 14. Jahrhunderts die Funktion des Vizekönigs. Ebenso üblich war sie in Navarra, dessen Könige sich häufig außerhalb des Landes befanden. Ab 1512 gab es in Navarra ständig einen Vizekönig.

Die wichtigsten Institutionen der Monarchie

Die Entwicklung des *Consejo Real* ist sowohl in Aragon als auch in Navarra ähnlich wie in Kastilien. Die richterlichen Funktionen werden von besonderen Organen übernommen: der *Curia aragonesa*, der *Cort navarra* oder der *Audiencia catalana*, die 1493 weitgehend als wichtiges politisches Bindeglied zwischen Katalonien und seinem Fürsten reorganisiert wurde. 1494 schufen die Könige an ihrem Hof einen neuen Rat für Aragon mit einem Vizekanzler, einem Generalschatzmeister und fünf Reichsverwesern, um die Regierungsgeschäfte zu führen, die die Gesamtheit der Krone von Aragon betrafen. Navarra behielt nach 1512 seinen eigenen *Consejo Real* und ebenso seine eigenen *Cortes*.

Die territorialen Bezirke, wo ein Vertreter des Monarchen tätig war, der gleichzeitig als Richter fungierte, wurden nicht geändert. Sie hießen je nach Land verschieden: *merindad* in Navarra, *veguería* in Katalonien und Mallorca, *justiciazgo* in Valencia. Das aragonesische Reich im engeren Sinn war in *honores*, die adeligen Lehensherren unterstanden, und in Territorien der verschiedenen Gemeinden oder *universidades* (Zusammenschluß mehrerer Ortschaften) unterteilt. Auf beiden bauten die Bezirke der *juntas* auf, die ab 1260 entstanden, an ihrer Spitze der von den Königen ernannte *sobrejuntero*.

Die aragonesischen Könige – und in einer anderen Größenordnung auch die navarresischen – verfügten über die Steuereinnahmen aus dem Krongut und aus den außerordentlichen Zuschüssen, die ihnen durch die *Cortes* von ihren Ländern bewilligt wurden. Ihre Verwendung unterlag strengen Kontrollen und Überwachungen. Das Steuersystem war also weitaus traditioneller als in Kastilien. Es war den Königen hier nicht gelungen, frei über die gewöhnlichen königlichen Renten verfügen zu können, die im gesamten Territorium eingehoben wurden. Dieses Fehlen einer finanziellen Basis bedeutete eine beträchtliche Einschränkung für die Ausübung ihrer Macht. Es hinderte sie daran, einen Staat zu organisieren, der den modernen monarchischen Bestrebungen entsprach und sogar daran, eigene Truppen und eine eigene Militärmacht zu haben.

Diese Hypothese wird von den Dokumenten des *Maestre Racional* von Aragon und der *Cámara de Comptos* von Navarra belegt. Es sind dies zwei Organe zur Überwachung der Finanzgebarung. Tatsache ist, daß das einzige Geld, über das die Katholischen Könige in ihren aragonesischen Reichen und Herrschaften unkontrolliert verfügen konnten, die Einnahmen aus dem Kreuzzugsablaß waren und aus dem kirchlichen Zuschuß. In beiden Fällen handelte es sich um kirchliche Abgaben. Dazu kamen Darlehen, die ihnen die reiche Gemeinde Valencia gewährte, vor allem ab 1500. In letzterem Fall belastete jedoch die Rückzahlung und die Zahlung der Zinsen die an sich bereits beschränkten Mittel des Kronguts und außerdem war aus diesem Grund jahrelang ein schweres, mit Balasrubinen besetztes Goldhalsband, das Ferdinand Isabella am Tag der Vermählung geschenkt hat, als Pfand eingesetzt.

Die Beamten, die sich um das Krongut kümmerten, konnten manchmal auch andere Verwaltungsfunktionen innehaben. So war der katalanische *batlle* außerdem Präsident der wichtigsten Gemeinde seines Bezirks. Der *batlle general* in Katalonien oder Valencia und der *merino mayor* in Saragossa waren die ranghöchsten königlichen Beamten unmittelbar nach den königlichen *lugartenientes* oder Gouverneuren. Die übrigen aragonesischen *merinos* hatten hingegen nur Funktionen im Finanzwesen.

Die Beziehungen zu anderen institutionellen Mächten im Land

Die Aufgabe der Zusammenstellung und Veröffentlichung von Gesetzen und Texten scheint hier zu diesem Zeitpunkt nicht so wichtig gewesen zu sein wie in Kastilien. Zum Teil war es bereits vorher geschehen, zum Teil wurde diese Aufgabe erst im späten 16. Jahrhundert in Angriff genommen. Es sollen hier nur zwei Sammlungen valencianischer Gesetze hervorgehoben werden, die von Riucech, erschienen 1482, und die unter dem Titel *Aureum opus regalium privilegiorum civitatis et Regni Valentiae*, auf Privatinitiative von Luias Alanya 1515 gedruckt.

Sowohl die navarresischen *Cortes* als auch jene der verschiedenen Reiche der Krone von Aragon, wo mit Ausnahme Mallorcas jedes seine eigenen *Cortes* hatte, besaßen eine viel umfangreichere und wirksamere Macht als die kastilischen. Sie traten regelmäßiger zusammen: im 15. Jahrhundert in Navarra fast jährlich, alle drei Jahre in Katalonien und Valencia und alle zwei Jahre in Aragon. Erst Ende des 15. Jahrhunderts wurden diese vom Beginn des 14. Jahrhunderts stammenden Normen nicht mehr eingehalten.

Die vordringlichste Aufgabe der *Cortes* bestand darin, die Beachtung der in jedem Königreich festgesetzten *Fueros* zu garantieren und zu verhindern, daß der Monarch ohne ihre ausdrückliche Zustimmung auf diesem Gebiet Neuerungen einführte. Alle hatten die Macht, an der Gesetzgebung mitzuwirken: in Aragon war ihre erste Aufgabe, jedesmal wenn sie zusammentraten, das von der königlichen Verwaltung begangene Unrecht (*agravios* oder *greuges*) darzulegen und entsprechende Genugtuung zu erreichen. Erst danach wurde die Genehmigung der vom Monarchen geforderten Steuer behandelt. Die *Cortes* selbst organisierten deren Einhebung, für gewöhnlich in Form von internen Zöllen oder Steuern auf den Verkauf bestimmter Produkte.

Die Einhebung solcher Zuschüsse und die Kontrolle von deren Verwendung machte ständige Abordnungen (*diputaciones*) oder Delegationen der *Cortes* notwendig, die zwischen zwei Zusammenkünften tätig wurden. Zuerst gab es ab 1359 die *Diputació del General de Catalunya*, dann 1412 die aragonesische Abordnung und 1419 die valencianische. In Navarra tauchte diese Institution, wenn auch nur sporadisch, ab Mitte des 15. Jahrhunderts auf. Bereits zu Anfang des 15. Jahrhunderts begannen die ständigen Abordnungen der *Cortes* auch die Einhaltung der Gesetze zu überwachen, vor allem in Katalonien, wo Ferdinand II. und die *Cortes* von 1481 die sogenannte *Constitución de la observancia* proklamierten. Gemäß dieser konnte die *Generalidad* (Regierung Kataloniens) Gesetzesverstöße anzeigen. Die *Audiencia Real* mußte dann innerhalb einer Frist von zwei Tagen darüber entscheiden, ob die Anzeige begründet war.

Im Königreich Aragon war die Kontrolle schon seit geraumer Zeit noch viel strenger. Ein ehemaliger Richter am Hof war als *justicia mayor* beauftragt, die Differenzen zwischen dem König und den adeligen Lehensherren auszuräumen. Die *Cortes* zwischen 1348 und 1493 machten ihn zu einem Hüter der *Fueros* und zum Schützer eines jeden Einwohners des Königreichs, der sich durch ihn gegen ein ihm von einem anderen königlichen oder herrschaftlichen Richter zugefügtes Unrecht wehren konnte.

Über die Beschränkungen der königlichen Macht schreibt José María Lacarra, wobei er auf den Extremfall des Königreichs Navarra Bezug nimmt: »Die königliche Autorität machte keine großen Fortschritte. Sie hing nicht nur von der Gnade des Adels und der Städte

Der hohe Adel, wiewohl dem Königtum unterworfen, stand zur Zeit der Katholischen Könige auf dem Gipfel seiner Bedeutung: Grabmal des Condestable Pedro Fernandez de Valasco in der Kathedrale von Burgos

Cogolludo war eine der Hauptresidenzen der Herzöge von Medinaceli, einer der führenden Adelsgeschlechter Kastiliens

Die Burg Manzanares el Real bei Madrid war die Landresidenz der Mendoza, Herzöge des Infantado. Erbaut wurde sie vom königlichen Architekten Juan Guas

Der Hauptsitz der Herzöge des Infantado, der prachtvolle Palast in Guadalajara

Detail aus dem Innenhof des Palastes der Herzöge des Infantado in Guadalajara

Der hohe Adel, wiewohl dem Königtum unterworfen, stand zur Zeit der Katholischen Könige auf dem Gipfel seiner Bedeutung: Grabmal des Condestable Pedro Fernandez de Velasco in der Kathedrale von Burgos

ab, die ihrerseits in Parteien aufgeteilt waren, auch die häufigen Zusammenkünfte der *Cortes* hielten die Autorität der Könige in engsten Grenzen. Die *Cortes* stimmten über die Hilfen ab, überwachten die Regierung des Landes und die Außenpolitik bis ins kleinste Detail und mischten sich in die Bestellung der Mitglieder des *consejo* und die Festsetzung ihrer Gehälter ein, oder sie machten Vorschriften für die Ausgaben des königlichen Haushalts.«

Im Königreich Aragon muß die Situation ählich gewesen sein. Reformen waren hier deshalb bisher unmöglich, weil jede Neuerung die Zustimmung sämtlicher Institutionen erhalten mußte. Die *Hermandad* zum Beispiel, die 1488 nach kastilischem Vorbild eingeführt wurde, mußte 1495 angesichts der Anklage des Rechtsbruchs abgeschafft werden.

In Katalonien, das eben einen Bürgerkrieg überstanden hatte, waren die Möglichkeiten des Königs etwas besser, auch in Valencia, dem Land mit der jüngsten politischen Verfassung, doch immer im Rahmen der beschriebenen Grenzen.

Welchen sozialen Gruppen kam diese strenge Kontrolle der Gesetzgebung, der Gerichte und des Steuersystems am meisten zugute? Die Antwort auf diese Frage erlaubt wohl ein Urteil darüber, wie fortschrittlich oder rückschrittlich das politische Regime in seiner Gesamtheit war. Selbstverständlich und mehr als sonstwo begünstigte es die adeligen Feudalherren. Im Königreich Aragon sollte ihnen noch bis 1707 das *ius maletractandi* (das Recht zur Züchtigung) gegenüber ihren Bauern zustehen. Auch das städtische Patriziat profitierte. Doch es ist mehr als zweifelhaft, ob der Rest der Bevölkerung besser gestellt war als anderswo. Das System brachte keinen positiven Wandel in der Gesellschaft, sondern trug zu deren Erstarrung im ständischen Rahmen bei.

***

Die Städte und Gemeinden, die katalanisch-aragonesischen *Universidades* oder *Universitats* (Zusammenschluß mehrerer Gemeinden), entfalteten sich unter ähnlichen autonomen Bedingungen einer oligarchischen Herrschaft wie in Kastilien, auch wenn die konkreten Umstände und das Gleichgewicht zwischen den sozialen Gruppen anders waren, da ein größeres Handelspatriziat existierte, vor allem in Katalonien und Valencia. Der König ernannte den Richter: *alcalde*, *zalmedina* oder *justicia* — je nach Königreich trug er einen anderen Titel. Er stand der Gemeinde vor, ihm oblag die Rechtsprechung. Er verkörpert den Rest der — im Vergleich zu Kastilien — geringeren Autonomie, die den Gemeinden in früheren Jahrhunderten zugebilligt worden war. Der König ernennt auch die reduzierte Körperschaft der *regidores superiores* oder hat bei ihrer Bestellung mitzureden: *jurados, conseillers*. Aber diese Kontrolle bedeutet wegen der Beschränkung der königlichen Macht nicht die Einrichtung einer den *corregidores* ähnlichen Behörde. In den Gemeinden gibt es eine Ratsversammlung — zum Beispiel in Barcelona den *Consell de Cent* — und verschiedene Beamte, deren periodische Wahl und Wiederbestellung der Stadtgemeinschaft zustehen.

Ferdinand der Katholische war bemüht, die mögliche Gefahr auszuschalten, daß die Ämter in der Gemeinde zur Plattform für eine politische Karriere würden oder ihre Ausübung in Auseinandersetzungen zwischen sozialen Gruppen ausarte, wie es zwischen den Parteien der *biga* und der *busca* in Barcelona im 15. Jahrhundert der Fall gewesen war. Das Risiko war während des katalanischen Bürgerkriegs offenbar geworden. Um deshalb die Ämter der Gemeinde Barcelona zu entpolitisieren und ebenso jene der katalanischen *Generalidad*, wurden sie ab 1493 durch das Los vergeben. In der Gemeinde Saragossa war bereits ab der Zeit Ferdinands I. (1412-1416) dieses Verfahren angewendet worden. Für die Durchführung der Verlosung wurde zunächst die Bevölkerung in Gruppen mit ungleicher Wahlfähigkeit je nach Reichtum und beruflichem Status eingeteilt, so daß die Auslosung die Vorherrschaft der vermögenden Klasse oder des städtischen Patriziats im kommunalen Bereich Kataloniens festigten.

***

Die kastilischen Institutionen, die in einem dynamischen Prozeß der Innovation begriffen waren, traten im Dienst der uneingeschränkten königlichen Macht in die Neuzeit ein. Die katalanisch-aragonesischen und navarresischen verharrten statisch in den typischen Positionen des mittelalterlichen Ständestaates, die sie im Verlauf des 12. und 13. Jahrhundert erreicht hatten. Der Gegensatz sollte zu einem offenkundigen Ungleichgewicht, zunehmenden Spannungen und Störungen in der Entwicklung der spanischen Monarchie während der folgenden Jahrhunderte führen. Und er gab der von den Katholischen Königen begründeten politischen Einheit charakteristische Probleme mit auf den Weg, die für die Zukunft von großer Tragweite sein sollten.

KAPITEL V

Die Kirche: Macht und Religion

MACHT

In der Geschichte der Kirche kann man nur schwer soziale und politische Aspekte voneinander trennen und diese wiederum kaum vom spezifisch Religiösen. Im mittelalterlichen Christentum waren die Grundelemente der Ideologie, mit der sowohl das Dasein als auch das Funktionieren der Gesellschaft erklärt wurde, im Glauben verwurzelt, und die Taufe bedeutete Heimatrecht. Deshalb war der soziale und politische Einfluß des Klerus weitaus größer als in der heutigen Zeit. Die enge Beziehung, die in allen europäischen Ländern zwischen der Religion, dem hohen Klerus und den Herrschern bestand, war in Spanien besonders ausgeprägt, galt doch der jahrhundertelange Kampf gegen den Islam als Kreuzzug und der Monarch als Schützer und Erneuerer der Kirche.

Der Klerus und die Gesellschaft

Der Klerus war in Spanien wie überall in Europa ein Stand mit eigener Jurisdiktion und einer eigenen Hierarchie. In zahlreichen Angelegenheiten mußte er den Primat Roms anerkennen, etwa wenn es um kirchliche Ernennungen oder Renten ging.

Kleriker unterstanden üblicherweise der Episkopaljurisdiktion, und zwar nicht nur solche mit höheren Weihen, sondern auch solche mit niederen Weihen, die sich in ihrer Lebensweise kaum von Laien unterschieden. Häufige Zwistigkeiten zwischen den kirchlichen und weltlichen Gerichten gehörten zum Alltag. Vor allem mit den kommunalen Obrigkeiten gab es Probleme, wenn es um Streitverfahren ging, für die beide zuständig waren. Sogar die bloße öffentliche Zurschaustellung von Symbolen der Gerichtsbarkeit wie des Stabes der Gerechtigkeit, der den königlichen und kommunalen Gerichtsdienern zustand, konnte ein Stein des Anstoßes sein. 1493 wurden die Könige mittels der Bulle *Romanorum decet* ermächtigt, gegen »ruchlose Kleriker« vorzugehen, die weder Habit noch Tonsur trugen.

Zur Sonderstellung des Klerus gehörte auch die Befreiung vom direkten Militärdienst, den einige Bischöfe in ihrer Eigenschaft als Feudalherren dennoch leisteten, und die Befreiung von direkten Steuern. Auch die Art des Einkommens und des Erwerbs von Vermögen unterschied sich von der anderer Stände. Obwohl die Krise des

14. Jahrhunderts auch den Klerus in verschiedener Hinsicht betroffen hatte, zählten einige kirchliche Einrichtungen weiterhin zu den größten Grundeigentümern. Sie hatten herrschaftliche Besitzungen und verfügten zusätzlich über eigene Einnahmequellen, zum Beispiel den Zehent von der Agrarproduktion. Es wurde jedoch fast alles für die Erhaltung der zahlreichen Kirchendienste aufgewendet, die die Gesellschaft forderte.

Vom Zehent waren ein großer Teil des Weltklerus und alle Ordensangehörigen, Mönche und Klosterbrüder, ausgeschlossen. Was er einbrachte, wurde in drei Teile geteilt: ein Teil war — je zur Hälfte — für den Haushalt des Bischofs und für das Domkapitel bestimmt, ein Teil für die Benefizien der Diözese — sie landeten bei einigen wenigen Geistlichen —, und der dritte für den Bau und die Erhaltung von Gotteshäusern und für liturgische Gewänder und Geräte. Davon beanspruchte wiederum zwei Drittel, also zwei Neuntel des Zehents, die Krone für sich. Viele Geistliche und Mönche bedurften dringend der Almosen und Opfergaben. Die Klöster hingegen und ziemlich viele Männerorden hatten wohl keinen Anteil am Zehent, dafür aber Einnahmen aus ihren Besitzungen und manchmal aus der Ausübung der herrschaftlichen Gerichtsbarkeit.

Im allgemeinen verbanden die Kleriker die Wahrung ihrer Interessen und ihre Aufgabe als Verwalter des Evangeliums mit einer statischen Auffassung von der Gesellschaft. Auch wenn sie sich der Mängel ihrer internen Ordnung bewußt waren, schien sie ihnen auszureichen, um die religiöse Betreuung der Menschen zu sichern. Nach einer tausendjährigen gemeinsamen Geschichte des lateinischen Christentums und der Feudalgesellschaft konnte es gar nicht anders sein. Im Spanien der Katholischen Könige kamen außerdem noch weitere spezifische Faktoren des Konservativismus hinzu: die Erneuerung des Geistes der *Reconquista*; das Streben nach einer sicheren Grundlage für die soziale Homogenität und die Ausübung der Macht in der Einheit des Glaubens; der Wunsch der Könige, eine Kirchenreform durchzusetzen, um die traditionellen Werte der christlichen Ordnung im Sinne der religiösen Strömungen des Spätmittelalters wiederherzustellen. Dieses Bemühen fand aber durchaus nicht die Zustimmung des gesamten Klerus.

Überhaupt gibt es viele Beispiele für Auseinandersetzungen zwischen weltlichen und kirchlichen Institutionen und fehlende Solidarität. So weigerten sich während der großen Getreideknappheit in den Jahren 1503 bis 1506 einige Domkapitel und andere Geistliche, Weizen zum offiziell festgesetzten Preis zu verkaufen. Sie nützten sogar ihre Privilegien, um Getreide trotz des großen Bedarfs im eigenen Land zu exportieren: Im April 1504 fordert die Königin deshalb ihren Botschafter in Rom auf, ein Verbot solcher Ausfuhren durch den Papst zu erreichen. Sie schreibt:

> »Die Unordnung ist bereits derart, daß die Abhilfe keinen Aufschub mehr duldet. Heuer haben die Kleriker, entgegen den Gesetzen und Verboten, bereits so viel ausgeführt, daß sie im gesamten Reich großen Hunger und Not an Getreide verursacht haben, wie man sie ärger nie gesehen hat, und das Erbarmen wird groß, wenn man sieht, wie die Armen leiden. Unser Gewissen erlaubt nicht, daß wir Abhilfe weiter hinauszögern. Deswegen verlangen wir, daß Ihr uns besagten Auftrag erledigt, wie wir fordern, oder uns deutlich schreibt, daß Seine Heiligkeit ihn verweigert.«

In einigen Teilen des Landes zwang das Volk die Kleriker zur Verteilung des gehorteten Weizens. So in Aznalcóllar, in der Nähe Sevillas, wo es im April 1503 zu einer Meuterei gekommen war. Nicht immer handelte es sich um solch extreme Situationen. Doch die Ideale des Evangeliums, die Politik und die wirtschaftlichen Interessen prallten auch sonst oft genug aufeinander, wie wir noch sehen werden.

Die Beziehungen zu Rom

Die Päpste der zweiten Hälfte des 15. Jahrhunderts versuchten »die Entwicklung eines neuen monarchischen Modells des Papsttums nach dem Ende der Krise des Konziliarismus und die konkrete Ausübung der Macht über die Weltkirche während des Herbstes der Res publica christiana und des unaufhaltamen Aufstiegs des politischen Systems der modernen Staaten und der neuen Wirtschaft« (P.Prodi). Die Souveränität des Papstes hatte »zweidimensionalen Charakter: ... über die Weltkirche und über sein eigenes Herrschaftsgebiet, den Kirchenstaat«. Der Umstand, daß er ein italienischer Fürst ist, hat Auswirkungen auf seinen Rang als Pontifex Maximus: Einerseits stehen ihm dadurch Möglichkeiten staatlicher Macht zur Verfügung, andererseits will der Papst seine unverzichtbare Funktion als oberster Welthirte ausüben, die er sowohl mit seiner vorübergehenden Herrschaft in Rom als auch mit der erforderlichen Anpassung an die Souveränität der Könige in Übereinstimmung bringen muß.

Was Spanien betrifft, machten die Katholischen Könige ihrerseits die größten Anstrengungen, um die spirituelle Autorität des Papstes zu respektieren und gleichzeitig ihre eigene volle Souveränität zu festigen, indem sie »keinen anderen Höheren als den allmächtigen Gott anerkennen und dem Pontifex Maximus und der apostolischen Kirche in Rom den schuldigen spirituellen Gehorsam zollen«, schrieb Jahre danach Fernández de Oviedo. In der Praxis war die Grenze zwischen den beiden Bereichen sehr schwer zu definieren, einerseits wegen der weltlichen Herrschaft des Papstes, andererseits weil der moderne Staat, wenn man die Monarchie der Katholischen Könige als solchen ansieht, weiterhin Teil einer größeren religiösen Gemeinschaft war. Daraus ergab sich »eine Spannung auf politisch-administrativer und nicht auf dogmatischer Ebene« (Maravall). Wenn sich die Vorstellungen der Katholischen Könige schließlich durchsetzten, so mußten sie doch wesentliche Zugeständnisse an die Interessen der Päpste machen, und zwar in deren Funktion als Fürsten und nicht als Stellvertreter Christi. Was diesen letzten Aspekt angeht, war die von den Königen geäußerte Meinung, vor allem die Isabellas, manchmal durchaus kritisch.

Die Päpste in der Zeit der Katholischen Könige waren Sixtus IV. (1471-1484), Innozenz VIII. (1484-1492), Alexander VI. (1492-1503), Julius II. (1503-1513) und Leo X. (1513-1522). Über die Beziehungen zu ihnen ist in diesem Buch an verschiedenen Stellen die Rede. Ein gutes Beispiel für die Bedeutung und das Ergebnis der Verhandlungen ist die Gewährung der Ablaßbullen für den »Kreuzzug« und den Kirchenzehnt während des Krieges gegen Granada. Die erste Bulle *Orthodoxae fidei* wurde im August 1482 erlassen. Jeder Erneuerung (1485, 1487, 1490 und 1491) gingen harte Verhandlungen darüber voraus, wieviel von den eingehobenen Beträgen an Rom abgeführt werden müsse: zum Beispiel für den geplanten Kreuzzug gegen die Osmanen. Der Papst forderte ein Drittel, mußte sich aber ab 1485 pro Erneuerung mit einer Schenkung von 10.000 Dukaten zufriedengeben.

Im allgemeinen widersetzte sich die Krone — auch das ein Gegenstand ständiger Verhandlungen — wo immer sie konnte der päpstlichen Rechtsauffassung, daß die von verstorbenen Bischöfen hinterlassenen Güter (expolios) an Rom zu fallen hätten oder daß Rom von den in den spanischen Reichen verliehenen Pfründen »Annaten« erhalten müsse.

Besonders lange und intensiv war die Beziehung der Katholischen

Könige, vor allem Ferdinands, zu dem aus Valencia stammenden Rodrigo de Borja (in Italien Borgia genannt). Ab Calixtus III. war er Kardinal-Vizekanzler bei fünf Päpsten durch vier Jahrzehnte hindurch. Damit wurde er zur einflußreichsten Persönlichkeit der Kurie. Er war schon 1472 Legat des Papstes Sixtus IV. in Aragon und Kastilien und überbrachte als solcher die Bulle mit der Ehedispens für Ferdinand und Isabella (sie waren ja verwandt) sowie den Kardinalshut für Pedro González de Mendoza. Ferdinand nennt ihn später manchmal in seinen Briefen »unser Vater und Herr, Freund und Gevatter«. Die gegenseitige Unterstützung auf politischer und familiärer Ebene wächst. Zwar lehnt er Rodrigo de Borja als Erzbischof von Sevilla ab, dafür protegiert Ferdinand dessen Sohn Pedro Luis, ernennt ihn zum Herzog von Gandía und will ihm seine Cousine ersten Grades, María Enríquez, zur Frau geben. Pedro Luis stirbt bald darauf, doch wird das Bündnis erneuert, als Rodrigo de Borja bereits Papst Alexander VI. ist. Dabei geht es um die Interessen Ferdinands in Neapel, die Ausstellung der berühmten Alexandrinischen Bullen über die Herrschaft in den neuentdeckten Ländern und die Zukunfts Juans, eines weiteren Sohnes des Borja-Papstes, dem ebenfalls das Herzogtum Gandía zugestanden wird.

Die Königin hatte bezüglich dieser und anderer Angelegenheiten im Zusammenhang mit der Vorgangsweise Alexanders VI. große Bedenken, wie Nuntius Francisco Deprats dem Papst Ende 1493 schrieb. Trotzdem herrschte weiter gutes Einvernehmen bis zur Annäherung des Papstes an Frankreich nach dem ersten Krieg von Neapel im Jahre 1498. Aus den bis dahin engen Beziehungen ergab sich unter anderem auch die Verleihung des Titels »Katholische Könige« im Jahre 1496. 1501 erließ der Papst die Bulle, mit der er Ferdinand auf Lebenszeit die Verwaltung des Großmeisteramts der drei spanischen Ritterorden verlieh. Als Alexander VI. starb, schrieb der altgediente Botschafter der Katholischen Könige in Rom, Francisco de Rojas:

> »Er ließ die Angelegenheiten der römischen Kirche und auch viele der Weltkirche in vollständiger Zerrüttung und Unordnung zurück... Auf dieser Welt hinterläßt er nichts als große Schmach und es ist anzunehmen, daß ihn in der anderen eine harte Strafe erwartet, wenn Unser Herr ihm gegenüber nicht größte Barmherzigkeit walten läßt.«

Darin stimmt er mit Isabella I. überein, die 1488 über das Papsttum Alexanders VI. schrieb:

»Die Kirche war niemals so verloren noch so schlecht geleitet und gelenkt wie jetzt, und alle kirchlichen Renten, die für die Armen und fromme Stiftungen dienen sollten, geben die Geistlichen nun für profane Dinge aus. Item werden alle Dinge simonisch und aus Eigenutz getan und der Dienst für Gott und die Anständigkeit der Kirche gehen ganz verloren, so daß die Gottesfurcht, die Tugend und die tugendhaften Werke vollkommen in Vergessenheit geraten sind.«

Trotz aller Kritik wußte man politische Vorteile sehr wohl zu schätzen, und Alexander VI. war in entscheidenden Augenblicken für die Herrschaft von maßgeblicher Bedeutung. Seine spanische Herkunft spielte dabei – wie bei anderen spanischen Würdenträgern in Rom – sicherlich eine Rolle. Nicht ohne Grund bemühte sich Ferdinand der Katholische 1507, die Ernennung von drei spanischen Kardinälen durchzusetzen. Einige Jahre vorher hatte sein Botschafter Rojas für einen Zwischenfall gesorgt, als ihn patriotische Gefühle die seinem Amt angemessene Mäßigung vergessen ließen:

»Es war im Konsistorium, wo sich der Papst und die Kardinäle aufhielten und wohin Roja wegen schwerwiegender Angelegenheiten gerufen worden war. Es heißt, daß einer der (spanischen) Kardinäle unbedacht, ohne seine natürlichen Verpflichtungen und jene gegenüber der Krone zu bedenken, in unehrerbietiger und dreister Weise über die Katholischen Könige sprach. Der Botschafter geriet in Zorn und fühlte sich herausgefordert. Er trat auf ihn zu und versetzte ihm vor allen eine Ohrfeige, weil er als Spanier einen so klaren Beweis seiner Illoyalität und Undankbarkeit gegeben hatte, indem er seine Könige beleidigte und seine Nation vor den Ausländern tadelte.« (Fernández de Oviedo)

Die intensiven Beziehungen wurden nicht nur über die spanische Botschaft in Rom abgewickelt. Nachdem bereits ab der Zeit Julius II. laufend Legaten, Kollektoren und andere Vertreter des Heiligen Stuhls an den Hof Kastiliens und Aragons entsandt worden waren, wurde schließlich auch die päpstliche Nuntiatur bei den Katholischen Königen zu einer ständigen Einrichtung. Giovanni Rufo de Theodoli war Nuntius von 1506 bis 1520.

Die Entschlossenheit der Könige, päpstliche Interventionen in Grenzen zu halten, kam am stärksten zum Ausdruck in der Ablehnung einer zeitlichen Ausübung seiner Souveränität in ihren Reichen. So verlangten sie 1485, daß die Verbreitung von Bullen ihrer vorherigen

Zustimmung bedürfe. Zu einer außergewöhnlichen Situation kam es 1508 bis 1509 in Neapel, als Ferdinand befahl, einen Boten des Papstes zu hängen, der versucht hatte, eine Bulle zu verbreiten. Dies sei »wider unsere königlichen Vorrechte«, heißt es, und weiter:

> »Wir sind sehr entschlossen, wenn Eure Heiligkeit nicht die Entscheidungen widerruft ... den Gehorsam aller Reiche der Krone von Kastilien und Aragon zu verweigern.«

Die Katholischen Könige machten auch alte Forderungen wieder geltend, die in den *Cortes* immer wieder vorgebracht worden waren und die sich gegen päpstliche Politik in zwei Bereichen richtete: die Gewährung von Kirchenpfründen an nicht anwesende Ausländer und – zum Teil damit in Zusammenhang stehend – die Ausfuhr von Gold- und Silbermünzen aus Kastilien, vor allem nach Rom. Die Klagen über die Gewährung kastilischer Kirchenpfründe an Ausländer finden wir schon 1328 und 1329. In diese Zeit fallen auch die vom Papst Johannes XXII. getroffenen Zentralisierungsmaßnahmen. Dieselben Vorwürfe werden in den *Cortes* des letzten Viertels des 14. Jahrhunderts wiederholt, bis schließlich in den *Cortes* von 1396 gegen diese Praxis ausführliche Argumente vorgebracht werden. Nicht ohne Grund finden sich Auszüge derselben in den *Ordenanzas de Montalvo*. In den *Cortes* von 1419 und 1447 werden diese Klagen neuerlich laut, bis sie 1473 unüberhörbar werden.

Die Könige waren zweifellos derselben Meinung, jedoch mußten sie aus politischen Gründen gegenüber dem Papst eine versöhnlichere Haltung einnehmen. Das war auch der Fall bei der Frage der Ausfuhr von Geld durch die päpstlichen Kollektoren, jedoch haben wir bereits am Beispiel der Kreuzzugbullen für die Eroberung Granadas gesehen, mit welcher Härte die Könige dafür sorgten, daß es so wenig wie möglich war. Mit Sicherheit waren sie darauf bedacht, daß der hohe Klerus aus dem eigenen Land stammte und nicht nur moralische Qualitäten besaß, sondern auch ihren Interessen nahestand. Und mit der gleichen Hartnäckigkeit, mit der sie eine Beteiligung an den kirchlichen Renten anstrebten, kämpften sie dagegen, daß diese außer Landes gingen. Was die Kirchenreform betrifft, gab es niemals Anzeichen einer »nationalen« Sezession von Rom. Innerhalb des hohen Klerus sind zwei Tendenzen festzustellen: Die eine Gruppe war eher für eine Bindung der Kirche an das königliche Patronat, die andere bestand darauf, daß Rom die höchste Autorität sein sollte.

Die Besetzung der Bistümer

Insgesamt gab es sieben Erzbistümer und 43 Bistümer, 33 in Kastilien, 16 in Aragon und eines in Navarra. Die Auswahl und Einsetzung der Bischöfe war von entscheidender Bedeutung, einerseits für das Gleichgewicht und die politischen Projekte, andererseits für die Versuche einer Kirchenreform. Der Episkopat als oberste Schicht des geistlichen Standes gehörte faktisch zur hohen Aristokratie, mit der er manchmal durch Blutsbande verbunden war. Und sein Wirkungsbereich umfaßte neben geistlich-religiösen Belangen auch völlig weltliche. Man denke nur an das große Vermögen und an die hohen Renten der wichtigsten Bistümer und ihre Kompetenz bei der Verteilung vieler anderer Gelder, vor allem bei den Einnahmen aus dem Kirchenzehent. Weiters bedeuteten die häufige Präsenz am Hof und die Tätigkeit einiger geistlicher Würdenträger in der Nähe der Könige Einfluß und Macht.

Der Erzbischof von Toledo, der den Titel eines »Primas von Spanien« trug, »gibt sich eher wie der Papst denn als ein Prälat«, schrieb 1455 Rodrigo de la Torre. Er verfügte über eine jährliche Rente von mehr als 35.000 Dukaten, und auf Grund der Größe seiner weltlichen Herrschaften (Alcalá de Henares, Talavera de la Reina, Adelantamiento de Cazorla etc.) war er Herr über ungefähr 19.000 »Vasallen«. Er unterhielt 21 Schlösser und eine ständige Truppe von 2.000 Mann. Es ist verständlich, daß die Könige nach dem Tod des Kardinals Pedro González de Mendoza im Jahre 1495 die Möglichkeit erwogen, das Bistum Toledo zu teilen, um die potentiellen Gefahren zu vermeiden, die diese Machtkonzentration heraufbeschwor. Sicher erinnerten sie sich daran, daß der vorherige Erzbischof, Alfonso Carrillo, 1475 im Erbfolgekrieg gegen sie gekämpft hatte.

Obschon sie sich mit dem Bistum Toledo nicht messen konnten, besaßen auch andere Bischöfe vielerorts Herrschaften, zu denen oft die Hauptstadt ihres Bistums gehörte. Das war in Lugo, Santiago, Tuy und Mondoñedo, Palencia, Burgo de Osma und Sigüenza oder in Tarragona der Fall. Dank dieser Mittel und vielleicht auch aufgrund besonderer Bindungen an die Monarchen stellten einige Bischöfe Truppen zu den Feldzügen gegen Granada.

Am Ende des Konstanzer Konzils hatte Papst Martin V. mit den verschiedenen dort anwesenden Nationen Konkordate abgeschlossen. Mit den spanischen Königreichen vereinbarte er unter anderem, daß die Wahl der Bischöfe in herkömmlicher Weise erfolgen sollte, das heißt durch die Domkapitel. Der Heilige Stuhl würde sich darauf beschränken, die Ernennung zu bestätigen, obwohl er die vakant werdenden Bistümer direkt besetzen könnte, wenn der betreffende Prälat der Kurie angehörte. Auch diese Vorgangsweise entsprach einer früheren Gepflogenheit. Eine dritte Möglichkeit wurde durch die Praxis der Könige aktuell: Sie schlugen den Domkapiteln Kandidaten vor (*pro quibus reges instarent*), verlangten ihr Recht, die neuen Bischöfe mit den dazugehörigen weltlichen Herrschaften zu belehnen und traten in der Form der »Bittstellung« beim Papst für Personen ein, die sie gern ernannt haben wollten. Papst Calixtus III. hatte 1456 dem König Heinrich IV. versprochen, daß er sich daran halten werde, die Bistümer mit fähigen Personen zu besetzen, »die dem König genehm sind«.

Unter diesen Umständen war für gewöhnlich die Wahl durch das Domkapitel bedeutungslos und fand auch gar nicht immer statt. Die Katholischen Könige wollten die Praxis der Bittstellung zu einer ständigen Einrichtung machen, um die Erzbistümer, die Ämter der Großmeister, Bistümer, Priorate, Abteien und Benefizien zu besetzen. Sie entwickelten damit eine »komplexe Tendenz zu einer ausgeprägt nationalistischen Kirche, in der die Rechte der Krone einen Platz einnahmen, der durchaus nicht zu verachten war« (T. de Azcona). Die Krönung wäre gewesen, das Königliche Patronat zu erlangen, welches ihnen erlaubt hätte, Rom die Kandidaten zu präsentieren, die akzeptiert hätten werden müssen. Soweit kam es jedoch im allgemeinen nicht vor 1523. In der Zwischenzeit reichte die Form der Bittstellung fast immer für die Absichten der Könige.

Wenn es dennoch nicht selten zu Auseinandersetzungen zwischen dem Papst und den Königen in Personalfragen kam, so stützten sie sich auf den uralten und immer fragwürdig gewesenen Brauch des *patronazgo regio* — nicht zu verwechseln mit dem späteren königlichen Patronat —, das auf Stiftungen für Kirchen und kirchliche Einrichtungen aus der Zeit der Reconquista zurückging. Weiters brachten sie das Argument des Gemeinwohls vor. Zu Recht beriefen sie sich auf das große Mißtrauen des Klerus ihrer Reiche gegenüber der römischen Kurie. Auch hatten sie die Unterstützung der kastilischen Kirchenrechtler. So schrieb Juan de Castilla 1487 eine neue Abhandlung über das königliche Recht, dem Papst Kandidaten für die Vergabe von Benefizien vorzuschlagen. Damit hatten die Könige genügend Trümpfe für einen sicheren Sieg in diesem Kampf, der ebenso politischer wie kirchlicher Natur war. Sie mußten sie nur geschickt ausspielen und dem Heiligen Stuhl gleichzeitig gewisse Gegenleistungen anbieten.

Einige Beispiele für Bistumsbesetzungen: 1478 erhielt Alfons von Aragon, ein unehelicher Sohn des Königs, kaum zehnjährig, das Bistum Saragossa und war dort später der erste Mitarbeiter seines Vaters in dem Reich, dessen Gouverneur er 1516 werden sollte. Die Auseinandersetzungen um die Vergabe des Bistums Cuenca dauerten von 1479 bis 1484. Sixtus IV. wollte es mit einem seiner Neffen, dem Kardinal Riario, besetzen, aber die Könige setzten durch, daß einer ihrer Mitarbeiter, Fray Alfonso de Burgos, ernannt wurde, der später andere Bistümer innehatte. Sie gestanden jedoch zu, daß der Kardinal das Bistum Salamanca erhielt oder besser gesagt, die damit verbundenen Renten, denn er selbst erschien dort niemals. Die härteste Auseinandersetzung entstand um das Erzbistum Sevilla, das nach Toledo das zweitwichtigste war. Innozenz VIII. wollte es Kardinal Rodrigo de Borja zukommen lassen. Doch obwohl die Könige mit diesem befreundet waren, oder vielleicht gerade weil sie ihn sehr gut kannten, weigerten sie sich mit aller Macht und hielten die Renten des Erzbistums zwei Jahre zurück. Schließlich erreichten sie, daß Diego Hurtado de Mendoza, ein Neffe des Kardinals Mendoza, ernannt wurde. Ferdinand und Isabella hatten vor allem religiöse Argumente ins Treffen geführt, aber natürlich gab es auch politische, wie aus einer ihrer Anweisungen an den Botschafter in Rom zu entnehmen ist:

»Es wäre ein unschätzbarer Schaden und Nachteil, wenn diese Kirche, die der Anwesenheit eines Prälaten bedarf, von Abwesenden geleitet und gelenkt würde ... was auch für Seine Heiligkeit eine große Gewissensnot wäre, wenn er von den Hoheiten verlangte, es zu ertragen. Man bedenke, daß es das höchste und fast einzige Amt der Provinz Andalusien ist, deren Grenzen zu Land und zu Wasser von Mauren belagert sind und die noch nicht gänzlich von Abtrünnigen und ketzerischen Christen gesäubert ist. Ebenso verletze es die Ehre der Majestäten, daß das zweite Erzbistum aller dieser Reiche ohne ihr Votum, Bittstellung und Zustimmung, ja sogar gegen ihren Willen und ausdrücklich vertretene Meinung vergeben werden sollte, was zu anderen Zeiten, in denen in besagten Reichen Zwietracht, Krieg und Unruhe herrschten, nie zugelassen wurde.«

In den folgenden Jahren erlangten die Könige das Königliche Patronat über die Kirchen Granadas und der Kanarischen Inseln, jedoch

Die Kirche: Macht und Religion

nicht über die Kirchen ihrer alten Reiche, obwohl sie die größten Anstrengungen unternommen hatten. Die Spannungen ließen in der Zeit Alexanders VI. nach. Sie mußten jedoch die Ernennung seines Sohnes Cesare Borgia (Borja) zum Erzbischof von Valencia akzeptieren. Später verschärfte sich die Situation wieder: Julius II. vergab durch Tod freigewordene Benefizien, deren Inhaber der Kurie angehörten, ohne die Bittstellung der Könige abzuwarten. Diese bereiteten eine Botschaft vor, die erst 1506 abgehen sollte und für die Dr. Palacios Rubios sein Opuskulum *De beneficiis in Curia vacantibus* verfaßte. Er wendet sich darin entschieden gegen dieses Vorrecht des Papstes. Die Ernennung von Ausländern stelle einen klaren Fall des Mißbrauchs der päpstlichen Autorität dar, weil dadurch die inländischen Geistlichen, die für dieses Amt geeignet wären, benachteiligt würden und das königliche Recht auf Vorschlag der Kandidaten geschmälert würde. In ihrem Testament bestand die Königin neuerlich darauf, die Ämter an Personen zu vergeben, die aus den Reichen stammten, denn »die Bistümer werden von den Inländern besser geführt und geleitet«.

Die Entscheidung des Papstes bei der Vergabe der Bistümer León und Zamora, die durch den Tod ihrer Inhaber, die der Kurie angehörten, frei geworden waren, fiel mit der Krise zwischen 1505 und 1507 zusammen. Zur gleichen Zeit wählten die Domkapitel von Barcelona und Vich ihren Bischof ohne Intervention von außen, was für die damalige Zeit außergewöhnlich war. Als Ferdinand nach Kastilien zurückkehrte, wurde die Position der Könige wieder stärker, was durch ihre Intervention »zur Wahrung der Überlegenheit und des Vorzugs der königlichen Krone« während der Auseinandersetzung des Bischofs und Herrn von Sigüenza mit dem Stadtrat unter Beweis gestellt wurde. Julius II. protestierte, aber 1508 gewährte er das Königliche Patronat über die Kirchen Westindiens und akzeptierte faktisch das königliche Vorrecht, die Kandidaten vorzuschlagen. Zu einer offiziellen Anerkennung als Recht auf Lebenszeit kam es jedoch nie.

Trotzdem muß man festhalten, daß die Katholischen Könige in fast allen wichtigen Angelegenheiten ihren Willen durchzusetzen wußten. Sie hatten ohne Zweifel politische Ziele und auch religiöse Ideale, denen sie ihre praktische Vorgangsweise unterordneten. Ihre Hauptkriterien für die Wahl der Kandidaten waren, laut Azcona, daß sie aus ihren Reichen stammten, in dem betreffenden Bistum lebten, ein ehrsames Leben führten und den Zölibat einhielten, der Mittelschicht angehörten und wenn möglich Rechtsgelehrte waren. Bei 132 Bistumsvergaben während ihrer Regierungszeit kamen nur 32mal Mitglieder des Hochadels zum Zug, dagegen 74mal Vertreter des niederen Adels und der Mittelschicht. Für die Könige stellte die Herkunft aus einer Familie bekehrter Juden kein Hindernis dar. Das beweist die Rolle, die Alfonso de Burgos und Juan de Ortega am Hof spielten. Und noch mehr die Bedeutung von Fray Hernando de Talavera, abgesehen davon, daß Burgos und Talavera Beichtväter der Königin waren. Die meisten Prälaten der damaligen Zeit erfüllten die gesamten Voraussetzungen, womit Galíndez de Carvajal recht zu haben scheint, wenn er schreibt:

>»... um auf die Wahl besser vorbereitet zu sein, besaßen die Könige ein Buch mit der Liste der geschicktesten und verdientesten Männer, die für eventuell frei werdende Ämter in Frage kamen, ebenso für die Vergabe von Bistümern und kirchlichen Ämtern.«

Von einer beträchtlichen Zahl der Würdenträger wurden die erwähnten Ideale aber nicht erfüllt: 20 Bistümer wurden noch an römische oder italienische Kardinäle oder hohe Würdenträger vergeben. Unter den von Ferdinand dem Katholischen geförderten Prälaten findet sich, abgesehen von seinem Sohn Alfons, dem er sogar in einem fruchtlosen Versuch das Erzbistum Toledo verschaffen wollte, sein Neffe Alfons, der zunächst Bischof von Tortosa und dann von Tarragona wurde. Juan de Aragòn, ein weiterer Neffe des Königs, wurde Bischof von Jaca-Huesca und es scheint, daß es den König mehr als einmal reute, dem Bastard des Admirals von Kastilien 1505 zum Bistum von Osma verholfen zu haben, obwohl er für dieses Amt nicht geeignet war. Noch mehr reute ihn jedoch, 1507 erlaubt zu haben, daß der Erzbischof von Santiago, Alfonso de Fonseca, dieses Amt seinem eigenen Sohn gleichen Namens abtrat. Dazu gab es einen äußerst ätzenden Kommentar des Erzbischofs von Toledo, Francisco Jiménez de Cisneros, der sagte, daß der Amtskollege von Santiago das Erzbistum zu einem Majorat mit Restitutionsklausel gemacht habe und man schauen sollte, ob er wohl die Frauen von der Erbfolge ausgeschlossen habe.

Neben Prälaten, die im Konkubinat lebten, wie Alfonso Carrillo, Alfonso de Fonseca oder auch Pedro González de Mendoza, die sich häufig mehr um ihre politische Stellung als um ihre Aufgaben als Seelenhirten sorgten, gibt es viele große Namen, die ebenfalls in der Politik des Reiches eine bedeutende Rolle spielten, aber auch große Kirchenmänner waren. So der Augustiner Tomás de Villanueva, Erzbischof von Valencia; Pascual de Ampudia, Bischof von Burgos; Hernando de Talavera, Diego de Deza und Francisco Jiménez de Cisneros.

In Santiago ist diese Zeit von der Persönlichkeit des Alfonso de Fonseca geprägt, Neffe eines anderen Kirchenfürsten, der den gleichen Namen trug, Bischof von Sevilla und ein großer Günstling Heinrichs IV. war. Fonseca war ab 1475 ein verläßlicher Anhänger der Könige, die ihn 1482 mit einem Amt höchsten Vertrauens belohnten, dem Vorsitz im Kronrat. Natürlich erreichten sie auf diese Weise auch, daß er sich nicht in Galicien aufhielt, als dort die königliche Autorität durchgesetzt wurde. Als Erzbischof und Herr über das ausgedehnte »Land« von Santiago hätte Fonseca Grund zur Beunruhigung geben können. Nach seiner Rückkehr nach Galicien stellte er sich tatsächlich gegen die *alcaldes mayores* des Königs, die in Santiago mit der Begründung einziehen wollten, daß die höchste Rechtsprechung der Königlichen Hoheiten nicht abgelehnt werden dürfe. Auch zwang er die Krone, verschiedene Abgaben und Steuern, die er für sie einheben mußte, tariflich zu regeln, da sie »unglaublich hoch und übertrieben seien«. Aber die Übereinstimmung überwog. Und als Ferdinand der Katholische den Papst ersuchte, einen Verwandten Fonsecas — nämlich dessen eigenen Sohn — zum Nachfolger zu bestellen, war sein Hauptargument die äußerst schwierige und unsichere Situation des Königreichs Galicien, das von wilden und derben Leuten bewohnt sei und Fonseca als Garant für die Stabilität brauche. Ein weiterer Verwandter Fonsecas, sein Neffe Juan Rodríguez de Fonseca, sollte Bischof von Badajoz, dann von Córdoba, Palencia und schließlich von Burgos werden.

Pedro González de Mendoza (1428-1495), Sohn des Marquis von Santillana, war zunächst Bischof von Calahorra und Sigüenza, ab 1473 Kardinal und Erzbischof von Sevilla, ab 1482 Erzbischof von Toledo. Wegen seiner Macht wurde er auch »der dritte König Spaniens« genannt. Er war eine feste Stütze für die Monarchie Isabellas, ebenso wie die anderen Mitglieder des Geschlechts der Mendoza. In seiner kirchliche Karriere kümmerte er sich tatsächlich um die Seelsorge und die Organisation seiner Diözese und setzte Initiativen für eine allgemeine Kirchenreform. Zu seiner persönlichen Lebensweise gehörte das kulturelle Mäzenatentum und die politische Intervention, wie es einem großen Aristokraten entsprach.

Die Biographie von Hernando de Talavera (ca. 1430-1507) unterscheidet sich völlig von der Mendozas: Er studierte Ethik in Salamanca, wo er später diese Lehrkanzel innehatte. 1466 trat er in den Orden des Heiligen Hieronymus ein, vermutlich unter dem Einfluß seines Verwandten Alonso de Oropesa, der General dieses Ordens war. Ab 1470 wirkte er als Prior des Klosters Santa María del Prado in Valladolid. 1476 wurde er Beichtvater der Königin und ihr wichtigster geistiger Lehrmeister sowie Berater in allen Angelegenheiten der Regierung und der Finanzen, bis er 1492 als erster Erzbischof nach Granada ging. Vorher hatte er sich mit dem Bistum von Avila begnügen müssen. In Granada widmete er seine ganze Kraft der kirchlichen Organisation des neuen Landes und der Förderung des Königlichen Patronats. Talavera lebte nach damaligen Idealen wie ein Heiliger. Sein Ruf als Seelsorger und Beichtvater war glänzend, seine Schriften, darunter eine »Kurze Lehre und Unterweisung, die jeder Christ kennen und in Taten umsetzen muß«, und Abhandlungen über die Messe, die Beichte und die Kommunion, waren weit verbreitet. In Granada entwickelte Talavera missionarischen Eifer, wobei er sich des Arabischen bediente und die christlichen Gebete der maurischen Kultur anpaßte, womit er seiner Zeit weit voraus war. Diesen Bemühungen verdankte er unter den Muselmanen den Beinamen »heiliger *alfaquí*«. Ohne Talaveras Wirken wäre es wohl 1505 nicht zur Drucklegung der Bücher »Die Kunst des leichten Erlernens der arabischen Sprache« und »Der Arabische Wortschatz« gekommen, beide in spanischer Sprache von Fray Pedro de Alcalá verfaßt. Der Versuch der Inquisition, ihm den Prozeß zu machen, zeigt das Unverständnis und Mißtrauen, daß ihm kirchliche Kreise entgegenbrachten. Er starb 1507, frei von allen diesen Anklagen.

Die lange kirchliche Karriere des Diego de Deza (1443-1523) ist ebenfalls interessant und aufschlußreich. Er war Dominikaner und hatte seine Ausbildung im Kloster San Esteban und an der Universität Salamanca absolviert. Dort wurde er 1477 Nachfolger des berühmten Pedro Martínez de Osma als Professor für Theologie. Diese Lehrkanzel hatte er bis 1486 inne. Dann begann seine Karriere am Hof der Könige, wo er durch seinen Onkel, den *contador mayor* Rodrigo de Ulloa, eingeführt wurde. Er wurde Erzieher des Prinzen Johann, Bischof von Zamora (1494) und Salamanca (1496). Als der Prinz starb, blieb er am Hof der Könige als Beichtvater und Erzkaplan. Im Dezember 1498 wurde ihm das Amt des Generalinquisitors übertragen, ein Jahr später wurde er als Nachfolger von Alonso de Burgos auch Bischof von Palencia. Dort sorgte er für die Bauarbeiten am Dom und ließ die Verfassung der Synode, die er 1500 abhielt, drucken.

Die Kirche: Macht und Religion

Die Krönung seiner Karriere kam 1504, als er als Testamentsvollstrecker der Königin Isabella fungierte und zum Erzbischof von Sevilla ernannt wurde. Wegen seiner inquisitorischen Tätigkeit, vor allem aber wegen seiner Treue gegenüber Ferdinand dem Katholischen, zog er sich den Groll Philipps I. zu. Er wurde aus dem politischen Leben ausgeschlossen und verlor das Amt des Generalinquisitors. Als er starb, stand er — die politischen Verhältnisse hatten sich wieder geändert — kurz vor seiner Ernennung zum Kardinal und Erzbischof von Toledo. Beide Ämter sollte später sein Neffe Juan de Tavera übernehmen.

Gonzalo Jiménez de Cisneros (1436-1517) gewann erst in vorgerücktem Alter politischen und kirchlichen Einfluß. Wahrscheinlich war dies auch nicht der ausdrückliche Wunsch dieses Franziskanermönchs gewesen, der als vollkommenstes Beispiel eines reformfreudigen Prälaten gelten kann und gleichzeitig ein großer Politiker und Schirmherr der Kultur war, wobei er diese beiden Bereiche als Rückhalt für seine Hauptaufgabe in der Kirche ansah. Cisneros begann erst spät, gegen 1464, seine geistliche Laufbahn. 1471 war er Erzdiakon von Uceda. 1484 legte er seine Gelübde als Observant (Angehöriger der strengen Richtung) des Franziskanerordens ab. Damals änderte er seinen Namen auf Francisco und widmete sich ausschließlich der Religion. Da veränderte die Ernennung zum Beichtvater der Königin (1492) und zum Provinzial der Franziskaner-Observanten von Kastilien (1494) sein Leben und eröffneten ihm ungeheure Möglichkeiten, die mit seiner Ernennung zum Erzbischof von Toledo im Jahre 1495 und zum Kardinal 1507 gefestigt wurden. Das Reformwerk Cisneros' im kirchlichen Bereich war ebenso umfangreich und vielfältig, wie die politische Hauptrolle, die er in Kastilien in der Zeit des Umbruchs und der Unsicherheit nach 1505 spielte. Damals unterstützte er Ferdinand den Katholischen. Er wurde schließlich Großinquisitor (1507), finanzierte die Eroberungen in Nordafrika, vor allem jene von Oran, und war 1516 Regent des Reiches. Innerkirchlich von großer Tragweite waren die 1497 und 1498 in Toledo durchgeführten Synoden, die das Leben des Säkularklerus auf neue Grundlagen stellten. Er veröffentlichte Meßbuch und Brevier des mozarabischen Ritus, die vom Chorherrn Alonso Ortiz (1499-1500) revidiert wurden, und bemühte sich um die Gründung der Universität von Alcalá de Henares.

Der Säkularklerus

Die Bistümer standen an der Spitze des umfassenden und komplexen Gefüges der gestifteten kirchlichen Benefizien. In Kastilien, ohne Granada und Kanarische Inseln, belief sich ihre Zahl auf 10.000 bis 15.000, die Kaplaneien inbegriffen. Von ihrer Rente lebte der hohe und mittlere Klerus, eine Art Aristokratie innerhalb der kirchlichen Gesellschaft der jeweiligen Diözese, wenn auch das Einkommensniveau dieser Bevorzugten sehr unterschiedlich war. So erhielt ein Domherr in Toledo oder Sevilla, vor allem wenn er ein Würdenträger war (Dechant, Erzdiakon etc.), 150.000 bis 200.000 *maravedíes* jährlich, während die einfachen Benefiziaten in einigen Diözesen nicht über 20.000 bis 25.000 *maravedíes* hinauskamen.

Es gibt unzählige Anekdoten über die Finanzen gewisser kirchlicher Persönlichkeiten. Der Domherr von Toledo und bekannte Schriftsteller Francisco Ortiz zum Beispiel hatte zusätzlich zum Kanonikat Benefizien angehäuft, die jährlich 474.500 *maravedíes* abwarfen. Juan de Tavera war es mit Hilfe seines Onkels, des Erzbischofs Deza, gelungen, Kantor der Kirche von Sevilla zu werden und in den Genuß weiterer Pfründen zu kommen, so daß aus einem reichen Kleriker ein armer Bischof wurde, als er 1514 das Bistum von Ciudad Rodrigo erhielt.

Die soziale Herkunft der Benefiziaten war sehr unterschiedlich, wobei hier von den abwesenden Ausländern nicht die Rede ist. Die meisten stammten aus dem städtischen Patriziat. Unter den Kaplänen überwogen die Kleriker, die das Vertrauen der adeligen Stifter der Kaplaneien besaßen und manchmal auch mit ihnen verwandt waren. Natürlich gab es die besten Benefizien bei den Domkapiteln, deren Kleriker nicht immer die heiligen Weihen empfangen hatten. Eine in Palencia 1481 stattgefundene Visitation zeigt auf, daß nur ein Fünftel Priester waren, in anderen Fällen mag der Anteil größer gewesen sein. Die Kapitel waren häufig Bollwerke des Konservatismus, die den Visitationen des zuständigen Bischofs und sogar den Anordnungen der Diözeansynoden feindselig gegenüberstanden. Ein gutes Beispiel dafür ist die Auseinandersetzung zwischen Cisneros und dem Kapitel von Toledo, das Reformversuche des Prälaten und sogar eine Visitation im Jahre 1504 zum Scheitern brachte. Möglicherweise war einer der Gründe für eine solche Haltung der Reichtum dieser Institutionen, denn sie erhielten nicht nur ungefähr ein Sechstel vom Zehent, sondern besaßen als Körperschaft auch Liegenschaften in städtischen und ländlichen Gebieten, in einigen Fällen sogar Herrschaften mit eigener Jurisdiktion.

Am besten lassen sich Anzahl und Qualität der Benefizien abschätzen, wenn man das Verwaltungsgebiet einer Diözese rekonstruiert. Wenn man Toledo und Sevilla als Beispiel nimmt, ist festzustellen, daß es in Toledo 209 Benefizien gab, dazu gehörten die Dignitäten, Kanonikate und andere Ämter des Domkapitels und der Stifskirchen von Alcalá de Henares und Talavera. Das Gebiet der Erzdiözese war hingegen »aufgeteilt auf 20 Erzpriester und vier Vikariate, in denen es 275 Pfarrpfründen oder Pfarreien gab, 386 einfache Benefizien, 345 Stipendien und 448 Kaplaneien: insgesamt 1.754 Benefizien« (Azcona). Das Domkapitel von Sevilla umfaßte acht Würdenträger, 40 Kanonikate und 40 Pfründen; dazu kamen weitere 20 Benefizien der Stiftskirchen von Sevilla und Jerez und 362 Benefizien in der Stadt Sevilla und ihrer Erzdiözese mit insgesamt 154 Kirchen und 96 Kaplaneien, die zum Dom gehörten, und 106 an anderen Stiftskirchen und Pfarreien.

Unterhalb des hohen und mittleren Klerus, der vom größten Anteil der Kirchenrente seinen Prozentsatz erhielt, gab es zahllose Pfarrer, Kapläne und andere Priester, die mit viel bescheideneren Mitteln auskommen mußten. Das galt auch für die »Tonsurträger« oder Kleriker mit niederen Weihen, die weder im Zölibat lebten noch priesterliche Ämter ausübten. Dieser niedere Klerus, der nur bescheidene Jahreseinkünfte sein Eigen nannte, wie ein Handwerksgeselle etwa 3.000 bis 5.000 *maravedíes,* glich auch in seinen Gebräuchen und Denkweisen eher den Laien, doch gibt es nur wenige Informationen darüber, ausgenommen die Berichte der Visitationen, die von Synoden stammen und sich eher auf Vergehen und Mängel wie Unwissenheit oder Konkubinat beziehen. Es gibt jedoch kaum einen Zweifel, daß die Hauptrolle bei der Erneuerung der Religiosität den Klosterbrüdern und Mönchen zukam. Die Patronate aristokratischer Familien über Klöster und ihre dazugehörigen Stiftungen zeigen dies deutlich.

Das Königliche Patronat

Um die angestrebte Kontrolle aller kirchlichen Einrichtungen zu erreichen, mußten die Katholischen Könige das volle *ius patronatus* oder Königliche Patronat erlangen. Sie betrieben dieses Anliegen mit allem Nachdruck. Doch sollte es erst Karl I. 1523 als Gunstbeweis Hadrians VI., seines ehemaligen Lehrers und Erziehers, nach dem Vorbild des Patronats, das der französische König Franz I. 1516 erhalten hatte, gewährt werden. Isabella und Ferdinand erlangten jedoch Teilsiege, die man als »historisches Ergebnis« einer Tendenz und den Beginn einer neuen Epoche betrachten kann, die die Interessen einer »nationalen Kirche« und ein neues Gleichgewicht in den Beziehungen zu Rom vereinen sollten.

Wir haben über das Streben nach dem Königlichen Patronat bereits im Zusammenhang mit der Frage der Bischofsernennungen berichtet, doch waren damit viel weiter gehende Rechte verbunden. Mit der Bulle *Orthodoxae fidei* (13. Dezember 1498) wurde im Königreich Granada, auf den Kanarischen Inseln und in Puerto Real, einer Ortschaft, die kurz zuvor in der Nähe von Cádiz gegründet worden war, das Königliche Patronat eingerichtet. Das bedeutete, daß die Könige die territoriale Aufteilung der Diözesen festlegen und über die Dotierung der Dome, Stiftskirchen, Pfarrkirchen, Klöster und Stifte entscheiden konnten. Außer daß sie sich um die finanziellen Zuwendungen und ihre Erhaltung kümmerten, unterstand auch die Einhebung des gesamten Kirchenzehents ihrer Kontrolle. Die Könige hatten außerdem das Recht, dem Papst Kandidaten für die Bistümer und größeren Benefizien vorzuschlagen, woran sich dieser dann auch hielt, sowie für kleinere Benefizien dem jeweiligen Bischof, der wiederum selbst dem Königlichen Patronat unterstand.

Hohe Kirchenmänner und andere Personen, die das Vertrauen der Könige genossen, wurden damit beauftragt, diese Rechte und Befugnisse in die Praxis umzusetzen. Für einige Jahre wurde Granada zu einer Art Versuchsgebiet, wo die Kirche eine besondere Bindung an die Krone haben sollte. In Zukunft drehte es sich darum, diese neue Form der Beziehung zwischen kirchlicher und politischer Macht auf alle übrigen Gebiete der Monarchie auszudehnen. Allerdings gelang es zunächst nur in den neuen Domänen Westindiens, wo bereits 1493 Alexander VI. der Krone das Recht zugestanden hatte, die Evangelisierung ohne Interventionen Roms zu betreiben, und Julius II. 1508 das universelle Königliche Patronat gewährte, womit ein grundlegendes Merkmal der indianischen Kirchen für drei Jahrhunderte festgeschrieben war.

Die Großmeister der Ritterorden

Die Einverleibung der Großmeisterämter der drei spanischen Ritterorden von Santiago (Hl. Jakob), Calatrava und Alcántara in die Krone hat mit dem Streben nach dem Königlichen Patronat nur insofern zu tun, als es für die Könige ganz allgemein darum ging, sich Institutionen und Renten kirchlichen Ursprungs zu unterwerfen. Daß diese ein Hindernis für die Ausübung ihrer Macht darstellen konnten, mußten sie mehr als einmal in Zusammenhang mit den Ritterorden feststellen, da deren Großmeister über große militärische und finanzielle Möglichkeiten verfügten und mit diesem Rückhalt in die Politik eingriffen. Abgesehen von den drei erwähnten Orden, die in der zweiten Hälfte des 12. Jahrhunderts entstanden waren, besaß der Orden von Montesa Herrschaften in Aragon, während der europaweit tätige Johanniterorden in den verschiedenen spanischen Reichen Niederlassungen und Besitzungen hatte. Seine Priorate wurden für gewöhnlich von Mitgliedern verwaltet, die im Land geboren waren.

Alle diese Institutionen unterlagen einer Klosterregel und besaßen eine doppelte Hierarchie: eine religiöse und eine militärische. Der Calatravaorden sowie die Orden von Montesa und Alcántara unterstanden dem Zisterzienserorden und unterlagen dessen Anweisungen und Visitationen, soweit es die klösterlichen und religiösen Aspekte betraf. Dafür waren ein Prior und seine Mitarbeiter verantwortlich. In militärischer Hinsicht wurde jeder Orden von einem auf Lebenszeit gewählten Großmeister mit Hilfe eines oder mehrerer Großkomturen, eines Schlüsselmeisters und anderer Würdenträger regiert. Die *freires* oder Ritter wohnten in den Festungen und Herrschaften ihres Ordens, doch waren sie im 14. und 15. Jahrhundert häufig abwesend. Die aus den Herrschaften jedes Ordens stammenden Renten waren in zwei große Gruppen unterteilt: einerseits die für den Haushalt des Großmeisters und andererseits die für die Kommenden, wie die kleinste Gemeinschaft von Rittern mit einem Komtur an der Spitze heißt. Dem Generalkapitel gehörten die obersten Würdenträger des Ordens und dessen Komture an. Diesem Gremium oblag die Wahl des Großmeisters und die Erstellung der Verfassung des Ordens.

Im 15. Jahrhundert entsandte das Kapitel häufig Visitatoren, die die Kommenden, Kirchen und andere dem Orden unterstellte Einrichtungen aufsuchten, um zu sichern, daß sowohl in kirchlicher als auch in herrschaftlicher Hinsicht alles ordnungsgemäß lief. Im Orden des Hl. Jakob umgab sich der Großmeister mit einem kleinen Rat, der schließlich zur Keimzelle des Rats der Ritterorden werden sollte. Dieser wurde nach ihrer Einverleibung in die Krone im Schoße des Kronrats geschaffen.

Im Verlauf der politischen Kämpfe im spätmittelalterlichen Kastilien hatte es eine beachtliche Rolle gespielt, im Besitz eines Großmeisteramtes zu sein. So war unter anderem ab 1350 Fadrique, ein außerehelicher Sohn Alfons XI., Großmeister des Ordens der Sankt-Jakobs-Ritter. Bereits Johann II. und Heinrich IV. versuchten selbst dieses wichtige Amt zu erlangen. Mit Erfolg: Johann II. erhielt die Würde 1453 von Papst Nikolaus V. auf sieben Jahre und Heinrich IV. von Calixtus III. auf zehn Jahre. Die Forderung der Katholischen Könige stützte sich daher auf diese Präzedenzfälle.

Eine ganz kurze Beschreibung der Herrschaften und Renten der Ritterorden ermöglicht es, den Grund für ihre Bedeutung auf der politischen Bühne in Kastilien besser zu verstehen. Der Orden der Sankt-Jakobs-Ritter hatte am Ende des 15. Jahrhunderts über 90 Kommenden, der Orden von Calatrava über 50 und der von Alcántara fast 40. Die größten und wichtigsten Besitzungen befanden sich in Neukastilien, Andalusien, Murcia und Estremadura. Die Herrschaften des Ordens von Santiago umfaßten 23.000 km², 200 Ortschaften und an die 200.000 Personen; die des Calatravaordens 15.000 km², 90 Ortschaften und 80.000 Personen, die Güter und Renten, über die er in den wichtigsten der Krone direkt unterstellten Städten verfügte, nicht miteingerechnet. Die Einkünfte waren sehr hoch und für die Mitglieder der Aristokratie, die sich um das Großmeisteramt oder eine der Kommenden bemühen konnten, sehr verlockend. Zwar war ein Großteil der Mittel für fixe Ausgaben bestimmt, aber diese dienten ja wiederum der Erhaltung der militärischen und der politischen Macht.

Zu den letzten Adelskämpfen um die Großmeisterämter kam es in den Jahren der Erbfolgekrise. Um den Großmeister des Sankt-Jakobs-Ordens stritten Rodrigo Manrique, Graf de Paredes, und Alonso de Cárdenas, Großkomtur der »Provinz León« dieses Ordens. Als Manrique starb, wollte Isabella das Großmeisteramt für Ferdinand haben. Jedoch stimmten beide schließlich im November 1477 der freien Wahl durch das Generalkapitel zu. Sie fiel auf Cárdenas. In der Zwischenzeit waren die Monarchen auch damit einverstanden, daß Juan de Zuñiga Großmeister des Alcántara-Ordens wurde, womit sie einen Teil dieses bedeutenden Geschlechts für ihre Sache gewannen. Aber dessen Rivale, Alonso de Monroy, Schlüsselmeister des Ordens, stellte sich von da an auf die Seite Portugals.

Die Kirche: Macht und Religion

Als 1486 der Großmeister des Calatrava-Ordens starb, erreichte Ferdinand, daß sich Papst Innozenz VIII. die Vergabe des Amts vorbehielt und keine Ernennung vornahm. Mittels der Bulle vom 23. März 1493 wurde den Katholischen Königen das Großmeisteramt des Sankt-Jakobs- und des Alcántara-Ordens übertragen. Ferdinand übernahm die Verwaltung des ersteren sofort, da Alonso de Cárdenas gestorben war, die des zweiten ab 1498, als Juan de Zuñiga das Amt zurücklegte. Mit Bulle vom 12. Juni 1501 wurden alle drei Großmeisterämter den Eheleuten gemeinsam übertragen, beziehungsweise dem überlebenden Partner. Das führte zu großem Widerstand in der Kurie angesichts der Vorstellung, daß eine Frau die Großmeisterämter verwalten könnte. Julius II. verlängerte 1509 diesen Zustand, und 1523 gewährte Hadrian VI. Karl I. die Verwaltung auf Lebenszeit.

Der Montesa-Orden, dessen Herrschaften sich in Valencia und Aragon befanden, verursachte keine Probleme, sein Großmeisteramt war auch nicht so begehrt. Dies hängt einerseits mit der geringeren Machtfülle dieses Ordens, andererseits mit der politischen Struktur Aragons zusammen. Jedenfalls behielten die Montesa-Ritter ihren eigenen Großmeister bis 1587. Selbstverständlich bestanden auch die Herrschaften des Johanniterordens, die sich in Katalonien, Aragon, Navarra und Kastilien befanden, wie in früheren Jahren unter eigener Führung weiter.

RELIGION

Die Haltung Ferdinands und Isabellas gegenüber der Kirche darf nicht nur als Ausdruck ihrer Politik verstanden werden. Großes Gewicht hatte ihre persönliche Religiosität und der aus Überzeugung kommende Wunsch der Monarchen, vor allem der Königin, eine Reform des kirchlichen Lebens in Gang zu bringen, wie sie den aktivsten Geistlichen und Laien am meisten am Herzen lag. Es darf auch nicht übersehen werden, daß damals gerade einige Formen der Religiosität und Frömmigkeit nach 150 Jahren Entwicklung ihren Höhepunkt erreichten, auch wenn nur eine Minderheit besonders eifriger Christen daran teilhatte. Zwar scheint es, daß der Titel »Katholische Könige«, der den Herrschern im Dezember 1496 von Papst Alexander VI. verliehen worden war, eher mit ihren militärischen Siegen und politischen Unternehmungen in Italien zusammenhängt und ein Gegengewicht zum Titel »Allerchristlichster König« ihres französischen Rivalen darstellen sollte, doch sah die Nachwelt darin eindeutig eine Auszeichnung für die persönliche Haltung der Monarchen, mit der sie eine Reform der spanischen Kirche einleiteten.

Bücher bereiten der Reform den Weg

Entscheidend für die Verbreitung von Reformideen war der Einsatz der jungen Druckkunst. »Bibel, Kirchenväter und Mystiker« sind nach M. Bataillon zum Allgemeingut geworden. Zunächst waren es aber neue Erbauungsschriften, die rasch den Weg zu den Gläubigen fanden. So hatte die von Liudolf von Sachsen unter dem Titel *Vita Christi* herausgegebene Sammlung, die vom Franziskaner Ambrosio de Montesinos ins Kastilische übersetzt wurde (Alcalá de Henares, 1502-1503), fünfzig Jahre lang großen Einfluß. Die katalanische Fassung stammt von Roiç de Corella. Ebenso wichtig war ein zu diesem Thema von dem Valencianer Francesc Eiximenis ein Jahrhundert vorher verfaßtes Werk, das von Hernando de Talavera übersetzt und in Druck gegeben wurde (Granada, 1496). Das Vorbild Liudolfs von Sachsen zeigt sich sowohl in Werken, die vor als auch nach seiner Übersetzung erschienen sind, wie das von Fray Iñigo de Mendoza (*Coplas de vita Christi*, 1482), des Kartäusers Juan de Padilla (*Retablo del cartuxo sobre la vida de nuestro redentor Jesu Christo*, Sevilla

1513) oder von Montesinos (*Canciones*, Toledo 1508). Die valencianische Tradition endet mit *Vita Christi* von Sr.Isabel de Villena. Das Werk ist in katalanischer Sprache verfaßt und wurde 1496 das erste Mal und 1513 neuerlich gedruckt.

Diese Werke regten Phantasie und Frömmigkeit durch die Betrachtung Christi als Mensch und Retter an. Aber der gläubige Laie hatte auch Zugang zu Übersetzungen von Teilen des Evangeliums und der Episteln, die in der Liturgie verwendet wurden, obwohl der vollständige Text der Bibel in Kastilisch oder Katalanisch noch nicht vorlag. Es gibt zumindest zwei Übersetzungen von solchen Fragmenten. Eine stammt von Gonzalo de Santa María aus Saragossa und wurde 1485 gedruckt; die andere verfaßte Fray Ambrosio de Montesinos (Toledo, 1512). Sie erlebte mehrere Nachdrucke, bis im Jahre 1559 Bibelübersetzungen verboten wurden. Eine katalanische Übersetzung aus dem Jahre 1487 von Bonifacio Ferrer, deren Verbreitung uns nicht bekannt ist, wurde von der Inquisition Ende des 15. Jahrhunderts vernichtet. Es scheint, daß man nach 1492 entschieden gegen Bibeln in *Romance* (Vulgärspanisch) vorging, denn man sah darin ein Instrument für den Fortbestand des geheimen Judentums.

Auch andere liturgische Texte, die in den *Hores de la Setmana Sancta* (Valencia, 1494) und vor allem in den *Horas de Nuestra Señora* enthalten waren, fanden weite Verbreitung. Übersetzungen oder Neubearbeitungen erschienen auch von philosophischen Texten des Altertums oder des Mittelalters, die als Vorbereitung für ein besseres Verständnis der christlichen Moral geschätzt wurden: die Ethik von Aristoteles, *De officiis* und *De senectute* von Cicero, Werke von Seneca und Boethius oder Sammlungen wie der *Diálogo de Vita Beata* in der Übersetzung des Erznotars Juan de Lucena (Zamora, 1483); das *Speculum humanae vitae* von Rodrigo Sánchez de Arévalo, das 1491 in Spanisch gedruckt wurde; die Übersetzung, die der Erzdiakon del Alcor von Petrarca machte (*De los remedios contra próspera y adversa fortuna*, Valladolid, 1510). Doch wichtiger, wenn auch von sehr unterschiedlicher Qualität, waren die Übersetzungen der Schriften der Kirchenväter, die in diesen Jahrzehnten entstanden und gedruckt wurden: die des hl. Hieronymus, des hl. Gregor des Großen und vor allem die Meditationen, die dem hl. Augustinus zugeschrieben werden. Dazu kommen noch die wichtigsten »Klassiker« des christlichen Mittelalters, vor allem die Heiligen Anselm und Bonaventura, Hugo de Balma, Dionysius der Kartäuser, Ubertino de Casale, der hl. Johannes von Clímaco, die hl. Katharina von Siena, die hl. Mathilde, der

Hl. Vinzenz Ferrer und sogar einige Schriften von Savonarola. Die von Erzbischof Talavera in Granada und Cisneros in Alcalá de Henares geleistete Arbeit zur Förderung der Drucklegung dieser Werke war entscheidend. Es gibt keine Übersetzungen der Mystiker aus dem Rheinland, aber sehr wohl des berühmten Buches *De imitatione Christi* (»Nachfolge Christi«), das Thomas von Kempen zugeschrieben wird. Unter dem Titel *Contemptus Mundi* wurde es 1482 ins Katalanische, ab 1490 ins Kastilische übersetzt. 1516 gab es bereits sechs Ausgaben.

Diese und andere weitverbreitete Werke wie die Handbücher für Beichtväter, Traktate und Sammlungen von Predigten, Heiligenleben etc. waren in kirchlichen und klösterlichen Kreisen bekannt und inspirierten ihrerseits die Autoren der Iberischen Halbinsel zu eigenen Arbeiten, von denen zwar nicht übermäßig viele, aber doch eine ausreichende Anzahl im Druck erschienen, so daß man den Einfluß dieser Neuheiten innerhalb einer einzigen Generation verstehen kann. Einige Bücher erreichten eine besonders weite Verbreitung, wie das Werk *Lucero de la vida cristiana* von Pedro Ximénez de Prexano (Salamanca, 1493), von dem es vor 1500 acht Auflagen gab und das 1496 ins Katalanische übersetzt wurde.

Der Abt von Montserrat, García Jiménez de Cisneros, Vetter des Kardinals, schrieb 1500 sein *Exercitatorio de la vida espiritual* und ein *Directorio de las horas canónicas*, zwei Werke, die wesentlich sind, um die Verbreitung der Ideale der *Devotio Moderna* unter den Reformatoren in den Klöstern und auch unter den Gründern neuer Orden wie des Hl. Ignatius von Loyola zu verstehen. Das Wort *exercitatorium* wurde von verschiedenen geistlichen Autoren im Spätmittelalter verwendet: García de Cisneros nahm es in den Titel seines Buches auf, für welches er viele biblische, patristische und mittelalterliche Quellen benützte. Die einfache Schreibweise und die spanische Sprache trugen zum Erfolg des Werks ebenso bei wie seine praktische Verwendbarkeit: »Der Abt von Montserrat«, schreibt García Colombás, »erreichte, was er wollte, ein Handbuch der Initiation, das gleichzeitig seine Mönche in die Kenntnisse des inneren Lebens einführte, des Umgangs mit Gott, und sie lehrte, wie das methodische Beten und die tägliche Gewissenserforschung auszuführen seien«. Der Autor selbst sagt es so:

»Meine geliebten Brüder, in diesem Buch behandeln wir, wie der Teilnehmer an Exerzitien und fromme Mann seine Übungen in den drei

Wegen, genannt die Läuterung, die Erleuchtung und die Vereinigung, durchzuführen hat und wie er durch gewisse und ganz bestimmte Übungen, je nach dem Wochentag, der Meditation, des Gebets oder der Kontemplation auf geregelte Weise das ersehnte Ziel erreichen kann, die Vereinigung der Seele mit Gott, was ein Zeichen der wahren Heiligkeit und nicht der Weisheit der Erkenntnis ist.«

Um auf diese »Bergeshöhe zu steigen, die die göttliche Liebe ist«, hat jeder Weg seinen Zeitpunkt, seine Methode und seine symbolische Kraft. Der Weg der Läuterung ist der Anfang, der auf dem Glauben beruht und dessen Methode die Mediation ist. Der Weg der Erleuchtung ist die Zwischenstufe, der auf der Hoffnung begründet ist und mittels des Gebets beschritten wird. Der Weg der Vereinigung ist der Gipfel, seine Methode ist die Kontemplation und seine Grundfeste die Nächstenliebe. Das Werk García de Cisneros' ist, kurz gesagt, der Vorhof zur spanischen Mystik des 16. Jahrhunderts.

Die Bildung des Klerus

Um eine Verbreitung dieser »Fermente der Geistigkeit« (L. Sala Balust) zu erreichen, benötigte man vor allem einen höher gebildeten Klerus. Hier wurden sicher Fortschritte erzielt, auch wenn man dies innerhalb einer so kurzen Frist nicht messen kann. Zwischen 1476 und 1517 wurden zahlreiche Universitätsschulen gegründet: San Antonio de Portaceli in Sigüenza (1476); Santa Cruz in Valladolid, 1484 von Kardinal Mendoza gegründet; San Cecilio in Granada (1492); in Salamanca die von Cuenca, Monte Olivete, Santo Tomás, Triligüe und von Oviedo; die Schule der Dominikaner San Gregorio in Valladolid; Santa María de Jesús in Sevilla, die 1506 von Rodrigo de Santaella eingerichtet wurde; die Schule der Dominikaner Santo Tomás, ebenfalls in Sevilla, wurde 1507 von Erzbischof Deza gegründet. Dazu kam noch die Gründung des Kardinals Cisneros von 1513 in Alcalá de Henares (Theologie, Kunst, Logik, Grammatik). Wenn man von den Schulen der Dominikaner absieht, konnten in diesen Bildungsstätten Weltpriester und auch einige Laien während ihrer Universitätstudien in Gemeinschaft leben und Andachtsübungen kennenlernen, so daß sie zu eifrigen Verbreitern von Reformidealen wurden.

Entscheidend für den Sieg der Reform war die seelsorgerische Arbeit der Bischöfe selbst und die ihrer Priester in den Pfarren. Entsprechende Weisungen wurden von Konzilien und Synoden beschlossen. Die Beschlüsse von Konzilien galten für eine ganze Kirchenprovinz, die Synoden beschränkten sich auf den Bereich einer Diözese. In Kastilien wurden solche Kirchenversammlungen viel häufiger abgehalten als in Aragon, wie überhaupt die Reformer in Kastilien weitaus mehr Durchschlagskraft hatten: 44 Synoden im Vergleich zu 5 zwischen 1473 und 1511. Es gab zwei wichtige Provinzialkonzilien: 1473 in Aranda de Duero für die Provinz Toledo und 1512 in Sevilla. Wahrscheinlich waren aber die Synoden wirkungsvoller, da es sie viel häufiger und in praktisch jeder kastilischen Diözese gab. Allein in Toledo fanden 1480, 1481, 1497 und 1498 Synoden statt, deren Bedeutung nicht hoch genug eingeschätzt werden kann. Ihre Protokolle befassen sich mit den verschiedensten Themen: Leben, Kirchendienst und kirchliche Benefizien, das Konkubinat der Kleriker, Kirchenbau, Zehent, Laienbruderschaften, Sitten und Moral, Sakramente, Lehre, Bestrafung der öffentlichen Sünder, Klosterleben etc.

Eine andere Art der seelsorgerischen Arbeit, die damals von sehr vielen Prälaten praktiziert wurde, waren die Visitationen der kirchlichen Einrichtungen ihrer Diözesen, was manchmal zu großem Widerstand führte und Mängel im Leben und in den Gewohnheiten der Visitierten an den Tag brachte. Die ständige Kontrolle führte jedoch dazu, daß Sitten und Gebräuche des Klerus immer mehr den Regeln entsprachen. So konnten die Reformideen allmählich, wenn auch unter großen Schwierigkeiten, bis in die untersten Schichten des geistlichen Standes vordringen.

Die strengere Richtung der Klöster

In den spanischen Ländern gab es damals an die 50 Benediktiner-, 50 Zisterzienser-, 6 Prämonstratenserklöster und 7 Häuser der Augustinerchorherrn. Eine beträchtliche Zahl davon hatte ländlichen Besitz und sogar die herrschaftliche Jurisdiktion über Dörfer und Weiler. Ende des Mittelalters verarmten viele dieser Klöster, auch fehlte der Nachwuchs. Die 33 katalanischen Benediktinerklöster hatten maximal 112, während in Galicien nur die Klöster von Celanova, Samos, Lorenzana und Ribas de Sil mehr als 12 Mönche beherbergten. Bei den 15 Zisterzienserklöstern in Galicien war diese Zahl pro Kloster üblich.

Die Bettelorden, die im 13. Jahrhundert entstanden waren, hatten ein dichtes Netz von Niederlassungen auf der gesamten Halbinsel, vor allem in den städtischen Ballungszentren. Die Expansion des Franziskanerordens war enorm: Die 156 Klöster in Kastilien und 34 in Aragon beherbergten fast ein Drittel aller Franziskaner überhaupt. Die Dominikaner hatten weniger, jedoch größere Klöster in ihren spanischen Provinzen, während die Augustiner nicht so verwurzelt waren und über ungefähr dreißig verfügten.

Wie schon so oft wurden die Neuerungen im kirchlichen Leben zuerst in den Klöstern eingeführt. Um mit gutem Beispiel voranzugehen, gründeten Mönche und Klosterbrüder Kongregationen mit dem Ziel, »die Regel und die ursprünglichen Sitten ihrer Institution buchstäblich zu befolgen und entschieden auf die Privilegien zu verzichten, die der eigene Orden genießt, die sie, obwohl sie durchaus rechtmäßig sind, als Widerspruch zum Geist der Ordensregel betrachten« (García Oro). Diese »Observanten« legten neuerlich den Schwerpunkt auf das Gemeinschaftsleben, die Armut des Einzelnen, die Klausur, die Vergabe der leitenden Ämter auf Zeit, die redliche Verwaltung des Klosterbesitzes und die strenge Auswahl der Brüder unter dem Gesichtspunkt ihrer Berufung. Da viele ihrer Mitbrüder von diesem Reformeifer nichts wissen wollten und die inzwischen eingeführte Praxis des Klosterlebens beibehielten, kam es zu Auseinandersetzungen und schließlich zur Trennung. Die Observanten wurden in den Mönchsorden vollkommen unabhängig, bei den Bettelorden hielten die Generaloberen ein Verbindungsband aufrecht, auch wenn die Spaltung vollzogene Tatsache war.

Die Observanten entsprachen der Tendenz zu einer neuen Religiosität und erlangten die Unterstützung durch das Volk und die Herrscher. Die Bewegung hatte schon Ende des 14. Jahrhunderts begonnen, erreichte jedoch zur Zeit der Katholischen Könige ihren Höhepunkt, was wohl auch mit deren Kirchenpolitik zusammenhängt. Auch mehrere päpstliche Bullen zwischen 1487 und 1494 beauftragten die Bischöfe, die begonnenen klösterlichen Reformen zu fördern. Und die Könige erhielten dazu eigene Vollmachten vom Papst. Es würde zu weit führen, die Reform der einzelnen Orden im Detail zu verfolgen. Bemerkenswert ist die Wiedereinführung der Kartäuser ab 1390, die bald wieder großes Ansehen erlangten und mit Klostergründungen in Jerez (1478), Cazalla (1479) und Granada (1506) einen Höhepunkt ihrer Entwicklung erreichten.

Eines der wichtigsten Ereignisse in der Erneuerung des Klosterlebens und der Liturgie war die Expansion des Hieronymitenordens, den es fast nur in Spanien gab. Die Zeit seiner Gründung reicht von 1371 bis 1419. Damals entstanden 32 Klöster, Guadalupe wurde zum Mutterhaus dieses Ordens. Im Verlauf des 15. Jahrhunderts kam es zu weiteren Gründungen. 1515 gab es 57 Klöster, 17 davon stammten aus der Zeit der Katholischen Könige, deren Schutz vor allem Guadalupe zugute kam, wo sie bei verschiedenen Gelegenheiten residierten. Wichtig sind noch Valdehebrón bei Barcelona und Nuestra Señora del Prado in Valladolid, dessen Prior Hernando de Talavera war. Nach der Eroberung Granadas gründeten sie dort Santa María de la Concepción, das dank dem Patronat des *Gran Capitán,* der dort begraben liegt, zum prächtigsten Kloster dieses Ordens werden sollte. Nur an das später von Philipp II. gegründete Kloster El Escorial reichte es nicht heran.

Die Hieronymiten verbanden die Verwirklichung ihrer Ideale als Einsiedler mit äußerst prunkvollen Gottesdiensten. Sie verstanden es, die religiösen Ansprüche der Könige und des Hochadels zu befriedigen, weshalb sie weitgehend auf deren Schutz und ihr Mäzenatentum zählen konnten. Manchmal genossen sie sogar den Vorzug ihrer Gesellschaft: Bereits Heinrich IV. wohnte oft in den Klöstern El Parral (Segovia) und San Jerónimo (Madrid), und die Katholischen Könige ließen sich in Guadalupe Gemächer einrichten.

Wirtschaftlich ging es dem neuen Orden außerordentlich gut. Von Königen und Adeligen gefördert, verstand er es, seine Einkünfte aus den verschiedensten Quellen zu beziehen, nicht nur aus landwirtschaftlichem Besitz. Viehzucht, manchmal die Verwahrung von Geld und die indirekte Beteiligung am Handel ergänzten die traditionellen Formen der Klosterwirtschaft. Die geschickte Führung der Geschäfte schien manchmal sogar den Königen übertrieben. Ferdinand soll einmal von ihnen gesagt haben, sie seien »gute Verwalter, legten großen Wert auf die weltlichen Dinge und kümmerten sich zu sehr um Finanzgeschäfte« (E. Tormo). Der für witzig-treffende Formulierungen bekannten Königin Isabella wird der Ausspruch zugeschrieben, »wer Kastilien einnehmen wolle, solle es den Hieronymiten überlassen«. Der Reichtum eines angesehenen Klosters störte die Gläubigen übrigens nicht und bremste auch die Spendenfreudigkeit nicht; immerhin ein Drittel der Jahreseinkünfte von Guadalupe stammte aus Almosen und Opfergaben.

Zu Beginn des 16. Jahrhunderts war die Klosterreform in vollem Gang und verzeichnete große Fortschritte. Auch die Anpassung der Frauenklöster an die neuen Tendenzen gelang weitgehend. Aufgrund

Der berühmte Maler Pedro Berruguete stellte auf dem Altar des St.-Thomas-Klosters in Avila das Leben des Heiligen Dominik dar, nahm damit aber auch bezug auf die Tätigkeit der Inquisition

Das St.-Gergor-Kollegium von Valladolid (hier der Kreuzgang) war eines der wichtigsten Studienzentren des Dominikanerordens

Rechte Seite: Pedro Berruguete, in Urbino ausgebildet, war wohl der bedeutendste kastilische Maler zur Zeit der Katholischen Könige. Sein Hauptwerk ist der Altar der hl. Eulalia in Paredes de Nava (Palencia)

In Andalusien vereinte der Maler Alejo Fernández die Verehrung der Heiligen Maria mit einem Hinweis auf die Bedeutung von Handel und Entdeckungsreisen, indem er unter dem Mantel der Madonna die verkehrsreiche Mündung des Guadalquivir darstellte. Eine der Figuren (erste oben links) ist möglicherweise Christoph Columbus besonderer Förderung entstanden einige Klöster der Hieronymiterinnen wie Santa Paula in Sevilla (1475), San Matías in Barcelona, Santa Isabel in Mallorca und La Concepción Jerónima in Madrid (1509). Auch die Kongregation der Klarissinnen von Tordesillas fand weite Verbreitung, und auf Initiative von Beatriz de Silva entstand ein neuer Zweig der Franziskanerinnen, der sich unter dem Schutz der Königin 1484 in Toledo niederließ. Es handelt sich um den Orden der Unbefleckten Empfängnis Mariä, der sich zwischen 1494 und 1505, nach dem Tod seiner Gründerin, konsolidierte und gleichzeitig an die Franziskanerbewegung angeschlossen wurde.

Die Ausübung der Religion durch die Laien

Ein zunehmendes religiöses Bedürfnis der Laien ist typisch für das Spätmittelalter. Dem kam die Seelsorge durch häufigere Predigten und eine intensivere Katechese entgegen. Damit wollte man auf der Iberischen Halbinsel der Gefahr begegnen, daß Konvertiten, die heimlich weiter dem jüdischen Glauben anhingen, andere zum Abfall vom Christentum bewegen könnten. Auch die Kreuzzugspropaganda spielte eine Rolle. Zu Beginn des Jahrhunderts hatte es vorbildliche Prediger, wie den Dominikaner Vicente Ferrer, gegeben. Zahlreiche Theoretiker und Praktiker lehrten und pflegten die Kunst der Predigt, wie Fray Juan López de Salamanca, ein Dominikaner, der einen Zyklus über das Marienthema verfaßte und Predigtvorlagen für jeden Sonntag im Jahr.

Ab 1480 wurde in den Pfarrkirchen mehr Nachdruck auf die Unterweisung in der christlichen Lehre gelegt, wobei nach alter Tradition der religiöse Unterricht zugleich der Festigung der Gemeinschaft diente. Das Ziel war eine Form kollektiven Glaubens, dessen Grundlage eher sozialer als persönlicher Natur war. Als Hilfsmittel wurden verschiedene Katechismen eingesetzt. Kardinal Mendoza schuf um 1478 als Erzbischof von Sevilla ein solches Lehrbuch speziell für die bekehrten Juden. Von Hernando de Talaveras Bemühungen um die Morisken in Granada und von seinem »Kurzen und sehr nützlichen Lehrbuch über alles, was ein guter Christ wissen muß« war schon die Rede, ebenso von der Bedeutung des Buchdrucks für die Verbreitung verschiedenster Schriften.

Vor allem für Laien mit höherem Bildungsniveau waren einige literarische Werke auch in religiöser Hinsicht wichtig. Dazu gehören jene, deren Thema der Tod und die Vergänglichkeit des Lebens ist. Den »Totentanz« gab es in der zweiten Hälfte des 15. Jahrhunderts zumindest in zwei spanischen Versionen, das berühmteste Werk dieser Art sind die *Coplas por la muerte de su padre* von Jorge Manrique (1476). Ein Beispiel für die Verwendung von Poesie und Theater im Religionsunterricht sind die Werke des Valencianers Joan Roiç de Corella. Seine Stücke handeln vom Leben Mariens, des hl. Josef, der hl. Anna, der hl. Magdalena und vom Leben Jesu. Unter den kastilischen Autoren findet man den bereits erwähnten Fray Iñigo de Mendoza (*Gozos de Nuestra Señora*) und Fray Ambrosio de Montesinos, der volkstümliche Weihnachtslieder schrieb. Zu den Theaterautoren zählt Gómez Manrique, der Stücke für Weihnachten und die Karwoche verfaßte. Auch Lucas Fernández (*Auto de la Pasión*) und Juan de Encina brachten religiöse Themen auf die Bühne und wurden mit ihnen zu Vorläufern des modernen Theaters.

Die Werke der bildenden Künste dienten sowohl der Andacht als auch der Verbreitung von Ideen und vor allem den vielen Analphabeten als Mittel der Unterweisung. Man braucht nur die Bilder der Königin Isabella anzuschauen, die heute in der Capilla Real der Kathedrale von Granada aufbewahrt werden, um zu verstehen, wie intensiv sich die Verehrung bestimmter Heiliger dank der Bilder der flämischen Maler und ihrer kastilischen Imitatoren verbreitete. Immer mehr Werke stellten Christus als Menschensohn und Erlöser dar oder machten seine Anbetung im Geheimnis der Eucharistie zum Thema. Damit hängt auch die Verbreitung der Fronleichnamsprozessionen im 15. Jahrhundert zusammen. Nach und nach huldigten viele Städte diesem neuen Brauch, organisiert vom Domkapitel und vom Stadtrat. Weiters nimmt die Verehrung Mariens als Gottesmutter, Mittlerin, Helferin und Beispiel der menschlichen Vollkommenheit stark zu. Der Kult der Unbefleckten Empfängnis Mariens war in Spanien schon Ende des 15. Jahrhunderts sehr populär, lange bevor Rom sie zum Dogma erklärte. Besonders zahlreich sind natürlich die Marienwallfahrtsorte, der wichtigste war Guadalupe. Viele neue Kirchen im Königreich Granada wurden der Menschwerdung Christi geweiht.

Wie im ganzen Abendland waren die Kreuzzugspredigten, verbunden mit dem »Verkauf« von Ablässen, ein Problem, da es zu gelegentlichen Mißbräuchen kam. Besonders großen Erfolg hatte diese Praxis während des Kriegs gegen Granada. Verkauft wurde die Kreuzzugsbulle, womit ein Nachlaß von Sündenstrafen verbunden war (Ablaß). Die Ablässe wurden von herumziehenden Abordnungen, die aus dem

Prediger, dem Bullenverteiler und dem Schatzmeister bestanden, an geboten; die Höhe der geforderten Almosen wurde je nach Reichtum des Spenders festgesetzt. Ein starker sozialer Druck zwang die Menschen, die Bullen zu kaufen. Die Könige verboten schließlich, Ablässe zu predigen, die sie nicht selbst auf Anraten von Prälaten genehmigt hatten, und verhinderten so in vielen Fällen den Betrug an einfachen Leuten.

Allen Neuerungen und Reformbemühungen zum Trotz blieb die Religiosität der meisten Laien den traditionellen Formen verhaftet. Für die große Mehrheit des Volks war die Pfarrkirche der übliche Ort, um sich religiös zu betätigen, wobei Sakramente nur selten und unregelmäßig empfangen wurden. Der Gottesdienst war von Elementen des Aberglaubens durchsetzt. Zum Beispiel gab es »Meßzyklen«, von denen man sich Wunder erwartete. Und die beliebtesten Heiligenlegenden haben oft viel mit Mythologie zu tun. Am anderen Ende der gesellschaftlichen Rangleiter stifteten viele Adelsfamilien Begräbnisstätten, Grabkapellen und sogar Klöster, wo ihrer Toten gedacht werden und ein ewiges Gedenken ihres Geschlechts gesichert sein sollte. Es ist dabei schwer festzustellen, wo die Religiosität endet und das Zurschaustellen der Macht beginnt und inwieweit der Totenkult dafür verwendet wurde, die gesellschaftliche Hierarchie noch mehr zu betonen.

Es gibt einige bekannte Einzelfälle intensiver und ehrlicher Ausübung der Religion im Rahmen der damals üblichen Praxis. Königin Isabella selbst ist ein solches Beispiel. Sie war die Schirmherrin oder Gründerin von Klöstern und Spitälern, eine großzügige Almosengeberin, sie fastete, betete, las täglich das Brevier und verknüpfte alle ihre politischen Initiativen mit der Religion und der Vorsehung. In ihrem Testament führt sie die Engel und die Heiligen an, die sie am meisten verehrte und beweist damit ihre religiöse Bildung auf der Linie der *Devotio Moderna*: die Erzengel Michael und Gabriel, den Evangelisten Johannes (»mein besonderer Fürsprecher in diesem Leben«), den hl. Franz von Assisi (»der Patriarch der Armen, der wunderbare Fahnenträger unseres Herrn Jesus Christus«), den Apostel Jakob (»Schutzpatron meiner Länder«), Maria Magdalena und den hl. Hieronymus, Vorbilder der reinen Askese.

Einige Aristokraten taten sich besonders als fromme Stifter und Stifterinnen hervor: Die bereits erwähnte Beatriz de Silva und Beatriz Galindo La Latina, Hofdame der Königin, Schwester des königlichen Sekretärs Gaspar de Gricio und Frau des Francisco Ramírez de

Madrid, der ebenfalls königlicher Sekretär und Kanonier war. Sie gründete nach dem Tode ihres Mannes in Madrid zwei Klöster, ein Klarissinnen- und ein Hieronymiterinnenkloster, beide der Unbefleckten Empfängnis geweiht. Sie stiftete auch ein Spital, daß von einer Laienbruderschaft betreut wurde, die 200 Mitglieder hatte. Maria Suárez de Toledo, adeliger Abstammung und mit einem Adeligen vermählt, auch als »Maria die Arme« bekannt, erhielt von der Königin ein Palais in Toledo, wo sie das Kloster *Santa Isabel de los Reyes* unterbrachte. Vor allem aber Teresa Enriquez, die Frau des Erzrechnungsführers Gutierre de Cárdenas, die als Witwe einen Großteil ihres Vermögens für die Gründung von sieben Klöstern stiftete. Sie gehörten den Orden der Franziskaner, der unbefleckten Empfängnis Mariae und der Augustiner. Dazu kamen noch zwei Spitäler und zwei Schulen in Torrijos, das zu ihrer Herrschaft gehörte, die dortige Corpus-Christi-Stiftskirche, die zwölf Kaplaneien hatte, und die *Cofradía de la Sangre*, eine Laienbruderschaft in Toledo. Am meisten lag ihr die Verbreitung des Eucharistiekults am Herzen. Deswegen gründete sie 1501 die Bruderschaften des Allerheiligsten Sakraments nach römischem Vorbild. Ihr zweites Hauptanliegen war die Befreiung von Gefangenen mit Hilfe der Mercedarier. Sie befreite mindestens 8.500 Menschen aus diesem Los.

Abgesehen von diesen privaten Initiativen gab es auch anonyme oder kollektive, darunter interessante Ausdrucksformen der Laienreligiosität. Da gibt es die zahllosen Frauen, oft aus bescheidenen Verhältnissen, die ihre Wohnungen in der Stadt zu *emparedamientos* machten, wo sie unter der religiösen Leitung eines Pfarrers oder eines Klosters zurückgezogen ein frommes Leben führten. Diese *beatas* (Laienschwestern) sind weniger bekannt als die aus der gleichen Zeit stammenden Beginen in den Niederlanden. Ihre religiösen Ideale und ihre Lebenweise sind aber sehr ähnlich.

Ende des 15. Jahrhunderts gab es eine große Anzahl von Laienbruderschaften unterschiedlicher Art. Viele standen nur einem bestimmten Gewerbe oder einer bestimmten sozialen Gruppe offen. Dazu zählten die Bruderschaften der *Hidalgos* und der Kleriker. Andere wieder dienten frommen Zwecken oder Werken der Nächstenliebe. Ihre Mitglieder konnten den verschiedensten sozialen Schichten angehören. Unter den Bruderschaften der Nächstenliebe gab es viele, die Spitäler unterhielten. Diese waren fast immer sehr klein oder einfache Herbergen, wo vor allem Arme betreut wurden. Die Bußbruderschaften waren noch nicht so verbreitet, ihre frommen Gebräuche aber bereits

weit entwickelt. Sie verehrten das Heilige Kreuz, das Blut Christi, die
Unbefleckte Empfängnis. Diese Kulte wurden besonders von den
Franziskanern gefördert, was zu ihrer großen Verbreitung und Beliebtheit in den Ländern Isabellas und Ferdinands wesentlich beitrug.

Prophezeiungen

Zur religiösen Überzeugung der Epoche gehörte ein starker Glaube an Prophezeiungen. Es ist allerdings schwer zu sagen, wie weit die diversen Vorhersagen verbreitet und ob sie im Volk stark verwurzelt waren. Das Jahr 1492 mit der Einnahme Granadas hatte in dieser Beziehung eine besondere Bedeutung. Im selben Jahr als die Juden aus den Reichen Kastiliens und Aragons vertrieben wurden, entdeckte Kolumbus Weg nach Westen zu Ländern, in denen er mit vielen anderen die Existenz einer bisher unbekannten Christenheit vermutete. 1492 sollte zur »Präfiguration, zur prophetischen Ankündigung der Vereinigung der ganzen bewohnten Erde unter dem Banner der Christenheit« (Milhou) werden. Außerdem stimmten solche Theorien mit chiliastischen Prophezeiungen wie mit der von Johan Alamany überein, dessen Werk über den Antichrist aus der ersten Hälfte des 15. Jahrhunderts ins Kastilische übersetzt worden war. Er stellt sich Spanien als Schauplatz der »eschatologischen Schlacht« vor, die in drei Etappen vor sich gehen würde. Die erste ist bereits abgeschlossen: »die gewaltsame Reinigung Spaniens«. Darauf folgt »die Einnahme Jerusalems« und »die Errichtungs des Weltreichs, Einleitung des Jahrtausends«. Dafür würde ein »charismatischer Führer« oder ein »neuer David« erscheinen, eine Rolle, die König Ferdinand zugeschrieben wurde. Dieser Führer würde die Unläubigen und Heiden bekehren. Ein anderes Buch vom Antichrist (*Libro del Anticristo*) vollendete Martín Martínez de Ampiés 1493 (gedruckt 1496).

Viele dieser Ideen waren nicht neu. Sie gingen auf die Auslegung der Apokalypse mit ihren Vorzeichen des Weltuntergangs zurück. Häufig waren sie in der Zeit der Kreuzzüge, im 12. und 13. Jahrhundert, gereift. Denker und Prediger des Mittelalters, vor allem Franziskaner, griffen sie auf. In Aragon waren sie weiter verbreitet als in Kastilien, weshalb es nicht verwunderlich ist, daß Ferdinand von diesen »Prophezeiungen« stärker beeindruckt war als Isabella (es gibt mindestens elf Texte aus der Zeit zwischen 1473 und 1515, in denen darauf angespielt wird). Der König war Erbe eines »Messianismus«, der über Peter III. an den der Kaiser des 12. und 13. Jahrhunderts anknüpfte. Er stellte sich damit gegen einen anderen »Messianismus«, der durch die Person von Karl VIII. von Frankreich verkörpert wurde und seinen Ursprung in der Eroberung Neapels durch Karl von Anjou hatte. Beide, das Haus Anjou und die Aragonesen, fühlten sich berufen, bei der Eroberung des »Heiligen Hauses« Jerusalem die Hauptrolle zu spielen, und glaubten, daß ihr König der »neue David« sei.

Ferdinand der Katholische nützte diese Prophezeiungen für politische Zwecke, vor allem in den Jahren seiner Regentschaft. Die Frage ist jedoch, ob er an sie glaubte. Immerhin ließ er es zu, daß sein Sohn, Prinz Johann, in dem Glauben erzogen wurde, daß er König von Jerusalem werden würde, und er akzeptierte die Vorhersage der Dominikanerin Sr. María de Santo Domingo, »Beata de Piedrahíta«, daß er nicht eher sterben werde, als diese Stadt erobert sei. Außer Sr. María de Santo Domingo gab es übrigens auch andere Nonnen und Laienschwestern, die sich einigen Ruf als Mystikerinnen erwarben: la Madre Marta, eine Benediktinerin aus dem Kloster Santo Domingo el Antiguo in Toledo, Sr. Juana de la Cruz oder Sr. María »die Arme«, ebenfalls aus Toledo.

Der Franzose Charles de Bovelles verkündete 1506 dem Kardinal Cisneros, daß »innerhalb von zwölf Jahren Jerusalem erobert, die Christenheit vollständig erneuert und bis ans Ende der Welt verbreitet sein würde und daß geisterfüllte Männer die Kirche auf wunderbare Weise reformieren würden«. Die prophetischen Visionen von der nächsten Kirchenreform waren nicht immer günstig für die Hierarchie. Ein Franziskaner aus Burgos sagte 1512 voraus, daß innerhalb von fünf Jahren mit dem Sturz des Papstes und der Bischöfe, dem Tod der Könige und weiterem reinigenden Unheil endlich die Reform käme.

Es scheint, daß sich unter den Franziskanern diese Mythen von der Rückkehr zur ursprünglichen Reinheit und die chiliastische Hoffnung auf das bevorstehende Ende der Zeiten länger hielten. Einige von ihnen begannen die Missionsarbeit in Westindien mit diesem geistigen Rüstzeug. Im übrigen lebten damals nicht nur die Christen in der Hoffnung auf einen Retter, auch für die Juden war es eine Zeit, in der sie mit Inbrunst den Messias erwarteten.

KAPITEL VI

Von der Toleranz zur Inquisition

DIE JUDEN

Die Vertreibung der Juden aus Kastilien und Aragon im Jahre 1492 ist eine in der Geschichtsschreibung umstrittensten politischen Entscheidungen Ferdinands und Isabellas. Dabei ging und geht es nicht nur um die Beurteilung dieses Schritts an sich, sondern auch um Parallelen zu anderen antijüdischen oder antisemitischen Verhaltensweisen und um mögliche Beweggründe. Auch Kritik wegen der daraus entstandenen Folgen wird geübt. Nun sollte man sich vor einer unhistorischen Betrachtungsweise hüten und Ereignisse sowie Einstellungen des 15. Jahrhunderts nicht nach unseren Kriterien beurteilen.

Die Situation der Juden im Spätmittelalter

Zunächst einmal muß man die einzelnen Aspekte dieses Problems in chronologischer Reihenfolge sehen und vor allem die Vertreibung in den Zusammenhang mit der Geschichte der spanischen Juden in vorausgehenden Zeiten stellen. So sind die tragischen Ereignisse in der zweiten Hälfte des 14. Jahrhunderts (1348, 1391) oder die Versuche einer Massenbekehrung zwischen 1408 und 1415 zu beachten. Antijüdische Emotionen und Polemiken verschwanden danach wohl nicht ganz, gingen aber in den darauffolgenden Jahrzehnten stark zurück und wandten sich eher gegen die bekehrten Juden. Die Entscheidung, die Juden auszuweisen, wurde daher aus aktuelleren und spezifischeren Beweggründen getroffen und kam für viele von ihnen völlig unerwartet.

Im Prinzip wollten die Katholischen Könige die Gesellschaftsordnung, die in der Zeit vor ihnen aus den Fugen geraten war, wiederherstellen und erreichen, daß sie entsprechend den Gesetzen funktionierte. Das galt hinsichtlich der Juden als auch in bezug auf andere Probleme. Deshalb akzeptierten sie die Fortsetzung der traditionellen Beziehungen zwischen der Krone und den Juden und verlangten nur, daß sie den für sie bestimmten Platz im gültigen Gesellschaftssystem einnahmen. Was war nun ihr Platz und wie kam es zu den verschiedenen Ereignissen?

»Die mittelalterliche christliche Gesellschaft sieht in der Einheit des Glaubens das Merkmal, das sie von anderen unterscheidet. Nur der

Glaube gibt dem Leben einen Sinn. Die Juden, die ihr nicht angehören, werden von ihr als Zeichen des Wohlwollens toleriert. Dies wird mit der Hoffnung begründet, daß sie sich, angeregt durch das Beispiel der Christen, doch bekehren würden. Dafür, daß sie geduldet werden, müssen die Juden eine Kopfsteuer entrichten. Daß dies aber nur eine provisorische Lösung ist, wird niemals vergessen, vor allem, weil es nur einen Weg gibt, in die Gesellschaft aufgenommen zu werden: die Taufe.« (L. Suárez Fernández)

Mit dieser Argumentation ist die Lage der Juden in der Soziallehre des Spätmittelalters genau definiert, ebenso der Grund für ihre besondere Abhängigkeit von der Krone. »Schatz des Königs« wurden sie und die Mudejaren in Aragon genannt, weil sie unter seinem Schutz standen. Die Wirklichkeit war aber viel komplexer, unabhängig davon, ob man sie bewußt sieht und mit der vorstehenden Theorie vergleicht oder nach keiner Erklärung oder Rechtfertigung sucht. Die christliche Gesellschaft im mittelalterlichen Spanien hatte als Erbschaft aus der Zeit des Islams eine besondere Toleranz gegenüber dem jüdischen Volk übernommen.

Unter dem Schutz dieser Toleranz entwickelten sich im 12. und 13. Jahrhundert die hebräischen Gemeinden der *Sephardim,* während in anderen Teilen Europas die antijüdische Stimmung zunahm. Im Jahrhundert nach der *Reconquista* erreicht sie aber auch die Iberische Halbinsel, was zu tiefgreifenden sozialen Veränderungen und Spannungen verschiedenster Art führte. Es begann mit einer antijüdischen christlichen Doktrin, die in den Kirchengesetzen zum Ausdruck kam, zum Beispiel beim Konzil von Zamora von 1312. Allmählich breitete sich die feindliche Haltung aus und erfaßte das ganze Volk. Ursache war der Haß, der aufgrund der geschäftlichen Beziehungen mit den Juden entstanden war. Da war das Problem der Darlehen, die Frage der Zinsen der königlichen Finanzen und anderer Renten, mit denen einige Juden befaßt waren, die allerdings nur eine kleine Minderheit innerhalb der jüdischen Gemeinde darstellten. Die Situation verschlimmerte sich zusehends durch die schrecklichen Epidemien nach 1348 und die schweren politischen Krisen und Bürgerkriege in der zweiten Hälfte des 14. Jahrhunderts. Bereits im Zusammenhang mit der Pest von 1348 kam es zu Judenverfolgungen, vor allem in Aragon. Aber die große Tragödie ereignet sich im Jahre 1391. Nur wenn man sich die Verfolgungen, die Toten, die Auswanderungen und Taufen dieses Jahres vor Augen hält, kann man die soziale Lage der ihrem

Glauben treugebliebenen und der bekehrten Juden im 15. Jahrhundert verstehen.

In dieser Situation und angesichts der weiter wachsenden anitjüdischen Stimmung blieb den Königen nur die Alternative: Entweder sie hielten das bisherige System der Toleranz aufrecht, das wohl rechtlich begründet, aber durch die Ereignisse ins Wanken geraten war. Oder sie verteidigten das Prinzip der Autorität und machten geltend, daß es nur der Krone zustünde, über die Juden zu entscheiden, da sie ihre Vasallen seien. So schrieb Johann I. von Kastilien kurz vor 1391 an den radikalen Erzdiakon Ferrán Martinez, der fanatische Predigten hielt: »Wenn Ihr ein guter Christ sein wollt, dann seid das in Eurem Haus, aber unterlaßt es, unsere Juden auf diese Art zu behandeln.« Bei einer anderen Gelegenheit sollte sich Isabella I. 1477 auf die gleiche Weise äußern: »Alle Juden in meinen Reichen gehören mir und stehen unter meinem Schutz und Schirm. Und mir steht es zu, sie zu verteidigen und zu schützen und ihnen Gerechtigkeit widerfahren zu lassen.«

Es war also der Wandel der sozialen Realität und nicht der Lehre, der im 15. Jahrhundert die Situation der Juden und damit im Zusammenhang auch der bekehrten Juden veränderte. Die Zahl der Bekehrten nahm in den ersten Jahrzehnten nach 1391 stark zu. Bei den Judenverfolgungen von 1391 waren viele umgekommen, doch waren es weniger, als man gelegentlich angenommen hat. Eine weitaus größere Zahl emigrierte an verschiedene Orte innerhalb oder außerhalb des Reiches, wo sie ursprünglich gelebt hatten. In der Krone von Kastilien verloren die großen Judenviertel in den südlichen Städten an Bedeutung. Im nördlichen Teil nahmen sie dafür zu. Dort befanden sie sich in kleineren Städten oder häufig auch in Dörfern. In der Krone von Aragon verschwanden viele der wichtigsten Judenviertel (Barcelona, Valencia). Von den 35, die überlebten, befanden sich 22 im Königreich Aragon, nur acht in Katalonien, fünf in Valencia und eines in der Stadt Mallorca. Noch wichtiger ist jedoch, daß zahlreiche Juden sich taufen ließen, einige als Folge der Katastrophe von 1391, einige wohl auch aus ehrlicher Überzeugung, eine größere Zahl während der kirchlichen Kampagnen von 1407 und 1415, in denen sich der Dominikaner Vicente Ferrer mit seinen Predigten besonders hervortat. Parallel zu diesen Kampagnen wurden gesetzliche Bestimmungen erlassen, die den Judengemeinden Beschränkungen in bezug auf Lebensweise und Berufsausübung auferlegten (*Ordenamientos* von 1412 in Kastilien und 1414 in Aragon). Es kam auch zu öffentlichen

Streitgesprächen zwischen Priestern und Rabbinern, zum Beispiel 1413-1414 in Tortosa (*Disputación de Tortosa*), die zu vielen Bekehrungen führten.

Die jüdischen Gemeinden erholten sich zum Teil nach den turbulenten Ereignissen zwischen 1391 und 1415. In Kastilien lebten Ende 1491 vermutlich an die 100.000 Juden, die auf 400 Orte verteilt waren. Es handelte sich häufig um sehr kleine Gruppen, sowohl in den direkt der Krone unterstellten Gebieten als auch in den anderen Herrschaften. Um sich ein Bild von ihrer Bedeutung machen zu können, kann man auf die Daten der direkten Steuern zurückgreifen, die speziell den Juden auferlegt waren: *servicio* und *medio servicio* 450.000 *maravedíes* im Jahr 1480. In den Jahren der Eroberung Granadas kam eine weitere Sondersteuer (*de los castellanos de oro*) hinzu. Die Bezeichnung kam daher, daß jeder männliche Jude, der über ein eigenes Vermögen verfügte und älter als 16 war, eine solche Münze abliefern mußte. Die Daten geben eher Aufschluß über die wirtschaftliche Macht der Juden als über ihren Anteil an der Bevölkerung, jedoch können wir daraus entnehmen, daß es einige bedeutende Judengemeinden im Duerotal (Medina del Campo, Almazán, Soria, Benavente, Mayorga, Zamora, Salamanca, Avila und Barco de Avila) gab. Weitere befanden sich im Königreich Toledo (Toledo, Huete, Ocaña, Escalona, Maqueda, Guadalajara und Alcalá de Henares) und in Estremadura (Plasencia, Cáceres, Badajoz, Llerena und Jerez de los Caballeros). Aufgrund der Situation in der Krone von Aragon ist nicht anzunehmen, daß dort zum Zeitpunkt der Vertreibung mehr als 20.000 Juden lebten.

Der zeitgenössische Chronist Andrés Bernáldez beschrieb mit spitzer Feder und auf sehr parteiische Weise die beruflichen Merkmale der kastilischen Juden, wobei er ein Bild von ihnen zeichnet, das vielleicht zu sehr vom Blickpunkt der Landwirtschaft ausgeht, der nur für die südliche Hälfte des Reichs gültig ist:

> »Sie hatten ihre Güter in Kastilien und saßen in den besten Städten, Marktflecken und Ortschaften und auf den fettesten und besten Ländereien und die meisten von ihnen lebten in den Gebieten adeliger Herrschaften. Alle waren sie Händler und Verkäufer und Pächter der Verkaufssteuern und Renten aus heimlichen Geschäften. Sie arbeiteten als Bevollmächtigte von Herren, als Handwerksgesellen, Schneider, Schuster oder Gerber, als Weber, Gewürzkrämer, Hausierer, Seidenhändler, Schlosser, Silberschmiede und in ähnlichen Gewerben.

Keiner grub den Boden um oder bearbeitete ihn, sie waren auch weder Zimmerleute noch Maurer, sondern alle suchten bequeme Gewerbe und wollten mit wenig Arbeit viel verdienen... Und sie waren sehr spitzfindige Leute, die gemeinsam von dem lebten, was sie den Christen durch Wucherzinsen genommen hatten, und viele von ihnen, die arm waren, wurden in kurzer Zeit reich.«

Dem ist zu entnehmen, daß es neben einer kleinen Gruppe reicher Juden viele andere gab, die keine Reichtümer ihr Eigen nannten. Durch andere Dokumente wird diese Annahme bestätigt. Einige besaßen Grundstücke und Vieh, arbeiteten aber nicht direkt in der Landwirtschaft. Ausnahmen geringen Ausmaßes gab es im Obst-, Gemüse- und Weinbau. Vor allem widmeten sie sich Gewerbezweigen, die mit Textilien, Leder und Metallen zu tun hatten. Eine beträchtliche Zahl der Juden betrieb Finanzgeschäfte (Geldverleiher, Pächter von Renten) oder betätigten sich als Agenten verschiedener Interessen der Verwaltung königlicher und herrschaftlicher Besitzungen, ohne daß sie deswegen öffentliche Beamte waren. Bernáldez vergißt bei seiner Aufzählung auf die freien Berufe, vor allem die Medizin, denn es gab jüdische Ärzte, die trotz der bestehenden Verbote Christen behandelten, sogar die Könige selbst. Seine Behauptung, daß eine beträchtliche Zahl von Juden in Gebieten adeliger Grundherrschaft und Gerichtsbarkeit lebte, zeigt eine weitere Facette des Problems auf: Dort standen sie in diesen schwierigen Zeiten unter direkterem und besserem Schutz. Es gab aber auch viele Judengemeinden in Ortschaften, die der königlichen Gerichtsbarkeit unterstanden. In beiden Fällen hatte die Rolle der Juden in der Verwaltung und bei der Pacht von Renten und Steuern im Vergleich zu früheren Zeiten stark an Bedeutung verloren. An ihre Stelle traten die bekehrten Juden.

Die interne Organisation der Judengemeinden war unverändert geblieben. Sie stützte sich auf den Zusammenhalt der Familie, die ein Garant für den Fortbestand das Glaubens und der kulturellen Eigenheiten war. Judenviertel ab einer gewissen Anzahl von Mitgliedern oder ab einem gewissen Reichtum bildeten eine sogenannte *aljama*, häufig gemeinsam mit anderen Gruppen, die in der Nähe lebten. Die *aljama* diente der internen Verwaltung und Organisation gemäß dem mosaischen Gesetz. Dabei handelte es sich nicht nur um religiöse Belange, sondern auch um privatrechtliche, um die Aufteilung der Steuerlasten und manchmal sogar um die gemeinsame Abwicklung von Geschäften. In den *aljamas*, zumindest in den wichtigsten, gab es *al-*

caldes (*dayanim*), die von der Versammlung der Mitbürger gewählt wurden und richterliche Kompetenzen bei internen Streitigkeiten hatten. Es gab auch Rabbiner, Meister der Thora, Verteiler von *pechos* und Abgaben. Die *aljama* fungierte insgesamt als Ratsversammlung. Der Monarch ernannte außerdem einen Oberrabbiner für das gesamte Königreich. Dieser war auch Berufungsrichter und Verbindungsglied zwischen der Krone und ihren Juden. In Kastilien war dies im Jahre 1432 Abraham Bienveniste, Erzpächter der Steuern von Johann II. und enger Mitarbeiter von Don Alvarao de Luna, als die Statuten (*takkanoth*) von Valladolid abgefaßt wurden. In diese wurden Normen aus der Zeit vor 1391 aufgenommen. Sie bildeten die Grundlage für die Organisation der *aljamas*, die 1492 noch gültig war.

Die Vertreibung: Ursachen und Folgen

Die in der Regelung von 1412 enthaltenen und 1465 bestätigten Anordnungen der Diskriminierung und Absonderung wurden in Kastilien nicht befolgt. Man darf annehmen, daß es in Aragon ähnlich war. Die Katholischen Könige setzten sie nun vor der Versammlung der *Cortes* von 1476 und 1480 neuerlich in Kraft: Juden und Mudejaren mußten getrennt von den übrigen Einwohnern in entlegenen Vierteln oder Straßen wohnen und durften bestimmte Gewerbe nicht ausüben. Sie waren verpflichtet, auf ihrer Kleidung das Judenabzeichen zu tragen, und sie durften sich nicht in Seide und kostbare Stoffe kleiden, die den privilegierten Schichten vorbehalten waren. Außerdem wurden die Zinssätze vereinheitlicht. Die Schaffung von getrennten Judenbezirken wurde unmittelbar nach 1480 in die Praxis umgesetzt. Von da an wurden auch schon ältere Gesetze genauer angewendet, wie das Verbot für Juden, christliche Diener zu haben, was übrigens auch die *takkanoth* von 1432 untersagten. Sie durften auch keine ländlichen Liegenschaften erwerben, deren Wert sich auf über 30.000 *maravedíes* belief. Ebenso war es Juden untersagt, öffentliche Ämter zu bekleiden, in deren Kompetenz auch die Rechtsprechung über Christen fiel.

Einige hundert Juden blieben trotz allem Pächter von königlichen, kirchlichen oder herrschaftlichen Renten. Gesetzlich war dies auch nicht verboten. Die Situation der Gruppen, die dem Hof nahestanden, verschlechterte sich ohnehin keineswegs. Aus Tradition vertrauten viele Anhänger einer starken Monarchie jüdischen Ratgebern oder bekehrten Juden, zumindest seit der Zeit von Alvaro de Luna. Da diese vom König abhängig waren und seines Schutzes bedurften, waren sie besonders treu und eifrig. Von den Juden, die ab 1476 ein Nahverhältnis zu der Regierung der Katholischen Könige hatten, wären folgende zu erwähnen: Abraham Señor, Oberrabiner der kastilischen *aljamas*, Mayr Melamed, Isaac Abravanel, Abraham und Vidal Bienveniste. Die Könige waren nicht antijüdisch eingestellt. Ihre Haltung trug aber auch nicht dazu bei, den Feindseligkeiten der Bevölkerung gegen die Juden ein Ende zu setzen, noch änderte sie etwas an den kirchlichen Vorwürfen gegen sie.

Obwohl es also da und dort zu Belästigungen und kleineren Zusammenstößen kam, zum Beispiel als man mit der Errichtung der getrennten Judenbezirke begann, wies nichts darauf hin, daß die Spannungen so eskalieren könnten wie 1391. Im Gegenteil, es herrschte größere Ruhe als in den Jahrzehnten davor. Nicht einmal der Prozeß, der 1491 gegen José Franco, Mosé Benamí und Benito García geführt wurde, verschlechterte das Klima für die Juden im allgemeinen, gab jedoch weit verbreiteten Argumenten der antijüdischen Propaganda neue Nahrung: Bei dem Prozeß ging es um den Fall des »Santo Niño de la Guardia«. Man beschuldigte die Angeklagten eines Ritualmordes an einem Kind, bei dem gleichzeitig eine konsekrierte Hostie geschändet worden war.

Viele der Argumente, die von verschiedenen Autoren als Erklärung für die Ausweisung ins Treffen geführt werden, haben wenig Gewicht oder sind widersprüchlich. Die Behauptung, daß die Könige schon von jeher dazu entschlossen waren, ist angesichts ihrer Politik bis 1492 unhaltbar. Wenn vom Druck die Rede ist, der von seiten des Adels oder vom städtischen Patriziat ausgeübt wurde, weil diese Gruppen den Aufstieg eines jüdischen »Bürgertums« unterbinden wollten, wird auf mehrere Umstände vergessen. Erstens gibt es keine Dokumente, die diesen Druck beweisen. Zweitens wäre es durchaus möglich gewesen, daß die Könige ihm nicht nachgegeben hätten. Vor allem aber bildeten die Juden damals bereits eine soziale Randschicht und hatten in den vorherigen Generationen große Einbußen erlitten, weshalb sie kaum in der Lage gewesen wären, führende Positionen in der Gesellschaft zu erreichen. Hingegen war dies für einige der bekehrten Juden einfacher. Mit anderen Worten: als die Könige das Judentum als Religion bzw. deren Ausübung verboten, nicht aber jene Juden vertrieben, die sich zum Christentum bekehrten, bewegte sie kein antisemitischer Rassenhaß. Es war auch nicht ihre Absicht, wirtschaftliche und gesellschaftliche Positionen zu vernichten, die die Juden ja im Fall der Bekehrung halten und sogar verbessern hätten können. Die Vertreibung der Juden erfolgte auch nicht aus Habgier, obwohl manchmal die zurückgelassenen Güter eingezogen wurden. Im Gegenteil, Habgier hätten die katholischen Majestäten bewiesen, wenn sie die Vertreibung ausgesetzt und auf die finanziellen Vorschläge eingegangen wären, die ihnen Isaac Abravanel im Namen seiner Gemeinde machte. Insgesamt betrachtet, beeinträchtigte die Maßnahme die Wirtschaft der Halbinsel in mehrfacher Hinsicht, so daß heute nicht ernstlich behauptet werden kann, daß die Krone bei diesem traurigen Geschehnis aus wirtschaftlichen Beweggründen gehandelt habe.

Der wahre Grund für die 1492 getroffene Entscheidung war das Bemühen, das Problem der Konvertiten, die heimlich weiter dem jüdischen Glauben anhingen, rasch auszumerzen. Dieses Problem hatte bereits zur Schaffung der neuen Inquisition im Jahre 1478 geführt. Man dachte, daß die Existenz jüdischer Gemeinden diesbezüglich negative Auswirkungen habe. Nicht zuletzt weil die Konvertiten ja durch Blutsbande oder Bekanntschaft mit vielen gläubigen Juden verbunden waren, gegen die wiederum die Inquisition nichts ausrichten konnte, weil sie über Nichtchristen keine Gewalt hatte. Die Inquisitoren erreichten, daß die Könige diese Überzeugung teilten und plötzlich von der bis dahin eingehaltenen Regierungspolitik abgingen. Die 1483 erfolgte Vertreibung der Juden aus Andalusien, wo das Problem der bekehrten Juden am schwerwiegendsten war, oder den Versuch von 1486, die Juden aus Saragossa und Teruel auszuweisen, kann man als Vorwarnung ansehen.

Unmittelbar nach der Eroberung von Granada herrschte 1492 eine Stimmung, in der das siegreiche Christentum verherrlicht wurde, während gleichzeitig die Macht der Könige weiter zunahm. In dieser Atmosphäre setzte sich die Meinung durch, daß nur die Einheitlichkeit des Glaubens den Zusammenhalt der Gesellschaft garantieren könne. Für das gute Funktionieren der *res publica*, an deren Spitze die Monarchen standen, sei dies unerläßlich.»Wenn eine Gesellschaft zu der Überzeugung gelangt«, schreibt L. Suárez, »daß sie im Besitz der absoluten Wahrheit ist, läuft sie Gefahr, die größte Ungerechtigkeit, nämlich das Verkennen der fremden Würde und die Negierung der Pflicht des Menschen gegenüber seiner Religion, für gerecht zu halten.« Offenkundig ist dies 1492 eingetreten, obwohl hinter dem ideologischen Element, nämlich der Einheit des Glaubens, die lange Geschichte von mehr oder weniger verdeckten Spannungen und

Konflikten stand. Aber die Vertreibung betraf das Judentum als Religion und nicht die Personen, die auf ihre Ausübung verzichteten. Und wenn es aus heutiger Sicht eine offensichtliche Verletzung des grundlegenden Menschenrechts auf Religionsfreiheit darstellt, darf man nicht übersehen, daß dieses und viele andere Rechte eine leider auch nur unvollständige Errungenschaft der heutigen Menschheit sind. Man kann es also nicht gut als Maßstab verwenden, um eine Zeit und eine Gesellschaft zu beurteilen, die dieses Kriterium nicht kannten und auch den christlichen Glauben anders verstanden als wir heute. Der damalige Standpunkt erlaubte den häufig vorhandenen Widerspruch zwischen Koexistenz und Verfolgungen. Jedenfalls zeigt die Möglichkeit einer – wenn auch aus unserer Sicht unmenschlichen – Wahl zwischen Bekehrung und Vertreibung, daß die Geschehnisse von 1492 nichts mit jenen Aggressionen und Verfolgungen aus rassischen Gründen zu tun hatten, die die Juden in jüngster Vergangenheit erleiden mußten.

Das Edikt vom 31. März 1492 zwang jene Juden, die nicht auf ihren Glauben verzichten und sich taufen lassen wollten, innerhalb von vier Monaten die Reiche Isabellas und Ferdinands zu verlassen. Dieser Erlaß enthielt auch das bereits erwähnte Argument, daß man der jüdischen Präsenz zum Teil die Verantwortung für die Rückfälligkeit vieler Konvertiten zuschrieb. In Saragossa und Barcelona wurde das Edikt einen Monat später verlautbart, die Frist bis Ende Juli blieb aber gleich. Daß es weniger um die Vertreibung als um die Bekehrung ging, scheint heute ziemlich klar zu sein. In dem Edikt wurde sogar eine Frist von sechs Monaten ab dem Verlassen der Reiche festgesetzt, innerhalb derer jeder, der sich taufen lassen wollte, zurückkommen und seine Güter zurückerhalten konnte. Es ist leider nicht festzustellen, wie viele von dieser Möglichkeit Gebrauch machten.

Die Könige versuchten, ihre eigenen jüdischen Mitarbeiter zu überzeugen, und manchmal hatten sie Erfolg: Aus Abraham Señor und seinem Schwiegersohn Rabi Mayr wurde Fernando Núñez bzw. Fernando Pérez Coronel. Es überwiegt jedoch die Vorstellung, daß »die Juden im allgemeinen lieber in Massen in die Verbannung gingen und bewußt die ganze Last vorhersehbarer Mühen und Beeinträchtigungen auf sich nahmen. Die jüdische Gemeinde hat in diesem entscheidenen Moment ihrer Geschichte ein hervorragendes Beispiel von Entschlossenheit, Treue gegenüber ihrer politisch-religiösen Struktur und brüderlicher Solidarität gegeben« (Azcona). Auf eine Maßnahme der Gewalt, die aus Gründen der sozio-religiösen Identität getroffen worden war, antworteten sie trotz der Schwäche ihrer Mittel mit einer gegensätzlichen, aber in ihrer Bedeutung identischen Haltung.

Der Auszug zwang die Juden, alle Liegenschaften und offenen Forderungen überhastet und zweifellos zu ungünstigen Bedingungen zu verkaufen. Isaac Abravanel schätzte, daß Güter im Wert von dreißig Millionen Dukaten veräußert wurden, was wohl zu hoch gegriffen ist. Erschwerend war das gesetzliche Verbot, Gold und Silber aus den Reichen auszuführen. Man mußte das entweder heimlich tun oder Wechsel und andere Formen der Bezahlung akzeptieren. Der Schmerz und die menschlichen Tragödien lassen sich überhaupt nicht in Geldwert oder Zahlen ausdrücken. Im übrigen: Wenn der Hauptgrund für die Vertreibung wirklich der Versuch war, für das Konvertitenproblem eine Lösung zu finden, so wurde der Zweck in dieser Hinsicht nicht erfüllt.

Die Zahl der Juden, die definitiv auswanderten, ist nicht eruierbar. Die Schätzungen schwanken zwischen 50.000 und 150.000. Zur ersten Zahl kommen neuere Berechnungen, die von einer geringen Zahl jüdischer Einwohner ausgehen als bisher angenommen (70.000 in Kastilien, 10.000 in Aragon), zur zweiten kommt man bei einer entsprechenden Auslegung der Chronik von Bernáldez. Dieser behauptet, daß es in Kastilien 30.000 jüdische Familien gab und in Aragon 6.000, wobei der Koeffizient offenbleibt, mit dem man diese Zahlen multiplizieren muß, um auf die Personenzahl zu kommen.

Ein großer Teil der Emigranten ging nach Portugal, Navarra und in die Provence. Dort war ihr Bleiben jedoch nicht von Dauer, denn 1497 verfügte der portugiesische König ihre Ausweisung, 1498 wurde der gleiche Befehl in Navarra erlassen und 1500 in der Provence. Da sie die Erlaubnis hatten, sechs oder acht Monate zu bleiben, mußten sie sich entweder doch noch rasch taufen lassen oder in kurzer Zeit neuerlich emigrieren. Die endgültigen Ziele der Emigranten waren ganz verschieden. Ein beträchtlicher Teil ging nach Italien. Vor allem die natürlich ebenfalls betroffenen Juden aus Sardinien und Sizilien hatten dieses Ziel. Dabei wurde damals auch in Mailand (1492) und Neapel (1496 und 1504) die Vertreibung angeordnet, was aber anscheinend wirkungslos blieb. Oft wurde Fes in Nordafrika als Exil gewählt, vor allem von den aus Portugal Vertriebenen. Dort stießen Einwanderer, die *megorashim*, auf Schwierigkeiten nicht nur bei den Muselmanen, sondern auch bei ihren Glaubensbrüdern, den *roshabim*, die sich den Arabern ziemlich angepaßt hatten. So kehrten einige Juden nach Kastilien oder Aragon zurück. Auch in die Türkei zogen die Juden nicht in Massen, zumindest nicht in jenen ersten Jahren, und ebensowenig nach Jerusalem, wie früher von einigen Autoren behauptet wurde. Im allgemeinen blieben die Vertriebenen lieber in den Ländern, die näher waren, im mittelmeerischen oder europäischen Raum, wo die kulturellen Unterschiede zu ihrem Ursprungsland nicht so groß waren.

DIE KONVERTITEN

Eine soziale Gruppe?

Die Konsequenz der Bekehrungswelle nach 1391 war gewesen, daß die Probleme des Zusammenlebens, die die Juden mit einem Großteil der christlichen Bevölkerung gehabt hatten, nun zumindest in Kastilien auf die bekehrten Juden übergingen. Es ist bemerkenswert, daß diese Probleme erst ab der Mitte des 15. Jahrhunderts auf bittere Weise deutlich wurden. Die Konvertiten hätten es als Christen sicherlich leichter haben können, sich zu integrieren. Aber das war nicht der Fall. Im Gegenteil, sie blieben als »neue Christen« eine eigene gesellschaftliche Gruppe. Den wirtschaftlichen und beruflichen Status, den sie oder ihre jüdischen Vorfahren gehabt hatten, behielten sie bei und verbesserten ihn sogar in materieller Hinsicht. Laut Dominguez Ortiz und anderen Autoren gab es Ende des 15. Jahrhunderts bis zu 250.000 oder 300.000 Personen, die in zweiter oder dritter Generation von bekehrten Juden abstammten. Diese Zahl kann wohl nur als mögliches Maximum gelten, doch sie gibt einen Eindruck von der Tragweite dieses Phänomens, das vor allem die »Mittelschicht« in den Städten betrifft, denn in den Reichen von Kastilien und Aragon machte die Stadtbevölkerung höchstens eine Million aus.

Die Konvertiten arbeiteten hauptsächlich im Textil-, Leder- und Metallgewerbe oder waren als öffentliche Schreiber, Verwalter, Pächter von Renten, als Bankiers, Händler, öffentliche Beamte der Krone oder der Gemeinden, als Ärzte, Priester oder Ordensangehörig tätig. Sie konnten Berufe ausüben, die den Juden untersagt waren. In einigen Fällen schaffen Sie den gesellschaftlichen Aufstieg durch Eheschließung. So wurden sie mit Geschlechtern verwandt, die in der lokalen oder landesweiten Politik eine führende Rolle spielten. Manchen gelang es, eine eigene Dynastie von Bedeutung zu begründen. Anscheinend bestand unter den Konvertiten als Folge der Isolierung, in der sie lebten, große Solidarität. Sie schienen auch geneigt zu sein, die Mächtigen und deren Politik zu unterstützen. Die Monarchen und der Adel machten von ihren Diensten Gebrauch, weil sie in der Verwaltung sehr tüchtig waren. Und es war nicht selten der Fall, daß die Konvertiten als ihr ausführendes Werkzeug fungierten, die über den Rest der Gesellschaft herrschten. Häufig brüsteten sie sich mit ihrem Reichtum, was ihnen übel genommen wurde, wie der Chronist Valera schreibt, als er über die Ereignisse in Córdoba von 1473 berichtet:

»Einige in seinen [des Königs] Diensten versuchten, Zwietracht zwischen die alten und die neuen Christen zu säen, besonders in der Stadt Córdoba, wo zwischen ihnen große Feindschaft bestand und großer Neid, da die neuen Christen dieser Stadt sehr reich waren, und man dauernd sehen konnte, wie sie sich Ämter kauften, von denen sie hoffärtig Gebrauch machten, so daß die alten Christen es nicht ertragen konnten.«

Oder Bernáldez, das typische Beispiel eines den Konvertiten feindlich gesinnten Chronisten, der Kaplan des Großinquisitors Diego de Deza war. Er schreibt über das Problem der angeblichen Konvertiten, die immer noch ihrem alten Glauben anhingen:

»Viele von ihnen haben in diesen Reichen in kurzer Zeit große Vermögen und Besitztümer angehäuft, weil sie wegen der Wucherei keine Gewissensbisse hatten und sagten, daß sie an ihren Feinden verdienten... Wenn sie Ehre, königliche Ämter, die Gunst der Könige und Herren erwerben konnten, waren sie sehr beflissen. Einige gingen Verbindungen mit Söhnen und Töchtern von alten Christen ein, die ungeheuer reich waren, und sie schätzten sich überglücklich, denn durch die so zustandegekommene Heirat galten sie bei der Inquisition als gute Christen von großer Ehre... Und so prahlten sie damit, daß es in der Welt keine besseren, diskreteren, spitzfindigeren oder ehrsameren Leute gäbe als sie, weil sie aus dem Geschlecht der Stämme Israels wären ...«

Abgesehen von der hebräischen Abstammung forderten Reichtum und sozialer Aufstieg der Konvertiten den Haß und Neid vieler Besitzloser heraus, die stolz darauf waren, zu den »alten Christen« zu gehören. Für die Landbevölkerung waren ohnehin alle Städter Räuber und Schmarotzer, da galten diese Vorwürfe gegen Konvertiten ganz besonders. »Manchmal mit den Adeligen aus bestem Geblüt verbündet«, schreibt Dominguez Ortiz, »manchmal unter Einsatz der eigenen Kräfte, immer vom Volk isoliert – das war tatsächlich ihre dauernde Schwäche –, beschritt das Bürgertum der Konvertiten den Weg zu Ämtern und Macht, zu Wertschätzung und Reichtum. Es waren nicht wenige, die ihr Ziel erreichten. Andere fanden am Ende bloß das Beil und den Scheiterhaufen... Die blutigen Ereignisse, in die die Konvertiten sich verwickelt sahen, hatten ebensoviel von einem Klassenkampf wie von einem Religionskrieg an sich«, denn die wirtschaftlichen und sozialen Beweggründe sind auch dann eindeutig, wenn sie sich hinter dem religiösen Argument verbergen.

Bevor auf den erbitterten Konflikt eingegangen wird, der aus dieser Situation vor allem in Kastilien erwuchs, muß die Bedeutung einer Reihe hervorragender Persönlichkeiten der spanischen Geschichte des 15. Jahrhunderts erwähnt werden, die aus dem Milieu der bekehrten Juden stammten. Dazu gehörten Kirchenmänner wie Pablo de Santa María, früherer Oberrabbiner von Burgos, Bischof dieser Stadt, und sein Sohn Alfonso de Cartagena, ein glänzender Diplomat, der ebenfalls Bischof von Burgos wurde. Aus dieser Familie stammten ebenfalls der Chronist Alvar García de Santa María und der Schriftsteller Fray Iñigo de Mendoza. Auch Kardinal Juan de Torquemada stammte von bekehrten Juden ab und daher auch sein Neffe Tomás, der erste Großinquisitor, sowie eventuell auch der zweite, Diego de Deza, weiters der Ordensgeneral der Hieronymiten, Alonso de Oropesa, und sein Verwandter Hernando de Talavera, Beichtvater Isabellas I. und erster Erzbischof von Granada. Königliche Sekretäre wie der mächtige Mann am Hof von Johann II., Fernán Díaz de Toledo, oder in der Zeit der Katholischen Könige Alonso de Avila und Fernán Alvarez de Toledo. Die Chronisten Hernando de Pulgar und Diego de Valera sowie der Haushofmeister Andrés Cabrera, sie alle gehörten dieser Gruppe an.

Ein weiterer Bereich, in dem viele bekehrte Juden ihre Tätigkeit entfalteten, waren die Finanzen und die Verwaltung der königlichen Steuern: hierher gehört die umstrittene Person des Erzrechnungsführers Heinrichs IV., Diego Arias Avila, Vater von Johann, dem Bischof von Segovia und Großvater von Pedrarias Dávila y Cota, erster Gouverneur von Castilla del Oro in Amerika. Zu erwähnen wäre auch die

Rolle des *escribano de ración* Ferdinands des Katholischen, Luis de Santángel, der das Seine zur Finanzierung der ersten Reise von Kolumbus beitrug.

Die aragonesische Familie De la Caballería brachte hervorragende Kleriker hervor, weiters einen Vizekanzler, einen Admiral, einen Prorektor der Universität Saragossa und einen berühmten antijüdischen Schriftsteller. Ihre Mitglieder, wie die Sánchez im Oberschatzamt, genossen das Vertrauen des Katholischen Königs.

Schließlich gelang es einigen Konvertiten oder ihren Nachkommen, durch Ausübung politischer Ämter in den Adel aufgenommen zu werden. Ein zweiter Weg war die Eheschließung, wie die der weiblichen Mitglieder in den Familien der Enriquez, Admiräle von Kastilien, der Pacheco, Marquis von Villena, oder der Cerda, Herzöge von Medinaceli. Es dürfte ein weitverbreiteter Brauch gewesen sein, denn in diversen Schmähschriften des 16. Jahrhunderts wird behauptet, daß es in fast allen adeligen Familien bekehrte Juden gebe, was natürlich stark übertrieben ist. So stand es im *Libro Verde de Aragón* oder im kastilischen *Tizón de la nobleza de España*.

Man hat versucht, im Hinblick auf die literarischen Autoren des 16. und 17. Jahrhunderts ähnliche Nachforschungen anzustellen, allerdings mit moderneren Methoden und zu anderen Zwecken. Herauskam ein sehr hoher Anteil an Konvertiten und deren Nachkommen, was logisch ist, wenn man bedenkt, wo diese Gruppe lebte und welchen Berufen sie nachging. So erhebt sich eher die kaum zu beantwortende Frage, ob ihr Anteil an der Literatur größer war, als es ihr zahlenmäßig zugekommen wäre. Eine weitere umstrittene Behauptung ist, daß die Werke dieser Autoren aufgrund des Umstands, daß sie Konvertiten waren, eine besondere Note hätten und mit größerer Sensibilität geschrieben wurden. Doch da sind wir im Bereich sozioreligiöser Probleme, unter denen die Gruppe in ihrer Gesamtheit litt.

Das heimliche Judentum als Vorwand für die Gewalt

Der schwerwiegendste Vorwurf gegen die Konvertiten war die ständige Behauptung, ihre Bekehrung sei nicht echt und sie huldigten heimlich weiter dem jüdischen Glauben. Ziemlich viele Autoren, Juden und Christen, waren dieser Meinung, entweder weil sie damit die

Verfolgung erklären wollten, oder um festzuhalten, daß die Konvertiten zu Israel gehörten – »Israel bleibt Israel, auch wenn es gesündigt hat«. Mit der Existenz angeblich falscher Konvertiten oder Zwangsbekehrter, *anusim*, damals auch *abloraiques* und *judaizantes* genannt, konnte man jüdischen Bekehrungseifer dieser Gruppe gegenüber gelegentlich rechtfertigen.

Die jüngsten Forschungsergebnisse weisen eher darauf hin, daß die überwältigende Mehrheit der *Marranen*, wie die neuen Christen auch genannt wurden, zwar »vom jüdischen Glauben kamen, aber echte Christen waren« (B. Netanyahu). Für diesen Autor und andere, wie C. Roth, E. Benito Ruano, A. Alcalá, war die Gruppe der heimlichen Juden um 1480 eher klein, und ihre Zahl nahm ständig ab. »Nicht die Existenz zahlloser falscher Christen war der Grund für die Schaffung der Inquisition. Im Gegenteil, da diese Institution an Bedeutung verlor, mußte man eine Masse heimlicher Juden erfinden, um ihre Dimension zu begründen« (E. Benito).

Die Ursprünge der Inquisition haben jedoch tatsächlich mit der geschilderten Stimmung und Polemik zu tun, auch wenn die Gründe, sie zu einer ständigen Einrichtung zu machen, weitaus vielschichtiger waren. Der Verdacht des heimlichen Judentums machte die soziale Situation ehrlicher Konvertiten nicht selten unerträglich, selbst in den eigenen Familien. Denn, so schreibt Hernando del Pulgar in bezug auf Toledo, »in der gleichen Familie gab es verschiedene Religionen und sie verheimlichten es sich gegenseitig«. So lag die innere Tragödie der besten Konvertiten nicht darin, daß sie sich inmitten einer nichtjüdischen Gesellschaft als Juden fühlten, sondern in dem Schmerz, sich Ungerechtigkeiten und Verdächtigungen von seiten einer Religion und einer Welt ausgesetzt zu sehen, mit der sie durch den Glauben ganz vereint waren.

Der fanatische Eifer, die Konvertiten oder ihre Nachkommen gewaltsam aus der Gesallschaft auszuschließen, zeigte sich das erste Mal beim Aufstand von Toledo im Jahre 1449. Die Gemeinde beschloß daraufhin, die getauften Juden von den Ämtern in Stadtrat auszuschließen. Das Urteil wurde aber von den Monarchen sofort widerrufen. Was blieb und entscheidende Folgen hatte, war die Polemik, die sich für und gegen die Ausschließung der Konvertiten erhob. Dafür war Marcos García de Mora, *el bachiller Marquillos*. Leidenschaftlich antwortet er dem Referenten und königlichen Sekretär Fernán Díaz de Toledo, den er mit »Mose Hamomo«, seinem früheren jüdischen Namen, anspricht. Der Haß ist greifbar:

»Die verächtliche, heimtückische oder verachtete Gattung der getauften Juden und die Abkommen ihres heimtückischen Geschlechts, Ehebrecher, Ungläubige und Treulose, Väter der größten Habsucht, Urheber aller Zwietracht und allen Zwistes, übervoll von Bösartigkeit und Perversität, undankbar ihrem Gott gegenüber, handeln sie gegen seine Gebote, verlassen seine Wege, wie der Psalmist Moses im 5. Buch bezeugt...«

Gegen jede Ausgrenzung, mit soliden theologischen und kanonischen Begründungen, schrieben damals der Bischof von Cuenca, Lope Barrientos, der Bischof von Burgos, Alfonso de Cartagena (*Defensorium unitatis christianae*), der Kardinal Juan de Torquemada (*Tractatus contra madianitas et ismaelitas*), und die Chronisten Diego de Valer und Fernán Pérez de Gúzman. Dieser stellt fest:

»Nach meiner Meinung ist es nicht notwendig und man darf eine ganze Nation nicht verurteilen... Alle zu verurteilen und keinen zu beschuldigen, scheint mehr böser Wille zu sein, wenn nicht sogar Neid.«

Viele dieser Autoren stammten freilich selbst von Konvertiten ab. Das war auch bei jenen der Fall, die in diesen Jahrzehnten Traktate verfaßten, in denen die Juden zur Bekehrung aufgefordert wurden, wie das *Scrutinium Scripturarum* (1432) von Pablo de Santa María, die bösartige *Haebraeomastix* von Jerónimo Santa Fe oder *Zelus Christi contra iudaeos* (1450) von Pedro de la Caballería. Einige Jahre danach, 1458, verfaßte der Franziskaner Alonso de Espina sein *Fortalitium fidei contra iudaeos* in weitaus agressiverem Ton und voll von Verleumdungen. Der Erfolg des Werks, das 1487 gedruckt wurde, war beachtlich. Es ist bezeichnend, daß eine andere Schrift aus dieser Zeit, die das Problem in gemäßigtem Ton behandelt, nicht sehr stark verbreitet war. Die Rede ist von *Lumen ad revelationem gentium* von Alonso de Oropesa.

Nach und nach setzte sich von den verschiedensten Gesichtspunkten aus die Idee durch, daß Nachforschungen erforderlich seien, um den undifferenzierten Anschuldigungen ein Ende zu machen oder die falschen Konvertiten entsprechend zu bestrafen. Der Heilige Stuhl, der gerade noch zugunsten der Konvertiten von Toledo Partei ergriffen hatte, ordnete 1449 und 1451 an, gegen alle, die verdächtig waren, ein religöses Delikt begangen zu haben, eine Untersuchung einzuleiten. Das gefiel ihren Gegnern, aber auch die ehrlichen Konvertiten sahen es nicht ungern, weil sie hofften, auf diese Weise endgültig von jeder Schande befreit zu werden. So stimmen Texte verschiedener ideologischer Herkunft in gewissem Sinn überein:

»Gegen die Ketzer und verhärteten schlechten Christen und die Ungläubigen im Sinn des katholischen Glaubens muß wie in der Heiligen Schrift gesagt wird, ein härterer Krieg geführt werden, als gegen die offensichtlichen und bekannten Ungläubigen.« (Chronik von Don Alvaro de Luna, vermutlich aus der Zeit der Katholischen Könige)

»Wenn es irgendeinen neuen Christen gibt, der schlecht tut, ... soll er grausam bestraft werden, und ich werde der erste sein, der Holz bringt, damit er verbrannt wird, und ich werde das Feuer anzünden...« (Fernán Díaz de Toledo in A. de Cartagena, *Defensorium unitatis christianae*)

»Ich glaube, wenn man in unserer Zeit wirkliche Nachforschungen anstellte, müßten unzählige dem Feuer übergeben werden, von denen tatsächlich feststeht, daß sie dem jüdischen Glauben weiter huldigen. Wenn sie hier nicht grausamer bestraft werden als die, die sich öffentlich zum Judentum bekennen, sollen sie im ewigen Feuer brennen.« (Alonso de Enspina, *Foralitium fidei*)

Die ältesten Initiativen zur Durchführung einer gegen Ketzer und Abtrünnige gerichteten Nachforschung kamen aus Kreisen der Franziskaner- und Hieronymitenklöster, wo es viele Konvertiten gab. 1462 hatte Heinrich IV. auf Drängen des Erzbischofs von Toledo, Alfonso Carrillo, Rom ersucht, zwei von ihm selbst vorgeschlagene Personen zu Inquisitoren zu ernennen. Aber der Heilige Stuhl ernannte den päpstlichen Nuntius zum Großinquisitor. Das bedeutete eine Fortsetzung der traditionellen und unwirksamen Verfahren und eine Ablehnung der von Heinrich geforderten Neuerung, die bereits die Merkmale der im Jahr 1487 dann tatsächlich geschaffenen Inquisition hatte. 1465 wurde in der *Sentencia compromisaria* für die Reform der Regierung, die unter anderem von Alonso de Oropesa verfaßt worden war, die Notwendigkeit der Errichtung einer Inquisition betont.

Die Situation war unkontrollierbar. Zum einen mußte man die Gefahr einer halbrassistischen Ideologie sehen, die die Reinheit des Blutes fordern bzw. verlangen würde, daß man, um wichtige kirchliche, politische oder wirtschaftliche Ämter bekleiden zu können, von »alten Christen« abstammen mußte. Zum anderen konnte die Frage der Konvertiten jederzeit als Vorwand für Unruhen verwendet werden, was ein großes Risiko für das Leben, die Ehre und den Besitz eines großen Personenkreises, aber auch politische Unsicherheit bedeutete. Bereits der Aufstand von 1449 in Toledo war ein Manöver gegen Alvaro de Luna gewesen. Ein versuchter Aufruhr in Sevilla (1465) und ein gelungener in Toledo und Ciudad Real (1467) fielen zeitlich mit den Wirren des Kriegs zwischen Heinrich IV. und seinem Bruder Alfons zusammen. Die Verfolgung und Ermordung von Konvertiten in Córdoba und Jaén oder in Segovia im Jahre 1473 und der Streit des folgenden Jahres in Valladolid sind nur aus der gespannten Situation heraus zu verstehen, die schon bestand, bevor Isabella I. den Thron bestieg.

So sah sich die Krone schließlich veranlaßt, das Problem der bekehrten Juden im Rahmen rechtlicher Prozesse zu behandeln. Die Gründe dafür waren eben nicht nur kirchlicher, sondern auch sozialer und politischer Natur. Außerdem wollte sie ihrer Autorität den gebührenden Respekt verschaffen. Damit war der Grundstein für die Inquisition gelegt.

DIE INQUISITION

Die Dringlichkeit der Inquisition wurde den Königen während der Reise nach Andalusien zwischen 1477 und 1478 lebendig vor Augen geführt. Die bischöfliche Gerichtsbarkeit war sichtlich unzureichend, außerdem gab es einige Bischöfe, deren Familien Konvertiten waren. Diesen befahl Sixtus IV. 1483, ihre »inquisitorischen Befugnisse an ihre Vikare zu delegieren«, da sie zu befangen seien, in der Angelegenheit heimlicher Juden Recht zu sprechen. Dafür erhielten die Könige vom Papst eine Bulle, die ihnen erlaubte, zwei oder drei »Bischöfe oder Weltpriester oder Regulartheologen oder Kirchenrechtler« mit der Aufgabe zu ernennen, speziell die Prozesse gegen heimliche Juden zu führen (*Exigit sincerae devotionis affectus*, 1. November 1478). Diese hatten dabei dieselben Befugnisse wie die traditionellen Inquisitoren gegen die »ketzerische Verderbheit«.

Die Bulle wurde eineinhalb Jahre nicht angewendet. Solange dauerte eine von Kardinal Mendoza gestartete Kampagne der Katechese, der Predigten und Missionierung. Mendoza war damals Erzbischof von Sevilla. Auch Hernando de Talavera war daran beteiligt und schrieb nach dem Mißerfolg dieses Versuchs das bis vor wenigen Jahren noch unbekannte Werks *Católica impugnación*. Darin akzeptiert er die Notwendigkeit der Inquisition, besteht aber darauf, daß die ehrlichen Konvertiten geschützt werden müßten. Die gleiche Meinung äußerte der Sekretär Hernando de Pulgar in einem Brief an Kardinal Mendoza, in dem er die Probleme unterstreicht, die durch das Zusammenleben und die Vorbilder der Familie entstehen:

> »Ich glaube, daß einige Böses tun und andere, und das sind die meisten, dem Beispiel dieser Bösen folgen. Sie würden auch den Guten folgen, wenn es sie gäbe. Aber so wie die alten Christen dort schlechte Christen sind, so sind die neuen Christen schlechte Juden. Ich bin sicher, daß es in Andalusien zehntausend Mädchen zwischen zehn und zwanzig Jahren gibt, die seit ihrer Geburt das Haus nicht verlassen haben und keine andere Lehre hörten oder erfuhren, als die ihrer Eltern innerhalb des Hauses. Sie alle zu verbrennen, wäre äußerst grausam und auch schwierig durchzuführen, denn sie würden in ihrer Verzweiflung anderswo hingehen, wo sich niemand um ihre Besserung kümmern kann, und wäre das eine große Gefahr für die Priester und eine große Sünde.«

Zweifellos waren es die Frauen, bei denen die letzten Reste des Judentums oder zumindest religiöse und kulturelle Gebräuche, die die Inquisition dafür hielt, noch stärker vorhanden waren. Bernáldez sieht das Motiv dafür darin, daß die Konvertiten »Juden empfingen, die heimlich in ihren Häusern predigten, vor allem den Frauen«. Diese Behauptung ist allerdings eine Verallgemeinerung aufgrund einiger Fälle.

Die Könige ernannten schließlich zwei Dominikaner zu Inquisitoren, die im November 1480 ihre Tätigkeit aufnahmen. In der ersten Zeit waren die Aktionen der Inquisition sehr hart. Viele sevillanische Konvertiten flohen in die nächsten Herrschaftsgebiete, andere verschworen sich, um einen Aufruhr anzuzetteln. Die Rädelsführer (Pedro Fernández Benadeva, Diego de Susán und Juan Fernández Abolafia) wurden jedoch entlarvt und beim ersten *Autodafé* im Februar 1481 hingerichtet.

Es gab zahlreiche Klagen gegen die Inquisitoren wegen ihres überharten Vorgehens, das sogar den kirchlichen Rechtsvorschriften widersprach. Darauf reagierte Papst Sixtus IV. Ende 1481, als er anordnete, die Inquisitoren sollten ihr Amt in Übereinstimmung mit den Ortsbischöfen ausüben. Er gestattete Berufungen an Rom und sogar die Freisprechung noch vor dem Prozeß, wenn der Konvertit ehrlich darum bat. Diese Maßnahmen, die die Macht der Inquisition schwächen hätten können, wurden Mitte 1483 zurückgenommen, als der Papst auf Vorschlag der Könige den Dominikaner Tomás de Torquemada zum Großinquisitor ernannte.

Ab diesem Zeitpunkt war die Institution mit ihren besonderen Merkmalen verankert. Zu der Inquisition von Sevilla kamen jene von Córdoba (1482), Ciudad Real und Jaén (1483), Toledo (1485), Avila, Segovia, Valladolid, Sigüenza. Während einer kurzen Zeit gab es auch eine Inquisition in Guadalupe. 1485 kamen dort 52 Personen aus der Einwohnerschaft und aus dem Kloster auf den Scheiterhaufen, von zweien wurde ein Bildnis verbrannt, 46 Tote wurden aus der geweihten Erde ausgegraben und dem Feuer übergeben.

Die Härte, mit der im ersten Jahrzehnt vorgegangen wurde, läßt sich mit Zahlen belegen. Pulgar schätzt, daß zwischen 1481 und 1490 in ganz Kastilien 2.000 Menschen zum Tod verurteilt wurden und weitere 15.000 Konvertiten Buße tun mußten, um mit der Kirche ihren Frieden zu machen. Allein in Sevilla und dem dortigen Erzbistum wurden zwischen 1481 und 1488 an die 700 Angeklagte zum Tode verurteilt und vom »weltlichen Arm« dem Feuer übergeben. Wenn es sich um Flüchtige handelte, wurde ihr Bildnis verbrannt. Dazu kamen 5.000 mit der Kirche versöhnte Büßer. In Ciudad Real starben von 1483 bis 1485 52 auf dem Scheiterhaufen, von 220 wurden die Bildnisse verbrannt. In Toledo und seinem Erzbistum gab es 1486/87 5.200 Reuige, denen Bußen auferlegt wurden. 1490, im härtesten Jahr, wurden 433 Verurteilte gezählt. In Cuenca gab es zwischen 1489 und 1500 376 Hinrichtungen. Nördlich des Zentralgebirges sind die Zahlen weitaus geringer, dort war anscheinend das Problem nicht so akut. Trotzdem wurden bis 1500 in Avila 103 Personen zum Tod verurteilt. In Valladolid waren es 56 zwischen 1489 und 1492.

In Aragon nahm die Inquisition im Jahr 1489 unter der Leitung von Torquemada ihre Tätigkeit auf. Sie stieß dort auf das Problem, daß die Reiche und Städte erbittert ihre *Fueros* und Freiheiten verteidigten, allerdings ohne gut organisiert zu sein. Außerdem gab es dort im Unterschied zu Kastilien seit 1283 die traditionelle Inquisition. Darauf beriefen sich jene, die der Ansicht waren, daß eine einfache Umbildung oder Reaktivierung ausreichen würde. Nach dem Mord an dem Inquisitor Pedro de Arbués in der Kathedrale von Saragossa handelte Torquemada rasch und überwand 1485 den Widerstand der Stadt. Auch in Teruel setzte er sich durch, wo die lokalen Behörden sich gemäß dem *Fuero* sogar den Gerichten Aragons widersetzen konnten.

Hatte es ursprünglich geheißen, die Inquistition gelte in der Krone von Aragon den geflüchteten andalusischen Konvertiten, wurden in Wirklichkeit die einheimischen Konvertitengemeinden dezimiert. Bis 1502 gab es allein in Saragossa 65 *Autodafés* mit 156 Hingerichteten, und 448 Angeklagte wurden mit Bußen belegt. Die Inquisition kam auch nach Tarazona, Huesca, Calatayud, Barbastro und andere Orte.

Wie es scheint, kam es in Barcelona vor dem Tätigwerden der Inquisition zu einem Exodus der Konvertiten. Nach Schätzungen der Behörden handelte es sich vielleicht um 500 Familien. Doch die Inquisition ging nicht so hart vor, als sie 1487 mit ihren Untersuchungen begann: Bis 1505 gab es 38 Todesurteile, 386 Personen wurden mit Bußen belegt und 590 in Abwesenheit verurteilt. In Mallorca, wo vermutlich 1.200 bis 1.500 Konvertiten lebten, richteten sich die Inquisitoren im Jahr 1488 ein. Bis 1500 kam es dort zu 257 Verurteilungen verschiedener Art, 89 Reuige wurden registriert. In Valencia ging die Inquisition bis ins erste Jahrzehnt des 16. Jahrhunderts mit größerer Härte ans Werk. Man nimmt an, daß bis 1488 ungefähr hundert Todesurteile vollstreckt wurden, bis 1530 insgesamt 754, wobei entweder Personen oder Bildnisse verbrannt wurden.

Mit der Ernennung Torquemadas zum Großinquisitor erreichte die Inquisition rasch eine organisatorische Perfektion. Der Dominikaner, dem 1489 und 1494 Koadjutoren zur Seite gestellt wurden, richtete sein Aktionszentrum in Santo Tomás in Avila ein. Für die Dominikaner dieser Klostergemeinschaft wurde das Statut von der »Reinheit des Blutes« angewendet. In den nächsten Jahren kam es zur Gründung eines Inquisitionsrats, 1484, 1488 und 1489 wurden die Richtlinien für die Arbeit der Gerichte und die Verwaltung der eingezogenen Güter erlassen. Die verschiedenen territorialen Gerichte nahmen Gestalt an. Sie vermehrten sich so stark, daß es 1495 bereits 23 gab. 1507 sollte Cisneros als Großinquisitor ihre Zahl wieder reduzieren und die Sprengel vernünftiger einteilen. Das Gericht für den Norden und das Einzugsgebiet des Duero befand sich in Valladolid, weitere Gerichte waren in Toledo-Sigüenza, Llerena in der heutigen Estremadura, Sevilla, Córdoba, Jaén, Cuenca-Cartagena, Calahorra, auf den Kanarischen Inseln und in den Hauptstädten der Krone von Aragon. Damals verfügte die Inquisition mindestens über 110 Beamte, die den Großinquisitor, den Rat und die Inquisitoren der Sprengel unterstützten.

Die Inquisition war eine mittelalterliche Form der gerichtlichen Verfolgung und des Strafprozesses, die aus dem 13. Jahrhundert stammte. Die »Irrtümer und Auswüchse«, die ihr vorgeworfen werden, beziehen sich daher auf die Situation der Kirche vor 1478, in der man das Prinzip der Gewissensfreiheit nicht kannte und die Predigt als einzige legitime Form der Evangelisation zugelassen war. Typisch ist auch die ungenügende Differenzierung zwischen kirchlicher und weltlicher Macht, so daß die »körperliche Bestrafung des vom rechten Weg Abgekommenen« durch die weltliche Gerichtsbarkeit ganz normal schien.

Es wurde oft versucht, die Inquisition als »Instrument der sozialen Kontrolle« hinzustellen, die es immer gegeben hat. Mit diesen Instrumenten versucht, wenn man die Idee von Lévi-Strauss abwandelt, »jede Gesellschaft, ihre Ursprünglichkeit zu schützen und zu erhalten, die spezifische Art und Weise des Zusammenlebens in einer Gemeinschaft«. Es liegt aber auch auf der Hand, daß diese Instrumente verschiedenster Art sind und auch auf den Prinzipien des Respekts und des Dialogs beruhen können. Gerade in vielschichtigen Gesellschaften, die auf die vielfältigsten Mittel zurückgreifen können und wo es historische Präzedenzfälle einer Koexistenz verschiedener Religionen gibt wie im Spanien des 15. Jahrhunderts, darf die Inquisition nicht als etwas Notwendiges oder Unvermeidliches angesehen werden.

Wenn man die Praxis der Inquisition betrachtet, ist die Verfahrensweise nicht neu, weder die Folter noch die Überstellung des Angeklagten an die weltliche Gerichtsbarkeit. Ihre Aufgabe ist es, die für halsstarrige Abtrünnige vorgesehene Strafe zu vollziehen. Auch die Fälle, mit denen sich die Inquisition befaßte, waren nicht neu: Ketzerei, Abtrünnigkeit, Hexerei, Aberglaube, Gotteslästerung, Wucherei. Das Neue an der jetzt eingerichteten Inquisition ist, daß es sich um ein reines Kirchengericht handelte und die Krone ausschließlich befugt war, Personen für die Ernennung zu Inquisitoren vorzuschlagen. Neu ist auch, daß die Prozesse, von einigen wenigen Ausnahmen abgesehen, in Spanien zu Ende geführt wurden, was den Herrschern sehr große Möglichkeiten gab, in die Tätigkeit und die Ziele der Inquisition einzugreifen. Sie war schließlich das einzige Gericht mit einer einheitlichen Jurisdiktion in allen Reichen Ferdinands und Isabellas. Einige Besonderheiten der Inqisitionsprozesse waren, wie Domínguez Ortiz aufgezeigt hat, »für die Angeklagten sehr ungünstig. Sie wurden mit absoluter Geheimhaltung geführt, nicht einmal die Namen der Ankläger wurden genannt. Nach der Festnahme wurden automatisch die

Güter eingezogen, und die Schuld wurde auf die Nachkommen übertragen, die durch die Beschlagnahme vor dem Ruin standen und denen außerdem die Fähigkeit aberkannt wurde, Ämter zu bekleiden«.

Deswegen war die Inquisition gefürchteter als jedes andere Gericht. Es stimmt auch, daß bei ihren Verfahren Willkür und Mißbrauch häufiger waren. Im allgemeinen kann jedoch nicht behauptet werden, daß Gerichte und Gefängnisse der Inquisition sich wesentlich von der Praxis damaliger Strafprozesse unterschieden. Alle Gerichte mußten sich durch die Beschlagnahme der Güter der Angeklagten so weit wie möglich selbst finanzieren. Führte dies bei der Inqisition zu »einer Riesenorgie der Beraubung und Veruntreuung«, zum »Plünderungskarneval« oder zu einer »Prostitution der Religion im Dienst der Habgier«, wie manchmal geschrieben wurde und wird? Üblicherweise scheint das nicht der Fall gewesen zu sein, obwohl die Inquisitoren in finanzieller Hinsicht großen Eifer an den Tag legten; die Güter wurden im übrigen Eigentum der Krone. Es gab Anklagen, die von übervorsichtigen inquisitorischen Verwaltern weitergegeben wurden, »um keinen Anlaß für Gerüchte zu geben, es geschehe, um die Angeklagten zu berauben«. Die Lösung wäre gewesen, der Inquisition die Verwaltung der beschlagnahmten Güter zu entziehen, aber dazu kam es nicht. Zumindest waren alle Geschenke und Spenden verboten; ab 1500 durften die Beamten der Inquisition auch keine Handelstätigkeit betreiben.

Es ist sehr schwierig, wenn nicht sogar unmöglich, den Wert der von der Inquisition eingezogenen Güter in diesen ersten Zeiten festzustellen. Auch wofür die Mittel verwendet wurden, ist nicht genau eruierbar, wenn man von der Bezahlung der Richter und Beamten der Inquisition absieht, die im Jahre 1515 insgesamt 1,090.000 *maravedíes* erhielten. Dazu kommen noch die Einnahmen aus Bußen und Strafumwandlungen, deren Wert nach einem Jahrzehnt der Tätigkeit sicher weit höher war als der aus Beschlagnahmen. In Andalusien betrugen sie zwischen 1488 und 1497 wahrscheinlich 50 Millionen Maravedis (133.000 Dukaten), mehr als noch einmal so viel wurde dort und in Estremadura zwischen 1508 und 1512 eingenommen. Es steht fest, daß diese Mittel für die Kosten des Krieges gegen Granada oder im Mittelmeer aufgewendet wurden, weiters für Bau und Erhaltung von Pfarrkirchen, für fromme Stiftungen und Hilfe für die Armen. Es gab sogar königliche Privilegien, die eine Beschlagnahme verhinderten, und Vergleiche, um eine Beschlagnahme des gesamten Vermögens zu vermeiden. Der allgemein Eindruck ist, daß die Inquisition keine wichtige Einnahmequelle für die königlichen Finanzen war und die Krone niemals die Gebarung dieser Mittel in die Kompetenzen ihrer speziellen Finanzorgane einbezog. Ein Vermerk aus dem Jahre 1504 besagt: »Bei der Inquisition sind die Kosten höher als das Vermögen.« Die meisten Gerichte konnten sich immerhin selbst finanzieren.

***

Zu Beginn des 16. Jahrhunderts schien es, als ob die schlimmsten Zeiten für die Konvertiten vorüber wären. Die achtziger Jahre des 15. Jahrhunderts waren sehr schwierig, sogar schreckenerregend gewesen, und die sich am meisten bedroht fühlten, versuchten zu fliehen. So floh zum Beispiel der Bischof von Segovia, Juan Arias Dávila, im Jahre 1490 nach Rom. Die sterblichen Überreste seines Vaters nahm er mit. 1493 floh auch der Bischof von Calahorra, Pedro de Aranada. Er wurde später verurteilt und in Rom gefangengenommen. Viele Todesurteile konnten nur an Bildnissen vollzogen werden, weil die Betroffenen nicht mehr greifbar waren.

Es ist sicher, daß die Vernichtung der Konvertiten der Krone weder politische noch wirtschaftliche Vorteile brachte. Vielen bekannten Familien wurde ein entscheidender Schlag versetzt. Am Ende des ersten Jahrzehnts, nachdem die Juden 1492 das Land verlassen hatten, kam es zu verschiedenen Gnadenakten und Maßnahmen der Versöhnung. In diesem Sinn wurden zwischen 1495 und 1497 massenweise Berechtigungen zur Ausübung öffentlicher Ämter an Konvertiten in ganz Kastilien erteilt, die damit von jeder Schande befreit waren. Allein in der Stadt Toledo waren davon 1.640 Personen betroffen, in Sevilla und seinem Erzbistum 6.204 und in der Stadt Córdoba 1.519. Die Berechtigungen wurden auch im ersten Jahrzehnt des 16. Jahrhunderts weiter erteilt. So erhielten viele Verwandte früherer Angeklagter ihre Rechtsfähigkeit zurück, konnten wieder öffentliche Ämter oder das ihnen inzwischen untersagte Amt des Steuerpächters übernehmen, an der Universität studieren und nach Westindien gehen. Es gab auch zahlreiche Strafumwandlungen, was den Ruin der Familien der Angeklagten vermied oder begrenzte.

Aber damit wurde weder das Problem gelöst, noch war das Ende für die Inquisition gekommen. Vor allem gewannen seit Beginn des 16. Jahrhunderts die sogenannten Statuten der Reinheit des Bluts an Bedeutung, in denen verlangt wird, daß zu bestimmten kirchlichen und weltlichen Ämtern nur Personen zugelassen werden, unter deren

Die Gründung der Universität von Alcalá de Henares durch den Erzbischof von Toledo, Francisco Jiménes de Cisneros, gab den humanistischen und theologischen Studien einen wichtigen Impuls (Seite aus den »Biblia Poliglota Complutense«)

Die »Introductiones Latinae« des Humanisten Antonio de Nebrija waren die erste lateinische Gramatik, die in ganz Spanien verwendet wurde. Auf dieser Miniatur sieht man den Autor des Werks (links) beim Unterricht, in der Mitte der »Maestre de Alcántara« Juan de Zuniga

Linke Seite: Fassade der berühmten Universität von Salamanca, wichtigstes Zentrum des höheren Bildungswesens im Gebiet der kastilischen Krone, mit einem Medaillon, das die beiden Katholischen Könige zeigt

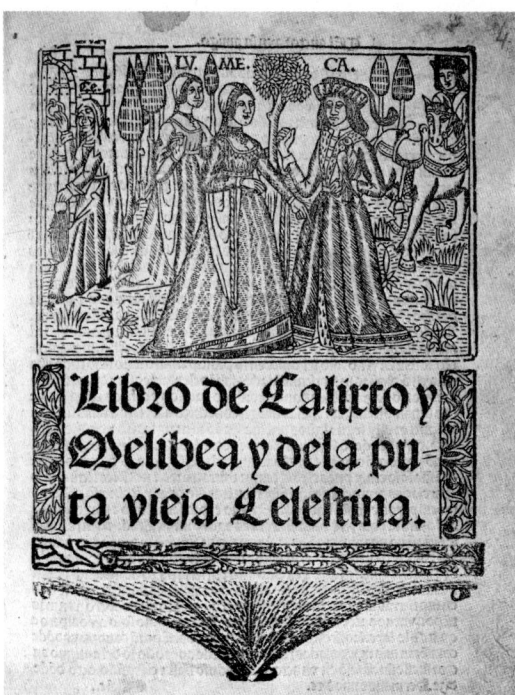

»La Celestina« ist das erste Hauptwerk der literarischen Renaissance in Kastilien

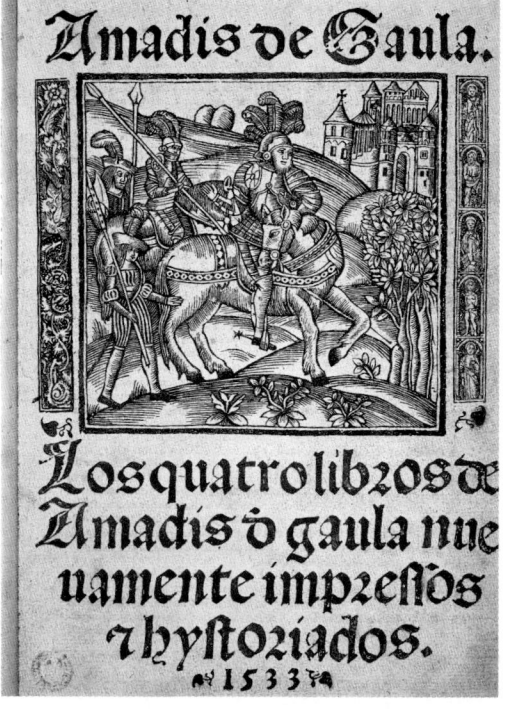

»Amadís de Gaula« war der meistgelesene Ritterroman im Spanien des 15. und 16. Jahrhundert. Seine endgültige Fassung erhielt er zur Zeit der Katholischen Könige

Vorfahren sich keine Juden befinden. Damit verlor die Konvertitenfrage in religiöser und kirchlicher Hinsicht an Brisanz, die Betroffendenn hatten aber dafür ein soziales Stigma zu tragen, das viel schwerer zu tilgen war. Auch fiel die Zeit des zweiten Großinquisitors Diego de Deza (1500-1507) mit politischen Turbulenzen und einem neuen Aufleben des heimlichen Judentums zusammen, wodurch starke Spannungen entstanden.

In Córdoba entdeckte man damals im Haus des Geschworenen Juan de Córdoba eine Synagoge und stellte seltsame prophetische und messianische Praktiken in der kleinen Gemeinde fest, die sich um ihn und seinen Neffen, den Bakkalaureus Martin Alonso Membreque, geschart hatte. Parallel dazu wurde ein ähnlicher Fall in Valencia aufgedeckt, in den Mitglieder der Familie von Luis Vives verwickelt waren. Es ist durchaus möglich, daß diese Neuigkeiten 1501 Anlaß für ein geplantes Edikt waren, in dem die Auflösung der familiären Beziehungen der Konvertiten vorgesehen war. Damit wollte man das Problem endlich lösen, aber das Edikt wurde nicht veröffentlicht.

Seit November 1499 war die Inquisition in Granada tätig. Dort agierte Cisneros in ihrem Namen. Dabei kam es einerseits zu Bekehrungen und andererseits zu Aufständen. In Córdoba wurde zu dieser Zeit Diego Rodríguez Lucero als Inquisitor eingesetzt. Er erwarb sich den Ruf besonderer Härte, als sich nach dem Tod der Königin die Situation verschärfte. Die Konvertiten hofften, daß Philipp I. die Inquisition auflassen würde und unterstützten ihn, während Lucero mit Billigung Dezas zwischen Dezember 1504 und Mai 1505 in Córdoba 120 Personen den Prozeß machen und dem weltlichen Arm übergeben ließ. Weitere 160 folgten im Juni 1506. Er wagte es sogar, Verwandte von Hernando de Talavera anzuklagen und gegen den greisen Bischof von Granada Schritte einzuleiten. In Granada stand es dank Luceros Haltung im allgemeinen sehr schlimm, wie die Prokuratoren 1510 festhalten:

»Und die Diffamierung der Stadt und ihrer Einwohner war so groß, daß besagter Lucero und seine Anhänger sie gemeinhin das kleine Judäa nannten und öffentlich erklärten, man könne hier nichts anderes tun, als die Tore zu schließen und die Stadt samt ihren Einwohnern anzuzünden.«

In Valladolid wurde Gonzalo de Baeza, der ehemalige Schatzmeister Isabellas I., ins Gefängnis geworfen. Das war eine Aktion, die ganz nach politischer Säuberung aussah und in der wahrscheinlich frühere Auseinandersetzungen ihren Höhepunkt erreichten.

Philipp I. enthob Deza seiner Funktionen, doch nach dem Tod des Königs verschärften sich die Aktionen des Großinquisitors und Luceros in Córdoba, was schließlich sogar zu einem Aufstand in der Stadt führte. Als Ferdinand der Katholische zurrückkehrte, ließ er Cisneros zum Großinquisitor ernennen (die päpstliche Bulle ist vom Juni 1507), hörte sich die Proteste der Einwohner Córdobas an und berief zwischen Juni und August 1508 eine Generalversammlung der Bischöfe und Juristen in Burgos ein, die die Ereignisse in Córdoba beurteilen sollten. Lucero ließ er bis Mitte 1511 einkerkern. Es scheint, daß der König sich zumindest nicht auf direkte Weise der Inquisition als Instrument für seine Politik bediente. Auf indirekte Weise nützte er natürlich die Möglichkeit, daraus politisches Kapital zu schlagen. Das erklärt einerseits, warum er Deza im Jahre 1505 unterstützte, und andererseits die beschwichtigende Kehrtwendung von 1507, denn nichts anderes war die Ernennung Cisneros in Kastilien, während zur gleichen Zeit in Aragon der Posten des Großinquisitors geschaffen wurde. Der König berichtet über die Ereignisse dieser Jahre seinem Botschafter in Rom:

> 9. Juni 1506: »...Und Ihr sollt wissen, daß mir jetzt in diesen Tagen, als ich in Valladolid war, die Konvertiten hunderttausend Dukaten geben wollten, aus Freude, daß die Prozesse der Inquisition eingestellt würden, bis meine Kinder, der König und die Königin kämen. Ich antwortete, daß Gott es niemals zugeben würde, daß ich aus diesem Grund Geld bekäme, und ich wollte es nicht nehmen. Jetzt, wo der König, mein Sohn [Philipp], angekommen ist, und da er über die Dinge hier nicht gut Bescheid weiß, hat er dem Erzbischof von Sevilla, dem Großinquisitor, geschrieben, daß er die Verfahren einstellen möge, und veranlasste, daß alle Inquisitoren ihre Prozesse einstellen. Ich lasse mir nichts anmerken, bis wir zusammentreffen, wenn es Gott gefällt.«

Auch in einem Brief des Sekretärs Pérez de Almazán an denselben Botschafter geht es um diese Dinge:

> 1. Juli 1506: »Sich gegen die Regierung König Ferdinands aufzulehnen — die Granden tun es, um das Königreich untereinander aufzuteilen, die Konvertiten, um sich von der Inquisition zu befreien, die es gar nicht mehr gibt, und um zu regieren.«

Unter Cisneros legte sich das Unbehagen, die schwersten Übergriffe fanden nicht mehr statt, und die Erteilung der Berechtigungen wurde wieder aufgenommen. Doch die Inquisition wurde gefestigt. Sowohl ihr Apparat als auch ihre Arbeit waren gesichert. »Cisneros«, schrieb Bataillon, »identifizierte sich mit dem Geist der Institution, sowohl in ihrem gemäßigten als auch in ihrem tyrannischen Aspekt«, er wußte, daß für den König »der Frieden der Reiche und seine eigene Autorität« davon abhängen. Deswegen stellte er sich, als er bereits Regent war, gegen jene, die versuchten, Karl I. (den Sohn Johannas und Philipps und künftigen König) dahingehend zu beeinflussen, daß er die Inquisition abschaffe. Es heißt, daß die Konvertiten den flandrischen Höflingen des neuen Königs 800.000 Dukaten geboten haben, wenn sich das erreichen ließe. Aber es geschah nicht, sondern ab März 1518 sollte Hadrian von Utrecht, der Erzieher des Königs und zukünftige Papst, Großinquisitor für Kastilien und Aragon sein, wo ebenfalls die Versuche gescheitert waren, zur mittelalterlichen Form der Inquisition zurückzukehren. Die Konvertiten machten einen letzten Versuch während des folgenden Volksaufstands.

War die Inquisition entstanden, um ein Problem des sozialen und religiösen Kampfs zwischen zwei Gruppen von Christen auf legale Weise rasch zu lösen und den Anfängen des heimlichen Judentums und der Ketzerei zu wehren, so war sie nun ein ständiges Gericht geworden, das die Einheit des Glaubens als grundlegende Voraussetzung für die Ordnung gewährleisten sollte. Sie war deshalb eher eine politische als eine religiöse Institution, die Verteidigerin der bestehenden Ideologie und Gesellschaft, die Garantin für die eigene Identität und die Zeugin des Sieges über die Juden und Muslime. Die Macht der Unterdrückung, die die herrschenden politischen Kräfte durch die Inquisition ausüben konnten, war groß und dauerhaft.

Die »Inquisition wurde aber nicht«, wie H. Kamen schreibt, »von einer unheilvollen Tyrannei einem Volk aufgezwungen, das sich dagegen wehrte. Es war eine Institution, die aus einer besonderen sozioreligiösen Situation entstand, die durch eine entschieden altchristliche Ideologie bewegt und inspiriert und von Menschen geleitet wurde, deren Gesichtspunkt die Mentalität der großen Masse zahlloser Spanier widerspiegelte. Sie war beliebt, wie es oft bei irrigen Konzepten der Fall ist. Ausnahmen bildeten einige Intellektuelle und andere Personen, deren Rasse allein schon ausreichte, um sie aus dem Schoß einer neuen Gesellschaft auszustoßen, die auf der Grundlage eines sieghaften und militanten Konservativismus errichtet wurde.«

Kann hier jedoch wirklich von Konservativismus die Rede sein? Wohl eher vom Gegenteil, denn die Inquisition sollte das tragische Ende uralter Traditionen der Koexistenz unterstreichen und eine neue Ära in der Geschichte der spanischen Religiosität und Gesellschaft einleiten. Die während der *Reconquista* geschaffene Gleichung Religion = Vaterland wurde, als der Kampf zu Ende war, paradoxerweise »im Rahmen einer überempfindlichen Religiosität untermauert« (Sánchez-Albornoz), in einer Art »internen Kreuzzugs«, was einige Autoren unter Hinweis auf eine Art »Massenhysterie« erklären wollten, die ausschließlich mit den Konvertiten zusammenhing (Netanyahu). Mußten neue religiöse Feinde gefunden werden, um das eigene Kollektivbewußtsein zu stärken? Jedenfalls waren die Identität der Spanier und ihr Handeln sowohl in Europa als auch in Amerika Jahrhunderte hindurch von der Inquisition geprägt. Die spanische Version der »Religionskriege« mußte das Europa der Neuzeit sehr beunruhigen. Es ist bemerkenswert, daß »die Strenge der inquisitorischen Unterdrückung außerhalb Spaniens als Zeichen dafür interpretiert wird, daß die Spanier die Gewalt brauchen, um Christen zu sein. Die italienische Bosheit taufte das Fehlen des Glaubens an die Heilige Dreifaltigkeit, ein Dogma, das Araber und Juden ungeheuer abstieß, *peccadiglio di Spagna*« (Bataillon). Derselbe Autor fügt hinzu, daß es zahlreiche Prälaten, Priester und Laien in der spanischen Kirche gab, die von bekehrten Juden abstammten: »Ist es da nicht natürlich, daß sie einem gewissen Einfluß des jüdischen Geistes unterlag? Es ist seltsam, daß man diesem Punkt noch nicht die ihm zukommende Aufmerksamkeit gewidmet hat.«

Wahrscheinlich kommt das daher, daß die Frage vorzugsweise vom Standpunkt der Sozialgeschichte aus analysiert wurde. Im Hinblick auf die Zeit der Katholischen Könige wurden vor allem Überlegungen angestellt, wer aus dem Verschwinden der Konvertiten als soziale Gruppe einen Nutzen ziehen konnte. Die Krone als Macht hatte selbstverständlich keinen Vorteil davon, denn sie verlor eine große Gruppe effizienter Mitarbeiter; ebensowenig der Adel, wie von einigen Autoren angenommen wurde, denn dieser hatte ihre Dienste und ihre Kenntnisse genützt, ohne daß die Konvertiten ein Bürgertum bildeten, dessen Interessen den seinen zuwiderliefen. Die städtische und ländliche Bevölkerung konnte vielleicht im Niedergang der Konvertiten einen Grund zur Befriedigung finden, die eigene soziale Besserstellung war damit nicht verbunden. Den größten Nutzen hatten die Finanzleute und Händler, die oft Ausländer waren und die es verstanden, die von den vielen wohlhabenden Konvertiten hinterlassenen Lücken zu füllen.

Als sozioreligiöse Gruppe angegriffen, wurden die bekehrten Juden als spezifische soziale Gruppe allmählich ausgelöscht, obwohl das Statut der Reinheit des Blutes eigentlich die Zahl ihrer Mitglieder vermehrte. Man muß jedoch bedenken, daß die meisten Spanier, die ein wenig Blut von bekehrten Juden in sich hatten, angeblich waren es 250.000, nichts oder wenig mit der Inquisition zu tun hatten. Sie oder ihre Nachkommen verschmolzen schließlich mit der restlichen Bevölkerung, vor allem mit der Mittel- und Unterschicht, und vergaßen die Umstände ihrer Herkunft, die immer verschwommener und dunkler wurde.

DIE MUDEJAREN

Das Leben der in Kastilien und Aragon ansässigen Muselmanen, der sogenannten Mudejaren, die einen ähnlichen Rechtsstatus hatten wie die Juden, verlief im Gegensatz zur Vertreibung der Juden und zur wechselhaften Geschichte der Konvertiten in ruhigen Bahnen.

Die Mudejaren lebten in vielen ländlichen Orten im mittleren und unteren Ebrotal und im Königreich Valencia. Die meisten von ihnen waren Bauern, die kein eigenes Land besaßen. Oft waren sie Leibeigene wie die *exáricos* in Aragon. Doch manche von ihnen besaßen große Ländereien, die sie in den Zeiten der Depression zusammenkaufen hatten können. Es konnte auch vorkommen, daß Abgaben, Gebühren und der Steuerdruck geringer waren als für die christlichen Bauern. Das wird 1512 in Benifallet bei Tortosa gemeldet. Normalerweise aber zahlten sie mehr. In Valencia wurden zum Beispiel mit den *cartas de población* Ende des 15. Jahrhunderts die Belastungen und geforderten Leistungen erhöht, während gleichzeitig die Bewegungsfreiheit eingeschränkt wurde.

Aus der Einwohnerliste von 1495 erfährt man, wie viele Mudejaren es gab und wie sie auf das Königreich Aragon aufgeteilt waren. Dort waren von 51.000 Familien 5.674 »Mauren«, das bedeutete an die 30.000 Personen. Viele waren Landarbeiter und Gemüsebauern am linken Ufer des Ebro und an dessen Nebenflüssen (Cinca, Flumen,

Isuela, Jalón, Huerva), wo sie eigene Dörfer bewohnten. Es gab aber auch mächtige städtische Maurenviertel in Borja, wo die Mudejaren ein Viertel der Bevölkerung darstellten, in Tarazona, Teruel, Saragossa, Huesca, Calatayud und Albarracín. Der Großteil, fast 85 Prozent, lebte jedoch in Zonen adeliger oder kirchlicher Herrschaften oder in solchen, die den Ritterorden gehörten. Im aragonesischen Einwohnerverzeichnis von 1495 scheinen 143 Ortschaften mit maurischem Bevölkerungsteil auf.

Auch in der navarresischen Ribera lebten einige hundert Mudejaren unter ähnlichen Bedingungen wie in Aragon, während es in Katalonien, in der Region von Lérida und vor allem von Tortosa 5.000 bis 10.000 gewesen sind. Auf den Balearen gab es kaum welche. Der Grund dafür ist die Eroberung und die Wiederbesiedlung der Inseln. Im ländlichen Gebiet Valencias schätzt man, daß bis Ende des 15. Jahrhunderts 50.000 Mudejaren lebten: Sie bearbeiteten den Boden im Landesinneren, vor allem zwischen den Flüssen Júcar und Mijares, oft in herrschaftlichen Zonen. Seltener waren sie im Obst- und Gemüseland an der Küste zu finden. Die Ausnahme bildeten Gandía und Játiva. Auch in der Hauptstadt des Königreichs lebten nach dem Überfall auf den Maurenbezirk von 1455 nicht mehr viele. Vorher waren es vielleicht tausend.

Weil sie wichtige und unersetzliche Arbeitskräfte waren, genossen sie den herrschaftlichen Schutz. Er hatte die aragonesischen und valencianischen Mauren von dem Druck befreit, der ihre Brüder in Kastilien dazu zwang, sich 1502 zum Christentum zu bekehren. Aber sie lebten in einer ähnlichen Situation am Rand der Gesellschaft; außerdem wurde nach den Ereignissen von 1492 die Unsicherheit größer. Der Fall Granadas beraubte die Valencianer eines wichtigen kulturellen Kontaktes mit dem Ausland und bewog sogar einige, zu fliehen oder nach Nordafrika auszuwandern, wie in der Versammlung der *Cortes* von 1493 festgestellt wurde. Aber sowohl der König als auch die *Cortes* bestätigten 1503 und 1510, daß sie die Situation der Mudejaren unangetastet lassen würden. Dabei blieb es, trotz der Gewalttaten der valencianischen *Germanías*, bis zur Zwangsbekehrung von 1526. Als Morisken bzw. »neue Christen« fielen sie nun in die Zuständigkeit der Inquisition, die jedoch vor der Zeit Philipps II. hier kaum tätig wurde. So war es ziemlich einfach, die Kontinuität der Kultur und der heimlichen islamischen Religionsausübung aufrecht zu erhalten.

In Kastilien lebten weitaus weniger Mudejaren. Um 1500 waren es höchstens 25.000, in über 100 Ortschaften über das gesamte Gebiet der Krone verteilt. Es handelte sich fast immer um sehr kleine Gruppen. Die wichtigeren ländlichen Maurengemeinden befanden sich im Einzugsgebiet des Guadiana, in den Herrschaften der Ritterorden, wo laut einem zeitgenössischen Dokument »die Mauren immer gut behandelt wurden«. Weitere gab es im Norden des Königreichs Murcia, wo das Mudejarentum noch Bezugspunkte zum valencianischen hatte, wenn auch nur in geringem Ausmaß. Uclés, Hornachos als größte Maurengemeinde des Königreichs, Alcántar und im Krongebiet Plasencia und Trujillo sind hervorragende Beispiele, ebenso wie das Tal des Ricote in Murcia.

In dem Teil Andalusiens am Guadalquivir gab es nur sehr wenige Mudejaren. Ende des 15. Jahrhunderts lebten dort höchstens 2.000 mit Schwerpunkt in Sevilla, Córdoba und Palma del Río. Das war eine logische Folge der Grenze zu Granada und der Art, in der Andalusien im 13. Jahrhundert wiederbesiedelt worden war. Die ehemaligen Maurengemeinden des Königreichs Toledo, am Mittellauf des Tajo, waren ebenfalls sehr dezimiert. Erwähnenswert sind die von Guadalajar und Madrid, weniger die von Toledo. Interessant ist, daß sich gerade in den Städten im Einzugsgebiet des Duero, einer Region, die niemals durchgehend von den Muselmanen beherrscht worden war, Maurengemeinden im Rahmen ihrer bescheidenen Möglichkeiten bestens entwickelt hatten. Es ist anzunehmen, daß sich dort Emigranten aus dem Süden niederließen, im allgemeinen ab der zweiten Hälfte des 13. Jahrhunderts. Vor allem in Avila, aber auch in Burgos, Valladolid, Arévalo und Segovia gab es beachtliche Maurengemeinden.

***

Wie die Juden wurden auch die Mudejaren als Fremdkörper innerhalb der spanisch-christlichen Gesellschaft betrachtet, was verschiedene Einschränkungen für sie mit sich brachte. Ähnlich waren auch die rechtlichen Regelungen. Auch die Mudejaren schlossen sich in *aljamas* zusammen, an deren Spitze in Kastilien ein *alcalde mayor* stand, was dem *alcadí general* in Aragon entsprach. Auch das sie betreffende Steuersystem, *servicio* und *servicio medio*, war dasselbe wie bei den Juden, allerdings waren die Steuern nicht so hoch, denn am Ende des 15. Jahrhunderts betrug das Gesamtaufkommen in Kastilien nur 150.000 *maravedíes*. Dazu kam während der Eroberung Granadas die Sondersteuer (*pecho*). Eine weitere Parallele ist die ab 1480 in Kastilien geltende Bestimmung, in eigenen Bezirken, den *morerías*, leben zu müssen. Auch waren die Beschränkungen bezüglich Kleidung, Symbolen, Beziehungen zu den Christen und Ausübung bestimmter Gewerbe ähnlich. Die Mudejaren erweckten bei der Bevölkerung jedoch weitaus weniger Haß als die Juden, da sie fast immer in bescheideneren Verhältnissen lebten als diese. Außerdem waren sie billige und qualifizierte Arbeitskräfte, die in vielen herrschaftlichen Zonen unentbehrlich waren, so daß die Aristokraten das größte Interesse daran hatten, sie zu halten.

Die beruflichen Beschränkungen hatten für die Mudejaren möglicherweise eine geringere praktische Auswirkung als für die Juden. Viele der Mudejaren widmeten sich seit Generationen demselben Gewerbe, so daß bestimmte Techniken in der Landwirtschaft, der Architektur und der Kunst ihren Stempel trugen. Sie waren hervorragende Gärtner, Zuckerrohrbauern, Maurer und Schachtmaurer, Bauschreiner, Stukkateure, Töpfer und Keramiker, von denen die bekanntesten in Talavera, Sevilla, Paterna und Manises oder in Aragon in Muel lebten. Die Goldkeramik von Manises machte der aus Malaga ab dem 14. Jahrhundert Konkurrenz. Außerdem gab es noch die Teppichweber in Cuenca und Alcaraz.

Die Mudejarkunst war eines der besonderen kulturellen Phänomene im Spanien des Spätmittelalters. Es muß jedoch betont werden, daß der Erfolg darauf zurückzuführen ist, daß sie von den Christen akzeptiert wurde und viele Vertreter dieser Kunst Christen waren. So verwendet Diego López de Arenas noch 1620, als er sein Werk über die Bauschreinerei (*Carpintería de lo blanco*) veröffentlicht, die alten arabischen Bezeichnungen für die Holzdachstühle mit Sparren und Zapfen. Sich nach Art der Morisken zu kleiden, wie es bei den Aristokraten des 15. Jahrhunderts Mode war, oder das Tragen der *almalafa* (maurischer Oberrock) in den Handelsplätzen an der andalusischen Grenze, bedeutete keinesfalls, daß man von Mudejaren abstammte oder selbst dieser Gruppe angehörte. Sogar Isabella die Katholische trug manchmal, wie viele andere Frauen ihrer Zeit, diese Kleidung. Schließlich gibt es noch weitere Einflüsse auf spanische Sitten und Gebräuche. Viele spanische Süßigkeiten etwa und die berühmten *Turrones* gehen auf die Ernährungsgewohnheiten der Mudejaren zurück, ebenso wie verschiedene Kochrezepte mit Gemüse und Olivenöl zum Braten. Darin stimmten sie mit den Juden und Konvertiten überein, denn die alten Christen in Kastilien verwendeten zum Kochen immer noch Schmalz und Speck.

Anfang 1502 kam der Augenblick für die Mudejaren in Kastilien, wo ihnen nur zwei Alternativen blieben: Bekehrung oder Vertreibung. Es war dies die Folge der Ereignisse in Granada. Es scheint, daß sich praktisch alle Mudejaren lieber taufen ließen, aber nicht aus ehrlicher Überzeugung, wie die spätere Geschichte zeigt. Sie änderten deswegen auch nicht ihre kulturellen Gewohnheiten. Vielleicht konnten sie deshalb ruhig leben, weil sie nichts mit den Morisken von Granada zu tun hatten, die erst 1571 aus ihrem Land vertrieben wurden. Die beiden Gruppen unterschieden sich nämlich grundlegend voneinander.

Waren 1502 und auch 1526 Spannungen ausgeblieben, so änderte sich die Situation der getauften Mudejaren 1571 im Zusammenhang mit den Verbannungen und Vertreibungen aus Granada. Zwischen 1608 und 1611 mußten sie die gesamte Halbinsel verlassen. Wieder einmal hatte sich gezeigt, daß das Festhalten an der eigenen Kultur unversehrt mehrere Generationen überstehen kann und daß die Taufe nicht die erwünschte Assimilierung mit sich bringt.

KAPITEL VII

Blüte des kulturellen Lebens

WISSENSCHAFT UND TECHNIK

Das Erbe der arabischen Traditionen auf den Gebieten der Astronomie, Medizin und Agronomie sowie der Beitrag der Juden zu Wissenschaft und Technik waren »Faktoren der Sonderstellung« (G.de Beaujoan), durch die sich der spanische Raum vom restlichen Europa unterschied. Ihre Bedeutung sollte aber nicht überschätzt werden. Das sieht man daran, daß es schon ab der Mitte des 15. Jahrhunderts an der Universität Salamanca zu einer umfassenden Neuorientierung der wissenschaftlichen Bestrebungen kam: Die alten Praktiken der Astrologie und Alchimie verloren ebenso an Bedeutung wie die Suche nach einer »universellen Wissenschaft«. Vertreter dieses Zweiges waren die Anhänger von Raimundo Lulio wie Arnao de Vilanova und die Leser des *Tesoro*, der Alfons X. dem Weisen zugeschrieben wird, aber auch so bedeutende Persönlichkeiten wie Enrique de Villena (1384-1434) oder Fernando de Córdoba (1423-1486). Villena hatte einen wachen Geist, der sich von der Kochkunst bis zu den »geheimen Wissenschaften« für alles interessierte. Er übersetzte die Aeneis und die Göttliche Komödie und erwies sich in seinen *Los doze trabajos de Hércules* als Kenner Petrarcas. Bedeutend war auch der vom griechischen Kardinal Bessarion beeinflußte Fernando de Córdoba, ein in Rom lebender Neuplatoniker.

Die bedeutendsten Neuerungen gab es auf den Gebieten der Astronomie und Medizin. Wie in Bologna und Krakau wurde in Salamanca regelmäßig Astrologie unterrichtet. Der erste bekannte Inhaber dieser Lehrkanzel hieß Nicolás Polono oder Polonio. Er genoß, wie die anderen Professoren der Universität Salamanca, hohes Ansehen. Diego Ortiz de Calzadilla, der am Kolleg von San Bartolomé Viejo studiert hatte, ging nach dem Krieg von 1475 nach Portugal und war dort an der Ablehnung des ersten Projekts von Kolumbus und an den Vorbereitungen der Reise von Pedro de Covilhão ins Rote Meer beteiligt. So wurden Salamanca im Bereich der Theorie und Lissabon als Sitz der praktischen Seefahrt wichtige Zentren der Astronomie und Nautik, die entscheidenden Einfluß auf die Vorbereitung der großen Schiffahrtsunternehmen zwischen 1483 und 1485 hatten. Abraham Zacuto (ca. 1452 – ca. 1522) stand trotz seiner großen Bedeutung teilweise abseits von diesen Strömungen, obwohl er gerade in Salamanca seinen berühmten *Almanaque astronómico perpetuo* bzw. *Tabulae tabulorum coelestium motum* zusammenstellte. Er beeinflußte als

Astronom Manuels I. in Lissabon Wissenschaft und Praxis der Seefahrt, mußte aber schließlich nach Tunis ins Exil gehen. Im übrigen brachte die Kosmographie, die eng mit der Astronomie zusammenhing, sowohl traditionelle, wie das von Antonio de Nebrija, als auch moderne Werke wie die etwas später erschienenen von Martín Fernández de Enciso und Alonso de Santa Cruz hervor, die schon als Ergebnis der neuen Entdeckungen gesehen werden müssen.

Auch die Wissenschaft der Medizin wurde, ganz im Gegensatz zur scholastischen Tradition anderer Länder, mit empirischem Interesse betrieben, was dazu führte, das der Unterschied zwischen Physikern bzw. theoretischen Medizinern und Chirurgen geringer wurde. Es gibt sehr bekannte Abhandlungen, die von Juden oder konvertierten Juden stammen, wie die *Sevillana Medicina* von Moisé Samuel de Rocamora, dem späteren Juan de Avignon, oder *De la visitación y conciliación de los médicos*, beide gegen 1380 im Umkreis des Erzbischofs von Sevilla Pedro Gómez Barroso geschrieben. Erwähnenswert sind auch die Abhandlungen von Alonso Chirino, Leibarzt Johanns II., mit dem Titel *Menor daño de la medicina* und *Espejo de la medicina*.

Das Kloster von Guadalupe unterhielt ungefähr seit 1460 ein Spital und eine medizinische Schule, die sich einen großen Ruf erwarben. Von dort stammten einige Ärzte der Katholischen Könige, wie Dr. Juan de Guadalupe und sein Neffe, der Bakkalaureus Fernando. Dies mag damit zusammenhängen, daß es in diesem Hieronymitenkloster besonders viele bekehrte Juden gab. Das große Vertrauen, das sie bei der Königin genossen, beweisen deren häufigen Aufenthalte und die Tatsache, daß sie den königlichen Architekten Juan Guas 1487 beauftragte, dort für sie eine Unterkunft zu bauen. Erwähnung verdienen noch zwei weitere königliche Ärzte: Juan Gutiérrez de Toledo, der 1498 in Toledo eine Abhandlung über die Heilung von Nierensteinen und Nierenkoliken schrieb, und Francisco López de Villalobos, Autor eines bemerkenswerten Gedichts mit dem Titel *Sumario de medicina*.

Die Berufsausübung der Mediziner ließen die Könige auch durch ihre eigenen Ärzte kontrollieren. Per königlichem Dekret vom 30. März 1477 wurden vier königliche Ärzte zu *alcaldes mayores y examinadores* ernannt, die ähnlichen Funktionen wie die *alcaldes* der Zünfte hatten. Ihre wichtigste Aufgabe war, die Erlaubnis zur Ausübung des Gewerbes, die die Universitätsabsolventen automatisch erhielten, an Ärzte, Chirurgen, Apotheker, »Gesundbeter« und Gewürzkrämer zu erteilen und die Art dieser Ausübung zu überprüfen. Aufgrund dieser Kontrollfunktion waren sie befugt, über Mißstände in diesen Berufen zu urteilen und Abhilfe vorzuschlagen. Das waren die Anfänge des sogenannten *Protomedicato*, das kurz darauf geschaffen wurde, sich in der Praxis aber auf den Hof und seine Umgebung beschränkte. Andernorts waren gemäß den Verordnungen von 1494 die Gemeindebehörden beauftragt, die Berufstitel der Ärzte und Apotheker zu kontrollieren und darauf zu achten, daß deren Wissen auf dem letzten Stand sei.

Die Pferdeheilkunde wurde von den Tierärzten (*albéitares*) nach alter Tradition ausgeübt. Diese unterstanden ab 1500 einem *alcalde*, der die Kenntnisse des Berufsstandes zu prüfen hatte. Unter den Botanikern ragt Andrés de Laguna hervor. Im Bereich der Agronomie entstand ein Meisterwerk, das bis ins 19. Jahrhundert immer wieder aufgelegt werden sollte. Dabei handelt es sich um das Buch der Landwirtschaft von Gabriel Alonso de Herrero, das auf Intitiative von Kardinal Cisneros 1513 gedruckt wurde. Es verarbeitet viele praktische Kenntnisse der Bauern aus Toledo und der Morisken aus Granada, dem Wohnort Herreros. Von praktischer Bedeutung für den Unterricht war auch die Abhandlung über die Rechenlogik von Francesc Sant Climet (*Summa de la art de arismetica*, 1482), dem die Handelspraxis von Barcelona als Anregung gedient hatte.

In der Theologie und Philosophie war das traditionelle Denken stärker als der innovative Geist des modernen Nominalismus. Von den Theologen muß hier Pedro de Osma (gestorben 1480) genannt werden, der viele Jahre in Salamanca unterrichtet hatte und dessen Traktat *De Confessione* Thesen enthält, die von der Kirche verurteilt wurden. Erwähnung verdienen auch die spanischen Nominalisten an der Pariser Universität wie der Mathematiker Juan Martínez Siliceo. Sein Schüler Pedro Ciruelo lehrte später in Alcalá de Henares. Auch das jüdische Denken blieb seiner Tradition treu. In *El Pináculo de la fe* von Isaac Abranavel (1437-1508), dem bedeutendsten religiösen Werk der *Sephardim* dieser Zeit, zeigt sich deutlich der Einfluß von Maimónides.

Der Humanismus

Der Einfluß des italienischen Humanismus ist in den spanischen Reichen früh festzustellen; in Aragon machte er sich schon unter Johann I. (1387-1396) bemerkbar. Der katalanisch-aragonesische Humanismus war Gegenstand zahlreicher Studien, in denen neben dem italienischen Einfluß, dem die katalanische Übersetzung des Boccaccio an der Wende vom 14. zum 15. Jahrhundert und der Göttlichen Komödie von Dante im Jahre 1428 zu verdanken sind, das griechische Vorbild hervorgehoben wird. Die Berührung mit der griechischen Geisteswelt geht auf Kontakte mit byzantinischen Gelehrten in Avignon, Rom und Rhodos, dem Sitz des Johanniterordens, zurück. Viele Lehrer dieses Ordens waren Aragonesen, wie zum Beispiel Juan Fernández de Heredia, der um 1370 Thukydides und Plutarch übersetzen ließ. Die Werke vieler lateinischer und einiger griechischer Autoren sind vor Ende des 15. Jahrhunderts in katalanisch erschienen. Das war die Grundlage für mehrere Generationen von Humanisten, aus deren Reihen Bernat Metge (1340/46-1413), Antoni Canals (1350-1419) und Kardinal Joan Margarit, Bischof von Gerona († 1484), hervorgingen. Der letztere ist wegen seiner »humanistischen Vision eines klassischen Spanien bemerkenswert, die sich nicht auf die Krone von Kastilien, sondern auf die von Aragon bezieht, der er seine historiographischen Werke widmete« (Batllori).

Zu den bedeutenden Humanisten gehörten weiters Francesco Vidal de Noia, der Lehrer des jungen Ferdinand, der Historiker und Archivar Pere Miquel Carbonell (1434-1417†), Autor des Werks *De viris illustribus catalanis* und der *Chroniques de Hespanya*, und Literaten wie Joan Roiç de Corella oder der Valencianer Francesc Alegre. Insgesamt wurden die Werke von dreißig klassischen und italienischen Autoren übersetzt. Neben Dante zählen Petrarca und Boccaccio, die Humanisten Alberti und Bruni, Ovid, Vergil und Lucan, Cicero, Seneca und Valerius Maximus ebenso dazu wie die Historiker Josephus Flavius, Sallust, Titus Livius und der Agronom Palladius.

Auch der Humanismus in Kastilien entstand aufgrund von Kontakten mit Italien, die mit der Gründung des Spanischen Kollegs von San Clemente in Bologna durch Kardinal Juan Gil de Albornoz (1367) gefördert wurden. An diesem Kolleg wurde außer der Rechtswissenschaft auch klassische Literatur gelehrt. Doch die erste Heimstatt des kastilischen Humanismus war der Hof von Johann II. in der Zeit von 1420 bis 1450. Dort führten Iñigo López de Mendoza, Marquis von Santillana († 1458), und Juan de Mena († 1456) erstmals die neuen Regeln der Dichtkunst ein. Dank dieser beiden Autoren und Rechtsgelehrten wie einem Dr. Pedro Díaz de Toledo, der im Auftrag des Königs Aristoteles und Seneca übersetzt hatte, wuchs das Interesse für die lateinische Literatur.

Zu den Förderern des Humanismus ist auch die interessante Persönlichkeit des Carlos de Navarra, Fürst von Viana, zu zählen, dem der Bakkalaureus Alfonso de la Torre sein Werk *Visión deleitable* widmete. Daneben darf der Einfluß von Männern der Kirche nicht vergessen werden, zu denen Juan de Segovia, Kardinal Juan de Torquemada, Alonso de Madrigal zählen und vor allem Alonso de Cartagena († 1456), Latinist und Bischof von Burgos, Autor eines bemerkenswerten politischen Werks (*Anacephaleosis Hispaniae*). Zu derselben Gruppe, die auf den Konzilien von Konstanz, Basel und Ferrara/Florenz wichtige Kontakte knüpfen konnte, gehört auch noch Rodrigo Sánchez de Arévalo, Autor politischer, historischer und didaktischer Werke. In der nächsten Generation gab es bereits Autoren, die die Welt der florentinischen Humanisten aus eigener Anschauung kannten. Zu ihnen gehört zum Beispiel der Historiker Alfonso de Palencia, Autor des 1490 herausgegebenen und sehr beliebten Wörterbuchs *Vocabulista* oder *Universal Vocabulario* für Latein und *romance*. In dieser Zeit konnte sich die humanistische Literatur durch die Möglichkeiten des Buchdrucks und die Förderung durch die Könige und einiger Aristokraten voll entfalten.

Den Einfluß des Herrscherpaares läßt ein Brief des Erznotars Lucena erkennen:

»Was die Könige tun, ob es gut oder schlecht ist, lernen wir alle. Wenn es gut ist, uns zu Gefallen, wenn es schlecht ist, zu ihrem Gefallen. Wenn der König spielte, wären alle Spieler. Da die Königin studiert, sind wir alle jetzt Studenten. Und wenn Ihr mir die Wahrheit bekennt, dann ist die Wahrheit, daß ihr Studium der Grund für Eures ist, entweder um ihr zu gefallen, oder weil es Euch gefällt oder aus Neid auf die, die bereits ihrem Beispiel gefolgt sind.«

Isabella I. zeigte ein bemerkenswertes intellektuelles Interesse, das mit ihrer Vorstellung zusammenhing, daß die Macht sich dem Diktat des Glaubens und Wissens beugen müsse. Von den Chronisten und Historikern, die von der Königin gefördert wurden, soll hier nur Diego de Valera erwähnt werden, der 1481 »eine Chronik Spaniens, der eine Beschreibung der drei Erdteile vorausging« (Clemencín), vollendete. Die Königin selbst begann in reiferen Jahren, sobald sie Zeit dazu fand, Latein zu lernen. Es ist wahrscheinlich, daß sie von Beatriz Galindo unterrichtet wurde, der bedeutendsten Humanistin ihrer Zeit, neben der noch Namen wie Lucia Medrano, Lehrerin in Salamanca, und Francisca de Lebrija (Alcalá) zu nennen sind.

Die Könige beriefen italienische Humanisten wie die spätestens seit 1469 im Dienst des Hofes stehenden Brüder Antonio und Alejandro Geraldino, denen die Infantinnen ihre guten Lateinkenntnisse verdanken. Auch Prinz Johann war »ein guter Lateiner und hatte gute Kenntnisse von allem, was für Seine Königliche Hoheit zweckmäßig war zu wissen«. Einer der wichtigsten italienischen Humanisten, der damals nach Kastilien kam, war Pedro Mártir de Anglería (1447-1526). Diesen Mailänder hatte Iñigo de Mendoza, Graf von Tendilla, mitgebracht, als er 1487 von Rom zurückkehrte, wo er Botschafter gewesen war. Anglería lehrte ab 1492 am Hof. Zu seinen Schülern zählten viele Adelige, von denen er besonders Pedro Fajardo, den zukünftigen Marquis von Vélez, schätzte:

»Mein Haus ist den ganzen Tag voll von jungen Adeligen, die wegen des Studiums sich nicht mehr den gewöhnlichen Unterhaltungen widmen. Sie sind bereits davon überzeugt, daß die Geisteswissenschaften nicht nur kein Hindernis für eine militärische Laufbahn sind, sondern sogar eine Hilfe. Es hat unserer königlichen Frau, Vorbild aller Tugenden, große Freude bereitet, daß ihr Vetter, der Herzog von Guimaraes und der junge Herzog von Villahermosa, ein Neffe des Königs, den ganzen Tag bei mir verbringen. Diesem Beispiel folgen bereits die wichtigsten Höflinge.«

Anglería gehörte einer Abordnung an, die nach Ägypten zum »Sultan von Babylonien« (1500) gesandt wurde. Nach seiner Rückkehr verlieh ihm die Königin den Titel »Lehrer der freien Künste meiner Höflinge«. Er war vor allem Pädagoge, aber er hinterließ in seinen Briefen auch bemerkenswerte Schilderungen vom königlichen Hof (*opus epistulorum*). Sein nach 1493 geschriebenes Werk *De Orbe Novo decades* ist die erste humanistische Vision von Westindien.

Lucio Marineo Sículo (ca. 1460-1553), ein Sizilianer, kam mit Admiral Fadrique Enríquez nach Spanien. Er war als Höfling, ähnlich wie Pedro Mártir de Anglería, voll des überschwänglichen Lobes für die Könige (»iustissimi, integerrimi, religosissimi, rectores non tyranni«) und für ihr Werk der Vereinigung des Landes, das er dem zersplitterten Italien gegenüberstellte (»Italiam in diversa discerptam, Hispaniam in unum redactam. Italiae principes discordes, Hispanos unanimes intelligebam«). Im Alter veröffentlichte Lucio Marineo Sículo ein *Opus del rebus Hispaniae memorabilibus* (1530), das sowohl wegen seiner Berichte als auch wegen der klassisch gewordenen

Vorstellungen und Begriffe zur Charakterisierung der nationalen Identität von großem Wert ist. Schon Autoren der nächsten Generation, wie Pedro de Medina, zeigten sich von dieser Arbeit inspiriert. Es ist bemerkenswert, daß dieser Beitrag zur Festigung des beginnenden spanischen Nationalgefühls von der anderen romanischen Halbinsel kommt.

Ein bedeutender Förderer der Kultur in Alcalá war Kardinal Cisneros, der sogar den Plan hegte, Erasmus von Rotterdam nach Alcalá zu bringen. Es war Erasmus jedoch sicher bekannt, daß die Präsenz der Inquisition die humanistischen Bestrebungen auf bestimmte Bereiche einschränkte. So mußten die Werke zweier bedeutender Persönlichkeiten aus jener Generation außerhalb der Iberischen Halbinsel entstehen. Es handelt sich um León Hebreo (1460-1535), der ursprünglich Judá Abravanel hieß und wahrscheinlich portugiesischer Herkunft war, und um den noch bekannteren Juan Luis Vives, Abkömmling bekehrter Juden aus Valencia. León Hebreo, Autor der platonischen *Dialoghi d'amore*, die der Inka Garcilaso 1590 ins Spanische übersetzen sollte, emigrierte unter dem Schutz des *Gran Capitán* nach Neapel. Juan Luis Vives (1492-1550) wurde ab 1500 von der Inquisition verfolgt, weil man eine heimliche Synagoge im Haus seines Vetters Miguel entdeckt hatte. 1524 wurden seine Eltern und Onkel bzw. deren Bildnisse auf dem Scheiterhaufen verbrannt.

Vives studierte ab 1509 an der Pariser Schule von Montaigu, lebte in Brügge, lehrte in Löwen und Oxford und gehörte zum Freundeskreis von Erasmus von Rotterdam und Thomas Morus. Diesem verdankte er den Posten als Lehrer der Prinzessin Maria Tudor, Tochter Katharinas von Kastilien und Heinrich VIII., den er von 1522 bis 1527 innehatte. Es ist nur natürlich, daß er niemals mehr nach Spanien zurückkehren wollte, das für ihn mit so tragischen Erinnerungen verbunden war. Charakteristisch für sein Werk, das vor allem auf Aristoteles und dem hl. Augustinus beruht, ist »die Beobachtung, die eigene Erfahrung, die Innenschau, die unabhängige Argumentation und daß es keine Erkenntnisse a priori enthält« (Batllori). Er machte sich auf den Gebieten der Philologie und Pädagogik sowie durch seine Gedanken über den Menschen und die religiösen Fragen einen Namen. Seine Arbeiten (*De anima et vita, De institutione feminae christianae, De ratione studii puerilis, De instituenda schola, Exercitatio linguae latinae, De communione rerum, Introductio ad sapientiam, Defensio fidei christianae*) sind in einem ausgezeichneten Latein geschrieben.

Zur vorherigen Generation gehört der herausragendste Vertreter des kastilischen Humanismus, Antonio de Nebrija (1441-1522). Er studierte zehn Jahre an der Schule von San Clemente in Bologna, stand im Briefwechsel mit Pico della Mirandola und war ein Anhänger von Lorenzo Valla. Nebrija verfocht das Kastilische als eine klassische Sprache mit strengen grammatischen Regeln. Diese lehrte Nebrija zunächst im Haus des sevillanischen Erzbischofs Alfonso de Fonseca, dann an der Universität von Salamanca (1475). 1487 unterrichtete er auch im Haus des Großmeisters des Alcántaraordens und, bereits als alter Mann, ab 1514 an der Universität von Alcalá de Henares, wo ihm Cisneros den Lehrstuhl für Rhetorik samt höchsten Privilegien verlieh:

> »Er lese, was er wolle, und wenn er keine Vorlesungen halten will, so lasse er es. Ich beauftragte ihn nicht, damit er arbeite, sondern um ihm zu bezahlen, was Spanien ihm schuldete.«

Noch heute lassen uns seine Schriften erahnen, in welcher Schuld Spanien bei ihm steht. Seine *Introductiones latinae*, die das erste Mal 1481 gedruckt und 1485 erweitert wurden, hatten großen Erfolg. Nebrija übersetzte sie 1486 im Auftrag von Hernando de Talavera für die Königin ins Kastilische. Das *Dictionarium latino-hispanicum* (1492) und das *Dictionarium hispano-latinum* (1495) waren notwendige Ergänzungen, denn bis dahin gab es nur die Wörterbücher Alfonso de Palencias. Die Grammatik der kastilischen Sprache (Salamanca 1492) erreichte hingegen keine große Verbreitung, obwohl Nebrija seine Bemühungen um die Reglementierung des Sprachgebrauchs (*Reglas de ortographia en la lengua castellana*, Alcalá 1517), die er für äußerst wichtig hielt, fortsetzte. In der Einleitung der *Gramática*, die der Königin gewidmet ist, schreibt er:

> »Die Ausschmückungen dieser unserer kastilischen Sprache sollen reduziert werden, damit alles, was von jetzt an in ihr geschrieben wird, auf einer Linie liegt und für alle Zeiten Gültigkeit hat, was, wie wir sehen, auch mit der griechischen und lateinischen Sprache geschah, die, weil sie der Logik gehorchen, trotz der Jahrhunderte, die inzwischen vergangen sind, ihre Einheitlichkeit bewahrt haben.«

Im Verlauf seiner langen Karriere verfaßte Nebrija viele weitere Werke. Einige davon wie *De liberis educandis*, das er auf Drängen des Sekretärs Miguel Pérez de Almazán um 1509 schrieb, sind eine Zusammenstellung von pädagogischen Regeln. Andere Werke befassen sich mit den verschiedensten Themen, wie der Kosmographie, dem Kalender oder den Gewichten, Maßen und Zahlen, sowie den Rechensystemen. In der Tiefe seiner Seele war Nebrija jedoch Philologe. Sowohl in den bereits zitierten als auch in anderen Werken verwendete er die allergrößte Mühe auf die Erstellung von Glossaren lateinischer und griechischer Ausdrücke. Die wichtigsten davon betreffen die Rechtswissenschaft, Medizin und Heilkräuterkunde. Dazu kommen unveröffentlichte Werke, die sich mit denselben Mitteln der kritischen Philologie den Texten der Heiligen Schrift zuwenden, wie sie Erasmus von Rotterdam wenige Jahre später handhaben sollte.

DIE VERBREITUNG DES WISSENS

Die Universitäten

Während der Regierung der Katholischen Könige wurden in Kastilien mehrmals gesetzliche Bestimmungen über die Verleihung akademischer Grade und die Bedingungen für die Berufsausübung der Akademiker erlassen. Diese stellen die allerersten politischen Eingriffe der Könige in das Leben der alten Universitäten von Salamanca und Valladolid dar. So wurde in der Versammlung der *Cortes* von 1480 beschlossen, daß nur die akademischen Grade dieser Universitäten im ganzen Königreich offiziell gültig seien. In den Edikten von 1481, 1492, 1493, 1496 und 1497 wurden diese Bestimmungen noch weiter präzisiert. So forderte man von den Juristen als Bedingung ihrer Berufsausübung ein zehnjähriges Universitätsstudium und ein Mindestalter von 27 Jahren. Es wurde obligatorisch, die Abschlußprüfungen in Salamanca oder Valladolid abzulegen. Weiters traf man Vorkehrungen für die Unabhängigkeit jenes Gremiums, das über die Vergabe eines Lehrstuhls abzustimmen hatte. Auch eine Herabsetzung der Ausgaben für das Festmahl zu Ehren des Gewählten wurde gefordert. Als ein weiterer Punkt war sicherzustellen, daß die Abschlußprüfung für alle unentgeltlich sein sollte, die ihre Mittellosigkeit nachweisen konnten.

Diese Maßnahmen waren, wenn auch nicht immer leicht zu erfüllen, Ausdruck des Willens, den Universitäten die Unterstützung zukommen zu lassen, die sie in dieser Zeit der Expansion benötigten. Der Betrieb der Universität von Salamanca, mit 25 Lehrstühlen und an die 7.000 Studenten, wurde durch die ihr von Papst Martin 1422 gegebene Verfassung geregelt. Im Lauf des Jahrhunderts sind ihre Hoch- und Mittelschulen, die Universitätsklinik des hl. Thomas von Aquin, die Bibliothek und andere Gebäude erneuert bzw. erweitert worden. Als deutliches Zeichen der Harmonie zwischen Königtum und Universität sieht man noch heute auf der im zweiten Jahrzehnt des 16. Jahrhunderts fertiggestellten Westfassade das bekannte Medaillon der Katholischen Könige mit ihrem Wappen und der griechische Inschrift: *Oi Basileis te Enkyklopaedia aute tois Basileisi*, die sowiel bedeutet wie: »Die Könige für die Universität, die Universität für die Könige«. Die Universität von Valladolid, an der vor allem die Rechtswissenschaften und ab 1418 auch Theologie gelehrt wurden, entfaltete sich zusehends seit der Mitte des 14. Jahrhunderts.

In der Zeit der Katholischen Könige kam es zur Gründung zahlreicher Universitäten von unterschiedlicher Bedeutung. 1477 wurde die Universität in Sigüenza gegründet, 1502 auf Drängen von Rodrigo de Santaella jene in Sevilla. Parallel dazu wurden die Kollegien der Dominikaner eingerichtet: Santo Tomás in Avila, San Gregorio in Valladolid, Santo Tomás in Sevilla und, von Kardinal Mendoza, Santa Cruz in Valladolid. Diego de Muros, Bischof von Mondoñedo und dann von Oviedo, erreichte 1504 die Gründung einer päpstlichen Universität in Santiago de Compostela, die ihre Arbeit allerdings erst 1524 aufnahm. Einige Jahr danach gründete er in Salamanca das Kolleg San Salvador de Oviedo.

Der Gründungseifer in den aragonesischen Ländern war ebenso groß wie die Ergebnisse unterschiedlich: die Universität von Saragossa, 1474 gegründet, besaß nur eine Fakultät der Künste; Valencia, wo schon gewisse Voraussetzungen gegeben waren, erhielt durch eine päpstliche Bulle die Erlaubnis, ab 1474 akademische Grade in den Künsten zu verleihen — die Gründung der Universität erfolgte dann 1505 durch Alexander VI.; die Universität von Barcelona, an der Medizin gelehrt wurde, erhielt 1507-1508 von der Gemeinde umfangreiche Privilegien. Die Gründung der Universität von Mallorca, an der bis zu Beginn des 18. Jahrhunderts keine akademischen Grade vergeben wurden, erfolgte 1483 und 1503; die Einrichtung dieser Universität steht in engem Zusammenhang mit dem Werk von Raimundo Lulio und soll an seine Person erinnern. Die Pflege seines Werkes, dessen Einfluß weit über Mallorca hinausreichte, wurde zu einem Teil der

Identität der Insel. Auch die Könige förderten die Lehre Lulios, wie die Verleihung eines Privilegs im Jahr 1503 beweist.

Auch wenn es, wie im übrigen Europa, ab der Mitte des 14. Jahrhunderts in Spanien zu einer Vermehrung der Universitäten kommt, darf man sich von der bloßen Anzahl nicht täuschen lassen. Die großen Universitäten waren weiterhin die von Salamanca, Valladolid und, mit einer gewissen Einschränkung, die von Lérida. Von den neugegründeten erreichte nur die Universität von Alcalá de Henares in kurzer Zeit dieses Niveau.

Die Universität von Alcalá war das kulturell bedeutende Werk des Erzbischofs von Toledo, Cisneros. Sein Plan war, in Verbindung mit dem Theologieunterricht ein Zentrum für die intellektuelle und sittliche Heranbildung des Klerus einzurichten. Das Institut weist ähnliche Merkmale auf wie das zehn Jahre später gegründete dreisprachige Kolleg von Löwen und sogar wie das zwanzig Jahre danach entstehende Collège de France. Es geht in seinen bescheidenen Anfängen auf das Studium zurück, das die Observanten des Franziskanerordens 1473 mit Unterstützung des Erzbischofs Carrillo in der Stadt eingerichtet hatten. Cisneros verfolgte mit dem Bau des Kollegs San Ildefonso für 33 Theologiestudenten das Ziel, diesen ein geregeltes Leben zu ermöglichen, wofür er im April 1499 die päpstliche Gründungsbulle erhielt. Der volle Lehrbetrieb wurde im Herbst 1509 aufgenommen; das Statut von 1510 und 1517 geht teilweise auf das der Pariser Universität zurück.

Auch wenn die theologische Fakultät die wichtigste war und es, im Gegensatz zu Salamanca und Valladolid, mit Ausnahme einer Lehrkanzel für Kirchenrecht keine Fakultät der Rechtswissenschaften gab, erlebte Alcalá doch einen bemerkenswerten Aufschwung der Künste und sogar der Medizin, welcher zwei Lehrstühle und später ein Spital zur Verfügung standen. Aber, wie man in den Statuten lesen kann: *Theologica disciplina ceteris scientiis et artibus pro ancillis utitur*. Dies gilt vor allem für die Rhetorik, deren Lehrstuhl Hernando Alonso de Herrera und Nebrija innehatten, aber auch für die klassischen und die Bibelstudien, denen ein Griechisch-Lehrstuhl eingerichtet wurde. Weitere waren für Hebräisch, Arabisch und Syrisch vorgesehen.

Neben dem zentralen Kolleg San Ildefonso entstanden neue, die jeweils mehreren Dutzend Studenten Unterkunft und Unterricht bieten konnten. Diese Kollegien bildeten die Elite der Universität: San Eugenio und San Isidoro für Grammatik; Santa Balbina und Santa

Catalina für Dialektik, Philosophie, Physik und Metaphysik; San Pedro und San Pablo für Franziskaner; Madre de Dios für Theologen und Ärzte; schließlich ab 1530 das dreisprachige Kolleg für Latein-, Griechisch- und Hebräischstudenten. Auch die Stadt veränderte sich in dieser Zeit, und die Stiftskirche San Justo y Pastor wurde als Universitätskirche erbaut. In wenigen Jahren war eine neue Universitätsstadt entstanden, die erste in Kastilien südlich des Zentralgebirges.

Gleichzeitig mit dem Ausbau der Universität förderte Cisneros das Projekt, eine Bibel mit hebräischem, aramäischem, griechischem und lateinischem Text herauszubringen. »Dieses Denkmal der Buchdruckerkunst und der Bibelwissenschaft« (Marcel Bataillon) bestand aus sechs Bänden und erschien zwischen 1514 und 1517. Die Kosten beliefen sich auf 50.000 Dukaten. Bei diesem Werk zeigten sich aber auch die Grenzen des Humanismus, wie Cisneros ihn einsetzen wollte. Bis 1514 arbeitete Nebrija mit, dessen Studien über die sprachlichen Fragen der Bibel, obwohl noch unveröffentlicht, sogleich berühmt wurden. Nebrija war der Meinung, daß die Fehler, die die lateinische Übersetzung im Vergleich zu der griechischen und hebräischen Version aufwies, korrigiert werden müßten. Im Gegensatz dazu wollte Cisneros jeden »Versuch einer neuen Übersetzung aus religiösem Respekt vor der autorisierten Version und vor dem Text selbst« vermeiden. Das ging so weit, daß einige Details der griechischen Version geändert wurden, um sie der lateinischen Vulgata anzugleichen. Cisneros war also einerseits vom kritisch-philologischen Standpunkt des Humanisten aus geneigt, eine neue Übersetzung anzufertigen, wie das Erasmus 1514 tun sollte. Andererseits war er vom religiösen Standpunkt des Theologen aus davon überzeugt, daß die philologische Arbeit nicht der Mittelpunkt des Wissens, sondern nur ein Instrument sei, das die durch jahrhundertelange Verwendung geheiligten »Texte, die üblicherweise auf alte Manuskripte zurückgehen«, zu respektieren habe.

Die Buchdruckerkunst

Die Verbreitung der mehrsprachigen Bibel (*Biblia Políglota Complutense*), von der 600 Exemplare gedruckt wurden, begann 1522, war aber nicht vom Glück begünstigt. Die für Italien bestimmten Exemplare gingen bei einem Schiffbruch verloren. Die Tatsache, daß die Arbeit auch technisch ein Erfolg war, beweist, wie rasch das Druckergewerbe im Spanien der Katholischen Könige Fuß gefaßt hatte. Nachdem dank des aktiven Eingreifens von Kardinal Torquemada und Rodrigo Sánchez 1465 die Buchdruckerkunst in Rom eingeführt worden war, kam diese Erfindung durch wandernde deutsche und niederländische Meister auf die Iberische Halbinsel. Zu diesen gesellten sich bald einheimische Drucker, die vor allem die gotische Schrift verwendeten, obwohl die Kursivschrift ab 1501 bereits weit verbreitet war. In Spanien gibt es ungefähr sechstausend bekannte Inkunabeln, die vor dem Jahr 1500 entstanden, aber viele davon stammen aus anderen Ländern. Bis 1490 kennt man 197, die aus spanischen Druckereien stammen, im Vergleich zu 1.924 Drucken italienischer und 488 deutscher Herkunft. Dieses Verhältnis sollte sich in den folgenden Jahren rasch ändern: bis zum Jahr 1500 sind in Katalonien und Valencia mindestens 258 Bücher in Druck gegangen.

Man hat versucht herauszufinden, wo der erste Text in Spanien gedruckt wurde, eine Frage, die allerdings vom historischen Standpunkt aus weniger relevant ist als für Buchliebhaber. Nach heutigen Erkenntnissen ist der älteste Wiegendruck die Verfassung der segovianischen Synode von Aguilafuente aus dem Jahr 1472. Danach kommt *Les obres e trobes en lahors de la Verge Maria* (Valencia, 1474). Es ist nachgewiesen, daß ab 1473 in Segovia und Burgos, ab 1473/74 von einheimischen Druckern in Salamanca, Valladolid und Sevilla sowie ab 1475 in Saragossa und Barcelona (*Fori Aragonum*, 1477) Bücher gedruckt wurden.

Wie revolutionär die Buchdruckerkunst war, wurde nicht sofort erkannt. Auch schätzte man die »handgefertigten« Bücher mehr als die »Bücher aus der Form«, da man sie nach der künstlerischen Qualität und dem Arbeitsaufwand beurteilte. Der hohe Klerus und die Könige hingegen erkannten sehr bald die Bedeutung des Drucks für die Verbreitung der religiösen Inhalte und der Gesetzesnormen. In der unkontrollierten Vervielfältigung literarischer Werke sahen sie aber auch eine Gefahr. Zunächst war ihre Haltung noch durchaus positiv: die Versammlung der *Cortes* von Toledo beschloß 1480 die Steuerfreiheit für die Einfuhr und den Verkauf von Büchern, und in den folgenden Jahren ließen die Könige zahlreiche Drucker aus Mitteleuropa und Venedig kommen, um Gesetzestexte zu drucken.

Auch die Erzbischöfe Talavera und Cisneros bedienten sich der neuen Technik bei ihrer seelsorgerischen Tätigkeit. Cisneros förderte in Alcalá die Drucker Pedro Hagenbach und Arnaldo Guillén de Brocar, weil er große Auflagen in lateinischer und spanischer Sprache herausbringen wollte. Gleichzeitig fühlten sich die Machthaber verpflichtet, die Ergebnisse zu kontrollieren. Ab dem letzten Jahrzehnt des 15. Jahrhunderts wurde die kirchliche Zensur der Inquisition eingesetzt, um die Verbreitung von Bibelübersetzungen und vor allem von jüdischen und arabischen Büchern zu unterbinden. Ein königliches Edikt vom 8. Juli 1502 verfügte in Kastilien, daß für den Druck und die Verbreitung von importierten Büchern eine königliche Erlaubnis eingeholt werden müsse, und bestimmte, wer diese erteilen dürfe. In Valladolid und Ciudad Real erhielten die Vorsitzenden der *Real Audiencia*, in Toledo, Sevilla, Granada, Burgos und Salamanca die Bischöfe in ihren jeweiligen Diözesen diese Befugnis. Eigenartigerweise gab es in den aragonesischen Ländern bis ins 18. Jahrhundert keine derartige königliche Weisung.

Im Jahr 1515 ordnete der Papst an, daß kein Buch gedruckt werden dürfe, bevor es nicht die zuständigen Inquisitoren geprüft hätten. Es scheint aber, daß sich die spanische Inquisition nur sehr eingeschränkt daran hielt. Wichtiger als die Frage, ob diese gesetzlichen Maßnahmen sofort befolgt wurden, ist die sich darin äußernde Tendenz zur allgemeinen Einführung der Zensur.

Im Zusammenhang mit der Buchproduktion kam es zu interessanten kommerziellen, beruflichen und kulturellen Beziehungen, die allerdings noch wenig erforscht sind. Trotz der vielschichtigen Berufsorganisation des Druckergewerbes verging einige Zeit, bevor Zünfte gebildet wurden. Der freie Markt ist die Erklärung dafür, warum anfänglich viele Drucker herumzogen und es so schwierig für sie war, Kapital anzusammeln. Als Vermittler zwischen Druckern und Buchhändlern agierten »Herausgeber«, die die Möglichkeiten des Marktes sondierten und die »Zügel der entstehenden Organisation in die Hand nahmen« (Ph. Berger). Obwohl zu ihrer Arbeit auch die Buchbinderei und als Ergänzung der Verkauf von Schreibmaterial und Papierbögen gehörte, hatten die Buchhändler, die manchmal auch Herausgeber waren, keine Verbindung zu jenen, die sich dem Kopieren und Illustrieren von Manuskripten widmeten.

Um zu verstehen, wie wichtig das Druckgewerbe für die Verbreitung von Wissen und Kultur damals war, muß man die Frage nach den Käuferschichten der Bücher stellen. Nach Meinung Bergers »ist ganz klar, daß sich der Anteil der Leser in der Gesellschaft nicht parallel zur Entwicklung des Buchdruckergewerbes erhöhte. Allerdings erhöhte sich die durchschnittliche Anzahl der Bücher, die von jenen gekauft wurden, die des Lesens kundig waren und diese durchschnittliche Anzahl erhöhte sich umso mehr, je mehr Ansehen diese Möglichkeit im sozialen Milieu genoß. Es gab nicht mehr Leser, aber diese lasen mehr«.

Selbstverständlich wurden die Bibliotheken nicht schlagartig umfangreicher. So umfaßten zum Beispiel die Bibliotheken des kastilischen Hochadels laut kürzlich durchgeführten Studien zwischen einigen Dutzend und zwei- oder dreihundert Werken. Die Bibliothek des ersten Grafen von Oropesa bestand 1504 aus nur 43 Büchern, während der Herzog von Medina Sidonia 1507 bereits 230 besaß. Der erste Marquis von Priego, ein bekannter Bücherliebhaber, hatte die umfangreichste Bibliothek: 309 Werke umfaßte sie im Jahr 1518. In den Inventarlisten der letzten Jahre der Königin sind 201 Bücher angeführt, die sich in der Burg von Segovia befanden, und weitere 52, die der Kammerherr Sancho de Paredes in Verwahrung hatte.

Das Wichtigste an diesen Inventarlisten ist, daß sie über die Interessen und Vorlieben der Leser der einzelnen sozialen Schichten und Berufsgruppen ebenso Aufschluß geben wie über die Verbreitung und das Ansehen verschiedener Werke in der damaligen Zeit. Es gab Gebetbücher, Religionsbücher und Bücher über die Sittenlehre, Bücher über Theologie und Philosophie, die lateinischen Klassiker, italienische, kastilische oder katalanische Literatur, Chroniken, Gesetzestexte und andere Werke für die historisch-politische Ausbildung, wissenschaftliche und medizinische Bücher, Werke über die Pferdeheilkunde und die Jagd, Alchimie, Astrologie, Kosmographie, Reisebeschreibungen, Grammatikbücher, Texte italienischer Humanisten und kirchlicher Autoren, unter denen die Werke des Kirchenrechts überwogen. Die Inventarlisten von Einzelnen haben mehr Aussagekraft als die von universitären oder kirchlichen Institutionen, weil man durch sie das kulturelle Umfeld einer Person kennenlernen kann.

Erziehungsprogramme

Um die kulturellen Vorbilder und die Erziehungsprogramme in ihren interessanten Facetten näher kennenzulernen, sollte man die Abhandlungen über die Erziehung, das Benehmen und die Gebräuche lesen, die damals geschrieben wurden und fast ausschließlich für die Aristokratie bestimmt waren. Man sieht an ihnen, wie stark Rittertum und Klerus als Vorbilder dienten; daneben ist der Einfluß der pädagogischen Gedanken des italienischen Humanismus klar zu erkennen.

Es wurden bereits die Autoren und Bücher erwähnt, die speziell für die politische Ausbildung des Prinzen gedacht waren. Die Frage ist, welche Bedeutung neben den dort genannten Werken jene von Raimundo Lulio wie seine *Doctrina Pueril, El Libro de Consejos, El Arbol de la Ciencia* oder *El Libro de la Orden de Caballería* hatten. Zu seinen Anhängern in Kastilien gehörte Alfonso de la Torre (*Visión delectable de la filosofía y artes liberales*). Es gab auch Autoren der vorhergehenden Generation, deren Einfluß noch sehr lebendig war. Zu ihnen gehören zum Beispiel Alfonso de Cartagena, dessen *Doctrinal de Caballeros* 1487 gedruckt wurde, der Marquis von Santillana (*Proverbios de gloriosa doctrina y fructuosa enseñanza compuestos para la educación del príncipe Don Enrique*) und Rodrigo Sánchez de Arévalo, zu dessen bereits erwähnten Werken noch das *Speculum Vitae Humanae* (Rom, 1468) oder *De arte, disciplina et modo alendi et erudiendi pueros* hinzuzufügen wäre. Und natürlich Diego de Valera und Gómez Manrique, Martín de Córdoba (*El jardín de las nobles doncellas*, vor 1467 für die Erziehung Isabellas geschrieben und 1500 herausgebracht), und Antonio de Nebrija. Das pädagogische Werk von Luis Vives gehört schon in eine spätere Zeit.

Es ist eindeutig zu erkennen, daß viele dieser Autoren die von Vittorino da Feltre, Enea Silvio Piccolomini, Francesco Filelfo oder Maffeo Vegio entwickelten oder verbreiteten pädagogischen Ideen des Humanismus kannten. Das zeigt sich zum Beispiel im *Diálogo de la dignidad del hombre* von Fernán Pérez de Oliva. Daneben findet man traditionellere Formen der Pädagogik, die allerdings auch für einen anderen Zweck bestimmt waren. So etwa in dem bekannten Opusculum von Hernando de Talavera *De cómo se ha de ordenar el tiempo para que sea bien expendido*, einem Leitfaden für das religiöse und familiäre Leben einer hohen adeligen Dame, den er für María Pacheco, Gräfin von Benavente, kurz vor 1474 verfaßte. In dieselbe Kategorie fällt das 1508 gedruckte Memorial *De criança y vanquete virtuoso para criar hijos de grandes y otras cosas*. Es enthält einen zeitgenössischen Text, der sich an den Regeln einer ritterlichen und höfischen Erziehung orientiert, wie sie die Söhne des Adels erhalten sollten. Das gilt besonders jür jene jungen Adeligen, die sich am Hof, in der Obhut des *alcaide de los Donceles* (Lehrer der Edelknaben) befanden. Dieses ritterliche Vorbild, für dessen Einführung in Kastilien Diego de Valera (abgesehen von seinem *Espejo de verdadera nobleza* müssen auch seine Übersetzung und andere Arbeiten beachtet werden) seit der Mitte des 15. Jahrhunderts gesorgt hatte, war am weitesten verbreitet.

· Die Situation in den anderen spanischen Ländern war weitgehend dieselbe, wie die Werke der katalanischen Zeitgenossen Valeras, Bernabéuy Assan (*Tractat de cavallería*, 1475-1479 geschrieben) und Gabriel Turell (*Tractat*, 1471-1472) zeigen. Einen gewissen Einfluß auf die höfischen Umgangsformen hatte auch die Lektüre der klassischen Biographien (*Vitae parallelae* von Plutarch wurde in der Übersetzung von Alfonso de Cartagena 1491 gedruckt) sowie der Biographien der Könige, Prälaten, Adeligen und Höflinge, die im Verlauf verschiedener Epochen von Fernán Pérez de Guzmán (*Generaciones y semblanzas*), Hernando del Pulgar (*Claros varones de Castilla*) und Gonzalo Fernández de Oviedo (*Batallas y Quincuagenas*) geschrieben wurden. Das letzte Werk ist zwar ein Zeugnis der Zeit der Katholischen Könige, wurde aber Jahrzehnte später verfaßt und erst vor kurzem veröffentlicht. Ebenso gibt es Werke über das Benehmen des Adels und seinen Ehrbegriff, wie die kurzen Abhandlungen von Alfonso de Palencia (*Tratado de la perfeción del triunfo militar*) und Palacios Rubios (*Tratado del esfuerzo bélico heroico*), die zu Beginn bzw. am Ende dieser Epoche geschrieben wurden.

Alonso Ortiz, Domherr in Toledo († 1507), ist ein − zu wenig bekanntes − ausgezeichnetes Beispiel für einen didaktischen und höfischen Schriftsteller, in dessen Werk viele der beschriebenen Tendenzen verschmelzen. Noch zu seinen Lebzeiten wurden seine *Cinco Tratados* (Sevilla, 1493) gedruckt, in denen er verschiedene Aspekte des höfischen Lebens glossiert. Von seinen anderen Werken wurden viele nicht veröffentlicht, darunter das *Liber Dialogorum*, das dem Erzbischof Carrillo gewidmet ist und vor 1482 geschrieben wurde. Darin werden in Dialogform die Prinzipien der klassischen Weisheit diskutiert und mit den christlichen Autoren in Einklang gebracht. Wichtig war vor allem aber sein *Liber de educatione Iohannis serenissimi principis et primogeniti regum potentissimorum Castelle Aragonum et Siciliae Fernandi et Helisabeth ynclita prosapia coniugum clarissimorum*. Mit diesem Werk widmete Ortiz der Königin eine vollständige Abhandlung über die Pädagogik, die sowohl philosophische und theoretische als auch praktische Aspekte umfaßt und sich vor allem auf Kinder bezieht, die über sieben Jahre alt sind. Die Schrift wurde zum bedeutendsten pädagogischen Werk der Zeit, auch wenn Ortiz nicht Erzieher des Prinzen wurde.

Alle diese Ideen erreichten nur einen beschränkten Personenkreis. Wenn man von den Klerikern absieht, die aufgrund ihrer Stellung größere Möglichkeiten der Information und Weiterbildung hatten, wurde wahrscheinlich nur in der Aristokratie und in Kreisen des städtischen Patriziats auf besondere Prinzipien der Erziehung geachtet. Aber sicher haben auch bei weitem nicht alle Mitglieder dieser Gruppen von diesen Möglichkeiten Gebrauch gemacht. Als Ausnahmen stechen gebildete Frauen wie Beatriz Galindo, Francisca Medrano und einige andere adelige Damen hervor.

Nur relativ wenige Stadtbewohner wurden mit den Grundkenntnissen und den wichtigsten Rechenregeln durch einen von der Gemeinde bezahlten Lehrer oder in den Schulen der Klöster und Domkapitel bekanntgemacht. Für die Bewertung der bedeutenden kulturellen Impulse jener Epoche muß man wissen, daß sie nur eine Minderheit betrafen, was auch für die Reformen auf religiösem Gebiet gilt. Wichtig ist, daß diese Impulse auf fruchtbaren Boden fielen und sich so der kulturellen Entwicklung Spaniens neue Horizonte eröffneten.

DAS LITERARISCHE SCHAFFEN

Die literarischen Werke aus der Zeit der Katholischen Könige sind fast alle in einem ausdrucksvollen Kastilisch geschrieben, das damals nicht nur in Kastilien und Aragon, sondern auf der gesamten Iberischen Halbinsel Verwendung fand. Die anderen Sprachen der Literatur verloren hingegen an Bedeutung. Die Vorliebe für die Lyrik in galicischer Sprache hatte in den höfischen Kreisen, die diese Sprache pflegten, schon lange nachgelassen. Die letzten Werke in katalanischer Sprache, die noch ein gewisses Ansehen genossen, stammen vom Ende des 15. und Beginn des 16. Jahrhunderts. Natürlich wurden die alten Werke weiterhin gelesen, und das Katalanische blieb Amts- und Alltagssprache.

Um den Niedergang des Katalanischen zu erklären, wurden verschiedene Hypothesen aufgestellt. Zu den wichtigsten Ursachen zählt, daß der Hof, das Zentrum der Kultur, wo die literarischen Moden geschaffen und verbreitet wurden, weit weg war. Weiters trugen die geringe Bedeutung der katalanischen Universitäten und die Vorliebe ihrer Humanisten für die lateinische Sprache ebenso dazu bei, wie die Tatsache, daß das Katalanische international keine Verwendung fand und auch nicht »die Sprache des Königs war«.

Für den Niedergang und das völlige Verschwinden der valencianischen Literatur in Katalanisch kann das Vorgehen der Inquisition gegen einige Mitglieder des Bürgertums und Literaten wie Luis Alcaniz kaum der Hauptgrund gewesen sein, weil es zu einem viel späteren Zeitpunkt erfolgte. Als Ursache hat man auch die massive Zuwanderung im valencianischen Raum und den lebhaften Handel mit Kastilien genannt sowie das Übergewicht kastilischer Adelsfamilien, das zwischen 1500 und 1525 weiter wächst. Ob die »strukturelle Schwäche des Katalanischen im Königreich Valencia« (R. García Cárcel) als Ursache gesehen werden muß, bleibt fraglich. Tatsache ist, daß die katalanische Literatur selbst schon zu einer Zeit zu Ende war, als keiner der genannten Faktoren großes Gewicht hatte.

Die große Zeit der Literatur Valencias, als die Dichtkunst eines Ausias March und die beiden großen Ritterromane *Curial e Güelfa* und *Tirant lo Blanch* von Joanot Matorell († 1468), erweitert von Joan Martí de Galba vor der ersten Auflage 1490, weite Verbreitung fanden, lag noch nicht lange zurück. Noch gab es vielgelesene Werke wie das *Espill* oder das *Llibre de les dones* von Jaume Roig († 1478) und die von der Klarissin Isabel de Villena († 1490) als Entgegnung darauf verfaßte Schrift. Beide Werke sind sehr bezeichnend für die »feministische« und »antifeministische« Literatur der Halbinsel im 15. Jahrhundert, zu der auch das *Corbacho* in kastilisch gehörte. Mit der Generation von Joan Rois de Corella († 1497), einem bemerkenswerten Dichter, der auch religiöse Prosawerke schrieb und klassische Schriftsteller übersetzte, war allerdings fast alles zu Ende. Aus derselben Epoche, ja oft aus demselben Gesellschaftskreis, stammten Männer wie Joan Ram Escrivà, Miguel Pereç, der die *Imitación de Cristo* und die Biographie der Heiligen Katharina von Siena ins Katalanische übersetzte, sowie Joan Moreno, Bernat Fenollar, der Arzt Luis Alcañiz, Francís Vinyoles und einige andere Dichter, die das literarische Schaffen in katalanischer Sprache in den Jahrzehnten der Blütezeit vor dem Aufstand der *Germanías* fortsetzten.

***

Zu den großen kulturellen Phänomenen Kastiliens im 15. Jahrhundert zählt die von R. Boase so bezeichnete »Renaissance der Troubadoure«. Damit meint er jene Personen aus höfischen Kreisen – er schätzt sie auf ungefähr neunhundert –, die Gedichte verfaßten, in denen die aristokratischen und ritterlichen Werte, aber auch volkstümliche Themen besungen wurden. Die alte Tradition der mündlichen Lyrik Kastiliens konnten sie allerdings nicht wiederbeleben; dieser Brauch ging in der Zeit der Katholischen Könige zu Ende. Wie die höfischen Feste und Turniere verschwanden auch die Dichter.

Gerade in dieser Zeit entstanden die wichtigsten Liedersammlungen (*cancioneros*), in die viele dieser Gedichte aufgenommen wurden. Die bekannteste ist der *Cancionero General* von Hernando del Castillo (Valencia, 1511), in der Gedichte von zweihundert Autoren, darunter Rodrigo Cota und Garci Sánchez aus Badajoz, enthalten sind. Sehr bedeutend ist auch die Liedersammlung des Dichters, Musikers und Dramaturgen Juan de Encina sowie die Werke mit Musik und Text, die in den *Cancioneros musicales* gesammelt wurden. Im *Cancionero del Palacio* sind viele Kompositionen von Juan de Encina enthalten, dessen *Arte de la poesía castellana* die erste gedruckte Abhandlung über dieses Thema ist. 1513 veröffentlichte der letzte Dichter, den man noch mit der Renaissance der Troubadoure des 15. Jahrhunderts in Verbindung bringen kann, eine Liedersammlung: es handelt sich um Pedro Manuel Ximénez de Urrea y Fernández de Híjar, der als Enkel des Herzogs von Híjar und Sohn des Grafen von Aranda (beides Titel, die von Ferdinand dem Katholischen verliehen worden waren) ein Mitglied des aragonesischen Hochadels war.

Ein großes Interesse bestand an der Wende vom 15. zum 16. Jahrhundert für die sogenannten »alten Romanzen«, die zwar nicht mehr geschrieben, wohl aber gesammelt wurden. Die Königin selbst förderte dieses Interesse, und so kam bald zur mündlichen Überlieferung die Veröffentlichung von Sammlungen, den sogenannten *romanceros*, die auf die moderne spanische Literatur großen Einfluß haben sollten. Die *romanceros* wurden zu einem bedeutenden Vermächtnis für die spanischsprachige Nachwelt in Europa und Amerika und durch die Fülle ihrer verschiedenen Themenkreise zu einer reichen Quelle der Inspiration. Der Bogen spannt sich von den Heldenepen um die Karolinger über den Sagenkreis um König Artus und die Bretonen bis zur spanischen Geschichte des Mittelalters mit ihren lyrisch-phantastischen Themen sowie Erinnerungen an die Eroberung Granadas.

In dieser Zeit wurden, oft im Auftrag der Herrscher, die letzten Heldenepen geschrieben, so etwa während der Belagerung von Baza 1489. Über die volkstümliche und kollektive Überlieferung übte das Genre einen goßen Einfluß auf die Wertvorstellungen von der Vergangenheit aus. Die ersten gedruckten Sammlungen sind Ambrosio de Montesino (1508) und dem bereits erwähnten Hernando de Castillo (1511) zu verdanken.

Die Eroberung des Königreichs von Granada begann 1482 mit der Einnahme von Alhama. Rodrigo Alemán stellt dieses Ereignis im Chor der Kathedrale von Toledeo zusammen mit vielen anderen Szenen aus diesem Krieg dar

Eines der Schwerter Muhammeds XII. Boabdil, des letzten Emirs von Granada

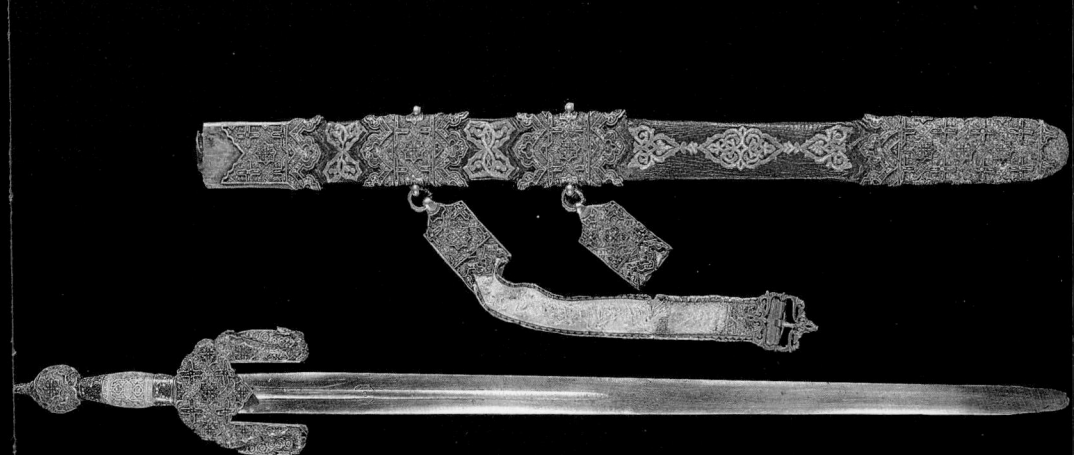

Die Katholischen Könige ziehen in Granada ein. Flachrelief in der Capilla Real der Kathedrale von Granada

Rechte Seite: Die vielen Todesopfer und die Leiden, die der Kampf um Granada verursachte, kommen symbolhaft zum Ausdruck im Grabmal des Martín Vázques de Arce, »El Doncel de Sigüenza«, der im Feldzug des Jahres 1486 fiel

In Granada ließen sich die Katholischen Könige ihre Grabstätte bauen, die Capilla Real mit dem herrlichen wappengeschmückten Gitter.

Sehr beliebt war in der aristokratischen Welt auch das Genre der Ritterbücher, weil es die Gültigkeit der eigenen Gesellschaftsordnung illustrierte. Die dort geschilderten nostalgischen Ideale boten eben dadurch, daß sie der eigenen Wirklichkeit des merkantilen Frühkapitalismus und der modernen Staatsformen nicht mehr entsprachen, die Möglichkeit, sich in das abenteuerliche Land der Helden mit seinen feudalen und ritterlichen Werten, an die man immer noch glauben wollte, zu flüchten. Diese Traumwelten hatten auch eine gewisse Bedeutung für die Geisteswelt der Entdecker und Eroberer Westindiens, wie auch der mittelalterliche Chiliasmus, verbreitet durch die Franziskanermissionare, ein letztes Mal in Amerika aufflackerte.

Man sollte mit M. de Riquer unterscheiden zwischen den »Ritterromanen«, die dem Alltag näher stehen, und den »Ritterbüchern«, wo Exotik und Wunder in einer zeitlosen und legendären Welt blühen. Zu den ersteren gehört *Tirant lo Blanch*, zu den letzteren die berühmte Geschichte von *Amadís de Gaula*, an der lange geschrieben wurde. Das Werk, das durch Geschichten aus dem Artuskreis inspiriert wurde, kannte man schon im 14. Jahrhundert. Garci Rodríguez de Montalvo schrieb die endgültige Version, die er wahrscheinlich schon 1496, sicher aber im Jahre 1508, herausgab. Das Werk erlebte bis 1650 18 Auflagen. Als der ideale Ausdruck einer Welt, die langsam aber unaufhaltsam in der Nacht der Vergangenheit unterging, wurde es zum Vorbild für viele andere Werke wie *Sergas de Esplandián* (1510), *Lisuarte de Grecia* und *Don Palmerín de Oliva*. Noch in der Zeit Karls I. kamen neue Werke dieses Genres hinzu.

In der Gattung der Liebesliteratur erzielte *La Cárcel de Amor* von Diego de San Pedro (1492), worin die unglückliche Verbindung von Laureola und Leriano geschildert wird, einen beachtlichen Erfolg. Auf diesem Gebiet ragt noch die geniale *Celestina*, die Tragödie von Calixto und Melibea, hervor, ohne Zweifel das bedeutendste Werk Spaniens aus dieser Zeit. Eigentlich handelt es sich dabei mehr um einen Roman in Dialogform als um ein Theaterstück, obwohl es als solches geschrieben wurde. Die übergroße Länge macht eine Aufführung des kompletten Werks unmöglich. Den ersten Akt hat wahrscheinlich Rodrigo Cota geschrieben, während die zwanzig folgenden von Fernando de Rojas († 1541) stammen. Von dem Bakkalaureus der Rechtswissenschaften nahm man ohne ausreichenden Grund an, daß er von bekehrten Juden abstamme.

Die *Celestina* wurde 1499, 1500 und dann bereits komplett 1501 und 1502 veröffentlicht. Im 16. Jahrhundert erreicht sie acht Auflagen und zählte zu jenen Werken der spanischen Literatur, die weltweit am bekanntesten waren und den größten Einfluß hatten. Zudem stellt sie ein hervorragendes Zeugnis der ausgereiften Sprache dar, in der alle Kunstmittel eingesetzt werden: von Poesie über Realismus bis zu Ironie und Kritik.

Das Vorbild für die Figur der Celestina und vieler in dem Stück enthaltener Themen findet sich in den lateinischen Werken von Petrarca und in der humanistischen italienischen Komödie, was der Originalität, die eher auf der ausdrucksvollen und kreativen Entwicklung des Themas beruht, jedoch keinen Abbruch tut. Die Handlung spielt in einer fiktiven kastilischen Stadt, einer Mischung aus Toledo, Salamanca und Sevilla, in der man einen ganz bestimmten Typus der städtischen Gesellschaft der Zeit erkennen kann. Dennoch findet sich darin nicht jene Kritik an der Gesellschaft, wie sie die diesbezüglich besonders sensibilisierten bekehrten Juden übten, um ihrem bisweilem »subversiven Geist« (A. Castro) Ausdruck zu verleihen. In der *Celestina* wird mit lyrischem Feingefühl und dramatischer Kraft eher das Bild einer städtischen Gesellschaft entworfen, in der sich die allgemeinen, dem Urgrund des menschlichen Wesens entspringenden Leidenschaften in ihrer ganzen zerstörerischen Gewalt widerspiegeln. Einige der meisterhaft gezeichneten Charaktere blieben in der Literatur unübertroffen. Sie werden von einem gleichzeitig moralistischen und pessimistischen Gesichtspunkt aus gesehen, der, ohne religiös zu belehren, am Beispiel der Liebenden die Unfähigkeit zeigt, den Egoismus zu überwinden.

Es wurde festgestellt, daß in dem Werk Rojas' die Abhängigkeiten und die Enge der menschlichen Natur stärker zum Ausdruck gebracht werden als ihre Freiheiten. In der vorherrschenden, nur von seltenen Momenten der Liebe erhellten Atmosphäre der Einsamkeit werden Kräfte freigesetzt, die den Menschen überwältigen und schließlich zu einem verhängnisvollen, absurden und hoffnungslosen Ende führen. Ist dieser Text eine Charakterisierung der Zeit oder soll die *Celestina* eine paradigmatische Erzählung von der »Geschichte der menschlichen Unglückseligkeit« (J. Rodríguez Puértolas) sein? Auf jeden Fall wird die Thematik eingesetzt, um vor den Verlockungen der Liebe, einem übermäßigen Vertrauen in die Untergebenen und davor zu warnen, die Söhne und Töchter unbeaufsichtigt zu lassen. In der *Celestina* werden »Gefühle und Probleme« insofern von einem zeitlosen Standpunkt aus betrachtet, als dem sittlichen Verhalten jedes einzelnen ein in sich selbst ruhender Wert zugeschrieben wird. Unabhängig von den zeitgebundenen Themen und Ideen der Epoche wird sie so zu einem großartigen Ausdruck einer weiten inneren Welt.

Im literarischen Bereich muß noch auf die Entstehung des modernen Theaters hingewiesen werden. Die ersten Autoren waren Gómez Manrique, Lucas Fernández (1474-1452) und Juan del Encina (1469-1529), wobei nur der letztere neben den traditionellen Themen des religiösen Theaters auch profane Stoffe verarbeitete. Die entscheidenen Schritte zum modernen Theater verdanken wir Torres Naharro († 1531) und Gil Vicente († 1536), deren Werke nach 1517 entstanden bzw. verbreitet wurden.

DIE BLÜTE DER KUNST

Zwischen 1475 und 1520 erfolgt der Übergang von der Gotik zur Renaissance. Der aus Nordeuropa stammende spätgotische Stil war zwar weiter beherrschend, doch fließen in ihn zunehmend Elemente des Mudejarstils ein, der als »Taumel des Naturalismus und der Ornamentik« (J. Camón Aznar) bezeichnet worden ist. Eine entscheidende Rolle spielte die Tatsache, daß die Auftraggeber von Kunstwerken zahlreicher und wohlhabender wurden: die Monarchen, der hohe Klerus, das Stadtpatriziat, aber auch reich gewordene Dörfer. Das Übergewicht hatten noch immer die traditionellen religiösen Aufträge, zu denen jetzt aber vermehrt solche profaner Natur hinzukommen. Zwar wurde mit den Traditionen, die sich in den einhundertfünfzig Jahren davor entwickelt hatten, nicht gebrochen, die feinere Lebensart in den Stadtpalais, Burgen und Landsitzen hatte jedoch neue ästhetische Bedürfnisse zur Folge.

Der zunehmende Wohlstand des Königreiches führte, so Camón Aznar, zu einer »glanzvollen Blüte« der Künste: unzählige Kirchen und Burgen wurden gebaut und kunstvolle Altäre, Gemälde, Chorgestühl und kunsthandwerkliche Gegenstände geschaffen. Außerdem übernahmen die Könige aus Gründen des politischen Prestiges oder ihres kirchlichen Patronats die Schirmherrschaft über Bauwerke, die sie häufig auch finanzierten. Daneben dienten Malerei und Kunsthandwerk auch ihrer eigenen religiösen wie ästhetischen Erbauung.

Diese Tätigkeit der Katholischen Könige erstreckte sich auf alle

Reiche Spaniens, vor allem auf Granada, wo zahlreiche Kirchen und Klöster gegründet, aber auch die Alhambra erhalten und sogar restauriert wurde, weil sie der König als »ein so hervorragendes und prächtiges Bauwerk« bewunderte. Diese Anstrengungen der Monarchen, die »die zerstörten Kirchen wiedererrichteten und neue gründeten«, wie der deutsche Reisende Münzer 1494 schrieb, ergänzten eindrucksvoll die anderen Seiten ihres Mäzenatentums, die auf Wissenschaften, Musik und Literatur gerichtet waren. Zeugnis davon gibt die Kapelle Königin Isabellas, die mit 225 Tafelbildern, 370 Wandteppichen, Stundenbüchern, Paramenten und liturgischen Prunkgeräten ausgestattet war.

Um die Merkmale und die Bedeutung des »Stils der Katholischen Könige« – oft auch »Isabellinischer Stil« genannt – genau charakterisieren zu können, muß man sich den Künstlern und ihren wichtigsten Werken in den großen Regionen zuwenden. In Kastilien waren Burgos, Toledo und Sevilla seit Jahrzehnten die wichtigsten künstlerischen Zentren. In Burgos prägt ein reiner spätgotischer Stil nordischer Provenienz das Stadtbild, der kaum Elemente des Mudejarstils aufweist. Er wurde von rheinischen und flämischen Künstlern geschaffen, zu deren hervorragendsten Juan de Colonia gehört. Auf ihn gehen die gotischen Türme und die Vierungskuppel der Kathedrale sowie die von der Königin gegründete Kartause von Miraflores zurück. Seinem Sohn Simón verdanken wir die wunderbare Capilla del Condestable im Chorumgang der Kathedrale, die der Familie Velasco als Begräbnisstätte diente.

In diesen Jahren entstanden auch die besten bildhauerischen Werke von Gil de Siloé und Diego de la Cruz in der Kartause von Miraflores: das Retabel des Hochaltars, die Grabmäler der Eltern und des Bruders von Isabella I. Aufschlußreich ist auch das Retabel in der Pfarrkirche San Nicolás in Burgos, weil seine Thematik mit Seefahrt und Handel, den bevorzugten Tätigkeiten des dortigen Patriziats, in Zusammenhang steht. Einen bedeutenden Stellenwert haben im Gebiet von Burgos noch die großartigen Retabeln von Santa María la Real in Aranda de Duero sowie von San Pablo und San Gregorio in Valladolid.

In Toledo kommt es ab der Mitte des Jahrhunderts zu einer einzigartigen Symbiose zwischen der Spätgotik und den Bau- und Dekorationstechniken der spätmittelalterlichen Mudejarkunst. Die besten der daraus hervorgegangenen Werke stammen aus der Zeit der Katholischen Könige. Damals erbaute der Hofarchitekt Juan Guas das

Franziskanerkloster San Juan de los Reyes in Toledo und das königliche Schloß in Guadalupe. Im Auftrag der Herzöge des Infantado errichtete er deren Stadtschloß in Guadalajara und ihre Burg in Manzanares el Real bei Madrid. Auch die Kapelle des Kollegs San Gregorio in Valladolid ist sein Werk. Der zweite Hofarchitekt Enrique Egas, dessen Schaffenszeit vor allem in die zweite Hälfte der Regierungszeit der Katholischen Könige fällt, schuf die beeindruckende Ausgestaltung der königlichen Spitäler von Santiago, Santa Cruz in Toledo und Granada, deren Grundriß jenem griechischen Kreuz entspricht, das Filarete für das Spital von Mailand erdacht hatte. Zu seinen Werken gehört auch die Capilla Real von Granada, wo Isabella und Ferdinand beigesetzt sind.

In vielen Städten Spaniens ist der künstlerische Einfluß Toledos zu erkennen. Das beweisen herausragende Bauwerke in Avila (Kloster Santo Tomás), Segovia (Santa Cruz, El Parral und sogar ein Teil des Klosters El Paular im nahegelegenen Gebirge), Madrid (San Jerónimo el Real) und Murcia (Capilla de los Adelantados in der Kathedrale als Begräbnisstätte für die Familie Fajardo). Von diesem Stil geprägt sind in der Bildhauerkunst auch das Grabmal des 1486 in Granada verstorbenen Martín Vázquez de Arce, »el Doncel de Sigüenza« und die Schnitzarbeiten Rodrigo Duques (auch Alemán genannt) im unteren Chorgestühl der Kathedrale von Toledo, die wie das zwischen 1498 und 1504 vollendete Retabel des Hochaltars Motive der Eroberung Granadas zeigen.

Mit dem Bau der großen Kathedrale von Sevilla wurde 1402 begonnen. 1506 konnte er vollendet werden. Generationen von Architekten, Bildhauern, Steinmetzen sowie flämischen, deutschen, bretonischen und kastilischen Bildschnitzern waren dort tätig. Aus den letzten Jahrzehnten der Bauarbeiten stammen viele Figuren an den Portalen, fast alle aus Terrakotta. Sie wurden von Lorenzo Mercadante de Bretaña und von dem Franzosen Michel Perrin geschaffen. In dieser Zeit entstand auch das Hauptretabel, das von Pyeter Dancart 1482 begonnen und von Jorge Fernández in rein flämischer Gotik vollendet wurde. Der viel kleinere, einzigartige Bau des Klosters Santa Paula in Sevilla verbindet in harmonischer Weise die Prinzipien der gotischen Architektur mit der Dekoration und den Holzkonstruktionen der Mudejaren. Ähnliches gilt auch für verschiedene Räume des Alcazar, die in diesen Jahren erbaut oder restauriert wurden.

Sevilla ist aber nicht die späteste gotische Kathetrale Kastiliens. Auch jene von Palencia, Salamanca und Segovia sowie große Teile der Kathedralen von Plasencia, Coria, Astorga und Calahorra sollten noch wie die in die alte Hauptmoschee von Córdoba eingefügte Kirche in diesem Stil errichtet werden. Sie alle zeugen vom Reichtum Kastiliens im 16. Jahrhundert und von dem mittelalterlichen Geist des Patronats, der ihren Bau möglich machte.

Die Atmosphäre der Erneuerung erfaßte auch die städtische Baukunst. In den unzähligen neuen Stadtpalais des Adels wurde die Tradition des vorhergegangenen Jahrhunderts, als man Kultiviertheit und dekorative Schönheit der Fassaden in den Mittelpunkt stellte, mit der neuen Idee verbunden, die Fassade durch Fenster auf die Straße zu öffnen. Es haben sich gute Beispiele für diese Form erhalten: die Casa del Cordón in Burgos, de Dávila in Avila, und die von Juan Bravo in Segovia, die Häuser von Doña María la Brava, die Casa de las Conchas in Salamanca, das Palais der Golfines de Abajo in Cáceres und der Palast von Jabalquinto in Baeza.

Hervorragende Beispiele für die letzten Ausläufer der Spätgotik und die Anfänge der Renaissance gibt es auch außerhalb Kastiliens. In Portugal entwickelte sich der Manuelinische Stil (»arte manuelino« – Stil aus der Zeit Manuels I.), in dessen Zeit der Bau des Hieronymitenklosters in Lissabon, die Kirche de la Orden de Cristo in Tomar und einige Teile des Klosters von Batalha fallen. Ihren Höhepunkt erreichte die mudejarische Gotik aber in Aragon, wovon Türme (Santa María in Calatayud) und Vierungskuppeln (Kathedrale von Saragossa) oder auch die wunderbaren Decken im Thronsaal und in anderen Räumen des Kalifenpalastes *Aljafería* in Saragossa Zeugnis geben.

Wenn man von Valencia absieht, kam es in dieser Epoche in den Ländern der Krone von Aragon zu keiner außergewöhnlich starken Bautätigkeit. Im blühenden Wirtschaftszentrum Valencia entstand in dieser Zeit die Seidenbörse (*Lonja*), der neue Flügel des *Consulado* (Zunftgebäude) und die Kapelle der Familie Borja in der Kathedrale. Nicht vergessen werden dürfen auch die Arbeiten des Bildhauers Damián Forment in Huesca, Saragossa und Poblet aus der Zeit zwischen 1509 und 1530, und die von Gil de Morlanes an der Renaissancefassade des Hieronymitenklosters Santa Engracia in Saragossa. Auch die Schönheit der Capilla de los Corporales in Daroca, wo sich Porträts der Könige befinden, verdient erwähnt zu werden.

***

Die Renaissance kündigt sich in Kastilien bereits im letzten Jahrzehnt des 15. Jahrhunderts im Werk von Lorenzo Vázquez Figueroa an, der an den im Auftrag der Familie Mendoza errichteten Bauwerken, wie dem Portal des Kollegs Santa Cruz in Valladolid und dem Palast von Cogolludo, eine spezielle Dekorationstechnik verwendete. Der frühe Platereskenstil, der noch mudejarische Zierelemente und Techniken enthält, setzt sich erst mit Pedro de Gumiel, dem Architekten des Kardinals Cisneros, in der Aula der Universität von Alcalá de Henares und im Vorraum zum Kapitelsaal der Kathedrale von Toledo durch. Aus der Zeit der beginnenden Renaissance stammt auch die Ausschmückung einiger Kapellen in den Kathedralen von Sigüenza und Palencia. Seit dem Jahr 1515 wird Salamanca zum wichtigsten Zentrum des neuen Stils. Der neue Fassadenschmuck ziert dort Gebäude wie San Esteban und die Universität, die im vorhergehenden Jahrhundert errichtet worden waren.

In anderen Formen der Dekoration und in einzelnen Skulpturen begannen sich die Neuerungen noch früher abzuzeichnen. Ein Beispiel sind die von dem Italiener Domenico Alesandro Fancelli gestalteten Grabmäler der Katholischen Könige in Granada und das des Prinzen Juan in Santo Tomás in Avila. Schon aus dem zweiten Jahrzehnt des 16. Jahrhunderts lassen sich dafür auch kastilische Bildhauer nennen: Vasco de la Zarza schuf das berühmte Grabdenkmal für Alonso de Madrigal »El Tostado«, das sich im Chorumgang der Kathedrale von Avila befindet; von Bartolomé Ordóñez stammt das Grabmal Cisneros' in Alcalá und das von Philipp I. und Johanna »der Wahnsinnigen« in der Capilla Real in Granada; Diego de Siloés Name bleibt mit seiner berühmten *Escalera Dorada* (goldene Treppe) in der Kathedrale von Burgos verbunden. In Burgos, Avila, Toledo und Granada befinden sich die Werke von Felipe Vigarny, der die Tradition der flämischen Gotik mit den Formen der Renaissance verschmolz.

Bei der Entstehung der neuen italienisch beeinflußten Ästhetik spielte der Import dekorativer Elemente und sogar ganzer Denkmäler durch genuesische, lombardische und florentinische Händler eine wichtige Rolle. Dekorierte Mamorelemente, Säulenschäfte und Kapitelle, Reliefs aus glasierter Keramik im Stil Luca della Robbias, Retabeln und Tafelbilder traten mit den Werken der bis dahin vorherrschenden flämischen Gotik in Konkurrenz oder verdrängten diese. Derart fand die Renaissance auch in Andalusien, in den Palästen und Klöstern Sevillas und den nahegelegenen Marktflecken am Atlantik Eingang. Ähnliches gilt für das Königreich Granada, in dem wunderbare Renaissancehöfe (z. B. Burg von La Calahorra bei Guadix von Vélez Blanco, Burg de Canena im Gebiet von Jaén) entstanden.

Die neuen Tendenzen zeigten sich ferner in der Malerei, wenn auch mit den ihr eigenen Besonderheiten. Seit Mitte des 15. Jahrhunderts überwog der niederländische Einfluß, der in großen Malern wie Jaime Huguet oder Nuño Gonçalves zum Ausdruck kam. In der Zeit der Katholischen Könige wirkten Meister wie der in Katalonien lebende Cordobese Bartolomé Bermejo, der in Salamanca und der Estremadura sehr aktive Fernando Gallego mit seinem Kreis sowie Jorge Inglés, der sogenannte »Maestro de San Ildefonso«. Erstmals ragt auch eine Gruppe von Hofmalern hervor, zu denen Juan de Flandes, der Este Michiel Sittow und der »Meister der Katholischen Könige« zählen. In denselben Jahren brachten andere den neuen italienischen Stil nach Kastilien, vor allem Pedro Berruguete, vielleicht der größte kastilische Maler seiner Zeit, der seine Ausbildung in Urbino und an anderen Orten Umbriens und der Toskana erhalten hatte. Von ihm stammen die Retabeln der Kirche in Paredes de Nava in Palencia und die der Kathedrale und des Klosters Santo Tomás in Avila.

Es gab viele verschiedene Werkstätten. Der italienische Einfluß erreichte durch Pablo de San Leocadio, die Mitglieder der Künstlerfamilie Osona, vor allem aber durch Fernando Yañez de Almedina und Fernando Llanos bald Valencia. Der Stil der beiden letzteren, der im Retabel der Kathedrale vom Beginn des 16. Jahrhunderts zum Ausdruck kommt, lehnt sich an Leonardo da Vinci an. Juan de Borgoña schuf in Toledo die großen Wandmalereien des Kapitelsaals und der mozarabischen Kapelle der Kathedrale, die Kardinal Cisneros der Einnahme von Oran gewidmet hatte. In Sevilla wurde Alejo Fernández durch die Entdeckungsfahrten und den Atlantikhandel der Andalusier zu seinem klassischen Gemälde *La Virgen de los navegantes* inspiriert, auf dem vermutlich auch Kolumbus dargestellt ist.

***

Die kunsthandwerklichen Gegenstände — Goldschmiedearbeiten, Keramik, Wandteppiche — bekamen durch einen größeren Kundenkreis mit verfeinerten ästhetischen Ansprüchen einen neuen Stellenwert. In der Goldschmiedekunst überwogen noch immer die Techniken und das gotische Schönheitsempfinden des Rheinlands. So stammen die schönsten Monstranzen einiger kastilischer Kathedralen von einer rheinischen Silberschmiedfamilie, den Arfe; Enrique de Arfe schuf zwischen 1515 und 1518 die Monstranzen von Toledo und Cordoba noch im gotischen Stil. Neben den von den Königen verwendeten französischen und flämischen Wandteppichen waren jene aus den Werkstätten von Cuenca und Alcaraz im Stil der Morisken sehr geschätzt. Auch in der Keramik wurden mudéjarische Motive und Techniken beibehalten, denen sich in Sevilla seit dem Anfang des 16. Jahrhunderts italienische zugesellten. Damit war der Grundstein für die große Zeit der Keramik in Triana gelegt.

***

Die Könige brachten auch der Musik großes Interesse entgegen – ihre Kirchenmusikkapellen waren führend in jener Zeit. Die Kapelle der Königin bestand aus 16 bis 20 Sängern und zwei Organisten, die des Königs hatte im Jahre 1515 41 Mitglieder. Ihr reiches und originelles Repertoire ist uns dank der fünf Sammlungen, *Cancionero de la Colombina, del Palacio, de Uppsala, de la casa de Medinaceli* und der Sammlung von Juan Vázquez bekannt. Es zählt über tausend Kompositionen, die zwar auf der Grundlage der polyphonischen Regeln der französisch-niederländischen *ars nova* aufbauen, aber eine ganz eigene Kraft erkennen lassen. Diese zeigt sich besonders bei Komponisten wie Juan de Anchieta, Francisco de Peñalosa, Pedro de Escobar und Juan del Encina. S. Rubio schreibt: »Unter der Herrschaft der Katholischen Könige, die noch eine ziemlich starke Bindung an den neapolitanischen Hof von Alfons dem Großen hat, erwirbt Spanien eine eigene musikalische Identität im Bereich der Kunst der Polyphonie. Auf dem Gebiet der Instrumentalmusik sollten hingegen noch viele Jahre vergehen, bis der erste Schritt nach vorn getan wurde.«

So sind uns aus dieser an künstlerischen Ausdrucksformen so reichen Zeit nicht nur die Denkmäler und Bilder, sondern auch ihre Klänge überliefert.

KAPITEL VIII

Die Erweiterung des Reichs: Granada, die Kanarischen Inseln, die Neue Welt

Unter den Katholischen Königen konnte die ererbte Krone von Kastilien um Granada, die Kanarischen Inseln und die »Neue Welt« in der Karibik erweitert werden. Die Eroberung Granadas war ein besonderes Anliegen der Könige und der kastilischen Gesellschaft, dafür hatten sie zehn Jahre geopfert und alle ihre Mittel eingesetzt. Es war der krönende Abschluß der *Reconquista*. Das letzte Bollwerk der islamischen Macht auf der spanischen Halbinsel war gefallen und damit die Grenze, die zweieinhalb Jahrhunderte zwischen Granada und dem kastilischen Teil Andalusiens bestanden hatte. Der Krieg um Granada läßt ganz klar die historischen Strukturen Kastiliens im Spätmittelalter erkennen: angefangen vom geistigen Leben über die soziale, wirtschaftliche und politische Organisation bis hin zur Kolonisierung. Sie wurden mit neuer Dynamik erfüllt und in den Dienst der gewaltigen Aufgabe dieses Kriegs gestellt.

Auf den Kanarischen Inseln setzte die Krone ein Unternehmen fort, das auf Initiative eines Herrschaftsinhabers im Jahre 1402 begonnen worden war. Damals ging es darum, die Gefahr einer portugiesischen Intervention abzuwenden. Die vier Inseln Lanzarote, Fuerteventura, Gomera und Hierro unterstanden bereits der Herrschaft ehemaliger Patrizier aus Sevilla (Las Casas und Peraza). Aber die größten Inseln, Gran Canaria, Teneriffa und La Palma, gehörten noch nicht zu Kastilien. Die Katholischen Könige übernahmen diese Aufgabe, zumal zwischen 1475 und 1479 den Inseln wieder Gefahr von Portugal drohte. Die Eroberung selbst lag in den Händen von Heerführern, die sich dazu vertraglich verpflichteten. Damit waren für die Wiederbesiedlung und Verwaltung des neuen Gebiets besondere Bedingungen geschaffen: Die Interessen der Krone mußten mit denen der Eroberer und ihrer Partner oder Helfer in Einklang gebracht werden, noch dazu in einem Gebiet, das viel kleiner war und viel weiter entfernt lag als Granada.

Während es sich in Granada darum handelte, bereits erprobte Formen des Zusammenlebens mit den Mudejaren in einem neu gewonnenen Gebiet fortzusetzen, hatte die stark dezimierte einheimische Bevölkerung auf den Kanarischen Inseln nur die Wahl, sich taufen zu lassen und mit den Spaniern zu vermischen oder als Sklaven verkauft zu werden. Trotzdem waren auf lange Sicht die Ergebnisse vergleichbar. Die Krone hatte nämlich vom ersten Augenblick an den Willen, die Integration der beiden neuen Territorien zu gleichen Bedingungen zu vollziehen, wie sie in ihren anderen Reichen üblich waren.

GRANADA

Das Emirat von Granada war entstanden, nachdem das Tal des Guadalquivir in der Zeit von Ferdinand III. durch die Christen erobert worden war. 1247 anerkannte es die Oberhoheit Kastiliens und damit seine Integration in dessen politischen Wirkungsbereich. Diese vorläufige Regelung verlängerte sich auf unbestimmte Zeit, denn Granada wurde zum Land der Zuflucht für viele Muselmanen, die Andalusien und Murcia verließen. Das Emirat wurde seit 1275 von den Meriniden aus Nordafrika unterstützt, und sein Überleben schien gesichert, auch wenn es zwischendurch immer wieder zu Kriegen und Kämpfen um die Macht kam. Das christliche Andalusien war im 13. und 14. Jahrhundert nur dünn besiedelt, dadurch wurde es zu einem Nachbarn, mit dem Granada sich messen konnte. Andererseits litt Kastilien ab 1272 unter internen Krisen. Der Impuls für die *Reconquista* erfuhr zahlreiche Unterbrechungen und war manchmal auf lange Zeit lahmgelegt. Ein Vorteil für Granada war schließlich der gebirgige Charakter des Landes, was die Verteidigung erleichterte. Die Emire vermehrten die natürlichen Hindernisse um ein dichtes Netz von Festungsbauten, die in einer Zeit, als es noch keine Artillerie gab, schwer einzunehmen waren. Im Rahmen der diplomatischen Aktivitäten setzte das Emirat auf die Passivität der Könige und auf die Zusammenarbeit der Seemacht mit Genua. Die islamischen Nachbarländer des Maghreb befanden sich in einer ähnlichen Lage.

In der Geschichte Granadas gibt es zwei Perioden: die Zeit vor und nach den Siegen von Alfons XI. bei Algeciras und dessen Einnahme (1344). Von da an verringerten sich die Möglichkeiten für Granada, da es ohne Hilfe von außen blieb und sich an der Grenze zu Kastilien auf die Verteidigung beschränken mußte. Die 1419 beginnenden dynastischen Auseinandersetzungen so wie die Wiederaufnahme der Eroberungsfeldzüge Kastiliens ab 1407 verschlimmerten die Lage des Emirats. Die Katholischen Könige konnten dank ihrer Ausdauer und Energie die von ihren Vorgängern übernommene Aufgabe, Granada ganz zu beherrschen, zu Ende bringen. Es geschah dies zu einer Zeit, in der sich infolge der osmanischen Expansion im Mittelmeer und auf dem Balkan die Möglichkeit eines neuen islamischen Vormarsches im Westen abzeichnete. So besehen war die Einverleibung Granadas nicht nur das Ende eines langen historischen Prozesses, sondern ein Akt der Umsicht und die einzige mögliche Antwort der Europäer auf die Eroberung Konstantinopels durch die Osmanen, die 1453 das Bewußtsein der politischen Führer Europas erschütterte.

Die Mittel für den Krieg

Die Katholischen Könige mobilisierten für den Krieg gegen Granada in Kastilien alle Kräfte. Ihr Heer umfaßte 6.000 bis 10.000 Reiter und in den ersten Feldzügen 10.000 bis 16.100 Fußsoldaten, 11.000 bis 25.000 im Jahr 1485. Im Jahr 1486 waren es 12.000 bis 40.000 Infanteristen. Das ist der höchste Stand, den das Heer mit geringen Abweichungen in den drei großen Feldzügen von 1487, 1489 und 1491 hatte. Etwa im selben Ausmaß nimmt die Artillerie zu. Von einigen wenigen Kanonen in den ersten Feldzügen steigt die Zahl auf über 200 bei der Belagerung von Malaga (1487). Dabei blieb es bis zum Ende des Krieges. Diese Waffe spielte eine entscheidende Rolle bei der Belagerung von Burgen und Städten, deren Verteidigungsanlagen jetzt durch Beschuß zerstört werden konnten, während sie vorher praktisch uneinnehmbar waren. Auch wenn die Kavallerie die alten Traditionen wieder aufleben ließ – nicht umsonst kam ein Großteil von den adeligen Heerscharen –, so steht doch fest, daß viele wichtige Operationen nur dank der Masse der Infanteristen möglich waren. Sie trugen die Hauptlast bei Belagerungen und stürmten die Festungen. Es gab kaum Feldschlachten, in denen die Kavallerie effektiv hätte eingesetzt werden können, wohl aber Scharmützel und Streifzüge. Auch beim Abholzen des Waldes im freien Gelände waren die Soldaten auf den Schutz durch die Reiterei angewiesen.

Die Versorgung von so riesigen Heeren, die Hunderte Kilometer von ihrem Ausgangsstützpunkt entfernt zum Einsatz kamen, war eine schwierige und kostspielige Angelegenheit. Auch dabei wurden die traditionellen Grenzen der mittelalterlichen Kriegsführung überwunden, denn die Krone sicherte nicht nur den Sold, sondern auch die Versorgung der Heerlager durch Steuern. Der Durchschnittssold für einen Reiter betrug einen *Real* pro Tag, die Fußsoldaten erhielten einen halben *Real* pro Tag. Viele bekamen ihren Sold von ihren Herren oder den Gemeinderäten oder sie erhielten in Friedenszeiten regelmäßige Einnahmen, um für den Kriegsfall bereit zu stehen. Für die Versorgung mußten bei den großen Feldzügen 2.000 bis 4.000 Maultiere und 500 bis 1.000 Wagen angemietet werden. Dazu kam der Transport der Kanonen, der ähnliche Dimensionen erreichte, und der

Kauf von riesigen Getreidemengen: 1485 und 1487 handelte es sich um 120.000 *fanegas* (zu je 55 l) Weizen und Gerste, bei der langen Belagerung von Baza war es die doppelte Menge.

Mit den gewöhnlichen Einnahmen der königlichen Finanzen konnte ein kleiner Teil des Heers bezahlt werden, für die restlichen Kosten brauchte man eine zusätzliche Finanzierung. Der Hauptteil davon wurde durch den Verkauf von Kreuzzugsablässen abgedeckt. Diese Kampagnen wurden zwischen 1482 und 1492 fünfmal durchgeführt. Die Almosen, die zur Erlangung des Ablasses gegeben werden mußten, erbrachten in Kastilien, in der Krone von Aragon und in Navarra zusammen 650.000.000 *maravedíes*. Die Kleriker steuerten aus den eigenen institutionellen Renten Zuschüsse in der Höhe von 160.000.000 bei. Die jüdischen und mudejarischen Minderheiten in Kastilien zahlten eine Sondersteuer (*servicio especial*), die sogenannte Steuer *del castellano de oro*, das ergab weitere 50 Millionen. Die *hermandad* hob eine außerordentliche Steuer ein, wodurch im Verlauf des Krieges weitere 300.000.000 zur Verfügung standen. So konnte auf eine Einberufung der *Cortes* zur Bewilligung weiterer Kriegssteuern verzichtet werden. Zu diesen Mitteln kommt in einigen Feldzügen der Erlös aus der Kriegsbeute, das Lösegeld für die Gefangenen und der *quinto real* (der Krone zustehendes Fünftel), vor allem im Feldzug von Málaga, wo viele Gefangene gemacht wurden. Das ergab zusätzlich an die 50 Millionen. Die vom Adel getragenen Kosten, die nicht rückerstattet werden mußten, lassen sich nicht in Geldwert ausdrücken. Man kann aber annehmen, daß die direkten Kosten an die fünf Millionen Dukaten betrugen.

Oft kamen die Einnahmen nicht rechtzeitig. Angesichts der Dringlichkeit der Ausgaben mußte dann auf Darlehen zurückgegriffen werden, vor allem seit dem Feldzug von Baza, der die vorhandenen Mittel aufgebraucht hatte. Darlehensgeber waren der Hochadel, der anstelle der Rückzahlung oft Herrschaften in Granada erhielt, weiters der Rat der Mesta, kastilische und ausländische Händler und auch die Gemeinde Valencia, die für die Krone *censales* (Schuldverschreibungen) auflegte. Die Darlehen machten wahrscheinlich 300 Millionen aus. Sie wurden entweder in den folgenden Jahren zurückgezahlt oder durch die Übergabe von *juros* (Schuldscheine), die auf die Rente der Krone ausgestellt waren, in langfristige Verbindlichkeiten umgewandelt. Von dieser Möglichkeit wurde in Kastilien damals das erste Mal Gebrauch gemacht, zumindest in diesem Ausmaß, und sie sollte auch in der Zukunft eingesetzt werden.

Die Erweiterung des Reichs

Der Verlauf des Kampfes

Obwohl die meisten Feldzüge im Frühling oder zu Herbstbeginn stattfanden, um auf die Bedürfnisse der eigenen Landwirtschaft Rücksicht zu nehmen und der des Feindes den größtmöglichen Schaden zuzufügen, kam im Krieg gegen Granada der neue Umstand hinzu, daß das Heer mehrere Monate hindurch im Kampf stand: 1487 länger als drei Monate, 1489 länger als sechs und 1491 länger als acht. Das war ungewöhnlich, obwohl es während der Jahrhunderte der *Reconquista* schon gelegentlich vorgekommen war.

Der Krieg war ab 1480 vorauszusehen, begann dann aber doch überraschend. Die früheren Waffenstillstände, die 1475 und 1478 ohne besondere Schwierigkeiten ausgehandelt worden waren und keine Tributzahlungen von seiten Granadas vorsahen, wurden im März 1481 »zu den alten Bedingungen« verlängert. Es scheint, daß es üblich war, kleinere Aktionen und sogar die Einnahme von Grenzburgen nicht als Bruch des Waffenstillstandes anzusehen, wenn sie nicht offensichtliche Kriegsvorbereitungen waren. Dies galt etwa für die Einnahme von Zahara durch das Emirat Granada im Dezember 1481, und so hätte auch die Eroberung Alhamas durch eine viel größere Heerschar unter der Führung des Marquis von Cádiz am 28. Februar 1481 keine weiteren Folgen haben müssen. Aber Alhama war eben doch eine strategisch wichtige Stadt im Inneren Granadas. Vor allem aber hatten die Könige einige Tage davor verkündet, daß sie nicht willens seien, den Waffenstillstand fortzusetzen. So kam es zum Krieg, der sich bis 1484 um Alhama drehte. Diese Schlüsselstellung zwischen Málaga und Granada erlaubte es den Christen, im Gebiet der Vega, dem wirtschaftlichen Herzstück Granadas, und in der Ajarquía im Osten Málagas den Wald abzuholzen und Verwüstungen anzurichten.

Inzwischen entzweite sich in Granada Emir Abu'l-Hasan 'Ali, dem es trotz wiederholter Anstrengungen nicht gelang, Alhama zurückzuerobern, mit seinem Sohn Boabdil. Während sich der Vater immer mehr auf seinen Bruder Muhammad Ibn Sad el Zagal stützte, der ein ausgesprochener Verfechter des Krieges und des Widerstandes war, ließ sich der Sohn als Muhammad XII. zum Emir ausrufen. Als die Christen im März 1483 bei einem Streifzug in der Ajarquía, »in den Hügeln von Malaga«, von El Zagal geschlagen wurden, wollte Boabdil nicht nachstehen und drang in das Gebiet von Córdoba ein. Aber er erlitt eine Niederlage und wurde in der Schlacht von Lucena gefangengenommen. Damit hatten die Katholischen Könige eine ausgezeichnete Chance erhalten, zusätzlich zu den kriegerischen Aktionen, auf denen immer das Hauptgewicht lag, die internen Zwistigkeiten des Emirats auszunützen. Sie anerkannten Boabdil als Emir, schlossen mit ihm und seinen Anhängern einen Waffenstillstand und ließen ihn frei, behielten aber seine Söhne als Geiseln zurück. Somit war Granada gespalten und die Widerstandskraft geschwächt, was dazu beitrug, daß bereits 1484 zwei wichtige Städte eingenommen werden konnten: im Juni Alora und im September Setenil. Das war ein erster Schritt vor den Hauptoperationen, deren Ziel Málaga und Ronda waren. Gleichzeitig gingen die Angriffe auf die Vega weiter.

Entscheidend waren die Feldzüge von 1485 und 1487. Damals wurden die für Granada lebenswichtigen Zonen eingenommen. Ronda ergab sich im Juni 1485. Damit fiel auch die fruchtbare Umgebung und das dazugehörige Bergland. Im September 1485 fielen die Burgen Cambil und Alhabar, die eine Bedrohung für die Umgebung Jaéns dargestellt hatten. Im nächsten Jahr eroberten die Christen Loja und die wichtigsten Festungen in der Vega (Illora, Moclín, Colomera, Montefrío). »Zu anderen Zeiten mußten solche Plätze, selbst der kleinste von ihnen, ein Jahr lang belagert werden und konnten nur durch Aushungern genommen werden«, schrieb Bernáldez, um die Wirkung der Artillerie hervorzuheben.

Inzwischen gingen die Auseinandersetzungen und Kämpfe um die Führung im Emirat Granada weiter, wo es Boabdil gelang, in die Hauptstadt einzuziehen. Er schloß einen neuen Vertrag mit den Katholischen Königen, der für den Fall eines Aufgebens von El Zagal vorsah, daß Boabdil die Hauptstadt übergeben und sich in eine ausgedehnte Herrschaft im Westen des Gebietes von Granada zurückziehen würde. Das war im April 1487, während die Kastilier Vélez-Málaga einnahmen. Man dachte, daß Málaga selbst sich kampflos ergeben würde, weil dort die Anhänger Boabdils die Oberhand hatten. Doch die Leute von El Zagal leisteten erbitterten Widerstand und übernahmen schließlich die Kontrolle. So erlebte die Stadt eine harte und grausame Belagerung, die zwischen Mai und August länger als drei Monate dauerte. Sie endete mit der Gefangennahme der gesamten Einwohnerschaft (12.000 bis 15.000 Personen). Damit wurde die Macht El Zagals im westlichen Teil Granadas gebrochen. Er verlagerte deshalb seine Aktivitäten in den Osten und organisierte die Verteidigung von Guadix, Baza und Almería.

Diese Umstände machten dieses Gebiet zum Ziel der Feldzüge von 1488 und 1489. Murcia war 1488 der Stützpunkt für die Kämpfe, die

Die Erweiterung des Reichs

in diesem Jahr nur den Juli über und die ersten Julitage andauerten. Viele der Ortschaften, die man in die zukünftige Herrschaft von Boabdil einbeziehen wollte, kapitulierten: Vera, Mojácar, Vélez Blanco und Vélez Rubio, und im Norden Huéscar, Orce, Galera und Benamaurel.

Ganz anders verlief der Feldzug von 1489. Denn die Anhänger von El Zagal hielten sich bis Dezember in Baza. Es war dies eine Folge vieler Schwierigkeiten bei der Organisation der Belagerung und der Aufstellung der Artillerie, die letztlich überhaupt nicht zum Einsatz kam. Außerdem war die Versorgung der Belagerer sehr kostspielig, denn entweder mußte ein großer Teil Andalusiens durchquert werden oder man mußte den Transport bis Murcia per Schiff durchführen. Es war ein Sieg der Ausdauer, die dadurch gestärkt wurde, daß ab November die Königin im Lager der Christen anwesend war. Das Ergebnis war nicht nur die Einnahme Bazas. Es ergaben sich auch Guadix, die Dörfer von Cenete, Almería und die dazugehörige Region, Purchena und das Almanzoratal. El Zagal mußte kapitulieren und ging in den Maghreb.

Anfang 1490 war es soweit, daß Boabdil die Abmachungen erfüllen sollte, aber ein großer Teil der Einwohner seiner Hauptstadt unter ihren religiösen Führern zwang ihn dazu, weiter Widerstand zu leisten. Vielleicht wollten sie von den Katholischen Königen bessere Bedingungen erreichen, wußte man doch, daß diese nach dem großen Aufwand von 1489 keinen ähnlichen Feldzug mehr organisieren konnten. Tatsächlich beschränkten sich die Christen darauf, die letzten Häfen zu besetzen, die den Muselmanen verblieben waren, und ihre Positionen in der Vega zu halten, so daß die Bewohner Granadas ihre Stadt kaum verlassen konnten.

Zum letzten Schlag kam es 1491. Seit April waren alle Verbindungen zur Hauptstadt abgeschnitten. Sie sollte ununterbrochen belagert und ausgehungert werden. Gleichzeitig sollten ständige Scharmützel den Widerstand schwächen. Zu diesem Plan gehörte die Errichtung von Santa Fe, ungefähr zwei Meilen (12 km) von Granada entfernt, als wichtigster »Sturmbock«.

Die Monate vergingen, und als der Widerstand nachließ, nahm Boabdil heimlich Verhandlungen auf, durch die ein noch tragischerer und grausamerer Ausgang abgewendet wurde. Der Vertrag wurde am 25. November unterzeichnet, Boabdil übergab jedoch die Alhambra erst am 2. Jänner. Am 6. Jänner zogen die Katholischen Könige in die bereits wehrlose Stadt ein, während sich der Emir auf den Weg zu der Herrschaft befand, die ihm die Sieger zugestanden hatten. Diese lag nun nicht im Westen des Landes, sondern in Las Alpujarras. Es war ein echter Zufluchtsberg, dicht bewaldet und schwer zugänglich, so daß eine Hilfe von außen praktisch unmöglich war. Es gab auch keinerlei militärische Aktionen mehr. Boabdil sollte dort nicht lange bleiben. Im Oktober 1493 erklärte er sich mit einer Entschädigung einverstanden und zog mit mehr als sechstausend Anhängern ins Emirat von Tlemcen. Dorthin ging in den Jahren nach der Eroberung der Auswandererstrom aus dem ehemaligen Emirat, das nun ein Reich der Krone von Kastilien war.

Mudejaren und Wiederbesiedler

So wie Ferdinand III. sich in der Kathedrale von Sevilla beisetzen lassen hatte, verfügten die Katholischen Könige ihre Beisetzung in Granada, denn in beiden Fällen handelte es sich um wesentliche Erfolge der *Reconquista*, die entsprechend gewürdigt werden sollten. Die Einnahme Granadas wurde in den spanischen Städten und auch an den ausländischen Höfen gefeiert. Für Isabella und Ferdinand, die zehn Jahre lang alles andere diesem Ziel untergeordnet hatten, war es der größte Erfolg ihrer Regierung.

Für die meisten Einwohner Granadas bedeutete die Eroberung, daß sie zu Mudejaren wurden. Das war in den Verträgen vorgesehen, die jeweils bei der Übergabe einer Stadt oder eines Gebietes unterzeichnet wurden. In ihnen findet man, in unterschiedlichem Ausmaß, die Tradition der Toleranz, der Achtung der Religion, der persönlichen Freiheit und des persönlichen Eigentums, zumindest des beweglichen. Diese Toleranz war typisch für die Koexistenz von Christentum und Islam auf der Iberischen Halbinsel im Mittelalter. Natürlich wurden diese günstigen Bedingungen auch deswegen zugestanden, weil man die Kapitulation bzw. das Ende des Krieges beschleunigen wollte. Die Bewohner von Dörfern und nicht befestigten Orten blieben normalerweise auf ihrem Grundbesitz. Die Einwohner der Städte, Marktflecken und befestigten Orte, die belagert worden waren, verließen nach der Kapitulation ihre Liegenschaften, sowohl die städtischen als auch die auf dem Land. Nur in Granada war es nicht so, trotz der langen Belagerung. Die verlassenen Häuser und Grundstücke konnten von christlichen Siedlern übernommen werden. Das gleiche gilt für den ehemaligen Besitz von Kriegsgefangenen in den Orten, die mit Gewalt eingenommen wurden, wie Alhama und Málaga, denn dort fand der Vertrag keine Anwendung.

Im allgemeinen blieb es aufgrund dieser Verträge, die genau eingehalten wurden, bis Ende des Jahrhunderts ruhig. Man war sich jedoch bewußt, daß die Eroberung erst dann wirklich abgeschlossen war, wenn sich die neu angesiedelten Christen richtig etabliert hätten. Außerdem blieb die Erinnerung an den Krieg lebendig und beeinflußte das Verhalten der Zugezogenen, so daß eine Verschlechterung der Lage der Muselmanen unvermeidlich war. Die Machthaber behandelten sie manchmal so schlecht, wie es im Rahmen der Legalität möglich war. In der Stadt Granada durften sie zum Beispiel Häuser und Grundstücke verkaufen, aber selbst keine kaufen. Das Ziel war, dort möglichst viele Christen anzusiedeln. Außerdem legte die Krone 1497 und 1499 den Mudejaren Sondersteuern auf, wozu sie zwar befugt war, was aber nicht dem Geist der geschlossenen Verträge entsprach.

Zwischen der Eroberung und dem Ende des Jahrhunderts gab es zwei Wanderungsströme unter verschiedenen Vorzeichen. Einerseits verlor die Gesellschaft Granadas durch den Krieg, die Gefangenschaft und die Abwanderung in den Maghreb viele Männer, die vor allem der führenden oder gebildeten Schichte angehörten, wodurch die Wehrlosigkeit und kulturelle Verarmung der zurückgeblieben Bevölkerung noch größer wurden. 1530 hatte das nunmehrige Königreich Granada 204.000 Einwohner, davon waren ungefähr 100.000 Morisken. Vor 1500 dürften dort kaum mehr als 150.000 Mudejaren gelebt haben, eine Zahl, die durch Flucht, Emigration und Gefangennahme während der Aufstände in den Jahren 1500 und 1501 noch geringer werden sollte. Dagegen kam es zwischen 1485 und 1499 zu einer intensiven Zuwanderung christlicher Siedler. Es waren zwischen 35.000 und 40.000, die zusammen mit ihren Familien die Mehrheit der Bevölkerung bildeten. Sie kamen aus Andalusien und in geringerer Zahl aus Neukastilien und Murcia in das ehemalige Emirat und auch in die früheren Grenzgebiete, die fast unbesiedelt und ungenutzt waren.

Die Krone ging daran, den Grundbesitz und die anderen Liegenschaften aufzuteilen oder sie half den Siedlern, diese zu kaufen. Normalerweise wurden Methoden für die Aufteilung eingesetzt, die bereits zweihundertfünfzig Jahre zuvor im Guadalquivirtal und in Murcia mit Erfolg angewendet worden waren. Zunächst wurde die Zahl der Familienoberhäupter bestimmt, die in den einzelnen Ortschaften angesiedelt werden sollten. Dann kam es zur Zuteilung verschiedener Güter. Für einen bestimmten Zeitraum, normalerweise 10 bis 20 Jahre, wurden Steuerbefreiungen gewährt, und zwar umso bedeutendere, je größer das Interesse war, die Besiedlung so rasch wie möglich voranzutreiben. Alle großen Orte des Landesinneren wurden auf diese Weise vollständig neu besiedelt: Ronda, Alhama, Lojas und die Ortschaften der Vega, Baza, Guadix, Vera, und jene an der Küste mit Ausnahme des Gebietes von Las Alpujarras, wo es ein paar kleine Dörfer und hie und da eine Festung gab. Die wichtigsten Orte an der Küste waren Marbella, Málaga, Vélez-Málaga, Almuñécar, Salobreña und Almería. In der Hauptstadt kauften christliche Siedler Grundstücke und bürgerten sich ein, während sich die Muselmanen in das Viertel Albaicín und andere Vororte zurückzogen. Schon 1497 war dieser Prozeß weit fortgeschritten.

Die meisten, die sich im ehemaligen Emirat niederließen, kamen aus der Landwirtschaft (50-75%) und erhielten die Grundstücke als Bauern, was eine große Zahl mittlerer und kleiner Liegenschaften zur Folge hatte. Es waren aber auch Handwerker und Händler darunter, die sich vor allem in den größeren Städten ansiedelten, weiters eine beträchtliche Anzahl von Mitgliedern der königlichen Garde, Ritter und Angehörige der Miliz. Kommandanten erhielten ein mindestens doppelt so großes Grundstück zugeteilt. Trotz der Verpflichtung, das Landgut mindestens fünf oder zehn Jahre selbst zu bewohnen, entwickelte sich bald, wie schon früher in anderen Fällen, ein System von Großgrundbesitz und Pächtern. Die örtliche Oligarchie war sogar bedeutender als im restlichen Kastilien. Diese Tendenz zeichnete sich schon von Anfang an ab, da einige Orte mit königlichen Gunstbezeigungen geradezu überschüttet wurden, was Gruppen oder Personen zugute kam, die an sich schon zu den Privilegierten gehörten. In Guadix, Iznalloz oder Fiñana nahm dieser Umstand bereits gefährliche Formen an, was den Sekretär Hernando de Zafre veranlaßte, über die Situation in Fiñana folgendes zu schreiben:

»Wenn hier alle gewährten Begünstigungen erfüllt werden sollen, dann brauchen wir keine Christen mehr, um den Ort zu besiedeln, und noch weniger Mauren. Ich sage das nicht, weil ich vielleicht nicht möchte, daß alle gewährten Begünstigungen erfüllt werden, denn es gibt sicher einen Grund, sie jenen zu gewähren, die Euch gedient haben. Aber warum kann Eure Majestät nicht verstehen, daß man beides tun kann: die gewährten Begünstigungen erfüllen und die Dörfer besiedeln.«

In Iznalloz erhielten sieben von vierzig Familien fast 39 Prozent des Grundbesitzes, der aufgeteilt wurde, und in Guadix überstiegen die Gunstbeweise 9.000 *fanegas* (64,596 Ar), während für diese Zwecke 2.100 vorgesehen waren. In vielen anderen Fällen fielen die Geschenke geringer aus, dann war die Wiederbesiedlung ausgeglichener. Man darf auch auf die Grundstücke und Güter nicht vergessen, die dem Besitz der Kirche vorbehalten waren, und auf jene, die zum Gemeindeigentum jedes Ortes gehörten.

Andererseits errichtete die Krone nur wenige Herrschaften mit eigener Jurisdiktion oder, besser gesagt, sie waren eher unbedeutend. Sie befanden sich immer in ländlichen Gebieten des Landesinneren, die von Mudejaren bewohnt waren. Der Herrschaftsinhaber übernahm auch die Verantwortung für Regierung und Verwaltung auf der mittleren Ebene, während die Krone sich die Oberhoheit vorbehielt und gegebenenfalls schiedsrichterliche Entscheidungsgewalt hatte. Die wichtigsten Herrschaften befanden sich im Bergland von Ronda, wo der Marquis von Cádiz für ein von ihm gewährtes Darlehen die Orte in der Sierra de Villaluenga erhielt. Der Herzog von Sidonia erhielt Gaucín. Weitere Herrschaften lagen im Cenete de Guadix, zum Beispiel die eines Sohnes von Kardinal Mendoza, in Almanzoratal und der Sierra de los Filabres; dann im Nordwesten in Huéscar und den beiden Vélez. Alfonso de Aguilar erhielt Montefrío als Bezahlung für ein Darlehen von sieben Millionen *maravedíes*. Zum Gemeindegebiet und Gerichtssprengel der Stadt Granada gehörte ein beträchtlicher Teil der Vega, weiters Las Alpujarras, Almuñécar, Salobreña und Motril. Sie bildeten eine Art »kollektiver Herrschaft«, die vom Gemeinderat unter der Führung des königlichen *corregidor* regiert wurde.

Die Verwaltung des Königreichs Granada wurde nach dem Vorbild der anderen Reiche Kastiliens organisiert, war jedoch nicht durch Entwicklungen in der Vergangenheit belastet, was es den Herrschern erlaubte, ihrer Autorität mehr Nachdruck zu verleihen. In den Händen des Generalkapitäns Iñigo de Mendoza, Graf von Tendilla, lag das Militärkommando. Er bewohnte die Alhambra, deren Vogt er war. Seine Erben sollten als Marquis von Mondéjar dieses Amt bis 1569 innehaben. Iñigo de Mendoza genoß das Vertrauen der Könige. Er war unter anderem 1486 Botschafter in Rom gewesen und war bis zu seinem Tode einer der großen Organisatoren des neu eroberten Reichs. Im gesamten Gebiet Granadas wurden an die hundert Burgen, Türme und Festungen erhalten, sowohl in Städten als auch im ländlichen Gebiet. Erst ab 1498 fing man an, die weniger nützlichen zu vernachlässigen oder abzureißen. Außerdem wurde ein System zur Überwachung der Küste organisiert, womit die Gefahr der vom Maghreb ausgehenden Einfälle geringer wurde. Bezahlt wurde dies durch einen den Muselmanen auferlegten Tribut (*farda*).

Die Gemeindeverwaltung lag in den Händen kleiner Gremien. Es war das erste Mal, daß diese direkt von den Königen ernannt wurden. An ihrer Spitze standen die *corregidores* und *pesquisidores*. Der neu geschaffene gesetzliche Rahmen orientierte sich zunächst am Recht von Sevilla und wurde in vielen Ortschaften ab 1494/1495 durch das sogenannte *fuero nuevo* geregelt. Diese Bezeichnung ist nicht sehr glücklich gewählt, denn es handelt sich in Wirklichkeit um eine königliche Anordnung, der weitere folgten. Sie werden durch kommunale Erlässe ergänzt und in den wichtigsten Städten Mitte des 16. Jahrhunderts in einem Gesetzeswerk zusammengefaßt.

In den ersten Jahren war jedoch die Anwesenheit eigener von den Königen delegierter Organisatoren von grundlegender Bedeutung. Diesen *repartidores* oblag in erster Linie die Reform der Besteuerung. So war für Málaga und seine Region der Bakkalaureus Juan Alfonso Serrano zuständig, vor allem aber ist hier der äußerst tüchtige königliche Sekretär Hernando de Zafra zu erwähnen, der sich 1492 in Granada niederließ und nebem dem Grafen von Tendilla, dem Erzbischof Talavera und dem *corregidor* Calderón an der Spitze der neuen kastilischen Organisation des Reiches stand.

Was den kirchlichen Bereich angeht, wurde die Kirche von Granada durch das vom Papst gewährte Königliche Patronat zum Modellfall und in gewissem Sinn eine erste Erfahrung in bezug auf die späteren Ereignisse in der Neuen Welt. Die Könige hatten große Handlungsfreiheit und überließen die Sache ihren Mitarbeitern. Zu Beginn waren dies Kardinal Mendoza, Hernando de Talavera, der als Krönung seiner Karriere Erzbischof von Granada wurde, und die Bischöfe von Málaga, Almería udn Guadix. Das Netz der Pfarren und Kirchen wurde erst nach der später verfügten Taufe der Muselmanen vervollständigt. Trotz der von Talavera beabsichtigten »sanften Evangelisation« war es eine sieghafte Kirche, die in Granada aufgebaut wurde. Viele neue Kirchen wurden der Menschwerdung Christi geweiht, eines der christlichen Dogmen, für das die islamische Mentalität am wenigsten Verständnis aufbringen konnte.

Nordafrika

Die Propaganda der Herrscher präsentierte die Einnahme Granadas als ersten Schritt, der zu einer Eroberung der islamischen Gebiete in Nordafrika und im Mittelmeer sowie zur Befreiung des »Heiligen Hauses« Jerusalem führen würde.

Die Könige hatten zugunsten der dort lebenden Franziskaner Renten gestiftet (1477 dreihundert *florines*, 1489 eintausend Dukaten) und in ihren Botschaften, die sie 1489 und 1501 mit dem Sultan von Ägypten, dem auch Palästina unterstand, austauschten, sorgten sie für ihren Schutz.

Ihr wirkliches Interesse galt jedoch dem Maghreb, mit dem ständige Handelsbeziehungen unterhalten wurden. Daran änderten auch gegenseitige Angriffe und Überfälle nichts. Von seiten der Christen waren das die berühmten *cabalgadas*, die von Häfen in Niederandalusien starteten. Häufig nahmen Dutzende von Schiffen und Hunderte Männer daran teil, die auf Beute und Gefangene aus waren. Die Nordafrikaner waren damals schwächer, aber sie zahlten mit gleicher Münze zurück. Vor allem in der Zeit des Kriegs gegen Granada mußten die Spanier mit ganzen Flottenverbänden und einzelnen Schiffen die Straße von Gibraltar und das Meer bei Alborán sichern. Diese Überwachung mußte auch nach der Eroberung Granadas aufrecht bleiben. Dazu kam noch weiter im Westen der Schutz der Küsten von Murcia und Valencia gegen Überraschungen aus Nordafrika.

Es gab drei Möglichkeiten, diesen Schutz zu garantieren. Die eine waren Befestigungen an Ort und Stelle und ständige Verteidigungsbereitschaft an der Küste. Dies erwies sich als unzureichend. Die zweite, wahrscheinlich bessere Möglichkeit war, eine ständige Flotte einzusetzen, aber die Kosten dafür waren zu hoch. Schließlich gab es noch die dritte Möglichkeit, die eine Kombination von Elementen der beiden ersten darstellt: die Besetzung von befestigten Orten an der nordafrikanischen Küste, um von dort aus das Gebiet zu überwachen. Diesen Weg wollte man nach 1492 gehen. Aber die Kosten für einen Krieg gegen die Berber und für die Erhaltung der eroberten Punkte waren hoch; außerdem hatten die Unternehmungen in Italien Vorrang, so daß die Ergebnisse zwar interessant waren, aber nur sporadisch und zu spät erzielt wurden.

An der atlantischen Küste, südlich des Emirats von Fes, entwickelten die Kastilier einige Aktivitäten von den Kanarischen Inseln aus. Fes war der Bereich, der gemäß den zwischen Kastilien und Portugal geschlossenen Verträgen der portugiesischen Initiative vorbehalten war. Weiter im Osten an der Mittelmeerküste lagen nacheinander die Emirate Tlemcen, Burgia und Tunis. Die Zone, die als die feindlichste galt, lag zwischen der portugiesischen Enklave Çeuta und Oran, aber auch die östlich davon liegenden Gebiete waren wichtig, weil es bereits im ersten Jahrzehnt des 16. Jahrhunderts ratsam war, Sizilien und den Süden Italiens zu schützen.

Die in Nordafrika verfolgte Politik steht im Zusammenhang mit dem Ende des Krieges gegen Granada und der Eroberung der Kanarischen Inseln. Zu einer Abgrenzung der Besitz- und Entwicklungsräume zwischen Kastilien und Portugal kam es 1494 im Vertrag von Tordesilla. In diesem Zusammenhang waren die Häfen in Niederandalusien wichtig, dessen Küstengebiet vollständig in den Händen von Adeligen war. So trachtete die Krone danach, diese Hafenstädte unter ihre unmittelbare Kontrolle zu bringen, was ihr nach und nach auch gelang. 1492 kauften die Könige die Jurisdiktion über das halbe Gebiet von Palos zurück, im Jahr danach war Cádiz an der Reihe, das zu einem Zentrum des Handels mit den Berbern wurde, 1502 Gibraltar. Inzwischen waren die seit 1494 geführten Verhandlungen so weit gediehen, daß eine Übergabe des nordafrikanischen Melilla bevorstand.

Die Könige bemühten sich, für ihre Projekte die Unterstützung des Papstes zu gewinnen. Mit der Bulle *Innefabilis* (13. Februar 1495) wurde ihnen und ihren Erben die Herrschaft in den Gebieten zugestanden, die sie in Afrika erobern würden. In den darauffolgenden Monaten kam die Gewährung des Kreuzzugablasses für die Teilnahme an den für dieses Ziel geführten Kämpfen dazu. Wegen des ersten Krieges in Italien im selben Jahr mußten dann aber alle anderen Pläne aufgeschoben werden. Auch Melilla konnte erst im September 1497 durch einen Überraschungsangriff genommen werden. Den Befehl dazu hatten die Könige der Flotte des Herzogs von Medina Sidonia gegeben, die unter dem Befehl von Pedro de Estopiñán stand. Der Herzog wurde mit der Statthalterschaft und Verteidigung Melillas betraut, wofür ihm eine Garnison von mindestens 700 Mann und jährlich 4.400.000 *maravedíes* sowie 4.080 *fanegas* Weizen zur Verfügung standen. Die Versorgung erfolgte auf ähnliche Weise, wie es früher bei den Festungen an der Grenze zu Granada organisiert worden war. Die Grenze war »auf die andere Seite« des Meeres verlegt, in ein Gebiet, das zwischen Fes und Tlemcen und nicht direkt im Einflußbereich eines Emirs lag.

Die Aufstände in Granada

Als die Könige im November 1499 nach einem mehrmonatigen Aufenthalt im Begriff waren, Granada zu verlassen, kam Jiménez de Cisneros, Erzbischof von Toledo im Auftrag der Inquisitoren in die Stadt, um Untersuchungen gegen die *helches* durchzuführen. Das waren zum Islam bekehrte ehemalige Christen. Daß sie weiter dem Islam anhingen, war laut dem Vertrag der Stadt nicht nur nicht verboten, sie wurden sogar in dieser Haltung bestärkt:

»Item wird bestimmt und vereinbart, daß es niemand wagen darf, einen Christen oder eine Christin, die in vergangenen Zeiten Mauren wurden, in irgendeiner Weise zu beschimpfen oder zu schmähen. Wer dies tut, wird von den Majestäten bestraft werden.«

Weiters heißt es im Vertrag:

»Item, wird bestimmt und vereinbart, daß kein Maure und keine Maurin gezwungen wird, Christ zu werden.«

Nun war man der Ansicht, daß dieser Vertrag, der vom rechtlichen Standpunkt aus besehen ein königliches Privileg darstellte, nicht über die Regeln des Kirchenrechts gestellt werden durfte, die sich auf die Abtrünnigen bezogen. Um diese hatte sich die Inquisition zu kümmern. Cisneros' Untersuchungen, in deren Verlauf sich manche freiwillig stellten, riefen verständlicherweise Unruhe und Furcht bei den Muselmanen hervor. Als Folge davon kam es am 18. Dezember 1499 zum Aufstand im Albaicín, der aber nur nur drei Tage dauerte. Als verkündet wurde, daß alle, die sich taufen ließen, von jeder Schuld freigesprochen würden, kam es in dieser panikartigen Situation zu einer »Massenbekehrung« der Muselmanen von Granada und den umliegenden Landgütern. Es gibt eine Namenliste von über 9.000 Personen, die getauft wurden. Sie ist aber nicht vollständig, es waren weitaus mehr. Die Kleriker notierten den muselmanischen Namen, den neu angenommenen christlichen Namen sowie die Paten und andere familiäre Umstände des Bekehrten. Daß die Taufe durch allgemeine Besprengung mit Weihwasser gespendet worden wäre, entspricht nicht den Tatsachen.

Alle verantwortlichen Persönlichkeiten entschieden sich damals dafür, ähnliche Aktionen zu fördern. Ihrer religiösen Überzeugung nach war die Taufe eben das höchste Gut, auch wenn sie sich der Unehrlichkeit der Konvertiten bewußt waren. »Ich und die Königin sind dafür, daß diese Mauren getauft werden, und wenn sie keine guten Christen werden sollten, dann werden es ihre Kinder oder ihre Enkel sein«, sollen die Worte des Königs zu diesem Problem gelautet haben. Das zweite Motiv der Befürworter der Taufe unter diesen Umständen war die Beseitigung von Barrieren für eine kulturelle Verschmelzung. Die Zukunft bewies, daß beide Vorstellungen irrig waren.

Außerdem führte der Aufstand im Albaicín zu Unruhen in anderen Teilen des Königreichs Granada, obwohl dort die Abmachungen weder gebrochen noch geändert wurden. In La Alpujarra kam es Anfang 1500 zum Aufstand, ein Jahr danach im Bergland von Ronda und Villaluegna. Gleichzeitig beschlossen die Mudejaren in anderen Gebieten Granadas freiwillig, sich taufen zu lassen und ein neues Leben zu beginnen.

Es ist nachgewiesen, daß die Aufstände ohne große Schwierigkeiten niedergeworfen werden konnten, doch mußten viele Truppen mobilisiert werden. Es kam auch zu blutigen Zwischenfällen, wie in San Bermejo, wo Alfonso de Aguilar, einer der Helden des vorherigen Krieges, und der Sekretär Ramírez de Madrid starben.

Letzten Endes waren aber die Kosten für die Krone kleiner als die Einnahmen, die aus dem Verkauf der Gefangenen und ihres Eigentums stammten. Das Wichtigste war, daß durch die verschiedenen Ereignisse – Bestrafung der Aufständischen, Emigration der unbeugsamsten und wagemutigsten, Plünderungen, moralischer Druck auf die Bevölkerung etc. – ein Überleben des Mudejarentums immer schwieriger wurde. Schließlich besimmte Anfang 1502 ein königliches Edikt, daß es nur zwei Möglichkeiten gebe: Taufe oder Auswanderung. Während die meisten Juden, die zehn Jahre vorher das gleiche Schicksal getroffen hatte, lieber ausgewandert waren, entschieden sich fast alle Mudejaren für die Taufe. In beiden Fällen hatte der moralische Druck und die historische Identität negative Folgen; die Morisken, wie die neuen Christen muselmanischer Herkunft genannt wurden, integrierten sich nicht in die christlich-spanische Gesellschaft. Die Probleme des Zusammenlebens blieben bestehen, oder es entstanden neue.

DIE KANARISCHEN INSELN

Die Eroberung

Seit Heinrich III. von Kastilien Johann von Bethencourt die Herrschaft über die Kanarischen Inseln verliehen hatte, hatte sich die Krone darauf beschränkt, dort die allgemein in Kastilien für solche Herrschaften geltenden Regelungen durchzusetzen, denn Bethencourt hatte sich zunächst den Titel König zugelegt. Außerdem verteidigten sie erfolgreich die kastilischen Rechte gegen die wiederholt von Portugal erhobenen Ansprüche. Es war der Krieg von 1475, der die Katholischen Könige dazu bewegte, ab 1477 die Initiative zu ergreifen. Vier der Inseln waren bereits erobert, die anderen drei sollten folgen und damit die Situation ein für allemal geklärt werden. Der 1479 mit Portugal abgeschlossene Vertrag von Alçacovas, in dem die Kanarischen Gewässer Kastilien zugesprochen wurden, erleichterte das Unterfangen.

Für die Eroberung von Gran Canaria schloß die Krone 1478 einen Vertrag mit dem Bischof von Lanzarote, Juan de Frías und mit dem Kapitän Juan Rejón, dem später ein von den Königen ernannter Gouverneur, Pedro de Algaba zur Seite gestellt wurde. Die Bedeutung des Bischofs in dieser Angelegenheit geht auf die früheren Missionierungsversuche auf der Insel zurück. Im Juni 1478 richteten die Kastilier das Heerlager ein, woraus später die Stadt Las Palmas werden sollte. Doch unter den Eroberern herrschte Uneinigkeit. Algaba ließ Rejón als Gefangenen nach Kastilien bringen, wo es diesem aber gelang, seine Unschuld zu beweisen und eine neue Heerschar mit 400 Mann aufzustellen. Sie wurde von Frías und von Genuesern finanziert, die in Cádiz tätig waren. Nach seiner Rückkehr auf die Insel ließ Rejón den Gouverneur Algaba hinrichten.

Die Könige lösten diese Probleme, indem sie 1480 eine weitere Heerschar unter dem Befehl von Pedro de Vera schickten, der Generalkapitän, königlicher Gouverneur, *corregidor* und *alcaide* in einem war, Rejón absetzte und mit großer Härte an die endgültige Verwirklichung der Eroberung ging. Nicht umsonst hatte Vera bei den *cabalgadas* gegen die Berber mitgemacht und bei den Kämpfen an der Grenze zu Granada seine Erfahrungen gesammelt. Die beiden einheimischen *guarnatemes*, die sich die Herrschaft der Insel teilten, wurden getrennt besiegt: 1481 der von Gáldar und 1483 der von Telde, der sich taufen ließ und sich nun Fernando de Guanarteme nannte. So endete die Eroberung, und Vera übte seine Ämter bis zum Ende des Jahrzehnts aus.

La Palma und Teneriffa sollten einige Jahre später erobert werden. Die Initiative ging von einem der Hauptleute aus, die bei Gran Canaria dabei gewesen waren. Er hatte sich später auf der Insel niedergelassen und hieß Alonso Fernández de Lugo. Im Juni 1492 schloß Lugo mit den Königen einen Vertrag über die Eroberung von La Palma. Als Belohnung wollte er dort Gouverneur werden. Er hoffte, daß es für ihn ein gutes Geschäft würde und investierte sein ganzes Vermögen. Als Geldgeber beteiligten sich der Genuese Francisco de Riberol und der Florentiner Juanoto Berardi. Zwischen September 1492 und Mai 1493 gelang es ihm, La Palma zu beherrschen, indem er sich die Rivalitäten zwischen den einheimischen Gruppen und die vorher erfolgte Christianisierung eines Teils der Bevölkerung zunutze machte.

Die Ausgangslage für das Unternehmen Teneriffa war ähnlich, sowohl was den Vertrag mit der Krone, als auch was die Finanzierung betrifft, an der andere Genueser Händler und sogar der Herzog von Medina Sidonia beteiligt waren. Fernández de Lugo stellt eine große Heerschar auf. Sie umfaßte 150 Reiter, 1.500 Fußsoldaten und 30 Schiffe. Auch Einheimische von anderen Inseln waren darunter. Außerdem hatte er sich mit vier der neun Stämme verbündet, unter denen die Insel aufgeteilt war, und zwar mit denen, die die Südwestküste beherrschten. Aber der Widerstand der *guanches* war größer als erwartet. Es gelang ihnen, die Heerschar in einen Hinterhalt zu locken und ihr in Acentejo eine blutige Niederlage zuzufügen. Lugo kehrte nach eineinhalb Jahren mit neuen Truppen zurück, besiegte die Einheimischen in Agüere, in der Nähe der heutigen Stadt La Laguna, und in Acentejo, womit der Weg zur Nordküste frei war. Schließlich erreichte er im Mai 1496 die Kapitulation durch die Fürsten (*menceyes*) der fünf Kriegsparteien.

Die Einverleibung der Kanarischen Inseln

Der Kontakt zwischen den Kulturen auf den Kanarischen Inseln verlief anders als die Beziehungen zwischen Christen und islamischen Gesellschaften. Auch mit der Versklavung der aus Afrika stammenden Menschen ist die Situation nicht zu vergleichen. Die Heiden auf den Kanarischen Inseln konnten entweder bekehrt oder erobert werden. Die diesbezüglichen Lehrmeinungen gingen in Europa seit Ende des 13. Jahrhunderts auseinander. Für die einen besaß die heidnische Gesellschaft eine organisatorische Legimität gemäß den Prinzipien des Naturrechts. Für die anderen stand das Fehlen der politischen Rechtspersönlichkeit angesichts einer Kontaktsituation oder einer Forderung von seiten einer christlichen Macht im Vordergrund. Diese Fragen sind nicht so theoretisch, wie es scheinen könnte, denn sie wiederholten sich in Amerika und führten zu verschiedenen Meinungen.

Es liegt auf der Hand, daß auf den Kanarischen Inseln die Verkündigung des Evangeliums den Vorrang hatte und daher eine Versklavung der Einwohner nicht möglich war. Sie wurde sowohl vom Papst als auch von den Katholischen Königen verboten (1477, 1490, 1499). Dies stellte allerdings kein Hindernis für Plünderungen und häufige Übergriffe dar. Ursachen dafür waren die Härte der Kriegsführung; die Habgier der Eroberer und deren Sucht, Gefangene zu machen; der Wille zur Kolonisierung; das Unvermögen, andere Kulturformen zu respektieren.

Daß die Inseln so nahe lagen – von Cádiz benötigte man durchschnittlich eine Woche für die Fahrt – erleichterte die vollkommene Kolonisierung. Auch die Bevölkerungszahl wurde rasch weiter dezimiert. Waren es zu Beginn des 15. Jahrhunderts noch 25.000 Einheimische, so waren es nach verläßlichen Schätzungen am Ende des Jahrhunderts nur mehr 7.000. Die Überlebenden paßten sich rasch den Europäern an, was dadurch erleichtert wurde, daß sie sich als Verwandte der Berber nicht so sehr von ihnen unterschieden. Dadurch waren auch Mischehen leichter möglich. Das Ergebnis war, daß sich gegen 1510/1515 die neue spanische Gesellschaft auf der Insel voll etabliert hatte.

Die Einwanderer waren vor allem aus Andalusien und Estremadura, aber auch Galicier, Kastilier, Basken und Portugiesen. Die wenigen Italiener, Flamen, Franzosen, Katalanen und Valencianer waren meist Händler. Es kam zu Umsiedlungen der Einheimischen von einer Insel zur anderen, etwas später wurden einige wenige muselmanische und Negersklaven hingebracht. Wer sich ansiedeln wollte, erhielt eines der Grundstücke, auf Teneriffa *datas* genannt, dafür mußte er mindestens fünf Jahre dort leben. Es kamen aber auch Arbeiter. Schließlich gab es sogar eine kleine Gruppe von Herren. Oft waren es Eroberer, die größeren Grundbesitz ihr eigen nannten. Sie gehörten zu denen, die die Inseln regierten. Einflußreiche Händler, oft Ausländer, trugen zur Ankurbelung der Wirtschaft der Insel bei. Die Genueser taten sich hier besonders hervor, weil für sie die Kanarischen Inseln eine Ausweitung ihrer Niederlassung und ihrer Interessen in Niederandalusien bedeuteten. Aus den Herren sollte schließlich der Adel des Archipels entstehen.

Rund um 1515 hatten die Inseln 25.000 Einwohner, die dank guter wirtschaftlicher Möglichkeiten ohne weiteres ihr Auskommen fanden. Die Landwirtschaft produzierte Getreide, Obst- und Gemüse, Wein und Kleinvieh und sicherte so die Versorgung, zumindest auf Teneriffa. Man beließ aber auch die intensive Vermarktung einiger Produkte wie Rohrzucker, für dessen Raffinierung zahlreiche Anlagen gebaut wurden. Schließlich hatten damals die Kanarischen Inseln als Knotenpunkt der neuen Atlantikrouten an Bedeutung gewonnen. Auch der Fischfang in den Gewässern der Westsahara erreichte seine höchste Blüte. Seine Entwicklung seit der Mitte des 15. Jahrhunderts hatte viel dazu beigetragen, daß die Inseln besser bekannt wurden und das Interesse an ihnen zunahm.

Es darf nicht vergessen werden, daß die Inseln in der Nähe der Küste Afrikas, zwischen dem Kap Nun, wo die Herrschaft des Sultans von Fes endete, und dem Kap Bojador lagen. Südlich davon war die ausschließliche Einflußsphäre der Portugiesen. In diesem Gebiet betrieben die Spanier außer dem Fischfang vor allem den Handel mit Stämmen aus dem Landesinneren, und die *cabalgadas* dienten dazu, Gefangene zu machen. Weil man diese Aktivitäten ausweiten und das Küstengebiet sichern wollte, plante man die Errichtung von ständigen Enklaven, von denen die bekannteste Santa Cruz de Mar Pequeña war, die 1478 und neuerlich 1496 errichtet wurde. Dagegen schlugen die Versuche von Fernández de Lugo in Nun, Tagaos und Bojador fehl. Im Vertrag von 1509 erkannten die Portugiesen die kastilische Eroberung des zum Gebiet von Fes gehörenden Felsens von Vélez de la Gomera an, und dafür sicherten sie sich das Recht, auch an der Küste zwischen Kap Nun und Kap Bojador tätig zu werden.

Die politische Organisation der Kanarischen Inseln zeigt mehr als deutlich, daß sie vollständig in das System Kastiliens integriert wurden. Sie waren ein Königreich — darauf geht einer der Titel der Monarchen zurück —, dessen Untertanen in die gleiche rechtliche und administrative Struktur eingebunden waren wie ihre Landsleute am Festland. Auf Gran Canaria unterstand der Gouverneur dem Kronrat, die Situation entsprach ungefähr einem *corregimiento*. Auf Teneriffa und La Palma verfügte Fernández de Lugo über eine größere Unabhängigkeit, vor allem seit er 1503 zum *adelantado* ernannt wurde. Er unterstand jedoch der *pesquisa* (Sonderrichteramt). Die *Audiencia*

Der frühzeitige Tod des Kronprinzen Johann im Jahr 1497 änderte die Erbfolgeaussichten der Katholischen Könige: Sein Grab im St.-Thomas-Kloster von Avila, ein Werk des Domenico Facelli

Das Treffen zwischen Ferdinand dem Katholischen (links) und Philipp dem Schönen von Burgund, der Johanns Schwester Johanna geheiratet hatte, besiegelte im Juni 1506 die Übergabe der Herrschaft in Kastilien. Das Bild zeigt deutlich die Machtverhältnisse. Philipp stirbt jedoch im selben Jahr

Johanna »die Wahnsinnige«, Thronerbin seit 1502 und rechtlich seit 1505 Königin von Kastilien. Ihre Ehe mit Philipp dem Schönen von Habsburg öffnete der Casa de Austria den Weg nach Spanien

Der Kardinal-Erzbischof von Toledo, Francisco Jiménes de Cisneros, eine der führenden Persönlichkeiten im Spanien der Katholischen Könige, leitete die Regierung Kastiliens im Jahr 1507 und neuerlich nach dem Tod Ferdinands im Jahr 1516

Dieses heute verschollene Tafelbild in kleinem Format zeigt die Kinder Philipps und Johannas, links die Söhne Karl I. (der spätere Kaiser Karl V.) und Ferdinand (später österreichischer Herrscher und Kaiser)

Grabmahl Philipps und Johannas in der Capilla Real von Granada

Grabmahl der Katholischen Könige in der Capilla Real von Granada

Real mit Sitz in Granada übte die Jurisdiktion über den gesamten Archipel aus. Dies sollte bis zur Schaffung der *Audiencia* in Las Palmas im Jahre 1526 so bleiben.

Auf den der Krone direkt unterstellten Inseln konstituierten sich Gemeinderäte für Las Palmas und La Laguna, die stark an Sevilla erinnern. Sonst wendete man auf Gran Canaria das den Ortschaften Granadas zugestandene *Fuero Nuevo* an. Dieselbe Ähnlichkeit mit der andalusischen Regelung findet man im Herrschaftssystem der anderen Inseln und auch bei den Methoden der Steuerbefreiung, mit der die Wiederbesiedlung wie in Granada einen entscheidenden Impuls erhielt und als Ausgleich für die große Entfernung und die schwierige Versorgung mit Lebensmitteln gewährt wurde. Das erklärt vielleicht, warum sie zur Dauereinrichtung wurde. Nur die *almojarifazgos*, die den Außenhandel belasteten, erlangten eine gewisse Bedeutung.

In kirchlicher Hinsicht galt auf den Inseln auch das Königliche Patronat wie in Granada, womit ein rascher Aufbau der Kirchenorganisation nach den Richtlinien der Krone möglich war. Drei Dinge müssen in diesem Zusammenhang erwähnt werden: die Verlegung des Bistums von Lanzarote nach Gran Canaria, die Tätigkeit der Inquisition ab dem 16. Jahrhundert, wobei sie dem Gericht von Sevilla unterstellt war, und die Präsenz der Franziskaner, die bereits seit der ersten Kontaktaufnahme zwischen Europa und den Kanarischen Inseln hier waren. Die Kanarischen Inseln waren um 1515 eine Art Neukastilien im Atlantik und dienten in gewisser Weise als Vorbild für die Kolonisation der Neuen Welt.

DIE NEUE WELT

Die Entdeckungen und Eroberungen Spaniens in der Neuen Welt haben den Katholischen Königen wahrscheinlich am meisten Ruhm eingetragen, allerdings wohl erst bei späteren Generationen. Für ihre Zeitgenossen waren es eher Randereignisse.

Christoph Kolumbus

Christoph Kolumbus wurde 1451 in Genua geboren. Von frühester Jugend an bewegte er sich in der Welt des Handels und der Schiffahrt der italienischen Hafenstadt. Jedoch erst nachdem er sich 1476 in Lissabon und dann, nach seiner Eheschließung mit Felipa Perestrelo y Moniz, auf Madeira niedergelassen hatte, reifte in ihm der Plan, den Ozean in westlicher Richtung zu befahren und auf diesem Weg nach Japan (Cibango) und China (Catay) zu gelangen. Dieser Plan beruhte auf der Erfahrung und der Kenntnis des Atlantik in den mittleren Breiten, die portugiesische und andalusische Seefahrer besaßen. Er ging freilich bei seinem Projekt von falschen Berechnungen aus. Aufgrund dessen, was er darüber gelesen hatte, war Kolumbus zu dem Schluß gekommen, daß die Entfernung zwischen den Kanarischen Inseln und Japan 2.400 Seemeilen betragen müsse, während es in Wirklichkeit 10.600 sind. Kolumbus beharrte auf seinem Irrtum und glaubte fest daran, daß er mit dem abessinischen Kaiser und anderen asiatischen Mächten Kontakt aufnehmen würde. Damit wäre die Möglichkeit gegeben gewesen, den Kreuzzug gegen den Islam wiederaufzunehmen und Jerusalem, die Heilige Stadt, zurückzugewinnen.

Diesen religiösen, messianischen Aspekt im Gedankengut des Entdeckers der Neuen Welt muß man sich gemeinsam mit den anderen Seiten seiner Persönlichkeit vor Augen halten. In diesem Sinn schrieb Michel Mollat: »...niemals ist die Dynamik der mittelalterlichen Mythen in ihrer ganzen Breite so stark in Erscheinung getreten wie bei Christoph Kolumbus.« Zu den alten Legenden des Ozeans wie die von Atlantis, von den Glücklichen Inseln oder der Sankt-Brandanus-Insel, kam die Suche nach dem irdischen Paradies, dem Land der Heiligen Drei Könige, nach dem abessinischen Kaiser und dem Gold von Catay. Bedenkt man weiters noch den bereits erwähnten Glauben an die Möglichkeit eines Kreuzzugs, seine Überzeugung, daß damit die letzte Epoche der Geschichte der Menschheit vor der Wiederkehr Christi anbräche, und auf der anderen Seite sein kompliziertes und widersprüchliches geistiges Gepäck an geographischen Kenntnissen und Hypothesen, seinen Kaufmannsgeist und sein ungeheures Streben nach Macht und Adel, so hat man den Prototypen des spätmittelalterlichen Menschen vor sich.

Als Kolumbus den Plan für seine Reise dem portugiesischen König Johann II. vortrug, fand er kein Gehör. Ein Grund dafür war, daß die Ratgeber des Königs seine Berechnung als falsch erkannten. Vor allem aber hatten die Portugiesen allen Grund anzunehmen, daß in wenigen Jahren ihr Plan, in westlicher Richtung entlang der afrikanischen Küste nach Indien und Ostasien zu gelangen, von Erfolg gekrönt sein würde. Außerdem wollten sie sich nicht an einem Plan beteiligen, bei dem die Durchfahrt der Kanarischen Gewässer vorgesehen war, die 1479 im Vertrag von Alcaçovas Kastilien zugesprochen worden waren.

Aufgrund dieser ablehnenden Haltung und nachdem seine Frau gestorben war, womit er in der portugiesischen Gesellschaft keinen Rückhalt mehr hatte, ging Kolumbus in der Hoffnung nach Kastilien, daß er dort besser aufgenommen würde. Er versuchte es beim Herzog von Medinaceli und wahrscheinlich auch beim Herzog von Medina Sidonia. Im Jänner 1486 wurde er in Alcalá de Henares von den Königen empfangen. Da sein Plan auch hier von einem Expertenrat negativ beurteilt wurde, wagte Kolumbus 1488 einen neuerlichen Versuch beim portugiesischen Hof, indirekt auch beim französischen und beim englischen Hof, jedoch immer ohne Erfolg. Schließlich kam es zwischen Herbst 1491 und Frühling 1492 zwischen ihm und den Katholischen Königen zu einer Einigung. Das Ergebnis war der Vertrag von Santa Fe bei Granada vom 17. April 1492. Darin übernahm die Krone einen Großteil der Kosten für die geplante Reise (1,4 von 2 Millionen *maravedíes*), weiters stellte sie ihm zwei Karavellen im andalusischen Hafen Palos zur Verfügung; ein drittes Schiff, die Santa María, mietete Kolumbus an.

Die von Kolumbus erzielten politischen Bedingungen waren außerordentlich günstig. Der Grund dafür war zweifellos, daß die Tragweite der Folgen seiner Entdeckungsreise nicht vorhersehbar war. Er erhielt den Titel eines Admirals mit allen dazugehörigen Vorrechten. Er wurde im voraus zum Vizekönig und Gouverneur eventuell neuentdeckter Länder ernannt. Damit verbunden war das Recht, die übrigen notwendigen Ämter zu vergeben und in allen Verfahren nach dem Handelsrecht Urteile auszusprechen. Außerdem sollte er ein Zehntel der zu erwartenden Gewinne erhalten und konnte sich zu einem Achtel am Kapital der Gesellschaften und Handelsunternehmen beteiligen, die in den neuentdeckten Ländern gegründet werden würden.

Am 3. August 1492 stach der neue Admiral von Palos aus mit seinen drei kleinen Schiffen und 87 Mann an Bord in See. Nach einer langen Zwischenlandung auf den Kanarischen Inseln nahm er am 6. September Kurs nach Westen und landete am 12. Oktober auf der Insel Guanahani (San Salvador oder Watling), die zu den Bahamas gehört. Nachdem er weitere Inseln und die Küste Kubas, das er »Juana« nannte, befahren hatte, ging Kolumbus auf Hispaniola an Land (6. Dezember). Da die Umstände ihn dazu zwangen und die Eingeborenen sich friedlich verhielten, ließ er dort einen Teil seiner Besatzung zurück und segelte wieder nach Spanien, wo ihn die Katholischen Könige Ende 1493 in Barcelona empfingen.

Kolumbus hatte, ohne es zu wollen, Amerika »gefunden« oder »entdeckt«. Es war der Beginn einer neuen Zeit, in der es erforderlich wurde, die Entdeckungsreisen fortzusetzen und die Beziehungen zu den neuen Ländern zu organisieren. Daß sie Jahrhunderte hindurch unter dem Namen Westindien bekannt waren, ist eine Erinnerung an den ursprünglichen Irrtum des Kolumbus.

Die Entdeckungsreisen

Nach der erfolgreichen Expedition des Christoph Kolumbus waren die ersten diplomatischen Maßnahmen der Katholischen Könige darauf ausgerichtet, sich die Besitzrechte an den entdeckten oder noch zu entdeckenden Ländern zu sichern und angesichts der geänderten Situation im Atlantik die Beziehungen zu Portugal neu zu regeln. Zwischen Mai und September 1493 erwirkten sie von Papst Alexander VI. mehrere Bullen mit entsprechenden Bestimmungen. Vor allem wurde das Eroberungs- und Schiffahrtsmonopol der Kastilier im Gebiet jenseits des Meridians festgeschrieben, der hundert Meilen (ca. 550 km) westlich der Azoren verlief.

Der portugiesische König war mit damit nicht einverstanden. Er akzeptierte zwar, daß laut den Klauseln des Vertrags von Alcaçovas Portugal das Schiffahrtsmonopol im Ozean südlich der Kanaren,

»Richtung Guinea«, und nicht Richtung Westen hatte. Es gelang ihm jedoch, in diesem Bereich die Grenzen bis 370 Meilen westlich der Kapverdischen Inseln zu verschieben, immer unterhalb des 27. Grads nördlicher Breite. Es ist möglich, daß damals ein portugiesisches Schiff bereits die Küsten des zukünftigen Brasilien erreicht hatte und Johann II. in Kenntnis dieses Umstandes handelte, als er jene Grenzziehung im Vertrag von Tordesillas (1494) forderte, mit dem die Aufteilung der Entdeckungs- und Eroberungsräume festgelegt wurde.

Inzwischen hatte Kolumbus im September 1493 mit 17 Schiffen und 1.500 Mann seine zweite Fahrt angetreten. Sein eigentliches Ziel war die Kolonisation. Doch entdeckte er wieder neue Länder: die Kleinen Antillen und Puerto Rico. Auf seiner dritten Fahrt im Mai 1498 nahm der Admiral einen etwas südlicheren Kurs, entdeckte die Insel Trinidad und durchfuhr den Golf von Paria. In der Nähe der Mündung des Orinoco, den er für einen der vier Flüsse hielt, die der Legende nach im Paradies entspringen, segelte er der venezolanischen Küste entlang.

Ab 1496 versuchten auch andere Seefahrer ihr Glück auf der rasch bekannt gewordenen Westroute. Die Erwartungen, daß man in den neuen Ländern rasch reich werden könne, waren jedoch bald verflogen. Abgesehen von spanischen Unternehmungen sind die Fahrten von Giovanni Caboto auf der Nordwestroute in den Jahren 1496 und 1498 zu erwähnen, sowie die Expeditionen von Gaspar und Miguel Corte Real in den Jahren 1500 und 1501; weiters die Ankunft des Portugiesen Pedro Alvarez Cabral im Nordwesten Brasiliens im Jahre 1500, zwei Jahre nachdem Vasco da Gama endgültig den Seeweg um das Kap der Guten Hoffnung eröffnet hatte und tatsächlich bis Indien gelangt war.

Die Kastilier unternahmen mit Erlaubnis der Könige Fahrten ab 1499. Alonso de Ojeda, Juan de la Cosa, Pero Alonso Niño und Vicente Yañez Pinzón machten die restlichen Entdeckungen an der amerikanischen Küste zwischen der Amazonasmündung und der Insel Trinidad. Amerigo Vespucci lernte 1501 und 1503 an Bord eines portugiesischen Entdeckungsschiffs Brasilien kennen.

Die vierte und letzte Fahrt des Kolumbus ist in dieser Atmosphäre der Entdeckungen in der Karibik und der Suche nach einer Durchfahrt Richtung Westen besser zu verstehen, denn es war sein Ziel, diese zu finden, als er 1502 die Küstengebiete des heutigen Honduras befuhr. Als er Ende 1504 nach Kastilien zurückkehrte, war sein schon länger verblaßter politischer Stern völlig erloschen. Er starb am 19. Mai 1506 in Valladolid, als er sich darum bemühte, von König Ferdinand empfangen zu werden, um seine alten Vorrechte wiederzuerlangen.

Damals wußten andere Seefahrer bereits, daß die entdeckten Länder nicht zu Asien gehörten. 1504 hatte dies Amerigo Vespucci ausgesprochen, als er über einen *Mundus Novus* schrieb. Der Kartograph Martin Waldseemüller griff 1507 diese Idee auf. In seiner *Cosmographiae Introductio* wird die Neue Welt das erste Mal nach Vespuccis Vorname als Amerika bezeichnet. Vespucci wurde kurz danach Obersteuermann der *Casa de Contratación* in Sevilla und erhielt so unmittelbar Kenntnis von allen Entdeckungen. Die erste Landkarte, auf der die Länder der Neuen Welt im Detail dargestellt sind, stammt jedoch aus dem Jahr 1500 und ist das Werk des kastilischen Kartographen und Seefahrers Juan de la Cosa.

In der Regierungszeit Ferdinands des Katholischen vervollständigten verschiedene Entdecker und Eroberer die Kenntnisse über die Karibik. Sie waren auf der Suche nach einer Durchfahrt nach Asien und zu den Inseln der Gewürze. Das war das wirtschaftliche Hauptziel, wie zu Beginn des Jahres 1505 der Rat in Toro bestätigte, an dem der König selbst teilnahm. Vicente Yáñez Pinzón fuhr längs der Küste von Honduras und Yukatan. Vasco Nuñez de Balboa entdeckte 1513 die Südsee bzw. den pazifischen Ozean. Im gleichen Jahr befuhr Juan Ponce de León das erste Mal die Küstengewässer Floridas. Damals umfaßte die Eroberung und die Besiedlung nicht nur Hispaniola, sondern auch die übrigen Inseln der Großen Antillen: Jamaica, Puerto Rico und Kuba. Aber die ersehnte Durchfahrt nach Westen wurde nicht gefunden. Dafür kam zu Beginn des Jahres 1516 Juan Diaz de Solis bis zum Río de la Plata. Als Ferdinand der Katholische starb, fehlte der Neuen Welt in den Augen der Europäer noch immer ein klares Profil. Es war eine Entdeckung, die noch vieles offen ließ, ein Geheimnis, das erst zur Hälfte gelüftet war.

Die Anfänge der Kolonisation

Es zeigte sich, daß der Politiker Christoph Kolumbus nicht an seine Erfolge als Entdecker und Seefahrer anknüpfen konnte. Er übte sein Amt als Vizekönig und Gouverneur der Hispaniola aus, wobei ihm besonders die Erlangung von Gold und Reichtum am Herzen lag. Gleichzeitig leitete er die Besiedlung der Inseln mit Hilfe seiner Brüder

Diego und Bartolomé, den er zum *adelantado* ernannte. Die schlechte Behandlung der Eingeborenen, die man in ein Arbeitssystem eingliederte, das sie bis dahin nicht gekannt hatten, führte zu Zusammenstößen und Auseinandersetzungen. Manchmal gingen die Übergriffe so weit, daß sie als Sklaven nach Kastilien geschickt wurden. Dagegen erließen die Könige ein Verbot, weil die Eroberung als Evangelisierungsfeldzug galt und eine solche Vorgangsweise außerdem vom wirtschaftlichen Standpunkt wider jede Vernunft war. Dazu kamen ab 1496 Kämpfe der Siedler untereinander.

Obwohl die Könige 1497 die Vollmachten des Kolumbus bestätigten, brachten sie die zunehmenden Beschuldigungen und Klagen dazu, Francisco de Bobadilla, einen erfahrenen Verwalter, als Gouverneur auf die Insel zu schicken. Dieser ließ im Jahre 1500 Kolumbus gefesselt nach Kastilien bringen. Das war sicherlich eine große Demütigung für den Entdecker, der seine Regierungsämter nicht zurückerhielt, auch wenn man ihm die Admiralswürde beließ.

Als Nachfolger Bobadillas war Nicolás de Ovando von 1501 bis 1508 Gouverneur auf Hispaniola. Unter seiner Führung erhielt die Kolonisation der Insel einen starken Impuls. Zwischen 1508 und 1515 gab es auch wieder einen Vizekönig: Diego Kolumbus, der Sohn des Entdeckers. Seine Vollmachten waren jedoch geringer als die seines Vaters, weshalb er gegen die Krone einen langwierigen Prozeß anstrengte. Außerdem wurden im Jahre 1511 seine Vorrechte durch die Einrichtung einer *Audiencia Real* in Santo Domingo, der Hauptstadt der Insel, noch weiter beschnitten.

Vielfach wurden die Seefahrer auch zu Gouverneuren der von ihnen entdeckten und kolonisierten Länder ernannt. Der Aufbau des Verwaltungsapparats erfolgt jeweils sehr rasch. Trotz der anderen Umstände, denen sich die Strukturen anpassen mußten, gelang es den Königen, ihre neuen Territorien jenseits des Meeres, »*Las Indias*« genannt, in den modernen Staatsapparat der Monarchie einzubeziehen. 1503 wurde in Sevilla die *Casa de Contratación* gegründet. Diese Zentralbehörde war für alle Angelegenheiten des Schiffs- und Warenverkehrs mit Übersee sowie für die Emigration der Siedler oder die Ausbildung von Steuermännern zuständig, ebenso für die Steuereinziehung und die Rechtsprechung in Streitigkeiten, die sich aus den angeführten Tätigkeiten ergaben. Zwei königlichen Beamten, Juan Rodríguez de Fonseca und ab 1504 dem Sekretär Lope Conchillos, oblag ein Großteil der indischen Verwaltung in Kastilien. Sie sorgten auch für die Einhebung des Anteiles der Könige in der Höhe eines

Fünftels der aus der Neuen Welt stammenden Edelmetalle, Perlen, Hölzer und sonstiger Produkte. Die Kolonisation in jenen Jahren war einerseits durch den Wunsch motiviert, rasch zu Reichtum zu kommen, und durch die Notwendigkeit, die Gebiete zu besiedeln, vor allem Hispaniola. Andererseits mußte ein neues landwirtschaftliches System auf die Beine gestellt werden, da das der Eingeborenen den Bedürfnissen der Europäer nicht entsprach und dem Untergang geweiht war.

Die erste Generation von Entdeckern und Eroberern und die frühesten Emigranten, die nicht unbedingt aus der Oberschicht der damaligen spanischen Gesellschaft stammten und keinerlei Erfahrung als Kolonisten besaßen, verbanden die Idee des Kampfs gegen die Ungläubigen, die während der Kriege gegen die Muselmanen auf der Iberischen Halbinsel entwickelt worden war, mit einer kaum stillbaren Gier nach Gold und Schätzen. Auch das war für Handelsunternehmen des Spätmittelalters im Mittelmeer und im Atlantik typisch, zu denen oft Piraterie und Raubzüge in fremden Ländern gehörten. Den Kastiliern und vor allem den Andalusiern waren diese Situationen wohlbekannt. Es ist nicht verwunderlich, daß das Zentrum der Beziehungen zu Indien in Sevilla und seinen Vorhäfen Cádiz und Sanlucar de Barrameda, Palos und Huelva, eingerichtet wurde. Dort lebten die Experten, und man verfügte über die entsprechenden technischen Mittel für die Schiffahrt, abgesehen davon, daß die von Kolumbus eingeführten Routen in die Karibik und zurück die günstigsten waren und im 16. und 17. Jahrhundert nach wie vor befahren wurden.

Die Eroberer stammten nicht nur aus Andalusien, sondern auch aus der heutigen Estremadura und aus den Königreichen Toledo, Kastilien und León. Ihr Werk, die Eroberung, schreibt F. Morales Padrón, kam zustande »aus dem Wunsch nach wirtschaftlicher Besserstellung, der Sehnsucht nach Ehre und Ruhm, aus missionarischem Eifer, aus dem Streben nach sozialem Aufstieg, aus Abenteuerlust, aus dem Kampf für die Gerechtigkeit, aus der Projektion einer überreichen Kultur...« Man muß alle diese Aspekte gleichzeitig berücksichtigen, um zu verstehen, wie dieser erste massive Kontakt der Europäer mit Menschen aus unbekannten Zivilisationen verlief. Dabei handelten die Christen in der Überzeugung »ihres guten Gewissens und der Überlegenheit ihres Glaubens und ihrer Kultur« (J.Pérez).

Von Anfang an gab es Bemühungen, die Gewalttaten und Exzesse der Kolonisten durch Maßnahmen der Gesetzgebung zu verhindern oder zumindest auf solche zu beschränken, die man mit dem Recht auf Eroberung und der Pflicht der Evangelisierung für vereinbar hielt. Die Katholischen Könige förderten die Evangelisierung vom ersten Augenblick an und mit allen Mitteln. Es war religiöses und gleichzeitig politisches Interesse, das sie dazu trieb, vom Papst das Königliche Patronat zu erwirken, das die gesamte Kirchenverwaltung in den neuen Ländern ihrer Kontrolle unterstellte.

Ein Faktum entzog sich der Einflußnahme der Spanier völlig: im Kontakt zwischen Europa und Amerika kam es zu einem »Mikrobenschock« von ungeheurer Tragweite. In Europa tauchten bis dahin unbekannte Krankheiten wie die Syphilis auf. Vor allem litten aber die Eingeborenen an eingeschleppten Krankheiten, gegen die ihr Körper keine Abwehrmechanismen besaß, wie Röteln, Pocken oder verschiedene Formen der Pest. Neben den bewaffneten Auseinandersetzungen und dem neuen Arbeitssystem waren die epidemischen Krankheiten bei weitem die Hauptursache für die gewaltige Dezimierung der eingeborenen Bevölkerung, die in der Karibik schließlich völlig verschwand. Das geschah gegen den Willen und die Interessen der Kolonisatoren, die auf die eingeborenen Arbeitskräfte nicht verzichten konnten.

Im sogenannten Rat von Burgos im Jahr 1512 wurde wieder einmal versucht, die Beziehung zu den Indianern zu regeln. Dabei wurde neuerlich festgestellt, daß die Indianer freie Menschen und Untertanen des Königs seien, auch wenn sie gezwungen seien, unter beschränkten, aber humanen Bedingungen für die Siedler zu arbeiten, unter deren Schutz sie standen. Diese verpflichteten sich dafür, sie zur Unterstützung der Missionare in der Religion zu unterweisen. Es besteht kein Zweifel, daß dies eine unbefriedigende Situation war, die dem Mißbrauch Tür und Tor öffnete. Aber ebenso öffnete die Erklärung den Weg zu einer Anerkennung der menschlichen Würde der Eingeborenen, zu der es sonst überhaupt nicht gekommen wäre.

Gleichzeitig wurden Theorien zur Rechtfertigung der Eroberungen und zur Untermauerung der Evangelisierungsaufgaben entwickelt. Dabei ging man vom theokratischen Argument aus, das von verschiedenen Autoren des 13. und 14. Jahrhunderts ausgearbeitet worden war und in den Bullen Alexanders VI. zum Ausdruck kam. Dieser Lehrmeinung zufolge hatte der Papst die höchste Autorität, Länder von Ungläubigen dem Besitz christlicher Fürsten zu übergeben. Diese Doktrin leitete den Rechtsgelehrten des Kronrats, Juan López de Palacios Rubios, als er das *Requerimiento* verfaßte. Diese

»Aufforderung« sollte den Eingeborenen bei der Besitzergreifung vorgelesen werden. Er veröffentlichte dazu auch theoretische Überlegungen, die er unter dem Titel *Libellus de Insulis Oceanis* niederschrieb. Einer seiner Zeitgenossen, der Dominikaner Matías de Paz, legte das Schwergewicht nicht so sehr auf das Recht zu beherrschen, sondern mehr auf die Pflicht der Evangelisierung. In seinem Werk *De dominio Regum Hispaniae super Indios* findet man einige der Hauptargumente, die auch Fray Bartolomé de las Casas in seinem Kampf gegen Gewalt und Unterdrückung verwendet. Der Krieg wäre nur gegen jene Heiden legitim, die für die Evangelisierung ein Hindernis darstellten. Die Zwangsarbeit sei mit der Freiheit der Eingeborenen unvereinbar, und ohne Freiheit könne es keine wirkliche Evangelisierung geben. Die neue juridische Konzeption von der menschlichen Würde und Freiheit der Eingeborenen sollte in den *Leyes de Indias* ihren Niederschlag finden.

Es waren dies alles Situationen, Überlegungen und Aufgaben, die in der Geschichte der Menschheit neu waren. Der gigantische Prozeß der Kontaktnahme zwischen verschiedenen Zivilisationen hatte um 1515 kaum begonnen. Daß er zu Gewalttaten und kultureller Entwurzelung führte, kann nicht überraschen, denn die Eroberer folgten einem ständischen Gesellschaftsmodell, das in einigen Aspekten fast einem Kastenwesen glich, und sie waren überzeugt, daß ihre eigene Zivilisation und Kultur der fremden Barbarei haushoch überlegen waren. Aufgrund der historischen Situation und der Geisteswelt im damaligen Europa hätte es gar nicht anders sein können. So leiteten die Spanier in der Zeit der Katholischen Könige auf den Karibikinseln den langen Prozeß der Expansion Europas auf dem gesamten Planeten ein, der die Geschichte der Menschheit in den letzten fünf Jahrhunderten charakterisiert und vereinheitlicht hat.

KAPITEL IX

Die Außenpolitik: Aspekte und Ergebnisse

Die unmittelbarste und sichtbare Folge der dynastischen Verbindung war eine gemeinsame Außenpolitik der spanischen Königreiche. Das erste Mal traten sie im europäischen Konzert als politische Einheit auf, wenn sie auch noch nicht vollendet war. Für die Zeitgenossen bestand kein Zweifel, daß Ferdinand und Isabella der Titel Könige von Spanien zustand, da sie gegenüber dem restlichen Europa gemeinsam ein Staatsgebilde repräsentierten, das bisher aufgesplittert gewesen war. Wie schon so oft in der Geschichte wurden die Faktoren der Einheit zuerst von außen her wahrgenommen.

Dabei kam ein neues Element der Politik zum Tragen: die außerordentliche und ständige Diplomatie, die die Könige einführten und mit besonderer Sorgfalt pflegten. Die Aktivitäten der Diplomaten, die aus den königlichen Finanzen bezahlt wurden, erstreckten sich auf verschiedene Interessensbereiche und lassen erkennen, wie sehr die europäische Politik der Katholischen Könige, außer im Hinblick auf Portugal und Navarra, von früheren Richtlinien und Interessen des Königreichs Aragon beherrscht wurde, obwohl die politischen und wirtschaftlichen Mittel dafür ausschließlich aus Kastilien kamen. Es war in gewissem Sinn eine späte Eroberung der Krone von Kastilien durch die katalanisch-aragonesische Linie der Trastámara in ihrer dritten Generation. Deswegen ist es nicht verwunderlich, daß Ferdinand der Katholische immer als der geistige Vater und direkte Vermittler der neuen spanischen Außenpolitik angesehen wurde.

DIE INTERESSENSBEREICHE

Auf der Iberischen Halbinsel gab es im 15. Jahrhundert abgesehen von Granada noch zwei Königreiche, auf die sich die politischen und diplomatischen Aktivitäten konzentrierten: Portugal und Navarra. Die Beziehungen zu Portugal sind überwiegend von der kastilischen Tradition geprägt, sowohl wegen der gemeinsamen Grenze und tiefgehender Ähnlichkeiten, als auch wegen der dynastischen Verbindungen, die seit langer Zeit bestanden. Ohne auf die Vergangenheit einzugehen, soll nur an Johann I. von Kastilien und seinen gescheiterten Versuch erinnert werden, die beiden Kronen zwischen 1383 und 1385 zu vereinen. Es endete damit, daß die Dynastie der Avis auf den portugiesischen Thron kam. Mit dem Frieden von Almeirim beginnt 1432 eine lange Zeit freundschaftlicher Beziehungen zwischen beiden Ländern. Sowohl Johann II. als auch Heinrich IV. von Kastilien waren in zweiter Ehe mit Frauen aus dem portugiesischen Königshaus verheiratet.

Isabella war die kastilische Tochter einer portugiesischen Infantin. Und sie hätte sich statt mit Ferdinand II. von Aragon mit Alfons V. von Portugal vermählen können. Was wäre dann geschehen? Die Tatsache, daß es nicht der Fall war, hindert den Historiker nicht, sich diese Frage zu stellen, denn im 14. und 15. Jahrhundert hätte eine dynastische Vereinigung der spanischen Reiche mit Kastilien als Mittelpunkt sowohl mit Aragon als auch mit Portugal zustandekommen können. Allerdings sicher nicht innerhalb einer einzigen Generation. Nach Beendigung der Krise, hervorgerufen durch den kastilischen Erbfolgekrieg zwischen 1475 und 1479, erfolgte die Wiederaufnahme der Beziehungen zu Portugal nach dem traditionellen Vorbild der guten Nachbarschaft und ehelicher Bande. Die Idee einer Verbindung der beiden Dynastien auf lange Sicht wurde durchaus nicht ausgeschlossen, aber die Entwicklung gegensätzlicher Interessen sollte schließlich den politischen Zusammenschluß unmöglich machen.

Die Beziehung zu Navarra ist ganz anderer Art. In diesem Königreich hatte mit dem Tod von Königin Blanca im Jahr 1441 eine Zeit der dynastischen Instabilität begonnen. Blanca war die Tochter Karls III. und Gattin Johanns von Trastámara gewesen, der 1458 König von Aragon wurde und dessen Sohn aus zweiter Ehe Ferdinand der Katholische war. Die navarresischen Institutionen und die Verwaltungsstruktur des Königreichs wurden dadurch nicht beeinträchtigt, weil sie seit langer Zeit rechtlich verankert und geregelt waren. Doch es kam zu Spannungen im Zusammenhang mit der Kontrolle der Krone Navarras durch die Nachbarreiche Kastilien und Frankreich. Die internen Auseinandersetzungen zwischen zwei Parteien, den *beamonteses* und *agramonteses*, begünstigten diese Interventionen.

Die *beamonteses* beherrschten den gebirgigen Teil des Reichs und wurden seit 1450 von Kastilien bei ihrem Versuch unterstützt, den Sohn von Blanca und Johann, Karl, Fürst von Viana, zum König auszurufen. Die *agramonteses*, die in den Tälern die Macht hatten, waren Anhänger von Johann, dem verwitweten Prinzgemahl, und wurden indirekt von Frankreich unterstützt. Im Jahre 1455 erkannte Johann seine Tochter Leonore und deren Ehemann, den französischen Adeligen Gaston de Foix als Thronfolger an. Karl von Viana und die *beamonteses* lehnten sich dagegen auf und wurden von Heinrich IV. von

Die Außenpolitik: Aspekte und Ergebnisse

Kastilien unterstützt, der das erste Mal Truppen nach Navarra schickte. Die Intervention Ludwigs XI. von Frankreich im katalonischen Bürgerkrieg zugunsten Johanns II. von Aragon (1462) und seine Zusammenkunft mit Heinrich IV. am Ufer des Bidasoa im darauffolgenden Jahr hatten das Ziel, diese Politik wirkunglos zu machen. Frankreich und Kastilien, sonst aus Tradition Verbündete, standen einander in der Frage Navarras feindlich gegenüber. 1476 sollten der kastilische Interventionismus und die Tendenz zum Protektorat wieder zum Tragen kommen, als Francisco de Foix als König von Navarra anerkannt wurde.

Am anderen Ende der Pyrenäen war als Folge des Bürgerkriegs in Katalonien (1462 – 1472) eine weitere Grenzfrage zwischen Aragon und Frankreich ungelöst geblieben, die von den Katholischen Königen »geerbt« wurde. Ludwig XI. von Frankreich hatte Truppen geschickt, um den aragonesischen Herrscher Johann II. gegen seine in Aufruhr befindlichen katalanischen Untertanen zu unterstützen. Die katalanischen Grafschaften Roussillon und Cerdagne dürften eine Art Bürgschaft für die Honorierung dieses Dienstes darstellen. Es scheint klar, daß von seiten des französischen Monarchen von Anfang an die Absicht bestand, diese Gebiete zu annektieren, was er in den ersten Monaten des Jahres 1475 in die Tat umsetzte. Dies führte zu einem ernsthaften Zerwürfnis zwischen Frankreich und dem Spanien der Katholischen Könige.

Italien war seit über zwei Jahrhunderten für die katalanisch-aragonesische Krone ein tradiditonelles Interessensgebiet. Die Insel Sizilien gehörte seit 1302 unbestritten zu Aragon, Sardinien seit 1324. Ferdinand und Isabella, damals noch Thronfolger von Aragon bzw. Kastilien, waren von Johann II. als Könige von Sizilien eingesetzt worden. Diese große Insel, die eine Schlüsselstellung zwischen den beiden Hälften des Mittelmeers einnimmt und damals eine wichtige Plattform im Kampf gegen die Türken darstellte, war vor allem ein Brückenkopf zur italienischen Halbinsel. 1443 war Alfons V. von Aragon, der Onkel Ferdinands, als König in Neapel eingezogen. Er trat das Erbe der französischen Dynastie der Anjou an. Mit Alfons begann eine Epoche des »neapolitanisch-mittelmeerischen Imperialismus« (Soldevila). Er wirkte an der Herstellung des Gleichgewichts zwischen den italienischen Staaten mit, das im Frieden von Lodi (1454) greifbare Formen annehmen sollte. Dieses Gleichgewicht in Italien war unabdinglich, um eventuelle Interventionen von seiten der Anjou und der Franzosen zu unterbinden und die katalanisch-aragonesische Dynastie in Neapel zu festigen, wo Ferrante, ein außerehelicher Sohn Alfons', sein Nachfolger wurde.

Die Katholischen Könige wurden durch Neapel und auch durch ihre Beziehungen zum Papst, der als italienischer Fürst oft Gegner des neapolitanischen Monarchen war, in die italienischen Fragen hineingezogen. Die Beziehung zum Heiligen Stuhl war bis 1478 schwierig. Gründe dafür waren unter anderem Probleme, die durch die Vermählung von Ferdinand und Isabella entstanden waren, und das große Ansehen, das der vorherige König Kastiliens, Heinrich IV., in Rom genoß. 1478 kam es zur vollständigen Aussöhnung mit Sixtus IV., denn Rom brauchte dringend Einkünfte aus Kastilien, und die Katholischen Könige benötigten die Unterstützung des Papstes, um das große Projekt der Kirchenreform in ihren Reichen abzusegnen.

In dem Teil Europas, der am Atlantik lag, hatte die neue Monarchie der Katholischen Könige natürlich die unmittelbarsten Beziehungen zu Frankreich. In dieser Hinsicht war die Haltung Kastiliens und Aragons unvereinbar. Seit 1368 (Vertrag von Toledo) waren Frankreich und Kastilien treue Verbündete. Damals war die Dynastie der Trastámara auf den kastilischen Thron gekommen. Durch diese Allianz konnten sich die französischen Könige in ihren Kriegen mit den Engländern, im sogenannten »Hundertjährige Krieg«, im Atlantik auf die kastilische Marine stützen. Als die feindlichen Auseinandersetzungen 1454 beendet wurden, begann auch das französisch-kastilische Bündnis schwächer zu werden. Damals herrschte Heinrich IV. in Kastilien und Ludwig XI. in Frankreich. Noch 1455 und 1462 wurden die alten Verträge bestätigt, aber die Haltung, die die beiden Monarchen 1460 und 1463 in den Fragen Navarra und Katalonien einnahmen, bewirkten eine Entfremdung. Das Treffen am Ufer des Bidasoa im Jahre 1463 ist trotz der zur Schau getragenen Freundschaft das Symbol für das Ende einer Epoche. Die Haltung des französischen Königs während des kastilischen Bürgerkriegs von 1465 bis 1468, die auch von einem gewissen Interesse an Fuenterrabia in Guipúzcoa geprägt war, die Schwierigkeiten bei der Erbfolge Heinrichs IV., die Kriege zwischen Frankreich und Burgund, das sind alles weitere Umstände, die unmittelbar vor dem Herrschaftsantritt der Katholischen Könige zu einer Wende in den französisch-kastilischen Beziehungen führten.

Aber der entscheidende Faktor war die dynastische Verbindung. Zu den alten Auseinandersetzungen zwischen dem französischen und dem aragonesischen Herrscherhaus auf italienischem Boden kommt das Eingreifen Ludwigs XI. in den katalanischen Bürgerkrieg und die Besetzung von Roussillon und Cerdagne. Johann II. hatte darauf mit einem Dreierbündnis Aragon-England-Burgund geantwortet. 1475 tritt Kastilien diesem Bündnis bei, ganz gegen seine alte französenfreundliche Tradition. Diese stellte kein Hindernis im Hinblick auf Burgund und Flandern dar, da zwischen den kantabrischen Häfen Kastiliens und den niederländischen Häfen immer schon intensive Handelsbeziehungen bestanden. Was England angeht, war die Situation aufgrund der jahrhundertealten Rivalität zwischen der Marine beider Länder und der kastilischen Haltung während des zu Ende gegangenen Konflikts mit Frankreich etwas anders. Doch 1471 kam es zu einem ersten Abkommen zwischen Kastilien und England, dem sogenannten Vertrag von Westminster. Die Neuerungen ab 1475 kamen aber nicht ganz unvorbereitet.

Portugal, Navarra und Roussillon einerseits, Italien, Frankreich und der anglo-flandrische Nordseeraum andererseits bilden also die Szenarien der europäischen Politik, wie sie die Katholischen Könige verfolgten. Außerhalb dieses Bereichs kommt es nur zu sporadischen Kontakten, vor allem im Zusammenhang mit den Problemen eines dieser Länder. Zum Beispiel kamen die Vereinbarungen mit Kaiser Maximilian I., die die Zukunft der Dynastie so nachhaltig beeinflussen sollten, als Folge der Beziehungen zu Flandern-Burgund zustande.

PERIODEN DER AUSSENPOLITIK

Ab 1475 unterscheidet man in der Außenpolitik Ferdinands und Isabellas verschiedene Perioden. Die erste umfaßt die Jahre des kastilischen Erbfolgekriegs bis 1479 und reicht bis 1483. In diesem Jahr sind die Monarchen der vorherigen Generation von der internationalen Szene verschwunden: 1479 Johann II. von Aragon, 1482 Alfons V. von Portugal, 1483 Ludwig XI. von Frankreich. Das Jahr 1484 beginnt mit dem Entschluß, der Eroberung Granadas Vorrang einzuräumen, ganz klar eine neue Periode, die bis 1493 dauern sollte. In diesem Jahr verfügt Kastilien wieder über alle Mittel für Unternehmungen im Ausland. Zwischen 1494 und 1504 ist die neapolitanische Frage Schwerpunkt der auswärtigen Beziehungen. Die großen Linien der Diplomatie schließlich, denen Ferdinand während seiner Regentschaft bis 1516 folgte, hatten zwei Ergebnisse von grundlegender Bedeutung: Navarra wird Teil der neuen spanischen Monarchie; Ferdinands Herrschaft über Neapel wird international anerkannt.

1475-1483

Der kastilische Erbfolgekrieg von 1475 bis 1479 war vor allem ein interner Konflikt, in dem es um das Problem des Machtverhältnisses zwischen Adel und Monarchie ging. Aber es kam zur Intervention anderer Länder, wodurch sich auch die außenpolitische Linie änderte. Alfons V. von Portugal machte die Angelegenheit Johannas, der Tochter von Heinrich IV., zu seiner eigenen und unterstützte deren Ansprüche auf den kastilischen Thron. Zur gleichen Zeit fiel Ludwig XI. von Frankreich im aragonischen Roussillon und in Cerdagne ein. Natürlich stellte sich Kastilien auf die Seite Aragons und der verbündeten Mächte (England, Burgund, das Herzogtum Bretagne, Neapel) und brach mit seiner früheren französenfreundlichen Einstellung. Im Mai 1475 fielen portugiesische Truppen mit der Unterstützung aufständischer Adeliger in Kastilien ein; im September kam es zum portugiesisch-französischen Bündnis mit dem Ziel, in Guipúzcoa eine zweite Front zu eröffnen und die portugiesischen Truppen, die in einigen festen Stellungen im Einzugsgebiet des Duero lagen, zu verstärken.

Die militärischen Operationen entwickelten sich zugunsten des kastilischen Königspaares, das intern starke politische Unterstützung erhielt. Am 1. März 1476 schlug Ferdinand in der Nähe von Toro das portugiesische Heer vernichtend, und in den folgenden Monaten scheiterten die französischen Truppen bei ihren wiederholten Versuchen, Fuenterrabia als das Tor zu Guipúzcoa einzunehmen. Im Herbst gelang es König Ferdinand, der ins Baskenland geeilt war, in navarresischen Festungen kastilische Garnisonen einzurichten. Als Gegenleistung versprach er, Francisco de Foix, der damals noch ein Kind war, als König von Navarra zu unterstützen. Fast zur gleichen Zeit reiste Alfons V. von Portugal nach Frankreich, um das Bündnis zu stärken und neue Kriege vorzubereiten. Aber Ludwig XI., dem die Nordgrenze seines Reichs zu den burgundischen Niederlanden mehr am Herzen lag, lehnte neue Vereinbarungen ab.

Unter diesen Umständen wurden die Feindseligkeiten zwischen

Frankreich einerseits und Kastilien und Aragon andererseits ohne größere Probleme eingestellt, obwohl man bei den Verhandlungen bis zum endgültigen Frieden nur langsam vorankam (Vertrag von Saint Jean de Luz, 9. Oktober 1478). Die Angelegenheit von Roussillon wurde für den Augenblick beiseitegeschoben. Einige Monate danach, Anfang 1479, starb Johann II. von Aragon. So wurden Ferdinand und Isabella auch zu Königen dieses Reichs.

Die interne Befriedung Kastiliens seit der Versammlung der Cortes in Madrigal (1476), die Abkommen mit dem Adel und die Reisen der Könige nach Estremadura und Andalusien, abermals die klare Unterstützung durch den Heiligen Stuhl seit 1478, machten für Alfons V. und Johanna jede Hoffnung auf einen Sieg zunichte. Die Feindseligkeiten zwischen Portugal und Kastilien gingen jedoch noch einige Zeit weiter. Einerseits im Atlantik, wo einige kastilische Schiffe nach Guinea segelten und die portugiesische Flotte angriffen. (Damals beschließen die Katholischen Könige, die Kanarischen Inseln zu besetzen.) Andererseits an den Grenzen von Estremadura und Galicien zu Portugal, wo es 1478 und Anfang 1479 zu einigen Scharmützeln kam.

Nachdem einige Monate lang Gespräche geführt wurden, akzeptierten beide Teile die als Frieden von Alcaçovas/Toledo (4. September 1479) bekannten Verträge. Mit dem Hauptvertrag wurde der Frieden von Almeirim von 1432 erneuert. Es kam auch zu einer Regelung für Johanna, die Tochter von Heinrich IV., die in ein Kloster in Coímbra eintrat. Weiters wurde über das erste Projekt einer ehelichen Verbindung zwischen den beiden Königshäusern eine Abmachung getroffen: Isabella, die älteste Tochter der Katholischen Könige, sollte mit dem portugiesischen Infanten Alfons vermählt werden. Schließlich wurde auch noch die Streitfrage im Atlantik gelöst: Kastilien behielt die Kanarischen Inseln, und Portugal blieb der Seeweg nach Guinea.

Das aragonesische Erbe zwang die Katholischen Könige ab 1479, ihre internationalen Aktivitäten auszuweiten. Nach der Sicherung des Friedens mit Portugal war ihr wichtigstes Projekt die Eroberung von Granada, doch im Jahr 1480, in dem sie die Vorbereitungen dazu begannen, besetzten die Türken für kurze Zeit Otranto im Süden Italiens und belagerten die Insel Rhodos. Als 1482 der Krieg gegen Granada eröffnet wurde, konnte er bis weit in das Jahr 1484 nicht mit vollem Einsatz Kastiliens geführt werden. Oft mußten die Könige anderen diplomatischen und militärischen Aktivitäten den Vorrang geben.

Im Atlantik wurde weiterhin die Politik der Annäherung an England verfolgt, an der auch die Händler und Seeleute aus dem Baskenland und dem kantabrischen Raum interessiert waren. Die Verhandlungen liefen seit 1477. Im Jahr 1482 kam es zu einer Einigung, die *cartas de marca y represalia* aufzuheben, die die Schiffahrt und den Handel zwischen beiden Ländern beeinträchtigten.

In Italien galt es, das Gleichgewicht der Kräfte zu erhalten und so Interventionen anderer Länder, zum Beispiel Frankreichs, zu verhindern (zum Beispiel bei der Lösung der sogenannten »Krise von Ferrara« durch Vermittlung der spanischen Diplomatie im Jahr 1482). Weiters mußte Ferrante, der König von Neapel, geschützt werden, der 1482 eine Auseinandersetzung mit dem Adel seines Landes und indirekt mit dem Papst hatte. Gleichzeitig wurde Sizilien befestigt und ein Verteidigungsnetz gegen die Türken aufgebaut. Diese Maßnahmen galten nicht nur der Sicherung des süditalienischen Besitzes. Es bestanden sogar gewisse Befürchtungen, daß die Osmanen auf irgendeine Weise in den Kampf um Granada eingreifen könnten.

Francisco de Foix, seit 1479 König von Navarra und 1481 gekrönt, starb zwei Jahre danach. Ferdinand und Isabella anerkannten als Nachfolgerin seine Schwester Katharina, schickten Truppen an die Grenze und schlugen eine Ehe zwischen Katharina und ihrem Sohn Johann vor. Frankreich widersetzte sich und wurde darin von Magdalena, der Königinmutter von Navarra, unterstützt, die eine Schwester Ludwigs XI. war. In der zweiten Hälfte des Jahres 1483 wuchs die Spannung zusehends. Im November schlossen die Katholischen Könige mit dem Herzogtum Bretagne eine Vereinbarung über die Entsendung von Truppen. Da starb Ludwig XI., und in Frankreich begann eine Zeit der Regentschaft, womit die Chancen der Katholischen Könige in Navarra und die Aussicht auf eine Wiedergewinnung von Roussillon und Cerdagne stiegen.

Ferdinand gelang es aber nicht, die Umstände zu nützen. Was Roussillon betraf, gab Isabella dem Krieg gegen Granada den Vorrang. Ferdinand konnte daher nicht auf die Unterstützung durch Kastilien zählen, die er unbedingt benötigte, und fügte sich. Im Hinblick auf Navarra kam es zu einem Kompromiß, der in der Vermählung Katharinas mit dem französischen Adeligen Jean de Albret bestand (Juni 1484). Das kastilische Protektorat wurde jedoch verstärkt. Abgesichert war es durch die Partei der *beamonteses* und durch mehrere *capitanías* der königlichen Garden Kastiliens, die von nun an ständig an der Grenze und teilweise sogar im Inneren Navarras stationiert waren. So beruhigten sich die Probleme in der Zone der Pyrenäen im Frühling 1484. Diese Ruhe sollte mehrere Jahre anhalten.

1484-1493

In den Jahren der Eroberung Granadas kamen von der Diplomatie Ferdinands und Isabellas wichtige Initiativen, und sie behielt alle Angelegenheiten im Auge, die für sie von Interesse waren. Vor allem ab 1487, als nach der Einnahme Málagas das baldige Ende des Reiches der Nasriden abzusehen war.

Das erste schwerwiegende Problem zeigte sich in Italien: Einerseits in der Beziehung zu Papst Innozenz VIII. und andererseits in den Spannungen zwischen dem Kirchenstaat und dem Königreich Neapel in den Jahren 1485 und 1486. In der ersten Frage konnten sich die Könige einmal mehr mit ihrer Kirchenpolitik bei der Besetzung des Erzbistums von Sevilla gegen die Wünsche der päpstlichen Kurie durchsetzen. Weiters erreichten sie eine sehr günstige Aufteilung der kirchlichen Abgaben und der Kreuzzugsalmosen, die für den Krieg gegen Granada eingehoben wurden, sowie eine Unterstützung ihrer Politik im Zusammenhang mit der Inquisition. Das zweite Problem war der Aufruhr der Feudalherren des Königreichs Neapel, die vom Papst unterstützt wurden. 1486 kam es über Vermittlung des spanischen Botschafters Graf von Tendilla zum Frieden. Es wurde vereinbart, die Aufrührer zu schonen, doch Ferrante von Neapel hielt sich nicht daran. Diese Haltung des neapolitanischen Königs veranlaßte die Katholischen Könige zur Überlegung, ob es im Hinblick auf seine Politik und seinen Charakter ratsam sei, ihn weiter zu unterstützen.

In eine entscheidende Phase trat in diesen Jahren die Heiratspolitik. Zunächst wurden 1487 die Verhandlungen mit Portugal über die Vermählung von Alfons und der kastilischen Infantin Isabella wieder aufgenommen. 1490 kam es zur Ehe, doch fand sie schon einige Monate danach durch den Tod des Gatten ein tragisches Ende. Isabella kehrte in ihr Land zurück, aber die Pläne einer dynastischen Verbindung blieben trotz dieses unglückseligen Anfangs bestehen. Mit England wurde im März 1489 eine neue Vereinbarung über militärische Zusammenarbeit, Erleichterungen für den Handel und eine Ehe zwischen Arthur, dem englischen Thronerben, und der Infantin Katharina geschlossen. Schließlich gab es 1484 erste diplomatische Kontakte mit Maximilian von Habsburg, der 1477 nach dem Tod Herzog Karls des Kühnen dessen Tochter Maria geheiratet und dadurch das reiche Burgund samt den Niederlanden in seinen Besitz gebracht hatte. Diese Gespräche wurden 1489 mit ernsten Absichten wieder aufgenommen. Maximilian war inzwischen designierter Nachfolger seines greisen Vaters im Heiligen Römischen Reich und trug den Königstitel. Aus seiner Ehe mit Maria, die 1482 tödlich verunglückt war, entstammten die Kinder Philipp und Margarete. Es ging nun um eine Doppelhochzeit dieser beiden mit Prinz Johann von Kastilien und der Infantin Johanna.

Das angestrebte Ergebnis dieser Verbindungen war die Festigung des Bündnisses mit Burgund, das wie jenes mit England wegen der insgeheim bestehenden Auseinandersetzung mit Frankreich wichtig war. Mit einer weiteren Aktion sollte Frankreich in diesen Jahren unter Druck gesetzt werden. Sie betraf das Herzogtum Bretagne, das zwar noch unabhängig war, aber bereits Gefahr lief, von Frankreich vereinnahmt zu werden, da Herzog Franz keinen männlichen Erben hatte. So schlossen Ferdinand und Isabella 1483 und 1488 Verträge mit dem bretonischen Herzog und schickten Truppen. 1490 wurde mit dem Abkommen von Okyng das Dreierbündnis Spanien-England-Burgund besiegelt. Von den Verbündeten hatte jeder offene Gebietsforderungen an Frankreich, doch der französische König Karl VIII. trug im Herzogtum Bretagne einen doppelten Sieg davon: einerseits militärisch, andererseits durch seine Vermählung mit Herzogin Anna, die auch Maximilian von Habsburg heiraten wollen hatte.

In selben Jahr, als jede Möglichkeit verloren war, im bretonischen Brückenkopf einzugreifen, ging der Krieg gegen Granada zu Ende. Bereits 1492 nahmen die Katholischen Könige die Verfolgung ihrer nächstliegenden außenpolitischen Ziele wieder auf, das waren die Zurückeroberung von Roussillon und Cerdagne und die Aufrechterhaltung des Protektorats in Navarra, wo 1492 Jean de Albret und Katharina de Foix gekrönt wurden. Es wurde ein Verbot für den Durchzug fremder Truppen durch navarresisches Gebiet erlassen, kastilische Truppen blieben aber weiter in nächster Nähe.

Auch das Problem Roussillon konnte jetzt gelöst werden. Dem französischen König war klar, daß eine kriegerische Auseinandersetzung jederzeit möglich war, denn der Vertrag von Okyng bestand weiter. Aber er kannte auch den Wunsch der spanischen Könige, den Streit auf gütliche Weise beizulegen. Außerdem hegte er die Absicht, in Italien einzugreifen. Dazu bedurfte er des Wohlwollens von Ferdinand und Isabella, ja diese mußten Ferrante von Neapel die Unterstützung entziehen. Unter diesen Bedingungen wurde der Vertrag von Tours/Barcelona geschlossen (Jänner 1493). Mit ihm kamen die beiden katalanischen Grafschaften in den Pyrenäen wieder unter die

Herrschaft der Katholischen Könige. Als Folge des neuen Bündnisses mit Frankreich brachen sie die Verhandlungen über die ehelichen Verbindungen mit England und Burgund ab und versicherten, daß sie keinen Feind Frankreichs unterstützen würden, ausgenommen den Heiligen Stuhl. Weiters würden sie Karl VIII. nicht daran hindern, »daß er Rechte, die ihm im Königreich Neapel zustünden, beanspruchte«.

Angesichts der nachfolgenden Ereignisse könnte man denken, daß die Katholischen Könige bei dieser Abmachung nicht ehrlich waren. Manche Historiker vertreten auch diese Meinung. Doch scheint es eher so zu sein, daß Karl VIII. den Unterschied nicht begriff, der für die spanische Seite zwischen dem Respektieren seiner Rechte in Neapel und der Billigung einer militärischen Eroberung bestand. Eine solche würde ja nicht nur den König von Neapel, sondern auch die Rechte betreffen, die Ferdinand als Neffe Alfons V. dort hatte, und sogar die des Heiligen Stuhls, dessen Lehen das italienische Königreich war. In jedem Fall war das unmittelbare Ergebnis des Vertrags für die spanische Seite, daß im September 1493 Roussillon und Cerdagne auf friedliche Weise Katalonien einverleibt werden konnten.

1494-1504

Inzwischen war es in Italien zu bedeutenden politischen Änderungen gekommen. 1492 starb Lorenzo de Medici, der Stadtherr von Florenz und eine der wichtigsten Säulen des italienischen Gleichgewichts. Alexander VI., ein Papst aus Valencia, bestieg den Thron. Unter Ludovico Sforza schloß Mailand einen Pakt mit Karl VIII. von Frankreich. Im darauffolgenden Jahr wollte Alexander VI. sich diesem anschließen, aber eine spanische Gesandtschaft unter Diego López de Haro warnte den Heiligen Stuhl vor den Problemen, die eine militärische Intervention Frankreichs in Neapel haben könnte. Schließlich starb im Jänner 1494 König Ferrante Alfons II., Herzog von Kalabrien, wird sein Nachfolger.

Dies war der Augenblick, auf den Karl VIII. gewartet hatte, um mit seinen Truppen die italienische Halbinsel zu durchqueren. Im Dezember 1494 erreichte er Rom und empfing dort eine spanische Gesandtschaft, die ihn unter Drohungen aufforderte, die bevorstehende Invasion Neapels abzublasen und seine Ansprüche auf dieses Königreich auf rechtlichem Wege klären zu lassen. Der Vertrag von Tours/ Barcelona war in dem Augenblick gebrochen, in dem Karl VIII. im

Jänner und Februar 1495 in das Königreich Neapel einfiel und es ohne Schwierigkeiten fast zur Gänze besetzte. Alfonso II. dankte zugunsten seines Sohnes Ferrante II. ab, der nach Sizilien floh und den Spaniern die neapolitanischen Stellungen in der Straße von Messina übergab.

Von da an waren die französisch-spanischen Beziehungen schwer belastet. Die Katholischen Könige versuchten, ihre eigenen Rechte in Neapel und die ihres Verwandten, des Königs Ferrante II., zur Geltung zu bringen. Zu diesem Zweck leiteten sie gleichzeitig mehrere Aktionen ein. Erstens sicherten sie die Neutralität Navarras durch den Vertrag von Madrid (März 1495, bestätigt 1500), nach dem es sogar erlaubt war, kastilische Garnisonen an einigen Plätzen des Königreichs einzurichten.

Zweitens schufen sie die Voraussetzung für eine militärische Unternehmung in Italien. Ferdinand war es im März 1495 gelungen, eine Liga zwischen dem Papst, dem Kaiser, Mailand, Venedig und Spanien gegen die Türken zu bilden. Das wirkliche Ziel war jedoch die Wiederherstellung des gestörten Gleichgewichts in Italien. Mitte 1495 landeten kastilische Truppen unter der Führung des andalusischen Adeligen Gonzalo Fernández de Córdoba, im Königreich Neapel. Allen Voraussagen zum Trotz gelang es ihnen, die Franzosen innerhalb eines Jahres zu schlagen und zur Kapitulation zu zwingen. Zur gleichen Zeit zeichnete sich in Roussillon ein Krieg ab, was zu einer vorbeugenden Generalmobilmachung der kastilischen Truppen im Frühling 1496 führte, der ersten seit dem Ende des Krieges gegen Granada.

Ende 1496 kam es zu Waffenstillständen. Auf der Grundlage der neuen Voraussetzungen wurde über die Zukunft Neapels verhandelt. Die Spanier weigerten sich, den neuen neapolitanischen König Fadrique, der Ferrante II. nachgefolgt war, als legitimen Herrscher anzuerkennen. Sie zogen es vor, mit Frankreich über eine Aufteilung der Rechte zu verhandeln. Dabei sollten auch die Ansprüche der Katholischen Könige auf Navarra und die Frankreichs auf Mailand zur Sprache kommen. Doch der neue französische König Ludwig XII. glaubte nach einem ersten französisch-spanischen Abkommen (Marcousis, August 1498), daß er ausreichende Rückendeckung habe und besetzte Mailand.

Der Krieg von Neapel hatte dazu geführt, daß die »große westliche Allianz« der diplomatischen Belagerung Frankreichs den neuen Umständen angepaßt werden mußte. Zu diesem Zweck wurden die Verhandlungen mit England, Burgund und Portugal wieder aufgenommen, deren Ergebnis diesmal zwei Vermählungen waren: Johanna von Kastilien heiratet im Herbst 1496 Philipp »den Schönen« von Habsburg, Herzog von Burgund. Im März 1497 heiratet der Thronerbe Johann von Kastilien und Aragon Margarete von Österreich. Einige Monate danach heiratet Infantin Isabella in zweiter Ehe den neuen portugiesischen König Manuel I. Im Oktober 1496 werden auch die Eheverträge zwischen der Infantin Katharina und dem englischen Thronerben Arthur unterzeichnet.

Kurz darauf kommt es zu neuen Konstellationen in der Erbfolge der Katholischen Könige: Schon im Oktober 1497 stirbt der jungvermählte Thronfolger Johann. Seine Schwester Isabella und Manuel I. von Portugal werden von den kastilischen und aragonesischen *Cortes* als neue Thronfolger vereidigt, Isabella stirbt jedoch kurz nach der Geburt ihres Sohnes Miguel, der für kurze Zeit der zukünftige Träger der drei Kronen ist. Aber auch er stirbt im Juli 1500. Damit geht die Erbfolge auf Johanna und ihren Gatten Philipp von Habsburg über.

Die politische Haltung der Habsburger entsprach nicht den Erwartungen, die zur doppelten dynastischen Verbindung geführt hatten. Mit Kaiser Maximilian konnte man sich verständigen, denn sein politisches Interesse war auf seine Besitzungen in den Alpen und an der Donau und bis zu einem gewissen Grad auf Italien gerichtet. Sein Sohn Philipp jedoch fühlte sich, wie L. Suárez aufzeigte, »als Erbe der früheren Herzöge von Burgund; alles übrige schien ihn wenig zu interessieren«. Seine offensichtliche Franzosenfreundlichkeit war eine Einstellung, die nicht eben zu den politischen Plänen seiner Schwiegereltern paßte.

Das Jahr 1500 ist daher ein Jahr der Wende. Auch das politische Denken der Katholischen Könige war niemals grundsätzlich gegen Frankreich gerichtet gewesen, sondern nur gegen konkrete Schritte des Nachbarn. Außerdem gehörten die Zeiten der militärischen Auseinandersetzung der Vergangenheit an. Die Politik bezüglich Navarra lief gut. Im Mai hatte Jean de Albret in Sevilla einen neuen Vertrag unterzeichnet, der die beiden Königshäuser, durch die Verpflichtung verband, die Infanten und Infantinnen von Navarra und Kastilien-Aragon untereinander zu verheiraten. Ende des Jahres schlossen Ludwig XII. und die Katholischen Könige einen Kompromiß zur Aufteilung der Gebiete und Rechte des Königreichs Neapel. Es handelt sich um den Vertrag von Chambord/Granada (November 1500). Aufgrund dieses Vertrags standen dem französischen König die Stadt Neapel, die Abruzzen, die Terra di Lavoro und die Hälfte der in Basilicata eingehobenen Zölle zu. Ferdinand wurde Herzog von Kalabrien und Apulien. Das erste Ergebnis dieser Versöhnung war die militärische Aktion gegen die Osmanen, die in der zweiten Hälfte des Jahre 1500 von Neapel aus mit französisch-spanischen Truppen durchgeführt wurde.

Aber es gab andere Schwierigkeiten. Einerseits mußte die dynastische Verbindung mit Portugal durch eine neue Ehe wieder hergestellt werden. So kam es im Jahre 1500 zur Vermählung des portugiesischen Königs mit Maria, der jüngsten Tochter der Katholischen Könige. Andererseits versuchte Philipp von Habsburg, die englische Heirat Katharinas zu verhindern, da sie den französischen Interessen zuwiderlief. Vor November 1501 konnte die Vermählung nicht stattfinden. So beschloß Philipp, nicht vorher nach Kastilien zu reisen, außerdem für die fernere Zukunft die Vermählung seines Sohnes Karl mit Claudia von Frankreich zu vereinbaren, die beide kurz vorher zur Welt gekommen waren. Einige Monate später starb Arthur von England, und im Sinne einer Fortsetzung der ehelichen Allianz, wurde 1503 die Vermählung Katharinas mit dem Bruder des Verstorbenen, dem späteren Heinrich VIII., beschlossen. Die Kette unglücklicher Ereignisse, die die Ehen der Kinder der Katholischen Könige überschattete, riß nicht ab.

Im Mai 1501 begann man mit Zustimmung des Papstes mit der Aufteilung Neapels. Zwischen den Partnern gab es schon wieder Mißtrauen. Zwei grundlegende Fragen mußten noch gelöst werden: wem die Souveränität der Krone von Neapel zustand und wie die Erträge des Landes aufzuteilen wären, vor allem die von Basilicata und Capitanata, zwei Provinzen mit ausgedehnter Viehzucht.

Da in diesen Punkten eine Einigung nicht möglich war, wurde der Vertrag aufgelöst, und es kam zum zweiten französisch-spanischen Krieg in Neapel, wobei es in Fuenterrabia und Roussillon Nebenfronten gab. Neuerlich gelang es dem *Gran Capitán* Gonzalo Fernández de Córdoba, sich trotz anfänglicher Überlegenheit der französischen Truppen im Verlauf des Jahres 1503 durchzusetzen. Seine Siege in Seminara, Cerignola und Garellano sind hervorragende Beispiele einer neuen Kriegskunst, die sich auf eine professionelle Infanterie aus Pikenieren und Arkebusieren stützte. Gonzalos Ruhm als Heerführer stieg ins Unermeßliche; sogar der französische König Ludwig XII. zollte ihm Tribut, als er ihn Jahre später einlud, an seinem Tisch Platz zu nehmen.

1504-1516

Die militärische Entscheidung von 1503 wird durch die komplizierten diplomatischen Manöver nicht beeinträchtigt, die ab 1504 die italienische Frage beherrschen. Im November dieses Jahres stirbt Königin Isabella I., worauf im Inneren Kastiliens eine Periode der Instabilität beginnt, die sogar zu einem Bruch der von den Katholischen Königen geschmiedeten dynastischen Einheit Spaniens führt. Ferdinand muß sich aus Kastilien zurückziehen, wo Philipp I. als König anerkannt wird, und verwendet die Jahre 1506 und 1507 dazu, seine Position als Herr von Neapel zu festigen. Zunächst durch seine zweite Ehe mit Germaine de Foix (1506) und durch das Abkommen mit deren Onkel, Ludwig XII. von Frankreich. Etwas später gewinnt er den Papst dafür, ihm das Königreich als Lehen zu übergeben (1510). Es besteht kein Zweifel, daß der Katholische König sich damals als legitimer Nachfolger seines Onkels Alfons und als Hauptperson einer Art dynastischer Wiedereingliederung Neapels in die Länder der Krone von Aragon betrachtete. »Mein Ziel«, schrieb er in einem Brief, »ist nicht, etwas in Italien haben zu wollen, was nicht mir gehört.« Frankreich hatte freie Hand in der Lombardei.

Die Frage Navarras mußte auch noch gelöst werden. 1507 hatten die *beamonteses* in diesem Königreich eine vernichtende militärische und politische Niederlage erlitten. Als Ferdinand nach dem Tod Philipps I. nach Spanien zurückkehrt und als Vormund für seine regierungsunfähige Tochter Johanna auch in Kastilien wieder die Herrschaft übernimmt, greift er diese Frage erneut auf. Er ist der Ansicht, daß das Königreich Navarra sich endgültig jeder Möglichkeit einer französischen Intervention entziehen und der dynastischen Einheit Spaniens, die damals wieder gesichert schien, einverleibt werden sollte.

Der König stellte in Italien keine territorialen Ansprüche mehr, und es scheint, daß die Operationen, die er dort ab 1508 für oder gegen die Franzosen durchführt, irgendwie mit seinen Zielen in Navarra im Zusammenhang stehen. Als Folge des Aufrufs der Heiligen Liga, die in Italien gegen Ludwig XII. gebildet worden war, ergab sich 1512 eine günstige Konstellation für die Annektierung des Pyrenäenkönigreiches. Ferdinand, der dieser Liga angehörte, nützte einen diplomatischen Fehltritt des navarresischen Monarchen Jean de Albret als Vorwand, um im Juli 1512 blitzartig in dessen Land einzufallen. Nicht betroffen war die *merindad de Ultrapuertos*, das heutige Französisch-

Navarra. Drei Jahre später akzeptierte die Versammlung der *Cortes* in Burgos die dauernde Integration der Kronen von Navarra und Kastilien. Jahrzehntelange Bemühungen Kastiliens waren von Erfolg gekrönt.

***

Die europäische Politik der Katholischen Könige hatte die spanischen Königreiche aus ihrer internationalen Randexistenz herausgeführt. Dies geschah eher abrupt im Falle Kastiliens, nicht ganz so plötzlich in der Krone von Aragon, deren Außenpolitik im großen und ganzen von der neuen spanischen Monarchie übernommen wurde. Hauptziel war sicherlich die Erweiterung und Festigung des Einfluß- und Machtbereichs auf der Iberischen Halbinsel. Dazu gehörten – nach der Einverleibung Granadas – die Wiedergewinnung der Grafschaften in den Pyrenäen, die Angelegenheit Navarra, die dynastische Allianz mit Portugal.

In zweiter Linie verfolgte Ferdinand der Katholische gegenüber den anderen christlichen Monarchien Europas eine Politik »ausgeglichener Machtverhältnisse«, eine Idee, die Jahrhunderte hindurch das kriegerische und diplomatische Panorama Europas beherrschen sollte. Aber es war nicht leicht, dieses Gleichgewicht zu erreichen, in einem Europa, wo Italien in hundert Parteien zerfiel, wo die Länder an der Atlantikküste noch immer den Haß vergangener Kriege schürten. Die Beibehaltung der früheren diplomatischen Linie Aragons verhinderte einen französischen Hegemonismus, der andernfalls unvermeidlich gewesen wäre, bescherte aber den Königen eine unendliche Folge von Zwistigkeiten und kleineren Auseinandersetzungen mit ihren französischen Zeitgenossen in verschiedenen geographischen Räumen und zwang sie zu Beziehungen mit England, den Niederlanden und dem Kaiserreich, die nicht immer ihren wahren Interessen entsprachen und schwerwiegende internationale Verpflichtungen für die Zukunft mit sich brachten. Daß die aus Bündnisinteressen eingegangene doppelte Eheverbindung mit den Habsburgern der *Casa de Austria* den Weg zur Herrschaft in Spanien bereitete, war freilich ein Zufall. Zuvor mußte es zu drei überraschenden Todesfällen kommen. Die Konsequenzen hat niemand voraussehen können.

Nachwort

Von Alfred Kohler

Die Übersetzung spanischer Werke ins Deutsche gehört in der Geschichtswissenschaft noch immer zu den Ausnahmeerscheinungen. Die in Toledo und Innsbruck im Jahre 1992 stattfindenden Ausstellungen »Reyes y Mecenas« bzw. »Hispania-Austria« boten den willkommenen Anlaß, das Werk eines führenden spanischen Historikers über eine der bedeutendsten Epochen der spanischen und europäischen Geschichte dem deutschsprachigen Leser zugänglich zu machen.

Der Vielfalt und Wichtigkeit der außergewöhnlichen Entwicklung trägt Ladero dadurch Rechnung, daß er über die Biographien der Herrscherpersönlichkeiten Isabella von Kastilien und Ferdinand von Aragon weit hinausgeht und die gesamte Epoche einbezieht. Diese Vorgangsweise entspricht bester historischer Tradition. Ladero ist keiner Methode und Betrachtungsweise so sehr verpflichtet, daß sie in den Vordergrund träte und anderes marginalisierte. Vielmehr weiß er seine sozialgeschichtlichen Darlegungen durch eine überaus gelungene Feinabstimmung mit der politischen Entwicklung und herrschaftsrechtlichen Dimension der Regierung der Katholischen Könige zu verbinden. Darüber hinaus vermittelt seine informative Darlegung neue Einsichten. So wird durchgehend deutlich, wie ernst wir die mittelalterlichen Seins- und Mentalitätsbezüge nehmen müssen, um zu sehen, in welch engem Zusammenhang die spätere Entwicklung, die man heute wegen ihres Übergangscharakters als »frühe Neuzeit« bezeichnet, auf den mittelalterlichen Grundlagen beruht. Diese Betrachtungsweise tut einem historischen Thema gut, das oft zu gern unter dem effekthascherischen Zwang und Erwartungsdruck nur im Kontext der beginnenden Neuzeit gesehen wurde und wird.

Nun war die Epoche der Katholischen Könige auch für die Entstehung einer gemeinsamen »spanisch-österreichischen« Geschichte, die ihren Höhepunkt im 16. und 17. Jahrhundert erreichen sollte, von grundlegender Bedeutung. Ihr Beginn war geprägt von dynastisch-politischen Beziehungen, deren Folgewirkungen zunächst nicht absehbar waren. Das gilt für das 1495 zwischen den Katholischen Königen und Maximilian I. vereinbarte Doppeleheprojekt, das Johann, Prinz von Asturien, einziger Sohn der Katholischen Könige, und Margarete von Österreich, Tochter Maximilians I., sowie Philipp den Schönen, Sohn Maximilians I., und Johanna, Tochter der Katholischen Könige betraf. Während Maximilian I. darauf nur zögernd einging, weil es um die Verheiratung seiner einzigen ehelichen Kinder ging, betrieben die Katholischen Könige dieses Projekt als Arrondierung ihrer weitreichenden iberischen (Portugal) und westeuropäischen (England) dynastischen Beziehungen mit großer Energie. Seit dem Tod des Thronfolgers Johann (1497) und von dessen mit dem portugiesischen König Manuel I. verheirateten Schwester Isabella (1498) und deren Sohn Miguel (1500) verkehrte sich die günstige dynastische Ausgangslage des Hauses Trastámara ins Gegenteil und ließ die spanische Thronfolge des Hauses Habsburg immer wahrscheinlicher erscheinen. Die Mortalität in der Familie der Katholischen Könige löste eine Herrschaftskrise aus, die durch die sich abzeichnende Regierungsunfähigkeit Johannas »der Wahnsinnigen« noch verstärkt wurde.

Zu diesen krisenhaften Erscheinungen kontrastierte die Fertilität Philipps und Johannas: 1498 wurde ihnen ihre Tochter Eleonore geboren, 1500 folgte Karl, 1503 Ferdinand, 1504 Johanna und 1506 Katharina. Aber der frühe und überraschende Tod Phillipps (1506) ließ die dynastischen Aussichten Habsburgs nochmals unsicher werden, zumal Ferdinand der Katholische bis zu seinem Tod (1516) eine habsburgische Erbfolge in den spanischen Königreichen zu verhindern trachtete.

Erst mit Karl I./V. trat im Jahre 1517 ein Enkel der Katholischen Könige und Maximilians I. die Herrschaft in den spanischen Königreichen an, der wie sein Vater von der burgundischen Kultur geprägt war. Dies führte zu einer konkurrierenden Gegensätzlichkeit spanischer und burgundischer Politik und Kultur. Sie spielte in der Vereinigung des weitläufigen west- und südeuropäischen Besitzes in der Hand Karls I. eine herausragende Rolle. Die Erlangung der Kaiserwürde durch Karl V. (1519) ordnete den an sich schon umfangreichen Herrschaftsgebieten des Kaisers einen weiteren Herrschaftsbereich zu, der zusammen mit den von Karls Bruder Ferdinand regierten ehemaligen Herrschaften Maximilians I. zur Mitte Europas gehörte. Er erweiterte das »spanisch-österreichische« Beziehungsfeld zu einem großen Gebiet der Begegnung, aber auch der Konfrontation zwischen spanischen Interessen und reichsständischer Politik.

Die Geltung Spaniens in Karls »Monarchia universalis« blieb aber unumstritten. »Durch die Verlegung des Schwerpunktes seiner eigenen Herrschaft aus Deutschland und Burgund in das werdende und wachsende Spanien begründete Karl V. innerhalb der Familie die Vormacht der spanischen Habsburger für anderthalb Jahrhunderte. Nicht von Deutschland, aber von Spanien aus konnte er seiner Herrschaft die alten Reichslande Mailand und Toskana, erst recht Neapel wieder sicher und damit die Achse des Kaisertums aus der nordsüdlichen Richtung auf die Linie Madrid – Rom verlagern, Italien auf geraume Zeit dem französischen Zugriff entziehen« (K. Berandi).

Karls Hochzeit mit Isabella von Portugal (1526) verlief in den vom Haus Trastámara vorgegebenen Bahnen. Die Geburt seines Sohnes Philipp (1527) ließ die Sorge um die Sicherung der Dynastie in Spanien verstummen. Als Karls V. Nachfolger stellte Philipp II. fortan Spanien ganz in den Mittelpunkt seiner Reiche und seiner europäischen Politik, die er von einer aufstrebenen Hauptstadt und einer festen Residenz aus betrieb: In Madrid und im Escorial wurde nun über das Schicksal Italiens und der Niederlande entschieden.

Doch die Kaiserwürde des Heiligen Römischen Reiches verblieb bis auf weiteres bei der österreichischen Linie des Hauses Habsburg. Es ist gelegentlich bedauert worden, daß der in Kastilien geborene und erzogene Infant Ferdinand seinem älteren Bruder Karl die Herrschaft in den spanischen Königreichen überlassen mußte. Aber gerade der erzwungene Weggang und die darauffolgende Übernahme der österreichischen Länder durch Ferdinand I. hat jene spanisch-österreichischen Beziehungen noch verstärkt und ihre nachhaltige Intensität bis ins 17. Jahrhundert sehr begünstigt. Die Geschichte Spaniens in Europa wäre sonst etwas anders verlaufen, jedenfalls mit größerer Distanz zu Mitteleuropa.

Das Werk von Miguel Angel Ladero Quesada vermag jedenfalls dem Leser in eindrucksvoller Weise die Eigenarten jener spanischen Welt zu vermitteln, die einerseits durch eine zu Ende gehende ethnische und kulturelle Vielfalt, andererseits durch die mit der Vollendung der Reconquista entstehende reale Möglichkeit einer religiösen und kulturellen Einheit christlicher Prägung gekennzeichnet war. Zugleich ist es jenes Spanien, das seine geographisch bedingte Distanz zur Mitte Europas verringert und am Beginn langfristig wirksamer politischer und dynastischer Beziehungen steht.

Literaturhinweis

Da sich Professor Miguel Angel Ladero Quesada in seinem grundlegenden Werk über die Zeit der Katholischen Könige naturgemäß auf eigene Forschungen und Arbeiten spanischer Autoren stützt, schien es nicht sinnvoll, in die deutsche Ausgabe sein Literaturverzeichnis aufzunehmen. Es enthält im wesentlichen nur spanische Titel, die im deutschen Sprachraum schwer zugänglich sind. Außerdem dürfte, wer sich wissenschaftlich mit der Zeit der Katholischen Könige befaßt oder befassen möchte, ohnehin der spanischen Sprache mächtig sein und auf Laderos Originalwerk zurückgreifen, wo er ausführliche und kommentierte Literaturhinweise findet.

Dank

Allen, die an der schwierigen Aufgabe beteiligt waren, dieses Buch in deutscher Sprache herauszubringen, gebührt der herzliche Dank des Verlags. Außer dem Autor selbst, der sich die Mühe zahlreicher Ergänzungen machte und andererseits mit Kürzungen einverstanden war, sowie der Übersetzerin, Frau Mag. Elisabeth Horn, ist dies vor allem Univ.-Prof. Dr. Alfred Kohler, Ordinarius für Geschichte der Neuzeit an der Universität Wien, der ihr mit fachlichem Rat zur Verfügung stand, das Manuskript für letzte sachliche Korrekturen las und schließlich auch noch ein Nachwort verfaßte. Weiters Frau Eva Schubert, die Leiterin des Austrian Art Service und unermüdliche Organisatorin der Ausstellung Austria-Hispania auf Schloß Ambras, für die vermittelten Kontakte und wichtige Hilfestellungen; Frau Monika Bergmann, die in großer Zeitnot ein Ergänzungskapitel übersetzte; Frau Mag. Elia Eisterer-Barceló und Dr. Klaus Eisterer, die ebenfalls mit nachträglichen Übersetzungen aushalfen sowie zahlreiche Fragen beantworteten. Bei der Redaktion und Ausarbeitung der endgültigen Fassung waren Dr. Lukas Madersbacher und vor allem Dr. Manuela Speiser wertvolle Mitarbeiter. Nicht zu vergessen Frau Waltraud Lanzinger und Frau Rosi Neumann von der Firma Rauchdruck, die über ihre Arbeitszeit hinaus für die rechtzeitige Fertigstellung von Satz, Korrekturen und Umbruch sorgten. Schließlich soll – nicht zuletzt – auch noch Bundesminister Dr. Erhard Busek gedankt sein, der eine Förderung dieses wissenschaftlichen Buchprojekts zusagte. Michael Forcher, Haymon-Verlag